T0277551

La cocina hebrea

Almudena Villegas Becerril

LA COCINA HEBREA

Alimentación del pueblo judío en la Biblia

ℐ
ALMUZARA

© Almudena Villegas Becerril, 2023
© Editorial Almuzara, s.l., 2023

Primera edición: febrero de 2023

Editorial Almuzara • Colección Gastronomía
Director editorial: Antonio Cuesta
Edición de Rosa García Perea
Maquetación de Miguel Andréu

www.editorialalmuzaracom
pedidos@almuzaralibros.com - info@almuzaralibros.com

Imprime: Romanyà Valls
ISBN: 978-84-11310-35-2
Depósito Legal: CO-49-2023
Hecho e impreso en España - *Made and printed in Spain*

Editorial Almuzara
Parque Logístico de Córdoba. Ctra. Palma del Río, km 4
C/8, Nave L2, nº 3. 14005 - Córdoba

Índice

El Señor, tu Dios, te conduce hacia una tierra excelente, tierra
de torrentes de agua, de fuentes y de veneros que brotan
en las vegas y en los montes; tierra de trigo y de cebada, de
viñas, higueras y granados; tierra de olivos, de aceite y de
miel; tierra en la que no comerás tasado el pan, ni carecerás
de nada; tierra cuyas rocas son hierro y de cuyas montañas
extraerás cobre. Tú comerás y te saciarás, y bendecirás al
Señor, tu Dios, por la excelente tierra que te ha dado.

Deuteronomio 8, 7-10

Felix qui potuir rerum cognoscere causas
(Dichoso aquel que pudo conocer las causas de las cosas)

Virgilio, Eneida

Agradecimientos

La familia siempre es lo primero, y los hijos son el gran tesoro que estimula el crecimiento personal y profesional con la ambición de que sean una generación mejor, mucho mejor, lo que ya es una realidad. Miguel es siempre mi primer apoyo: animoso, paciente, activa e ingeniosa compañía en los trabajos y viajes de investigación. A mi querido amigo, el joven rabino Haim Casas, por su ayuda en la búsqueda de textos y por las instructivas conversaciones. A Manuel Pimentel y Antonio Cuesta, que no dudan en incentivar las aventuras de mis trabajos literarios. Almuzara es una casa para mí en la que Rosa García Perea borda su trabajo de edición con precisión y delicadeza. Desde luego, los medios dispuestos gracias a internet, han facilitado el trabajo de investigación para esta obra, en especial durante los difíciles meses de trabajo a lo largo de la pandemia de COVID-19 que azotó el mundo.

Las labores de investigación para la redacción de este trabajo se han visto facilitadas precisamente por el esfuerzo de estas instituciones que han realizado esa labor activa en la recuperación de textos, como el impresionante trabajo de digitalización de fondos antiguos realizados por archive.org (*Internet Archive*, San Francisco, CA), así como su homólogo francés, persee.fr (Persée, École normale supérieure de Lyon), y el fantástico gutenberg.org (*Project Gutenberg Literary Archive Foundation*, Salt Lake City, OT), igualmente gallica.

bnf.fr (*Bibliothèque Nationale de France*), que nos ha permitido el acceso gratuito y directo a un tesoro bibliográfico de valor incalculable para el investigador. También los artículos más antiguos han sido de consulta imprescindible como JSTOR y, más recientes, las investigaciones de la *Biblical Archaeological Society* (biblicalarchaeology. org). A todos ellos, gracias.

Prólogo

Adentrarse en la vida cotidiana de gentes que han desaparecido hace miles de años resulta algo extraordinario. Levantar cuidadosamente el velo de la historia, con todos sus misterios y el conocimiento que subyace bajo él es una de las actividades humanas más apasionantes. Y estudiar cómo fueron los alimentos y las bebidas de esas personas del mundo antiguo nos ofrece el encuentro más directo con su realidad, algo verdaderamente certero, la posibilidad de comprender la función que tuvo la comida en estas sociedades. Entender cuáles fueron su significado y su simbolismo, y el sentido directo que tuvo, en nuestro caso, en la alimentación del antiguo Israel, con su potente identidad, con su milenaria fe y con su singular forma de vida. Con toda certeza, el análisis de su alimentación nos ofrecerá fórmulas para discernir mejor el recorrido de este pueblo.

Las tres cuestiones sustanciales de la alimentación, la religión y la identidad judía aparecen entrelazadas desde muy temprano en los textos bíblicos. Inmediatamente después de los actos vinculados con la creación, la primera acción de YHWH fue animar al hombre a la procreación, tras lo que le ofreció los primeros alimentos, que eran fruto del proceso de creación. El acto de comer es un gran inicio para el libro más importante de la historia de la humanidad, un principio simbólico y vital, cargado de significados y de energía, de alegorías y realidades, como se ha ido demostrando a lo largo de la historia.

El gran interés que como investigadora he mantenido por la alimentación histórica se explica por la honda creencia que mantengo con respecto a que la alimentación va más allá del simple producto. Que comer es más que nutrirse, que gozar o que sustentarse. Y que la alimentación es una clave fundamental para conocer una cultura. Y no solo eso, también que la forma de alimentarse es una expresión civilizadora. Y conocer los engranajes de una cultura significa conocerla verdaderamente a fondo, no solamente en los aspectos superficiales, sino en esos otros que sí son auténticamente motrices, aquellos que provocan los cambios, los estancamientos, el progreso o las limitaciones. Conocer la alimentación se convierte en una herramienta fundamental para el historiador y para cualquiera que desee profundizar en el conocimiento de una civilización. Y tiene la gran cualidad de acercar una cultura al lector, de hacerla más fácilmente penetrable, por lo cotidiano que es el acto de la alimentación, por lo fácil que es comprender la historia mediante aspectos que también son parte del presente y están estrechamente vinculados con la propia naturaleza animal.

Por otro lado, la alimentación está plagada de símbolos, de significados polivalentes, de expresiones de identidad; arrastra tradiciones y costumbres, con lo que estas también llevan consigo de carga cultural. Y comer cada día, por lo general al menos dos veces, es repetir con constancia y reiteradamente la historia, esas historias que, a veces inconscientemente, transportamos con nosotros, como fondo de la vida todas las personas: nuestras tradiciones, las enseñanzas familiares que a veces son milenarias, y hasta los gustos personales. Comer es colocar nuestros símbolos en el plato, no nos podemos abstraer del pasado personal, familiar o cultural, y hasta renegar de él es identificarnos con él. La alimentación, por su carácter iterativo, se encarga de refrescar este milenario poso constantemente, hasta en el caso de que individualmente no seamos conscientes de ello. Por esta razón es un tema tan atractivo para el lector común, el no especializado pero interesado por conocer con mayor profundidad una cultura.

En nuestro caso se produce una cuestión singular, se trata de que, entre todos los sistemas alimentarios históricos—con sus características comunes en muchos casos, o comportamientos que se repiten—, el hebreo destaca notablemente. Ninguna cultura presenta un debate tan importante en torno a su alimentación como la de los judíos, cuya estabilidad como cultura se debe en parte a que mantienen con constancia cotidiana pautas que les aportan consistencia y continuidad. Desde el primero de los libros bíblicos, el Génesis, ya podemos observar el desarrollo del comportamiento moral ejemplificado en torno a una fruta. Una pieza que se transforma en una auténtica alegoría, un fruto, una comida que representa el principio de la historia y que simboliza la pérdida del Edén y a la vez (paradójicamente) la felicidad eterna, y que, como es bien conocido, no fue una manzana, aunque es el fruto que representa el quebranto de aquella edad dorada. Símbolos sobre símbolos, en una eterna y caleidoscópica creación de dimensiones superpuestas de una cultura.

Y tras la primera elección de un alimento cargado de significado, a lo largo de la historia de los hebreos encontraremos toda una épica milenaria que nos conduce por los caminos de héroes, patriarcas, reyes y profetas. Que son unas auténticas sagas de aventuras, de desventuras, de héroes y de villanos, de mujeres valientes y de hombres sagaces y que resultan unas narraciones que, además, relatarán las fórmulas de producción de alimentos y de elaboración de comidas. Tras la salida del Paraíso terrenal, Caín y Abel representan a esa primera generación que vivió en un mundo diferente al primigenio; la secuencia de constantes cambios cíclicos en la historia humana no había hecho nada más que empezar. Caín y Abel personifican esos dos estados de actividad vinculados con la alimentación, la de los pueblos recolectores y la de los pueblos agricultores/ganaderos, que caracterizaron al Neolítico en Oriente Medio y que son auténticas alegorías de cómo se originan los cambios productivos vinculados con la actividad humana.

La historia bíblica arrancaba en los albores de la civilización, e iría conociendo con el paso del tiempo numerosos ciclos que, simbolizados en la historia de distintos personajes, se caracterizarán igualmente por lo singular de su alimentación. Tras el nuevo estadio de una humanidad en pecado después de la expulsión de Paraíso, el siguiente periodo comienza con la epopeya de Noé, quién no solamente consiguió sobrevivir a la catástrofe, sino que además recogió semillas y animales para, una vez acabado el Diluvio, volver a iniciar la vida. Y Noé reinicia ese ciclo de la vida y de la agricultura bajando del arca a toda la fauna rescatada del Diluvio y plantando una cepa como primera acción. El significado del Diluvio, de la figura de Noé y su familia y la construcción del arca han sido tan importantes en la cultura de los siglos posteriores que se dispusieron innumerables expediciones en su búsqueda, e incluso algunas se han realizado en nuestros días.

Posteriormente, el príncipe Moisés, hebreo de nacimiento pero egipcio de cultura, condujo a Israel desde Egipto hacia una aventura de libertad, pero también de necesidad, para atravesar y vivir durante cuarenta años en el desierto del Sinaí a lo largo de ¡más de una generación! Una aventura que tendría un alto precio para el pueblo hebreo, ya que no todos los que salieron de Egipto alcanzaron la Tierra Prometida. Y, en cualquier caso, todos ellos padecieron innumerables penurias durante los años vividos en la inmensidad y las dificultades del desierto; en un tiempo en el que el acceso a los alimentos era una cuestión compleja. Pero fue justamente entonces, en medio de todas estas dificultades, cuando se produjo el milagro, y el momento en que podemos observar en los textos bíblicos cómo el antiguo linaje de Israel se yergue verdaderamente como pueblo. Es entonces cuando desarrolla una personalidad fuerte y singular, un distintivo carácter que le convierte en una cultura única, singular, diferente a *los otros*. Por otro lado, esta cualidad de profundizar en las propias características a la vez que se crean provocó un fomento y engrandecimiento de todas sus particularidades. Y es esta índole justamente la que induce la forja de un determinado carácter, haciendo nacer las preferencias y peculiaridades de un pueblo. Este hecho, el nacimiento de una forma de vida vinculada con un estilo de alimentación, no es una singularidad. Muy al contrario, esta sí es una constante en la historia, ya que es habitual que la alimentación marque una frontera intercultural, o un antes y un después, incluso la expansión de un nuevo acervo de modos de vivir.

La elección de unas fórmulas para comer (y no otras) y la selección entre los productos que ofrece un territorio es lo que conocemos como sistema alimentario. Se trata de un lenguaje que tenemos que interpretar para conocer bien una cultura, una historia. Tiene sus reglas, y según sea este sistema de símbolos, expresa cosas diferentes y cuenta algo de una sociedad, de las personas que la componen, nos detalla en qué creen y cómo conciben el mundo y también cómo son las relaciones interpersonales. La Biblia está repleta, desde sus primeras páginas, de indicaciones sobre la forma de comer, de reflexiones sobre los alimentos permitidos y los prohibidos, y eso solamente puede significar que comer era algo importante. Las innumerables reglas, por tanto, no deben ser entendidas de forma aislada, sino en conjunto, aunque cada una tenga unos orígenes diferentes y hayan aparecido en distintas épocas. El conjunto de todas ellas es lo verdaderamente significativo.

El sistema alimentario hebreo terminó por inducir, como en ningún otro caso, el fortalecimiento de una cultura cuyas raíces eran religiosas, sociales, clánicas, humanas. Es interesante observar que, a lo largo de la historia, muchas otras culturas que conocieron y convivieron con ellos, contemporáneas de cada uno de sus momentos históricos, quedaban impactadas por el estilo de alimentación de este pueblo, más aún que por las prácticas religiosas. Los dos aspectos que más llamaban la atención de sus contemporáneos eran, en primer lugar, el monoteísmo, algo extraño en el mundo antiguo, que por lo general era politeísta. Y, en segundo lugar, los hebreos se significaban por una alimentación muy reglamentada, precisa y concreta que no atendía, por ejemplo, a los banquetes cívicos propios del mundo romano, ni a los repartos de carne que las autoridades hacían de forma gratuita, porque el animal del que provenía no había sido sacrificado de la forma conveniente según su criterio.

Tácito narra la importancia que, en su época, el s. I d. C., tuvo para el observador romano la alimentación hebrea, la extrañeza que producían sus costumbres y cómo se les tenía claramente por una gente «diferente»:

> *Moisés les dotó de ritos nuevos y contrarios a los del resto de los mortales para así asegurarse en el futuro la adhesión del pueblo. Entre ellos es profano lo que para nosotros es sagrado y, viceversa, les es permitido lo que para nosotros es nefando. Se abstienen de comer cerdo en memoria de la plaga sufrida que, en otro tiempo, les había azotado con la sarna, lo que le convirtió en un animal condenado como impuro. Hasta hoy hacen memoria, con frecuentes ayunos, de la prolongada hambre padecida en otro tiempo, y siguen elaborando los judíos el pan sin levadura... Se dice que consagran al descanso el séptimo día, porque este día puso fin a sus fatigas* (Tac., Hist., 5, 4).

Hoy nos suena extraño, pero todos los pueblos del mundo antiguo tenían claro que para cada uno de ellos existía el concepto de alimentos puros y otros que no lo eran y que, por lo tanto, era necesario mantener un comportamiento concreto con respecto a la pureza de los alimentos, mediante pautas de carácter religioso, pero también social. Aunque los hebreos llevaron este sentido de pulcritud alimentaria hasta el extremo, y, sobre todo, debido a la reglamentación estricta de los hábitos relacionados con el consumo de alimentos, muchos pueblos antiguos —desde los egipcios a los babilonios, los sumerios y hasta los romanos— fueron capaces de comprender ese lenguaje común sobre la necesidad de evitar alimentos impuros, que en cada cultura eran diferentes.

Sobre la pureza o impureza de todos estos alimentos nos hablan los textos sagrados de forma exhaustiva, comenzando por el Pentateuco, que comprende cinco libros de los cuales uno será esencial para nuestro propósito: el libro del Levítico. Y el camino de su estudio no es fácil, porque se trata de un libro complejo, repleto de recomendaciones, prohibiciones, reglamentaciones... Un texto difícil que, sin embargo, adquiere un sentido integrador y fundamental cuando se contempla con esa visión sobre los hábitos y tradiciones del mundo judío. Porque el Levítico era un libro para iniciados, para los sacerdotes, para aquellos que conocían la ley, un libro al que recurrir, que conocer y que plasmar en la realidad cotidiana, así que al lector actual le resulta farragoso y escasamente espiritual, sencillamente porque no lo era. El Levítico no es un libro de fe ni un libro sapiencial, profético o poético, carece de la belleza del Cantar de los Cantares, de la erudición del libro de Sabiduría o de la profecía de Isaías; es un libro que no narra, que no poetiza, pero que reglamenta cómo debe ser la vida práctica del creyente, complementando los textos sagrados, que al final tenían normativas que requerían cumplimiento práctico y cotidiano. Si observamos todos los textos bíblicos en su conjunto, modulan un acervo de conocimiento en el que cada parte es sustancial.

Y no solo encontraremos estos problemas con el Levítico, sino en el Antiguo Testamento completo, ya que no podemos decir que sea un texto exactamente histórico, pero tampoco es una fabulación legendaria. Más bien es una recopilación de la tradición oral, que refleja algunos hechos históricos, también las tradiciones antiguas, y que describe a algunos personajes. Todo ello mezclado con un componente que lo vertebra y lo fundamenta, que es la fe, el monoteísmo, el Dios, YHWH que da sentido a la existencia de un pueblo y a su futuro.

Pero si nos alejamos del componente religioso, también hay otro aspecto a considerar, porque la Biblia ha sido durante siglos el libro de cabecera de los estudiosos del antiguo Oriente, y los biblistas han ido modificando sus perspectivas con el conocimiento más profundo de la arqueología y la historia, e incorporando los conocimientos que ambas ciencias aportaban. Evitar los extremos con respecto a la naturaleza de la Biblia es imprescindible, por tanto, si queremos analizar su contenido desde cualquier otro punto de vista que no sea el de la fe. Acercarse a una fuente con una perspectiva moderada y reflexiva, analizando cuáles pueden ser los puntos comunes entre la historia y la narración bíblica, se hace imprescindible. Y por el contrario, atrincherarse en una postura obcecada es innecesario e inconveniente. Ni negar todo ni admitir todo, porque la historicidad de la Biblia es un tema conflictivo que obliga a reflexionar en profundidad. La postura del investigador debe llevarle a usar las herramientas con objetividad, y así analizar, investigar, realizar estudios comparativos y después ofrecer a los lectores los resultados.

Claro que tendremos en cuenta que además se trata de una fuente parcial ¡como lo son muchas de las fuentes de la Antigüedad! Y que además no trata de contarnos una historia de la alimentación, ya que la Biblia por supuesto no es un recetario, sino que al hilo de la historia del pueblo hebreo, el texto revela algunas de sus costumbres en la mesa. Muy al contrario, los datos sobre alimentación aparecen de forma soslayada, son narrados para vivificar la lectura, para insertarla en un tiempo y en una cultura, pero no son conceptos vertebradores. También este es un hecho constante para el historiador de la alimentación, que se ve en la obligación de tratar de encontrar en textos históricos, literarios y arqueológicos los datos para reconstruir los sistemas alimentarios de la Antigüedad.

Sin embargo, tenemos un problema recurrente, que consiste en que desconocemos la información completa. No tenemos acceso a todos los datos, adolecemos no solo de detalles, sino de aspectos verdaderamente importantes y, desgraciadamente, tenemos que reconocer que hay infinidad de lagunas. Pero este es el material, de esto es de lo que disponemos como punto de partida, de un conocimiento que utilizaremos con la mayor prudencia y equilibrio posibles, pero sin desdeñarlo de ningún modo.

La cuestión es que este conjunto de narraciones e historias posee una variada multiplicidad en sus orígenes. Así, hay numerosos autores que narran desde diferentes perspectivas literarias una historia común, unas gestas, una epopeya que finalmente terminaron generando unas raíces comunes, esas hazañas que proporcionan consistencia a una cultura. Y que van desde lo más nimio (la vida cotidiana), hasta lo más trascendente (las creencias), que era en realidad el objetivo final y que es la relación de Dios con el pueblo de Israel; no olvidemos que la Biblia es el gran libro de la fe.

Según Liverani en su libro *El antiguo Oriente*, el propio descubrimiento arqueológico de esta zona fue, en principio, un intento de recuperar datos e imágenes del ambiente histórico del Antiguo Testamento, de documentar la historia bíblica. Los investigadores más activos e interesados por la arqueología bíblica eran pastores protestantes, rabinos judíos o incluso sacerdotes católicos. Hoy las cosas no son así: la arqueología se ha profesionalizado, la historia bíblica dispone de investigadores concienzudos y profesionales, aunque ambas materias, la historia y la arqueología, también tienen importantes limitaciones. Entre ellas tenemos que la Biblia no es un texto moderno y que tampoco es un texto histórico. Se trata de algo más complicado, ya que en su etiología era un conjunto de narraciones orales que se transmitía de generación en generación, gracias a la memoria de los eslabones de esa larga cadena humana. Y que, finalmente, fue registrada por los escritores bíblicos, de los que apenas tenemos información.

A lo largo de nuestro análisis sobre la historia de la alimentación del pueblo hebreo, iremos viendo cómo esos alimentos que sustentaron a cientos de generaciones de judíos tenían una estrecha relación con las tres grandes esferas de su desarrollo. La primera de todas es de carácter territorial: es el entorno del Medio Oriente, en el que se desenvuelve; a veces en la inmensidad de los desiertos, a veces en la Tierra Prometida, e incluso, en ciertas etapas instalado en Egipto o con relaciones constantes con este país. La segunda esfera del desarrollo del pueblo hebreo es la influencia de las culturas de su entorno y sus mutuas interacciones históricas, desde el ascendiente caldeo al egipcio o el babilonio. La tercera esfera representa la elección humana sobre el entorno: es la existencia de la propia cultura hebrea. El conjunto de esas complejas elecciones tomadas por este pueblo con respecto a su entorno, cómo entendieron una forma de alimentarse con preferencias concretas, con limitaciones y prohibiciones, y con la práctica de elaboraciones milenarias. Así, territorio, cultura y elecciones personales y sociales conforman ese fascinante sistema alimentario que estudiaremos en esta obra.

El pueblo hebreo se desarrolló y vivió en una amplia región geográfica a lo largo de la primera parte de su historia, al menos durante su construcción como pueblo. En este contexto pasó diversas etapas en distintos territorios y se relacionó con diferentes comunidades, pueblos y estados. Y como es natural, cada uno de ellos, pueblo a pueblo, persona a persona, necesitaron alimentarse cada día, todos ellos y todos los días. Pero para comprender su historia y su alimentación hace falta, en primera instancia, conocer los tres factores que acabamos de mencionar y en los que se implica su propia historia, y que son: los territorios en los que vivieron, su clima y circunstancias ambientales y aquellos pueblos con los que se relacionaron. Por otro lado, también es imprescindible, vinculándonos con el territorio, conocer la producción ganadera y agrícola, los recursos que tuvieron al alcance, algunos de los cuales pudieron incluso rechazar, como ocurrió con una larga serie de alimentos que consideraron impuros. Lo que nos conduce a la constante paradoja de que no siempre se consumieron todos los alimentos posibles, sino que las personas seleccionaban sobre las posibilidades ofrecidas por la naturaleza. Como sigue ocurriendo en la actualidad, ya que de idéntica manera seguimos seleccionando, eligiendo unos alimentos, desechando otros.

Dada la complejidad de los estudios bíblicos, su profundidad y su extensión a lo largo del tiempo, es posible que la mejor forma de trabajar para conocer la historia de su alimentación sea trasladarnos en primer lugar a la aventura de conocer el territorio y su producción, para después adentrarnos en las fórmulas culturales humanas con que se han seleccionado y aprovechado los recursos durante la historia. Más tarde avanzaremos a través de distintos momentos históricos, para descubrir las características de la alimentación en cada una de las épocas: la de los patriarcas, la de los profetas y las de las diferentes familias hebreas de forma concreta, lo que nos permitirá evolucionar en el tiempo e ir desarrollando la historia de su sistema alimentario.

Las fuentes

La principal fuente para conocer el mundo judío es la Biblia, y como parece natural, debemos partir de este origen para alcanzar un buen destino. Cada uno de los libros que la componen ha sido imprescindible en este viaje, todos son tenidos en cuenta, pero no serán una fuente exclusiva. Y desde luego, han sido tomadas las necesarias prevenciones sobre el análisis del propio Libro sagrado como fuente histórica, por una parte, por sus propias características, y por otra, debido a que no será el texto exclusivo para el estudio de la alimentación del pueblo hebreo.

En otro aspecto si tenemos en cuenta que las leyes mosaicas consideran que la Torá, es decir, el Pentateuco —compuesto por los cinco primeros libros de la Biblia—, tiene ciertas características comunes, comprenderemos mejor los motivos de su alimentación. Trataré de resumirlas en conceptos breves. Para los judíos, la Torá es un libro armónico y perfecto, en el que las posibles inconsistencias son solo aparentes. En ella observan la verdad eterna desde el punto de vista espiritual, que resulta válida para cualquier tiempo, por lo que, moralmente, en sus páginas se detalla la verdad a seguir, porque consideran que está inspirado por Dios. Y por supuesto, hace siglos que se trata de un libro cerrado que no admite modificaciones, añadidos o supresiones ni innovaciones de ningún tipo. El punto de vista religioso es fundamental en un libro de estas características, que se dirige al espíritu y no a la observancia estricta de la verdad histórica.

Desde luego, la visión académica es diferente, y el investigador bíblico asume que la Biblia es una colección de textos, plagada de errores humanos. Presenta inconsistencias debido a que las fuentes de redacción son divergentes, y que algunas son de origen oral, mientras otras son escritas. Y, además, los libros que la componen han ido creciendo durante el tiempo. También se considera que, al ser un documento de su tiempo, hay que interpretarlo en el contexto histórico original y, por lo tanto, no son libros históricos en el sentido moderno, ni siquiera objetivos o neutrales. Un problema añadido es que describe historias que habían sido narradas oralmente y transmitidas durante siglos, y cuya manifestación por escrito fue muy posterior a las épocas en las que transcurrían los hechos y que, por tanto, es posible que tengan la pátina de la época en la que se escribieron. En la actualidad, la mayor parte de los investigadores bíblicos admiten las cuatro escuelas tradicionales en la redacción del Pentateuco[1]:

La tradición *deuteronómica*, datada *circa* s. VII a. C.
La tradición *elohista*, datada en torno al s. VIII a. C.
La tradición *sacerdotal*, datada entre el s. VI y el V a. C.
La tradición *yahvista*, datada entre los s. X y IX a. C., la más antigua de todas.

Al ser nuestro interés el estudio sobre la alimentación y no el discurso entre la fe y la ciencia, descartaremos los numerosos estudios teológicos y la discusión académica entre ambas visiones. El uso de las fuentes, por tanto, se limitará a rescatar la información proporcionada por los textos bíblicos y por la arqueología, para encontrar los indicios de la historia de su alimentación.

Ni siquiera vamos a poner en duda si existió el Éxodo, o si reinaron David y Salomón, o incluso si Moisés es el autor del Pentateuco, en uno de cuyos libros se detalla el propio fallecimiento de su autor. Ese no es el objetivo de nuestro trabajo, sino cómo se practica e interpreta la alimentación a través de la historia del pueblo hebreo y qué sentido tiene en cada uno de los casos. El motivo será la epopeya histórica que conduce al pueblo de Israel a través del tiempo hasta el s. I.; sobra decir que no entenderemos las escrituras bíblicas como un texto histórico exacto. Parece que las compilaciones de los textos se produjeron entre los s. X y VIII a. C., escritos que a su vez provenían de la tradición oral o de otros textos más antiguos[2], y fue en esta época cuando adquirió la forma actual el gran libro normativo, el Levítico, que sería la fuente principal para una correcta puesta en práctica de la ley, dirigido especialmente a los levitas, aunque también tuvo acceso a su conocimiento el pueblo de Israel. Igualmente, será un texto básico hoy para analizar la normativa alimentaria de entonces.

---

1   Sobre las fuentes narrativas en la Biblia ver: Von Rad, G., *El libro del Génesis*, Salamanca, 2008, pp. 30 y ss.
2   Finkelstein, I., Silberman N. A., *La Biblia desenterrada*, Madrid, 2001, p. 85.

Es cierto que, en muchos casos, se produce una discrepancia importante entre la Biblia y la investigación histórica, pero sabemos que un grupo de personas vivian en Canaán bajo el nombre de Israel al menos en 1207 a. C. Los textos rabínicos clásicos como el Talmud, la Mishna y varios *midrashim*, aunque de época posterior, también han sido de gran ayuda. La Mishná es la colección de tradiciones orales que se recoge en la Torá, fue redactada a principios del s. III d. C. por Rabí Yehudá. Se percibe en ella un texto vivo, que sigue siendo venerado, y su gran interés es que recoge esa doctrina legal de un periodo de unos cuatrocientos años, aunque sus raíces eran mucho más antiguas. La ley judía antigua se recitaba oralmente, y de ahí la importancia de recoger toda la doctrina, toda la historia y toda la ley por escrito, homogeneizándola y evitando de esta forma su pérdida u olvido.

1. Comer al estilo judío

Acercarse a la alimentación en la Antigüedad, sea cual sea la cultura que estudiemos, es una cuestión compleja, ya que no siempre disponemos de todos los datos que nos gustaría manejar. Y para complicarlo aún más, estos pueden ser confusos, incompletos o parciales. Y aunque gran parte del material está perdido inevitablemente y no se podrá rescatar, por otro lado también la ciencia avanza, y muchas de las dificultades iniciales se van corrigiendo parcialmente gracias a cómo se desarrollan y aplican las nuevas técnicas y a que hay mayor número de investigadores trabajando en los distintos campos de conocimiento. En otro sentido, aproximarse a la identidad hebrea del mundo antiguo es una dificultad añadida, y no solo para el no judío, sino también para el judío actual, ya que hay un debate abierto y en constante agitación, con diversos ¡y complejos! puntos de vista. Hay decenas de obras publicadas que analizan el tema de la identidad judía a fondo y que escarpan esas difíciles cotas de conocimiento, que estudian cada detalle. Pero trataré de proporcionar una guía de ruta para este libro, y que disculpen los eruditos si dejamos a un lado ciertos matices, pero será necesario tratar de vislumbrar el bosque para poder comprender este sistema alimentario, con el fin de, no sólo intuir, sino conocer mejor la historia de la alimentación, que es, en definitiva, nuestro objetivo principal.

Ser judío no es (solamente) practicar una religión, detentar un conjunto de creencias o poner en práctica unos determinados hábitos. Es formar parte de un pueblo, de una cultura que se considera a sí misma diferente a las demás y que, por idéntico y no siempre bien definido motivo, otras culturas también la consideran distinta. Comer al estilo judío es conocer los ritos del Shabat, bendecir la mesa, encender las luces la tarde del viernes, preparar los guisos y descansar. Y no probar el jamón, la langosta o las angulas, sencillamente porque repugnan. Es una forma de vivir, de estar en familia, de estar en la vida, y no solamente una fórmula religiosa repleta de prohibiciones o beneplácitos. Es cantar una nana a un bebé en sefardí o en yidish, guisar *filikas*, tomar *tarama*, disfrutar de la cremosidad de los *guevos haminados* o acompañar las comidas con *matzot*. Es recordar con cariño los guisos de la abuela, rememorar aquellas costumbres que se han repetido generación tras generación, y que son las que le dan sentido a la vida. Las tradiciones que recordar, las historias que contar y las comidas que compartir. Todo eso forma parte de la alimentación de cada pueblo, de cada familia, el trasfondo que nos hace ser como somos y no de otra forma, y que crea un sutil tejido al que coser la vida de cada uno.

Y nuestra principal fuente, el Antiguo Testamento, es el resultado del trabajo de personas muy distintas, de diferentes épocas, y que refleja un mundo real, de individuos concretos. Por tanto, los alimentos no son inventados, las comidas son reales, las preparaciones no son imaginarias, recreadas o idealizadas. Es posible que no siempre sean propias de la época exacta que describen, aunque, sin embargo, encontraremos una evolución de la cocina desde los primeros libros bíblicos hasta los últimos, en una línea que se corresponde con la realidad histórica. El investigador no debe tratar de probar nada, no puede acercarse a su tema de estudio con la solución en su cabeza, previamente conformada. Es más difícil y sencillo a la vez: debe analizar el contexto de su sistema alimentario y estudiar sus variaciones a lo largo del tiempo. Desde luego, este es un problema complejo, en el que intervienen multitud de factores, con múltiples incidencias, por lo que no encontraremos una solución fácil, sino compleja, como corresponde a la cuestión. De ahí que no haya que buscar un solo origen ni una sola explicación, sino que observaremos a lo largo de estas páginas cómo multitud de factores vienen a converger para proporcionarnos un conjunto de características propias de un sistema alimentario singular y único en la historia. De una historia ardua, en la que confluyen el territorio y la climatología, la adaptabilidad de los animales y su competencia con el ser humano, y las elecciones culturales motivadas por cuestiones religiosas, porque ¿fueron primero las creencias? O ¿se acomodaron las creencias a los hábitos?

La gran cuestión con respecto al mundo judío es ¿por qué esta elección alimentaria? O mejor ¿por qué este conjunto de elecciones? La multitud de circunstancias que terminaron gestando un complejo sistema alimentario nacieron a partir de las tradiciones sociales y culturales, cuyas raíces arrancan de épocas remotas. Las elecciones alimentarias y los hábitos de consumo del pueblo hebreo se gestaron a través del tiempo, fortaleciéndose mediante ciertos aspectos diferenciadores que les permitían además mantener una identidad evidente y perfectamente clarificadora con respecto a la gran cuestión de *quiénes somos*. Lo más interesante de este caso es que los hábitos de una sociedad que germinó en el mundo antiguo hayan prevalecido hasta la actualidad, indemnes y fortalecidos por la continuidad y la práctica, tornándose en tradición a partir de fórmulas de identidad y tradiciones profundamente arraigadas. Son un ejemplo admirable de cómo un sistema alimentario es capaz de definir la identidad de una sociedad, incluso para poder excluir a *los otros*. Es un caso único no solo en la actualidad, sino también en la Antigüedad, en un mundo en el que las divisiones por cuestiones de sexo, sociales, legales y económicas eran muy poderosas, por lo que podemos concluir que, igualmente, sería vigorosa esa división de estilo alimentario.

En cualquier caso, e independientemente de las restricciones, comer siempre era un placer, como lo fue antes y lo es ahora. La consideración de disfrutar de lo básico, de una buena comida, y de la presencia de Dios, porque en ningún caso ambos conceptos iban separados, gozar de lo físico y de lo espiritual, era no solo agradable, sino justo, como dice el Eclesiastés:

> Lo que veo mejor y más atractivo es que cada uno coma, beba y disfrute de las ganancias de todo lo que ha trabajado bajo el sol en la corta vida que Dios le concede (Ecl., 5, 17).

Veamos otras culturas de la Antigüedad, como es el caso de la romana, que presenta cierta estructura que la hace diferente de las tradiciones religiosas cercanas en el espacio, como la griega o la etrusca[3]. Los dioses romanos parecen no haber tenido un marcado desarrollo y carácter personal, y más bien se presentan como aspectos divinizados de procesos sociales o agrícolas, como ocurre en el caso de Vervactor o Imporcitor, por ejemplo. El sistema religioso de esta época no ofrece escatología o una explicación de la creación, no hay tradición de hombres santos o profetas, y hasta 170 años después de la fundación de su ciudad, carecían de representaciones de dioses. En realidad, se trata de la presencia de una simple piedad primitiva que contrasta con una época posterior, en la última República, en la que la religión, según estos autores, estaba virtualmente muerta. Así, la República temprana proporcionó un periodo de transición en el que aún tendría cabida la simplicidad de la experiencia religiosa más antigua, pero que fue perdiendo progresivamente. Las causas fueron la influencia externa, en especial la griega, la desaparición del sentimiento religioso por el excesivo ritualismo, la alienación de una población urbana cada vez más sofisticada y alejada del mundo espiritual y la separación entre el mundo agrícola con sus ciclos estacionales y el mundo urbano. Estos factores, que marcan los progresivos cambios religiosos desde la República temprana, afectarían, como a otros aspectos sociales, a la alimentación.

Fig. 1. Urna funeraria etrusca que muestra un banquete, S. VI a. C.

---

3   Beard, M., *et alii, Religions of Rome*, Cambridge, 1998, vol. I, p. 11.

Algo más que una religión

Ser judío[4] no es solamente una cuestión religiosa, incluso en los aspectos alimentarios tienen un gran peso la tradición, la sociedad y la familia. No se trata de una cuestión de practicar, sino de ser, de vivir y, claro, de comer. Y no de comer cualquier cosa, como veremos. Pero por encima de todo esto, se encuentra la comunicación necesaria, además del recuerdo y la tradición, y sobre ellos, se superpone el lenguaje. Las lenguas semitas incluyen diferentes ramificaciones, y la más antigua de todas ellas es el acadio.

Esta familia de lenguas es la que históricamente ha dejado testimonio más que ninguna otra, ya que tenemos 4500 años de registros de lenguas de esta familia mientras que, por ejemplo, del egipcio tenemos solo 4000. Actualmente solo sobreviven tres lenguas de esta gran familia: el hebreo, el árabe y el arameo, pero antes de ellas tenemos las lenguas acadias, cananea, el ugarítico, el amorrita y otras, además de un protosemítico que las englobaba a todas.

Y con las lenguas, la historia, que forma un entrelazado sobre el que sustentar una historia de la alimentación, y que nos proporcionará las claves para comprender mejor qué estaba pasando y cómo sucedían los acontecimientos. Es decir, los judíos no carecieron de ese entramado característico de un tiempo y de una sociedad, y es posible observar cómo sus costumbres son propias de su época, y las vemos en leyes de la época, desde las tablillas de Nuzi al código de Hammurabi en multitud de ejemplos, como las leyes sobre la herencia o las vinculadas con el matrimonio o la adopción. En general, los relatos bíblicos se comprenden mejor cuando se sabe que todas estas leyes formaban un sustrato que respondía a la sociedad de una época. Pondremos un ejemplo con respecto a la primogenitura de Jacob, hijo de Isaac, ya que según las tablillas de Nuzi, el hijo que heredaba la primogenitura no era necesariamente el mayor, sino el que el padre decidía que lo hiciera. Esto nos ayuda a entender esa «venta de la primogenitura» que se produjo entre Esaú y Jacob, y que después se selló con la bendición de Isaac, ya que una promesa o una

---

4   Hablaremos de judíos cuando hagamos referencia a los aspectos religiosos, a los hebreos cuando hagamos referencia a los aspectos étnicos.

bendición reallizadas oralmente tenían vinculación legal, una promesa que era de obligado cumplimiento.

La cuestión es que, además de una historia común, una religión y una lengua, tenemos hábitos vinculados con la alimentación, como son el lavado de manos (*2Re.*, 3, 11), las abluciones, que son parte de la ley, Halajá (*Isa.*, 1, 16; *Mat.*, 15, 2), o la bendición de la mesa antes de comer. Incluso las formas de sentarse a la mesa, que hoy conocemos como «al modo oriental», con las piernas dobladas sobre sí. Todos ellos forman una compleja familia de símbolos vinculados con la comida, que se servía en una mesa muy baja, alrededor de la cual se sentaban los comensales. El momento de la comida, por tanto, se observa como un tiempo de respeto, de convivencia y de representación. El padre comenzaba tomando el primer bocado, era el momento que indicaba que el resto de la familia podía llevarse comida a la boca, por supuesto con los dedos, ya que no se utilizaban cubiertos. Todos comían de un recipiente común, ayudándose con el pan para empujar y mojar en las salsas, pan que también servía para limpiarse la boca y como ayuda para coger el alimento y emparlo de sabor, ya que era habitual carecer de cuchara para realizar este servicio.

La dieta cotidiana, especialmente en la vida normal, debía ser bastante sencilla. Un modelo de estas comidas ordinarias podría ser parte de las provisiones que llevó Abigail a David y sus compañeros, que consistió en vino, pan, cereales en grano tostados, uvas y pan de higo. Y aunque Abigail añadió a las raciones unas ovejas, en realidad este era un complemento extraordinario que no formaba parte de la alimentación corriente, ya que la carne se consumía principalmente en las ocasiones festivas (*1Sam.*, 25, 18).

Alrededor de la mesa se concitaban familias, encuentros y desencuentros, la mesa era también un signo de reconciliación, como el que se desarrolla tras un banquete que preparó Isaac con Abimélec y otros militares cananitas (*Gn.*, 26-30). Por eso la mesa en todas las civilizaciones, aunque en la historia del mundo hebreo quizás con más fuerza que ninguna, se presenta como un lugar de respeto. No solo es un espacio plagado de simbolismo, sino que es un sitio en el que se comen y se beben los símbolos, en el que se viven las alegorías de una forma absolutamente gráfica y real. Comer era contar quién era cada cual, qué espacio ocupaba en la vida, e incluso en qué creía.

Y esto es lo que significaba comer en el mundo hebreo, un hecho cargado de significados, provisto de un entramado histórico, enraizado en una cultura, que era a su vez expresión de todas aquellas circunstancias por las que ser judío tiene ese significado más profundo y más complejo, que engloba a todos los aspectos de su vida, mucho más que al estrictamente religioso.

2. El país de la Biblia

El territorio por donde transcurre nuestra historia no es demasiado extenso, a pesar de lo cual encontraremos espacios diferenciados que marcarán igualmente distintos nichos de clima, cultivos y ocupaciones de producción. Y la historia nos irá contando cómo se fueron produciendo los distintos cambios, ya que el pueblo hebreo iría conociendo no sólo este espacio, sino un destino cada vez más dilatado. Su extraordinaria aventura lo conducirá más allá de las fronteras, hasta convertirse, durante los primeros siglos del mundo romano, en una diáspora que será una constante de expansión hasta nuestros días.

El actual Israel no siempre ha tenido los límites actuales, sin embargo, podemos hablar de una gran zona con unas características comunes. Y, para complicar las cosas, no solamente careceremos de un estado claramente definido desde sus inicios, sino que con frecuencia se produjeron mutuas influencias e intromisiones territoriales con respecto a otros pueblos vecinos. Además, el paso del tiempo provocó que el inicial sistema alimentario sufriera modificaciones, que se incorporaran unas costumbres y otras se perdieran, que se añadieran nuevos productos y otros desaparecieran: la dinámica histórica fue haciendo su aparición, y con ella se desarrollaron diferentes cambios. En realidad, así funcionan todos los sistemas alimentarios, aunque con diferente grado de dinamismo.

Podemos datar el origen de la formación del pueblo elegido en la época de los patriarcas, a partir del primero de ellos, Abraham, que vivió en Ur de Caldea. Ur era una ciudad ubicada en la antigua

Asiria, donde el patriarca vivía con sus padres y su familia, y de la que partió con todos ellos por exigencia divina hacia aquella tierra que siglos más tarde conoceremos como Israel.

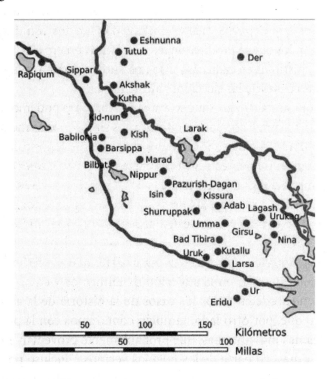

Fig. 2. Ur de Caldea y su entorno. La ciudad de la que partió Abraham en el mundo mesopotámico.

La cronología es el siguiente problema, pero, aunque no podamos de momento proporcionar fechas más concretas, sí es posible traducir la época de los patriarcas en el entorno del segundo milenio a. C. Esta es la época del periplo de Abraham, debió ser una experiencia, una auténtica aventura en el devenir por las distintas tierras, e irá narrándonos cómo se producía el intercambio de alimentos, de preparaciones e incluso de técnicas o instrumentos de cocina, por no mencionar las formas de preparación y cocinado. Es decir, el amplio mundo semita de esta época a partir del que nacerá y se irá formando el futuro pueblo de Israel, fue el que determinó el primer sistema alimentario entendido en sentido más amplio. Después de esta primera etapa de formación, los propios hebreos irían poco a poco seleccionando, desechando, mostrando sus elecciones por unos alimentos u otros, incluso creando sus propias peculiaridades. Por tanto, es necesario entender las diferencias entre unas etapas y otras, enmarcadas en los distintos entornos por los que fluctuaron, en momentos históricos en los que el pueblo hebreo mantuvo contactos con diferentes vecinos, con los que se prodigaron las relaciones comerciales, políticas y sociales, distintas en cada caso. Eso nos puede ayudar a comprender las últimas causas de las elecciones alimentarias.

Y aunque es cierto que mucho antes de Abraham podemos hablar del Paraíso terrenal, con sus metáforas y los simbólicos alimentos del fruto prohibido, e incluso lo haremos de Noé, los rasgos principales de la alimentación hebrea se fijaron bastantes generaciones después, ya en tiempos de Moisés. Es este el periodo en el que se establecen, plenamente desarrolladas, las normativas, las reglas y por supuesto los libros que detallan todos estos aspectos con una minuciosidad extraordinaria.

Todo lo anterior significa, por una parte, que el territorio tendrá un papel singular en la selección de alimentos y en su elaboración, como sucede en todos los casos de la historia de la alimentación. Pero que, por otro lado, también contaremos con la presencia de tradiciones más antiguas, que probablemente provenían en parte de los orígenes, en parte de los pueblos vecinos e incluso por causa de los contactos mutuos. Entre estas relaciones no debemos olvidar el peso de la tradición egipcia, ya que no en vano el pueblo judío convivió con los egipcios durante mucho tiempo. Ese sincretismo se iría condensando a través del tiempo, sufriendo adaptaciones y modificaciones, y finalmente fue capaz de producir una forma concreta de alimentarse, un sistema alimentario en el que tendrían tanto peso el territorio como la cultura, y que daría paso a una serie de fórmulas alimentarias singulares que anclaron una tradición que se ha seguido repitiendo hasta la actualidad.

La originalidad de la alimentación judía nació, por tanto, de la confluencia de diversos factores: territorio, cultura, selección sobre los elementos y alimentos posibles, restricciones, conocimientos técnicos y, por supuesto, gustos colectivos. Nuestro primer objetivo será analizar los contactos que se produjeron desde época temprana con otros pueblos, y calibrar si estos tuvieron influencia sobre su alimentación, además de estudiar cómo se produjeron los posibles influjos.

En realidad, las distintas situaciones son bastante complejas, en primer lugar, tenemos el caso de la gran familia de los pueblos semitas, raíz que con toda probabilidad tuvo su influencia en el sistema alimentario de los antiguos hebreos. Y en segunda instancia tenemos las relaciones con otros pueblos, que se produjeron de dos formas principalmente: una por vecindad con ellos. Otra porque los propios judíos o grupos de ellos vivieron entre dichos pueblos. A veces, incluso, se solapan ambas posibilidades, en su entorno tenemos los casos de Babilonia, de Egipto, de Mesopotamia o de Canaán, y como vemos, con frecuencia son pueblos hermanos con idénticos ascendientes. En otros casos, grupos de hebreos vivieron un tiempo en algunos de estos lugares, como sucedió durante el destierro de Babilonia, y después de la convivencia partían en pequeños grupos de sus tierras, como ocurrió con Abraham al salir de Ur de Caldea. Incluso hay momentos de una vinculación muy estrecha, debido a que la convivencia entre el pueblo hebreo y otros fue larga y continuada, como aconteció en el caso de Egipto. Su relación con el gran imperio del Nilo fue muy estrecha, ya que egipcios y hebreos no solamente fueron vecinos: es que convivieron en el mismo territorio. Y hasta tal punto se relacionan sus respectivas culturas que incluso hay similitudes en sus respectivas lenguas, ya que ambos pueblos utilizan como base idiomática un esqueleto lingüístico de consonantes en el que las vocales se omiten. Analizaremos estos influjos en los aspectos alimentarios, y cómo incluso en alguna ocasión, el propio pueblo hebreo añoraba los buenos y abundantes alimentos de los que disfrutaba en tierra extranjera, como sucedió en el Éxodo:

> *¿Quién nos dará carne para comer? Nos acordamos del pescado que estaríamos comiendo de balde en Egipto, y de los pepinos, las sandías, los puerros, las cebollas y los ajos, pero ahora nuestra alma está reseca; no vemos nada más que maná (Num., 11, 4).*

La Tierra Prometida

La tierra que Dios prometió a su pueblo era un país pequeño, pobre, seco. Pero desde luego, nada comparado con el desierto por el que habían vagado durante cuarenta años. A la luz del desierto, Canaán parecía un vergel, una auténtica Tierra Prometida en el sentido de cumplir de la mejor forma las buenas condiciones para la vida. Era la promesa de comidas deseables, de abundante pasto para el ganado, de agua con la que refrescarse, de una vida superior. Era una auténtica promesa de felicidad.

Poseer la tierra era la mayor seguridad de todas en un mundo en el que todo era complejo, en el que se carecía de seguridades: la tierra era el ancla y la salvación, la que permitía disponer de cosechas y alimentar al ganado. Pero para este fin no servía cualquier tierra, y tampoco de cualquier forma, la tierra elegida por Dios para su pueblo era *Tabbur ha´árets*[5], el ombligo de la tierra. Entonces consideraban que Canaán era la mejor tierra del mundo, que era la Tierra Prometida donde descansarían del dolor, del sofocante calor, de las necesidades y del duro trabajo realizado durante dos generaciones en el terrible y mortífero desierto. Canaán la soñada y casi inimaginable, auténtica y real tierra comprometida por YHWH para su pueblo.

La promesa de la tierra que mana leche y miel, aquella tierra que sería capaz de proveer a los hombres de alimentos hasta el hartazgo, esa era la Tierra Prometida. Comer fue la primera promesa. No lo fueron el agua, no la sombra, no el vergel ni los pastos o el oro. Comer. Y comer en abundancia, sin límites. Esa fue la promesa de Dios, más allá de la supervivencia: la anhelada abundancia. Más allá de la necesidad o de la riqueza, el alimento es lo primero que un hombre desea cuando se levanta, y es lo primero que Dios les prometió, una tierra donde comer pan sin tasa, porque era un lugar donde había trigo y cebada, miel, viñas, higueras y granados, olivos y aceite (*Num.*, 13, 17-14, 9; *Deut.*, 8, 7-10).

En nuestro rico mundo olvidamos que la gran preocupación de la humanidad, persona a persona, hasta no hace tanto tiempo era la supervivencia. El anhelo de comer en abundancia sin preocuparse del día siguiente. Comer sin tasa, despreocupadamente, porque los frutos de la tierra eran generosos y abundantes. Lo observamos continuamente en la literatura, comer era siempre la prioridad. En nues-

---

5   Peláez del Rosal, J., *De Abrán a Maimónides. Los orígenes del pueblo hebreo*, Córdoba, 1992, p. 15.

tra civilización la abundancia es la norma. Nos cuesta trabajo decidir, seleccionar y saber de qué forma vamos a preparar los alimentos cotidianos. Hemos perdido la memoria de cuando no había tanto, de cuando había que calmar el apetito con pocos condumios y mucha imaginación y habilidad.

Precisamente de esa capacidad de transformación de lo escaso es de donde han extraído el mayor provecho las cocinas tradicionales, es donde nace su auténtico potencial. La capacidad de hacer innumerables preparaciones a partir de cereal, por ejemplo, que es la base de las cocinas primigenias, es una realidad palpable con incontables formas, hasta tal punto que el pan ha adquirido un significado legendario en las culturas ribereñas. A lo largo del Mediterráneo se prodigan las cocinas locales con infinitas variedades de panes, de galletas, de guisos, de elaboraciones en las que el cereal es la base de un estilo de cocina algo rústica pero sabrosa y, sobre todo, nutritiva, saciante. Esto último era justamente lo que se buscaba desde el principio: variedad y abundancia, aunque fuera de lo más básico.

La aventura del desierto duró segun el texto sagrado cuarenta años. Durante los cuales se vieron obligados a controlar las provisiones para no carecer con posterioridad o padecer una continua restricción de alientos. Tras la dura prueba, la promesa del jolgorio gozoso de una gran mesa repleta de ricas viandas después de tantos años debió marcar al pueblo de Israel.

En realidad, la naturaleza en Israel es hostil. No es fácil hacer crecer los cultivos en los campos, no es fácil cultivar las tierras pedregosas, pero junto a estas también hay otras tierras húmedas, ricas y productivas. Contiguos a los territorios desérticos hay fértiles valles, en una continua tierra de contraste en la que en todo caso es necesario luchar para conseguir esa productividad. Los bíblicos productos de leche y miel como símbolo de una alimentación dichosa y abundante son más que un símbolo, fueron una expresión de la fertilidad de un territorio y de las posibilidades de una cultura para su supervivencia.

Y en un sentido simbólico, también la tierra les ayudó a decantar su identidad: ellos mismos reconocían un origen común, más amplio que el hebreo o que el arameo, y que se remontaba a la historia de un pueblo semita seminómada, cuya lengua era bastante similar al hebreo. El autor del Deuteronomio dice al lector de su obra que su padre era un arameo errante que bajó a Egipto, donde vivió con otros hombres, un lugar en el que se convirtieron en una nación fuerte y numerosa. Después de recibir los malos tratos y sufrir la servidumbre egipcia, huyeron al desierto, donde recibieron el destino de la Tierra Prometida (*Deut.*, 26, 5-10).

Así, fue por una parte la estancia en Egipto. En la que padecieron la dureza de unas difíciles condiciones de vida, que ayudaron a provocar esa unión poderosa entre los hebreos. Que se forjó -precisamente- a través de la afinidad comunitaria y la resistencia frente a los egipcios. Y en segunda instancia, es perceptible que fue la fase posterior en el desierto, la que cimentó la unión mediante la convivencia, el anhelo y la esperanza en la llegada a la Tierra Prometida, lo que terminó forjando la identidad común. Los cambios en una persona, y también en una sociedad, se producen con frecuencia cuando se alteran las circunstancias. Así, la transformación que sufrieron durante esa etapa, en unas condiciones de vida duras, en las que era imprescindible el apoyo colectivo para la supervivencia, debió ser un proceso decisivo para su desarrollo como auténtico pueblo de Israel. Es decir, es muy probable que el desierto actuara como un auténtico reactivo para condensar y enlazar a una sociedad completa, a cada persona y a cada familia. Y también de estrechar hábitos y aspectos culturales, entre los que se encontraba la alimentación, y cómo no, creencias y fe, haciendo posible de esta forma un sustrato común de vivencias e ilusiones que resultaría de una vitalidad extraordinaria.

Y que, definitivamente, provocó la catarsis en ellos, convirtiéndoles en un solo pueblo. No sería la última peregrinación juntos, en su condición de hijos de Israel, y no solamente por la unión entre ellos mismos, sino por la visión que otros pueblos tenían de ellos, por la percepción externa de su unión. Como anécdota, a raíz de la expulsión de los judíos de España, en 1492, tantos años después, ocurrió algo similar. Y cuenta el cronista Andrés de Bernáldez cómo durante su salida: "No havia christiano que no oviese dolor de ellos". Sus vecinos y sus amigos, otros españoles que les observaban, se lamentaban por ellos y percibían su unidad y su identidad, admirándose de cómo eran entre ellos: "muy caritativos, e usaban los unos a los otros en aquella partida de mucha caridad"[6].

---

6   Bernáldez, A. *Historia de los Reyes Católicos*, Madrid, 1953, pp. 254-259.

Hay algo que une en el dolor, en la pérdida, en la desgracia, algo que consolida lazos entre las personas para siempre, y que es tan poderoso que, a pesar de lo contradictorio que pueda parecer, puede conducir a grandes destinos, a amistades y relaciones que se forjan para siempre con una fuerza impresionante.

La desgracia de haber vivido en diferentes momentos de su historia el peso de movimientos profundamente antisemitas de una forma cruel y monstruosa, debe haber arraigado en ellos aún con más fuerza el sentido de pertenencia a una unidad. De filiación a una familia, la judía, en la que poder ser como se es, en la que creer en algo común, en la que sentarse a la mesa tiene un significado: y es que esos pequeños símbolos de la vida cotidiana son lo más valioso de la existencia.

El territorio

El estilo de alimentación siempre está marcado en primera instancia por las actividades primarias, y así, la agricultura, la ganadería y la pesca, o la recolección y la caza, según el tipo de sociedad, se nutren necesariamente del territorio. Una vez tenemos esta obvia premisa clara, solo nos queda bucear en cómo se distribuyen estas posibilidades productivas, si se producen todas a la vez o únicamente se dan algunas de ellas. Posteriormente, la propia geografía nos contará cómo se reparten y de qué forma se producen estos distintos recursos necesarios para la supervivencia.

La respuesta a la primera pregunta sobre la alimentación siempre llega de mano de la naturaleza. Las sociedades antiguas, especialmente apegadas a este factor de la territorialidad, dependían de forma mucho más estrecha y vinculante de su entorno inmediato y, por lo tanto, eran sociedades frágiles. Estaban sometidas a la posibilidad de padecer hambruna por cualquier motivo, incluso pequeñas circunstancias les afectaban, por ejemplo, una temporada especialmente seca. Y cómo no, las situaciones más duras como la llegada de tormentas, incendios, lluvias torrenciales, las plagas o las enfermedades, creaban auténticas catástrofes. De ahí la importancia de la precaución y de un sentido pragmático vinculado no solo con la vida, sino con la tierra, con los animales, con todo aquello capaz de nutrir, vestir o proteger a las personas. Es lo que conocemos como estacionalidad, que para las primeras comunidades urbanas fue un factor fundamental a tener en cuenta, sencillamente porque los inviernos o épocas sin producción agroalimentaria debido a una mala cosecha, una plaga o cualquier circunstancia adversa podían convertirse en una trampa mortal para la población que no había sido previsora.

La segunda cuestión sobre la alimentación en el Israel bíblico será la cultura. Es decir, qué hicieron las personas que vivían allí en un momento concreto con la oferta natural, con lo que el territorio hacía posible y ofrecía. Porque en el mundo antiguo el peso de la tradición era muy importante, y las innovaciones no estaban a la orden del día. Lo que funcionaba bien se dejaba estar, porque la mayor preocupación era que el riesgo que se corría con las novedades fuera mayor que el posible beneficio, ya que las sociedades caminaban de forma precaria y vacilante, y la precaución nunca era suficiente.

El desarrollo de la cultura provocaría el crecimiento de pequeños núcleos urbanos, después, y sobre ellos, ciudades, civilizaciones, imperios... que se yerguen sobre la ciudad y se constituyen alrededor de ellas. Y en cada una de estas circunstancias, las personas iban seleccionando los alimentos preferidos. Así que, en este caso, y para comprender el desarrollo cultural, tenemos una fase más, la de selección, ya que, sobre la oferta del territorio, sobre las características de la civilización, cada cultura elige qué alimentos consumir y cuáles no. Decide hasta dónde llegar y por qué, qué cosas son aceptables y cuáles no lo son. Y así ocurre en términos generales en todos los casos, a lo largo de toda la historia humana, en la que podemos encontrar este modelo que se repite constantemente con diferentes características en cada caso. Es algo natural, tanto las sociedades como los individuos pueden optar por seleccionar ciertas cosas que les gustan y desechar las que no. En este sentido, individuos y sociedades se comportan de una forma parecida. Aunque no solamente se trata de gustos personales, ya que las alternativas están marcadas por lo que representan los alimentos, por las ideas sobre ellos, sobre la religión, sobre su importancia en esa sociedad, así que, de nuevo, estamos en un territorio complejo, el de las elecciones, al que haremos referencia en un par de capítulos.

La historia está supeditada a la geografía, no imaginaríamos el descubrimiento de América sin un enorme océano Atlántico entre ambos continentes, ni el surgimiento de la civilización egipcia sin el Nilo, o los alegres días de Creta sin un entorno insular próspero y de clima amable. Igualmente, la geopolítica romana contó con dos barreras geográficas casi infranqueables, como fueron el Rhin y el Danubio al norte, o el enorme desierto del Sáhara al sur. En el mundo antiguo, esta realidad era especialmente rotunda, como podemos imaginar, las posibles alternativas eran cuando no inverosímiles, verdaderamente difíciles, y las culturas estaban necesariamente enraizadas en un área concreta.

La tierra de Israel, como parte extrema de la medialuna fértil del Medio Oriente, se encuentra inserta en un entorno árido y seco, es una región en la que la presencia del agua representa la supervivencia, como conocen muy bien los pueblos del entorno. Con unas precipitaciones escasas, que fluctúan anualmente entre los cuatrocientos y los doscientos cincuenta milímetros. El territorio se compone de cuatro grandes espacios que se suceden en forma de franjas que se desarrollan de oeste a este de la siguiente forma: en primer lugar, una zona de llanura marítima junto a la costa mediterránea. Después una gran franja compuesta por una cadena montañosa central, tras la que se encuentra el fértil valle del Jordán, articulando el territorio. Finalmente, tenemos la franja ocupada por la gran meseta transjordana, y tras esta zona se encuentra una amplia zona desértica que no favorece la comunicación con el oriente. La antigua Transjordania bíblica, ubicada entre el monte Hermón y el golfo de Aqaba, y entre el valle del Jordán hasta el borde del Desierto Oriental, era una zona con diferentes espacios geográficos, desde una amplia tierra fértil y llana, a las zonas moabitas en la meseta más elevada y las altas tierras de Edom, que se elevan sobre el nivel del mar hasta 1500 m.

La primera franja, compuesta por la llanura marítima, es fértil. Se trata de una zona de tierras bajas y abiertas, con mayor pluviosidad que el espacio interior, y con la presencia de vientos húmedos que proceden del Mediterráneo. La siguiente franja, la gran cadena montañosa central, compuesta por el Néguev, las tierras altas de Galilea, Judá y Samaría, es de tierras estériles, con una media de altitud de 460 m sobre el nivel del mar que en ocasiones alcanza los 900 m. En realidad, estas montañas funcionan como un auténtico obstáculo natural entre oriente y occidente, por su dirección norte-sur que se desplaza a lo largo de todo el territorio. Se trata, además de una zona de tierras calizas, imposible para el cultivo. Pero a pesar de las dificultades, es esta justamente la región donde tuvieron lugar los encuentros narrados por la Biblia entre YHWH y los patriarcas.

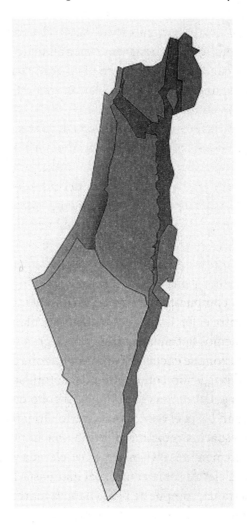

Fig. 3. Israel de oeste a este: zona costera, zona montañosa (parte norte) y desierto del Néguev (parte sur) y valles del Jordán y de Jezreel.

Es un territorio en el que encontramos constantes alusiones a las prácticas productivas: un campo de lentejas, la época de la siega del trigo (*2Sam.*, 24, 15), la estación del esquileo de las ovejas, el tiempo de la siembra... Estas referencias no son únicamente destellos poéticos en un texto complejo de descifrar, son auténticas observaciones de los momentos en los que transcurren o se hacen transcurrir los hechos; las historias de la Biblia tienen un marco de fondo que va cambiando según se suceden las estaciones, según se progresa en el cultivo o se aumentan los productos. Es un mundo real repleto de referencias a la vida real, a la producción de alimentos y a cómo se vive y se come, tanto en las cortes como en las sencillas vidas de beduinos y campesinos.

Con respecto a las descripciones bíblicas sobre el territorio, al contrario que sucede con otras cuestiones, suelen ser bastante exactas. Incluso investigadores muy críticos como Finkelstein[7] coinciden en que las descripciones del libro de Josué, por ejemplo, con respecto a la geografía de Israel son exactas. Esto nos da una aproximación muy acertada para reconocer mejor los alimentos que pudieron ser posibles en las distintas zonas y, por lo tanto, supone una extraordinaria pista para identificar y reconocer su sistema alimentario.

Importancia del agua

Canaán, la Tierra Prometida, es un país seco en su conjunto hasta el punto de denominarlo árido. Su necesidad de agua se veía principalmente cubierta con las escasas lluvias anuales, y por otra parte el único río es el Jordán, aunque su caudal no se puede comparar con la magnitud de los grandes ríos de territorios cercanos, como era el caso de Egipto con el Nilo, o de Mesopotamia con el Tigris y el Éufrates, de modo que la agricultura depende de esas pocas lluvias que tienen, y que son inciertas y escasas. Las dos civilizaciones anteriores, Egipto y Mesopotamia, se nutrían de las abundantes aguas de ambos ríos, y a pesar del idéntico entorno árido y seco era posible mantener la vida y cultivar la tierra gracias a la abundancia de estas aguas fluviales. Desde luego, en ninguno de estos territorios llovía, pero las aguas del Nilo, del Tigris y del Éufrates eran suficientes para la agricultura y la ganadería, para crear vida y riqueza en sus respectivas zonas. Aunque la lluvia fuera bienvenida, no era necesaria, las

---

7   Finkelstein, I., Silberman N. A., *op. cit.*, 2001, p. 88.

aguas de estos grandes ríos ofrecían provisión abundante para sustentar todas sus necesidades.

Por su parte, en Israel, el caso del río Jordán era diferente a los anteriores. Tras atravesar la tierra de Canaán y recorrer el sur del mar de Galilea, las aguas estaban tan cargadas de sustancias químicas que su aprovechamiento era imposible[8]. Así que la supervivencia dependía de las pocas gotas que pudieran caer, de la bendición que traían (o no) las nubes, hasta el punto de que incluso el rocío que caía de madrugada podía salvar una cosecha. Y por supuesto, tendremos en cuenta que, comparativamente, el Jordán era un río menor con respecto a los anteriores.

En realidad, la falta de lluvia era una auténtica tragedia en el antiguo Canaán. La presencia de agua, aunque fuera en poca cantidad, podía marcar la diferencia entre la vida y la muerte, tanto de personas como de animales, lo que significaba que cualquier fuente de agua desde fuentes y manantiales, e incluso pozos y cisternas, era verdaderamente fundamental, tanto que a lo largo de la Biblia encontraremos constantes referencias a estos lugares como centros de acceso para abrevar el ganado, como lugares estratégicos para fundar una ciudad, espacios para hacer una parada durante una ruta o para abastecerse de agua por cualquier motivo.

La principal actividad ganadera israelita era el pastoreo y, debido a su importancia, se vinculaba necesariamente con estas fuentes de agua, incluso los animales de los rebaños debían pertenecer a especies que estuvieran adaptadas a ese estilo de vida en un mundo esencialmente árido. Como las personas, los animales estaban igualmente marcados por un entorno de régimen severo de agua y de alimentos, por la escasez y la dificultad, por lo que tanto el ganado caprino como el ovino (como analizaremos más adelante) eran los más adecuados.

Sin embargo, la característica escasez del régimen de lluvias no era el único problema para ese desértico territorio, ya que a su aridez se sumó la terrible deforestación. Desde el 3000 a. C., la tierra palestina había sido sistemáticamente asolada, era un momento en el que se percibía que el antiguo bosque mediterráneo se degradaba

---

8   Beitzel, B. J., *Atlas bíblico de Tyndale*, Oxford, 2017, p. 58.

sin remedio por la acción antrópica. La vegetación original correspondía a la de un territorio con bosques de roble, almendro, algarrobo, terebinto y diversas especies de pino y, como en el resto del Mediterráneo, el clásico maquis que cubría la tierra con maleza, plantas arbustivas y matorrales, de forma continuada hasta prácticamente las regiones que circundaban el desierto.

El proceso de deforestación fue consecuencia directa de la acción humana, principalmente por las necesidades que se vinculaban con el crecimiento de la población y el desarrollo de las ciudades con las industrias asociadas. El principal material que se extraía era naturalmente la madera, que resultaba necesaria para multitud de usos urbanos, desde la construcción de casas hasta la fabricación de carbón. También para la elaboración de cal, en la producción de vidrio y en la fabricación de ladrillos y cerámica; por supuesto, era imprescindible para cocinar y para los hornos destinados a la metalurgia. A esta acción continua y vinculada con el crecimiento demográfico y al desarrollo urbano, se sumaron los efectos devastadores de la tala de árboles y la presencia de ganadería ovicaprina. En concreto, las cabras están adaptadas a territorios áridos y difíciles porque son capaces de aprovechar cualquier rastro de vegetación por pequeña o escondida que se encuentre. La consecuencia de esto es que, al pastar, arrancan de raíz la vegetación, sin permitir ni favorecer la regeneración de la planta, limpiando el terreno no solamente de todo tipo de matorral, sino, sobre todo, de las posibilidades de reproducción de la vida vegetal.

Para comprender los efectos devastadores de la deforestación, que terminaron siendo permanentes, hay que tener en cuenta cómo, sobre la tierra sin vegetación por cualquier efecto, sea deforestación, las batallas o el ganado, o aún peor, la combinación de todos ellos, la llegada del viento y del agua producen un efecto catastrófico. Sobre una tierra semidesértica, que no tiene plantas que sujeten la tierra, el viento y el agua provocan la pérdida irreparable de la frágil capa de suelo fértil. Así, al quedar solamente la roca madre sobre la que no podían crecer plantas, se anulaba el ciclo fecundo, cerrándose para siempre. La roca base quedaba expuesta y era incapaz de sostener el manto de tierra nutritiva, lo que a su vez remataba el ciclo provocando la desaparición de los últimos matorrales, quedando totalmente inerte. Un panorama de lo más desolador, sin duda, y prácticamente irremediable.

Como vemos, era imprescindible que los asentamientos urbanos del mundo bíblico tuvieran que dar preferencia sobre otros factores a la cercanía y al acceso a fuentes de agua. Una vez satisfecha esta primera necesidad propia de un incipiente urbanismo, tendrían en cuenta otros factores como eran la facilidad para la protección de la ciudad, la cercanía a las vías de comunicación y la proximidad a los recursos agroalimentarios, aunque desde luego, también la topografía del terreno tenía una repercusión importante con respecto a la elección de una u otra zona. Veamos algunos ejemplos: Masada, ubicada en una llanura elevada, aislada y rodeada de rocas de difícil acceso, era una fortaleza casi inexpugnable. Jerusalén, igualmente, estaba rodeada por valles profundos, con excepción de la zona norte, mientras que Jericó, una de las ciudades más antiguas de Canaán, se edificó junto a un manantial que disponía de un generoso caudal de agua. También se habla explícitamente del abastecimiento de agua, en el libro de Samuel, cuando Joab, general del rey David, hace referencia al asedio de la ciudad de Rabá[9], para lo cual lo primero que hizo fue apoderarse del abastecimiento del agua, una lección aprendida para siempre, que obligó a David a la construcción de canalizaciones de forma discreta (*2Sam.*, 12, 27). Y algo después, en tiempos del rey Ezequías, seguía siendo fundamental el abastecimiento de agua, creándose el conocido como Túnel de Ezequías o de Siloé, que conducía el agua del manantial de Guijón, que no estaba protegido ante una posible ofensiva a la ciudad. En el 701 a. C., este túnel conduciría el agua hasta la Piscina de Siloé, que ya se encontraba en la zona protegida de Jerusalén. Ante el avance del rey Senaquerib, Jerusalén pudo resistir con suficientes provisiones de agua, gracias a la previsión demostrada (*2Cron.*, 32, 1-5). La necesidad de agua, en especial durante los tiempos de guerra, acuciaba, y la estrategia de preparar un abastecimiento suficiente a través de las colinas rocosas requirió un importante conocimiento de ingeniería sobre la irrigación y para la propia construcción de esas canalizaciones por las que debía discurrir el agua de forma discreta para evitar que el enemigo

---

9   Posteriormente, Rabá, en tiempos de Tolomeo Filadelfo tomó el nombre de Filadelfia, y actualmente es la ciudad de Amán.

cortara el suministro. En cualquier caso, parece que la construcción de este tipo de canalizaciones subterráneas comenzó a realizarse antes del 1200 a. C., y la de Gezer es la más antigua que conocemos[10]. El agua era una cuestión profundamente sustancial en este territorio, pero incluso lo era en regiones mucho más ricas en recursos hídricos, o concretando, en el gran recurso fluvial del Nilo, en Egipto. También allí las hambrunas hacían su aparición, como constata la llamada estela del hambre, que relata hechos de la época del faraón Zoser, de la tercera dinastía —2665 a 2645 a. C.—, el constructor de la famosa pirámide escalonada. Esta estela es un texto monumental, grabado en la isla de Sehel, cercana a Asuán, que se talló sobre piedra cerca del centro religioso vinculado con el dios Khunum. En la estela se refleja el dolor de la población, la escasez de la producción agrícola que llevó consigo la sequía, y lo más importante, que el Nilo no había crecido durante siete años. En ella se refleja una población empobrecida y al borde de la subsistencia:

> El cultivo de cereales era escaso, las semillas se secaban en la tierra y no había suficiente comida. Los niños lloraban, los jóvenes desfallecían y los viejos se acurrucaban en el suelo con las piernas cruzadas[11].

Una imagen conmovedora, profundamente expresiva, que refleja la falta de alimentos, el dolor y la hambruna debidas a la escasez de agua. El faraón Zoser tuvo un sueño en el que se le apareció el dios, tras el cual, y con el apoyo de Imhotep, hizo una petición para la llegada de agua y un sacrificio a los dioses[12]. Si una situación de este tipo se podía producir en el rico y feraz Egipto, ¿cómo atenazaría una época de sequía más prolongada a una zona más árida y pobre?

---

10 Forbes R. J., *Studies in Ancient Technology*, vol 1. Leiden, 1993, pp. 155-156.

11 Linchtheim, M. *Ancient Egyptian Literature: A Book of Readings*, Berkeley, 1973, pp. 94-100.

12 La inscripción de la estela se realizó en época de Epífanes, en el 187 a. C., y relata los acontecimientos que ocurrieron en época de Zoser y las soluciones que para ello encontró el faraón.

El clima

Tras el pacto de Dios con Noé, como símbolo de toda la humanidad, el primero prometió que la vida seguiría, y con ella el ritmo de las estaciones y las labores propias de cada temporada, con la alternancia de frío y calor, con los ritmos naturales, y así:

> Sementera y siega, frío y calor, verano e invierno, día y noche, no cesarán mientras dure la tierra (Gn., 8, 22).

Durante los siglos anteriores al I a. C., el clima de la Palestina bíblica no era tan duro como en la actualidad. Al igual que ahora, existía una zona desértica al sur del país, pero los recursos hídricos eran más abundantes, y podemos imaginar un mundo en el que la oferta agrícola y ganadera era más fructífera. Aunque desde luego, tampoco debemos imaginar una mítica edad dorada ni una vida fácil en la que no fuera necesario trabajar constantemente la tierra para que proporcionara sus frutos, ni vigilar rebaños, cuidar animales y combinar los ciclos de plantas y animales para aprovechar ambos de una forma óptima.

Pero sí tenemos una referencia directa y clara con respecto al clima, que es siempre de carácter mediterráneo, con largos y secos veranos de días soleados, cálidos y dilatados; con inviernos templados y relativamente lluviosos y dos épocas cortas que modulan el ciclo entre ambas estaciones, que se corresponden con el otoño y la primavera. Los prolongados veranos del oriente del Mediterráneo eran característicos, haciéndose patentes desde junio hasta septiembre, era ese tiempo que podemos esperar compuesto por largos días cálidos y secos, en una época de calores diurnos y sequía constante. A veces podían transcurrir meses y meses sin recibir lluvia, eran épocas que se podían constituir en un auténtico desastre para la vida de las plantas, de los animales y de las personas. Pero, en cualquier caso, los días más cortos y las lluvias invernales eran un alivio tras la dureza de la canícula. Aun así, y partiendo de este marco genérico típicamente mediterráneo, los matices climatológicos en Palestina eran muy amplios en los distintos lugares. Las diferencias de altitud, como en la zona de Edom, que podía llegar a los 1500 m sobre el nivel del mar, o a las zonas costeras, del valle del Jordán o el sur de Galilea, tenían microclimas diferenciados y características propias según su altitud, cercanía al mar o al desierto, e incluso por la presencia de vientos dominantes.

Vinculadas con el clima encontraremos, por tanto, zonas áridas o semidesérticas, zonas de costa y humedal, espacios agrícolas mediterráneos, y también alta montaña. En realidad, la historia bíblica transcurre en un entorno que conocemos bien y que ellos dominaban aún mejor. Era su tierra, conocían los ciclos y los fenómenos meteorológicos, sus peligros y sus bondades.

La Biblia es una historia de historias que transcurren a lo largo de generaciones y que tiene un trasfondo común, que es ese territorio y ese clima, circunstancias que, como es natural, afectan a la cosecha y a los animales, a la producción agrícola y a los tipos de flora y fauna silvestres. Pero el clima también es el fondo de vida de las personas, y tiene un efecto sobre su vida cotidiana, más allá del alimento, y en sus páginas vamos percibiendo este ritmo vital, las estaciones y las horas. En ese palpitar de la vida cotidiana, el clima marcaba las horas de descanso y de reposo, el tiempo de actividad y hasta el de sueño de una forma característica y propia de una zona calurosa. Por ejemplo, la siesta era imprescindible durante las tórridas jornadas veraniegas, detalles que observamos a lo largo de sus páginas, y así, cuando uno de estos días de fuerte canícula los hijos de Rimón llegaron a casa de Isbaal, que era el hijo y sucesor del rey David, este estaba durmiendo la siesta, y también descansaba la portera de la casa, por lo que no interrumpió la entrada de los atacantes. Y a pesar de ser pleno día, durante el silencio del sueño, los agresores tuvieron franco el acceso al rey y pudieron matarle fácilmente (*2Sam.*, 4, 5). El clima como telón de fondo del relato bíblico nos conduce a observar cómo sus protagonistas conocían muy bien las etapas de terrible calor que finalmente conducen a la sequía, y que eran capaces de consumir todos los restos de lluvia y nieve, como bien sabía Job:

Como la sequía y el calor absorben el agua de nieve... (Job., 24, 19).

Y a lo largo de esas jornadas protagonizadas por el sol intenso, con un formidable calor que terminaba derritiendo el maná en el transcurso de la jornada, la canícula se hacía insoportable (*Éx.*, 16, 21). En cualquier caso, los hombres estaban sometidos a las inclemencias del tiempo, a las altas temperaturas, a las lluvias, al viento...

Y anhelaban la protección, hasta el punto de que Isaías, conociendo bien esta circunstancia, hablaba de una tienda:

Que proporcionaría sombra durante el día contra el calor, y abrigo y cobijo contra la tormenta y la lluvia (Isa., 4, 6).

Los rigores del clima iban más allá del simple calor, y la población se encontraba sujeta a sus dificultades, especialmente cuando tuvieron que pasar tantos años en el desierto. Las inclemencias se sufrían persistentemente, y no era una sola, eran muchas y fueron constantes. A veces el viento era una compañía tenaz en muchos episodios de su epopeya: azotaba intensamente cuando los israelitas huían de los egipcios, o hacía pasar a golpe de fuerza las codornices del lado del mar y con frecuencia, las tormentas con viento y fuertes lluvias oscurecían el cielo (*Num.*, 11, 31; *1Re.*, 18, 45).

Además del viento, la Biblia refleja constantemente los fenómenos meteorológicos en forma de calor o frío, lluvia, rayos, tormentas o el granizo y ¡hasta peligrosas tormentas marítimas! Sencillamente porque la vida por la que transcurren sus historias tenía un marco en el que se desarrollaban las personas que las protagonizaban, en el que sucedían los acontecimientos, y en ese entorno la meteorología tenía un importante papel. Incluso cuando los protagonistas eran ajenos a su violencia, por ejemplo, a pesar de la tormenta que se desató en el mar, Jonás dormía plácidamente mientras combatían las olas en furiosa tempestad:

El Señor envió un viento impetuoso sobre el mar y se levantó una tempestad tan recia que la nave estaba a punto de zozobrar (Jon., 1, 4).

Y no solo en el mar, porque ya en tierra, Ezequiel describe otra fuerte tormenta, que comienza con un «enorme aguacero, viento huracanado, y piedras de granizo destructor» (*Ez.*, 13, 11). Veremos numerosas tormentas perfectas, como cuando se abatió sobre los egipcios la séptima plaga anunciada por Moisés, la terrible tormenta de granizo. Y esta sí tuvo una repercusión directa sobre las personas, sobre las cosechas y el ganado, probablemente provocando un fenómeno de posterior hambruna:

Truenos y granizos; y cayeron rayos sobre la tierra... cayó con tal fuerza como no lo había hecho en todo el país de Egipto, desde que fue fundado. El granizo hirió en todo el país de Egipto a cuanto había

en el campo, tanto hombres como animales; el granizo estropeó toda
la hierba del campo y destrozó todos los árboles (Ex., 9, 23-25).

Pero estos fenómenos extremos son incluso advertidos no solo
por cómo se desarrollan, sino también según su procedencia, lo que
se explica por la capacidad de observación y la importancia que estos
fenómenos tenían para la vida. El libro de Job señala que:

> *De los recintos del sur viene el huracán y de los vientos de norte, el*
> *frío. Al soplo de Dios se forma el hielo y la superficie del agua se con-*
> *gela. Él lanza desde el nublado los rayos y las nubes esparcen su ful-*
> *gor (Job., 37, 9-11).*

Y aunque remite todos estos fenómenos a la voluntad de YHWH,
observa como en su tierra llega el frío con los vientos del norte, y los
huracanes provienen del sur. Es decir, tienen un origen claro y con-
trastado y hasta los autores de la Biblia vislumbran y describen las
pautas observables que ofrece la climatología, que nos resultará de
gran utilidad para proporcionar un marco al sistema alimentario.

La nieve, a pesar de no tener una aparición constante en el clima
de la zona, era un fenómeno perfectamente conocido, hasta tal punto
que la metáfora que se utiliza para representar a un enfermo de lepra
era que estaba «blanco como la nieve» (*Ex.*, 4, 6; *Num.*, 12, 10; *2Re.*,
5, 27). La nieve les resultaba familiar, sabían que se producía con
más frecuencia en altura, principalmente en los montes, y así en
Salmos, se narra que la nieve caía en el Salmón o monte Umbrío, una
colina cercana a Siquem, en Samaría, cuya altitud alcanzaba los 800
m. Pero, aunque los fenómenos violentos como relámpagos, rayos,
huracanes y tormentas asustaran a la población, era la sequía, tan
habitual en la zona, la que realmente producía estragos constantes.
Había terribles años de sequía, y se conocían las funestas consecuencias; como narra el profeta Ageo, la sequía era la ruina y la muerte:

> *Los cielos os han denegado el rocío y la tierra os ha denegado su fruto.*
> *He convocado a la sequía sobre la tierra, sobre los montes, sobre la*
> *mies, el mosto y el aceite, y sobre cuanto produce el suelo, sobre los*
> *hombres y sobre las bestias, y sobre todo producto de las manos (Ag.,*
> *1, 10-11).*

La devastación que producía la sequía, sobre todo si se prolon-
gaba durante un ciclo largo, era la peor de las calamidades para un

pueblo agrícola y ganadero, ya que conducía a sus miembros hacia el terrible espectro del hambre. Tan grave llegaba a ser que una de estas sequías terribles azotó a la comunidad de Abraham, obligándole a bajar a Egipto (*Gn.*, 12, 10). Y claro, si el ciclo era tan largo como los siete años profetizados por José, el hambre podía llegar a asolar a un país entero (*Gn.*, 41, 30). La realidad de un clima con sus pautas y sus irregularidades, con sus fenómenos ocasionales y extremos, con la normalidad cotidiana, se puede percibir a lo largo de las páginas de la Biblia. El marco para su alimentación ya empieza a entenderse mejor y también las posibles causas de las hambrunas, típicas del mundo antiguo y que impulsan al desplazamiento de los grupos humanos.

Selección de alimentos

Y Judit replicó: No comeré de ellos, no sea que cometa alguna ofensa. Que me sirvan los alimentos que he traído conmigo (Jdt., 12, 2).

Sobre todo aquello que es potencialmente comestible, una sociedad selecciona qué se debe comer y qué no debe siquiera llegar a considerar como alimento, sin ambages, no suele haber margen para las dudas. Un ejemplo evidente de este hecho es, en otras culturas, el consumo de carne de perro, cuyo solo pensamiento estremece en Occidente, por lo que este animal representa de familiar, compañero y amigo, mientras en Vietnam, donde es un hábito muy arraigado, se consumen los perros de la misma forma que si fuera pollo o cualquier otra carne. Este es justamente nuestro caso, como veremos cuando analicemos las costumbres alimentarias hebreas. En gran medida están contrastadas por una forma de pensar y quizás incluso de ser, frente a las posibilidades ofrecidas por el territorio. Es decir, se trata de un sistema alimentario que está marcado significativamente por su cultura, algo que es común a todos ellos, aunque en diferente proporción. La posterior elección manifestada por la cultura sobre el territorio significa que la oferta de la geografía no satisfacía la demanda civilizadora. Por eso la elección representa la acción humana, la dominación sobre el territorio y sus recursos.

El marco para acercarnos a la selección de alimentos en el antiguo Israel es el entorno mediterráneo, que nos proporciona un rango climático concreto y una oferta productiva de vegetación y de animales. Las actividades económicas básicas del Israel antiguo eran la agricultura, el pastoreo y la pequeña ganadería, un marco que nos permite avistar cómo era su estilo de vida, el de una sociedad eminentemente rural, con actividades vinculadas con este sistema económico. Las ciudades eran principalmente de interior y estaban dedicadas a la producción agrícola, mientras que había unas zonas amplias y abiertas en las que el pastoreo era la actividad principal.

Las elecciones de alimentos fueron una consecuencia de la vinculación de los hebreos con su territorio y sus creencias, aunque desde luego, no se configuraron como un bloque monolítico en una sola época, sino que más bien se fueron estableciendo a lo largo del desarrollo y la creación del propio Israel, creciendo estrechamente arraigadas a las creencias religiosas, de las que terminaron siendo expresión. En realidad, sus hábitos alimentarios se arraigaban directamente en el sistema de creencias debido a que eran imposiciones hechas por el propio YHWH a su pueblo. Al creer firmemente que estos hábitos brotaban de la fuente inicial hasta su destino, no eran una opción, ni siquiera una mínima posibilidad, sino una normativa. Como un todo al que uno se aferra o abandona totalmente. O se es judío o no se es, y *Su* pueblo tenía que cumplir esos preceptos o no ser *Su* pueblo. Ese era el pacto, que en gran medida se manifestaba a través de un sistema alimentario singular.

En cualquier caso, la expresión de una cultura en forma de tríada mediterránea se observa en forma de primicias a YHWH, al que se ofrecían los primeros frutos del aceite, del mosto y del trigo, los alimentos más importantes, nutritivos y prestigiosos, alimentos que podía consumir toda la persona que estuviera purificada (*Num.*, 18, 12; *Dt.*, 28, 4).

3. Israel, sus ciudades y los pueblos del entorno

Israel no vivió sola ni aislada en el entorno del Medio Oriente. Muy por el contrario, su situación geográfica la mantenía en continuo contacto con otros pueblos, y a lo largo de su historia es evidente la necesaria relación a veces pacífica y a veces belicosa, con una gran cantidad de culturas que se desarrollaron en la región desde época temprana. Se trataba de un territorio vinculado con grandes potencias como hititas y egipcios, o babilonios y persas, que ejercían la dominación territorial, y en especial sobre zonas que eran clave para el comercio y para la estrategia política. A veces se producían contaminaciones culturales y religiosas, como la vuelta constante del pueblo de Israel al politeísmo que observamos en numerosas ocasiones, o los matrimonios mixtos, que estaban muy mal vistos por esta sociedad (*Jue.*, 2, 11-19). La cuestión es que todas estas culturas en sus diferentes dimensiones, desde las ciudades-estado a las grandes civilizaciones, estuvieron marcadas por impregnación profunda de la religión en todas sus facetas como sociedades, y por tanto, con su identificación con dioses concretos y sus panteones.

Todo había empezado al menos nueve mil años antes de nuestra era en las zonas altas, húmedas y más ricas del Oriente Próximo. Poco a poco la vida de sus habitantes empezaba a cambiar, y la economía depredadora iba a dar paso a una economía productiva, en la que la ganadería y la agricultura serían las claves de la transformación. Los cambios, sin embargo, no se produjeron por ninguna intervención externa, sino por unas modificaciones sociales con consecuencias en todos los aspectos vitales que terminaron con el estilo de vida de la prehistoria para empezar un nuevo tiempo. El seminomadismo era una antigua forma de vida que terminaría transformándose en una progresiva sedentarización, creando con ello nuevos recursos y un estilo de vida muy distinto, vinculado a la aparición de las ciudades y provocando la creación de unas nuevas estructuras sociales. En el año 3000 a. C. comenzaron a nacer las dinastías más antiguas de la historia, comenzando a producirse conflictos entre ciudades y territorios, y a perfilarse las diferencias entre unas y otros, generando con ello sociedades diversas que darían lugar a naciones. La primera de las lenguas asociadas a una cultura y conocidas hasta la actualidad, la sumeria, era de origen semita, emparentándose al menos en los orígenes con la del pueblo hebreo.

Debemos imaginar el panorama del Próximo Oriente como el de una tierra repleta de posibilidades, un auténtico foco de cultura en desarrollo en el que existía un espacio abierto, con numerosas aldeas y ciudades que disfrutaban de vinculaciones comerciales y rutas para viajeros. Aunque esas ciudades israelitas no eran grandes núcleos de población, sino pequeñas ciudades, como en la Edad del Bronce (2800-1200 a. C.), momento en el que no superarían los tres o cuatro mil habitantes. Tras esta etapa se produjo una crisis en la que las ciudades se redujeron al mínimo, aunque tras ella llegó la segunda Edad del Hierro (900-600 a. C.), en la que se alcanzaron cotas de población similares a las de la Edad del Bronce. A modo de arquetipo, en estas ciudades ocupaba el lugar central un palacio real, que podía ser un edificio de unos mil metros cuadrados desde el que se gobernaba el territorio y en el que vivían las personas encargadas de las dependencias, además del selecto núcleo de poder. El resto de la población se agrupaba en pequeñas aldeas salpicadas por el territorio, cada una de ellas con un pequeño número de habitantes repartidos en casas cuyo número variaba desde seis a cincuenta, y una población seminómada vinculada con estas pequeñas aldeas[13].

---

13   Liverani, M., *Más allá de la Biblia. Historia antigua de Israel,* Barcelona, 2005, pp. 8-9.

Qué era Israel

La identidad del pueblo hebreo ya era una realidad en época de Abraham, cuando a su pequeña comunidad se les reconoce como hebreos, un pequeño grupo aliado con los amorreos (*Gn.*, 13, 18). Ahí ya podemos encontrar una casta con sus propias características y preferencias, con una idiosincrasia y con intereses tan claros que incluso les llevaron a querellarse con otros pueblos.

Sin embargo, la cuestión del nombre, Israel, la encontramos en el texto bíblico por primera vez en el Pentateuco, por decisión divina, cuando YHWH cambia el nombre de Jacob por Israel (*Gn.*, 32-28), modificando con ello su destino y el de sus descendientes. Poco a poco observamos cómo se iba utilizando cada vez más la expresión «hijos de Israel», expresión que hacía referencia a la descendencia del patriarca, y que vendría a decir «hijos de Jacob».

Así, los hijos de Israel en Egipto no son solamente los descendientes de una familia, ni tampoco un clan familiar, son algo más complejo que terminaría conformando un pueblo con un héroe epónimo común. En realidad, esta expresión (la de Israel) todavía adquiere un mayor alcance con el paso del tiempo, y terminaría designado incluso a un territorio, al país en el que prosperó ese pueblo de los hijos de Israel. Esta denominación no fue solamente la forma en que ellos se referían a sí mismos. Se hizo extensiva a toda la región, y otros pueblos los terminaron conociendo por este nombre.

En cuanto a la aparición del pueblo de Israel en las fuentes la cuestión es que, según los datos arqueológicos e históricos, la primera mención la encontramos en la estela de Merneptah, del 1207 a. C., donde se menciona a un pueblo de Israel sobre el que Egipto parece ejercer una gran victoria. Esta estela habla de un pueblo (como un conjunto de gentes) al que denominan Israel y que vivía en Canaán. Como vemos, se trata de una definición con matices, porque la referencia es a Israel como un concepto étnico, un grupo humano que no necesariamente ocupa un territorio concreto y, por tanto, no se trata de la crónica sobre una nación. Otra cuestión es su diferenciación con respecto a los cananitas, que, aunque la historia los ha tratado como grupos claramente diferenciados, algunos investigadores como Finkelstein proponen que sean considerados como el mismo pueblo con actividades diferenciadas durante el Bronce Reciente hasta el s. XII a. C., En primera instancia ocupados como pastores en las tierras altas y cercanas al desierto y en segunda instancia como agricultores. Aunque el proceso que describe la Biblia es que el colapso de la cultura cananea provocó la aparición de los orígenes de Israel, Finkelstein propone justamente lo contrario, que Israel surgió del pueblo cananeo, diferenciándose posteriormente[14]. Desde luego, sí sabemos que en la frontera egipcia siempre había habido problemas que enfrentaban a tribus de beduinos con las regiones agrícolas, es decir, dos grupos muy diferenciados en sus ocupaciones. Por una parte, campesinos bien asentados en el territorio y por la otra, nómadas del desierto, en la lucha por la supervivencia que suponían las buenas tierras de cultivo bien irrigadas.

Fig. 4. Estela erigida por el rey Amenhotep III, e inscrita en la parte posterior por el rey Merneptah, conmemorando la campaña militar, y su victoria, en Canaán sobre el 1210 a. C.

---

14   Finkelstein I., Silberman N. A., *op. cit.*, 2001, p. 133.

Detalle de la estela donde se verifica el nombre de Israel.

Texto de la estela de Merneptah:

Los príncipes están postrados, diciendo: ¡clemencia!
Ninguno alza su cabeza a lo largo de los Nueve Arcos
Libia está desolada, Hatti está pacificada,
Canaán está despojada de todo lo que tenía malo,
Ascalón está deportada, Gezer está tomada,
Yanoam parece como si no hubiese existido jamás,
Isr[A]r (Israel) está derribado y yermo, no tiene semilla
Siria se ha convertido en una viuda para Egipto.
¡Todas las tierras están unidas, están pacificadas!

Pero la cuestión se complica un poco más y también sabemos que en esa época hubo dos grupos que no eran egipcios ni cananitas, y que vivían fuera de los cauces sociales cananeos. Se trata de los apiru y los shoshu. Los apiru ya están descritos en las cartas de Tell el-Amarna, datadas en el s. XIV a. C., y parecen grupos dispersos de gentes ajenas a los sistemas sociales de la zona, que se describen como bandoleros, mercenarios e incluso como jornaleros al servicio de las grandes obras arquitectónicas egipcias, pero en general no parecen contar con el afecto de la población, que los consideraba hostiles. El otro posible grupo que podría representar a los israelitas en esta época temprana es el de los shoshu, que al igual que los apiru practicaban el bandolerismo como actividad complementaria a la ganadería nómada de cabras y ovejas, y que vivían en ese espacio incierto y mal definido que se ubicaba entre los límites y las fronteras entre el desierto y las tierras altas (estas últimas lugar de cultivo de olivares y viñas), e incluso parecen haberse retirado hasta el delta del Nilo. En cualquier caso, ambos grupos estaban compuestos por gentes desplazadas, al borde de la supervivencia y obligados al saqueo cuando sus recursos no eran suficientes.

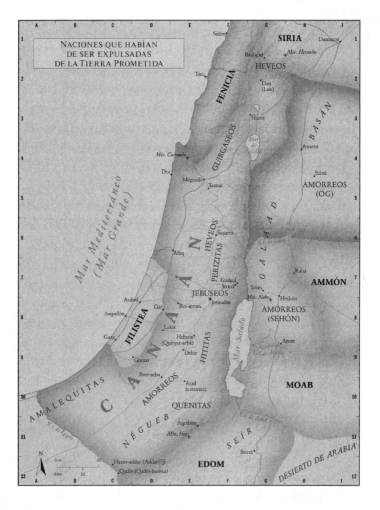

Fig.4. En este mapa podemos ver el Israel de los primeros tiempos con todos los pueblos del entorno ubicados en las regiones correspondientes. Y cómo, efectivamente, se trataba de una zona rica en culturas, visiblemente situada en un nudo de comunicaciones de trascendencia para toda la zona.

En cualquier caso, sí es evidente que los antiguos pastores nómadas representan el germen de Israel, que fueron desprendiéndose de un estilo de vida de constante migración para integrarse en modos de vida en los que se hacía presente la agricultura. Y por tanto, establecieron asentamientos paulatinamente, generando un proceso de sedentarización que presentaba incluso modos de producción mixtos con agricultura y pastoreo de los mismos animales. Esa transformación del nomadismo a la sedentarización es la que sugiere igualmente los cambios de producción que son la clave para entender el sistema alimentario.

Israel fue y sigue siendo un país pequeño, a pesar de los límites a veces difusos y cambiantes que ha sufrido a lo largo de la historia. Sin embargo, independientemente de esta circunstancia su ubicación es estratégica, por lo que terminó convirtiéndose en una importante etapa de la ruta entre Oriente y Occidente, especialmente en lo que se refiere a los términos comerciales. Y no solo eso, también se transformó en un lugar de convección entre el norte y el sur, lo que hacía a su territorio doblemente valioso tanto en términos de comunicación como punto de encuentro y nudo de acceso.

Como vemos, es complejo marcar límites exactos para la tierra de Israel del s. I, porque, aunque no era tanto una entidad política, sí hubo fronteras naturales que marcaban el territorio. Está claro que el occidente estaba delimitado por el mar Mediterráneo. La frontera norte se extendía desde el propio Mediterráneo por las montañas del Líbano, hacia el río Kabir y seguía las fronteras del desierto oriental. Hacia Oriente, los límites resultaban más difusos, ya que el río Jordán, que marca el territorio de norte a sur pudo ser una frontera, aunque otra posibilidad es que la frontera estuviera más desplazada hacia el este, y que incluyera los territorios de Canaán. La frontera sur podría llegar hasta el brazo más oriental del delta del Nilo, wadi el-Arish. En cualquier caso, observamos cómo los accidentes naturales acotan las fronteras con bastante precisión.

Delimitar en el espacio las zonas donde vivió el pueblo de Israel se hace difícil, como hemos señalado anteriormente, porque los hebreos fueron protagonistas de innumerables movimientos y migraciones a lo largo de su historia, además de que las fronteras de los estados han ido cambiando a lo largo de la historia, e incluso en etapas antiguas ni siquiera existían. La movilidad de la población fue un problema de carácter práctico y no irrelevante para el sistema alimentario que, por otro lado, nos lleva a considerar la influencia que los pueblos limítrofes tuvieron en la alimentación hebrea. Podemos imaginar un pueblo seminómada, no totalmente compacto, flexible, permeable y por tanto con capacidad de verse impregnado por el contacto con diferentes culturas alimentarias. En realidad, se trataba de una gran región que mantenía cierta unión y conocimiento mutuo a través de lazos comerciales y culturales, incluso políticos, pero en la que cada pueblo mantenía sus rasgos originales. Por otro lado, ese constante movimiento del pueblo hebreo durante una fase de su historia, la vida seminómada dedicada principalmente a la actividad pastoral y agrícola después, con campamentos más que aldeas, nos dificulta el conocimiento sobre la arqueología de la alimentación, de sus enseres, cocinas y útiles entrelazados con esta actividad. Carecían de palacios, de corte y de edificios religiosos en los que adorar a su dios, y desgraciadamente los restos que deja una sociedad de este tipo son escasos, aleatorios y de carácter transportable. En realidad, se trata de un caso único en Oriente, pero casi en la historia, porque, aunque se conservan las tradiciones y los textos, apenas existen restos arqueológicos, ni epigráficos o incluso, como en otros pueblos, numismáticos.

Históricamente, cuando aparece en la zona ese elemento nuevo que se puede identificar con el pueblo judío, se le ubica en un contexto palestino. Aquel era un mundo cambiante, en el que el Imperio egipcio que había dominado el territorio entre los siglos XVI al XII, casi desaparece de la historia, mientras los pueblos locales ocupaban el territorio. Los primeros fueron los filisteos, que se hicieron con el control de las ciudades cananeas en los valles del Jordán medio y Yezreel, y que geográficamente se corresponden con la costa y los valles. Pero en las zonas de las colinas y montañas de Cisjordania y Transjordania se produjo un fenómeno de ocupación de la zona, típico de la Edad del Hierro. Este elemento nuevo que ocupó el territorio es el israelí, entonces un conjunto de pueblos de origen tribal, cuya principal actividad era el pastoreo, una comunidad que aprovecha los uadis, que construye pozos y pequeñas aldeas fortificadas, a la vez que produce un pequeño aprovechamiento agrícola.

No está claro cómo esa ocupación se llegó a transformar en una formación política fuerte y unida, ni las redes que las unieron, o incluso si existieron estos vínculos. Hablamos de la época premonárquica, cuando se moldeó la entidad de Israel, un tiempo que conocemos como de los patriarcas, con Abraham y su descendencia. Más tarde en el desarrollo de la historia bíblica llegará el destierro a Egipto, el posterior éxodo y la vuelta a Palestina ya en el s. XII, y finalmente, aparece la edad histórica, entre los siglos VII y VI. Los cananeos habían ocupado el territorio que las comunidades judías habían abandonado, y los israelitas que volvieron a él los consideraron ocupantes de su espacio, extraños, lo que como es natural provocó serios conflictos entre ellos. La cuestión es que tanto Egipto como los pueblos filisteos y los cananeos, en distintas etapas, fueron necesariamente una influencia para la alimentación en Israel, y probablemente ocurrió así en sentido inverso, de manera que las relaciones y el intercambio de competencias se produjeron en ambos sentidos. Y no solamente se debió originar una importante transmisión de conocimiento con respecto al uso de diferentes productos, en el uso de herramientas o con la aplicación de técnicas, sino que las diferentes prácticas alimentarias vinculadas con las creencias pudieron verse afectadas, e incluso las cuestiones sociales como los horarios de comidas, el estilo de las celebraciones o el rol de los individuos en ellas.

Esta influencia, por tanto, pudo reflejarse en dos sentidos:

1. En la percepción de la propia identidad, que se reforzaba en el contacto con otros pueblos, ya que con el trato eran más visibles las diferencias. Y con esto se animaron a potenciar las divergencias que afectaban a sus creencias y costumbres. La clave para reforzar ese sentimiento interno era fomentar la disparidad con respecto a los temidos/odiados/diferentes, en cualquier caso.

2. En la aparición de influencias mutuas, inevitables a pesar de todo, a través de las cuales se incorporarían a la alimentación productos de mejor calidad, más fáciles de cultivar, provenientes de plantas más fecundas. Incluso que fueran más nutritivos o calóricos. De esta manera, agricultura, productos y elaboraciones se entrelazaban, por lo que sin duda los sistemas de cocinado más eficaces debieron conocer influencias mutuas, tanto como los propios alimentos, como se observa en sus respectivos sistemas alimentarios.

Estos influjos en dos direcciones debieron ocurrir desde época temprana, ya que en la zona tenemos una época correspondiente a un rico Neolítico y tras él se pueden identificar multitud de pueblos, como los cananeos, amorreos, jebuseos, joritas, guirgaseos, perezeos, amalecitas, hititas o jiveos. Entre todos ellos, amorreos y cananeos son los más destacados, ya que mantenían una peculiaridad vinculada con el pueblo judío: los tres eran pueblos semitas, lo que hace muy posible que tuvieran culturas y raíces comunes, así como puntos de encuentro. Los amorreos se ubicaban en la zona de las montañas que enfilan el Jordán, y los cananeos en el valle del propio Jordán, el valle de Esdrelón y en la llanura costera. Este parece ser el entorno en el que se narra la historia de la confusión de las lenguas en la bíblica ciudad de Babel. En un ámbito en el que convivían múltiples identidades con sus costumbres, sus lenguas y sus diferentes sistemas alimentarios es posible comprender un episodio así. Ya eran bien conocidas las técnicas de preparación de adobe, y la construcción de edificios vinculados con las torres templo o zigurats mesopotamios. En este contexto, adquiere sentido que se hubiera podido producir el episodio de la confusión de lenguas de los constructores de la Torre de Babel, independientemente de si ocurrió o no, ya que en definitiva parece una metáfora sobre la soberbia, una parábola sobre la destrucción y dispersión de los seres humanos, con el abandono final del proyecto común. Así, ese entorno de aspectos comunes, diferencias, identidades, lenguas, culturas y, por supuesto, fórmulas alimentarias, se entrelazan en la época más antigua de la historia para terminar dando lugar a la aparición de diferentes pueblos y culturas.

La larga historia de los judíos

Al amanecer del año primero de nuestra era, hacía tiempo que los judíos eran el pueblo elegido y manifestaban la firme convicción de que la fuerza de sus creencias comunes les hacía ser un solo pueblo. Es muy posible que formar parte de él les hiciera sentirse especiales, singulares y distintos a los demás; esta originalidad les hacía poner en práctica de forma común una serie de hábitos alimentarios estrechamente relacionados con sus creencias religiosas y con el cumplimiento de la celebración de sus fiestas como el Shabat. Pero también les identificaba la formación de los jóvenes en la sinagoga, la práctica de la circuncisión y el respeto a la tradición. Pero tendremos que hacer referencia con especial hincapié al valor adquirido por el cumplimiento de la tradición alimentaria, con todas las innumerables reglas de pureza normativas, con los sacrificios y los ritos de las celebraciones. Así, la común historia, su tradición y las escrituras divinas les mantenían estrechamente unidos. Y con todo ello y, sobre todo, la vinculación con YHWH, que para ellos era el pilar esencial de su vida. Sin embargo, no podemos pensar que todo esto era una imposición, sino más bien una realidad aceptada y normalizada, una situación que consideraban afortunada, porque se sentían como el pueblo de Dios, elegidos. Y eso era más que ser una nación, más que poseer la tierra, más que una familia. Es posible que para el hombre del s. XXI esto sea difícil de entender, pero es necesario tratar de comprender que nos encontramos en un mundo en el que los códigos morales eran diferentes, en el que las creencias tenían una fortaleza que se arraigaba en los cimientos de la propia existencia, y en el que la forma más lógica de vivir una fe era cumplir sus mandamientos. Un mundo en el que la coherencia de vida y de fe tenía un sentido.

Cronología

Las dificultades de la datación de los pueblos del mundo antiguo son de sobra conocidas. Sin embargo, las dataciones bíblicas son aún más complejas y comprenden infinitas perspectivas. Los cálculos que en algún momento se hicieron con respecto a la existencia del primer hombre, Adán y del momento creador, y que nos retrotraen al año 4000 a. C. se contradicen con las pruebas arqueológicas y con el conocimiento de la prehistoria; aquella es historia pasada. En realidad, sabemos que nuestro principal texto, la Biblia, no es una fuente histórica, aunque contenga datos históricos. Es decir, podemos hablar de una etapa en la cual transcurre la historia de los patriarcas, y que podemos enmarcar en la historia de Oriente Medio. Y en el Bronce Reciente se produce la destrucción de las ciudades cananeas por unas tribus nómadas o seminómadas que las terminaron ocupando, y que pueden converger en ese Israel, imbuido ya de la conciencia de pueblo compacto y unido que, según los textos bíblicos, conquistó Canaán. Por estas complejas razones no trataremos de ubicar con total exactitud a cada uno de los personajes o periodos, a no ser que estén bien contrastados por la historia, pero sí contemplaremos ofrecer una cierta periodización, y cómo se produjo el desarrollo del sistema alimentario.

Pero mucho antes de esta etapa, podemos hablar, aunque sea sucintamente, de la evolución del Paleolítico hasta el Bronce, que es verdaderamente ¡mucho tiempo!, sin embargo, desde finales del Paleolítico, hacia el 10.000 a. C. se produjeron acontecimientos fundamentales para la historia del antiguo Israel. La revolución neolítica daría el gran salto, desde la época de los cazadores recolectores, de una economía depredadora a una productiva. La agricultura y la ganadería tendrán entonces su oportunidad, y las poblaciones locales comenzaron a producir extraordinarias herramientas de sílex, material que se mantendrá en los usos cotidianos durante milenios por sus extraordinarias propiedades. A la vez, la sedentarización se hacía una realidad, con nuevos instrumentos, mejores posibilidades de comidas más variadas y satisfactorias, con provisión de alimentos de huerta que se sumaban a los abundantes recursos de caza y pesca. En el Jericó del 9000 a. C. ya encontramos zonas de viviendas, y en pocos cientos de años ya se empezarían a producir cerámicas y a construir asentamientos cada vez más sólidos, extensos y complejos. Y así, esas viviendas se transformaron en aldeas, y las aldeas lo harían posteriormente en ciudades. Dos milenios adelante, el Jericó del 7500 a. C. se presenta ya como una ciudad, una auténtica ciudad que aún sigue siendo una de las más antiguas conocidas. Se distinguen en aquel Jericó los primeros habitáculos circulares, estructuras que son signo de una época primitiva y que reproducían los sistemas de cabañas de los nómadas, y que posteriormente se transforma en auténtica ciudad, con casas rectangulares y calles. Con una verdadera vida urbana en la que, al igual que las modificaciones sociales y urbanas, se desarrollaban nuevos modos de alimentarse.

Estas transformaciones son comunes, naturales y hasta deseables a lo largo de la historia. El sistema alimentario hebreo no fue diferente en este sentido a otros, y a pesar de esos aspectos troncales que mantiene aún y que ha puesto en práctica durante siglos, podemos observar cómo se produce una evolución, visible hasta en los textos sagrados, desde la época de los simbólicos alimentos de Paraíso hasta los tiempos de Moisés, por ejemplo. O desde los patriarcas hasta la época de David. Hay una evolución, se producen cambios, y esto sí es posible determinarlo. Es, naturalmente, la dinámica histórica.

La Edad de Bronce

Durante la Edad del Bronce Final (1500-1200 a. C.), el amplio contexto territorial que abarcaba el Mediterráneo oriental y el antiguo Cercano Oriente fue una región compleja, con estados y reinos fuertes que mantenían estrechos contactos culturales y relaciones diplomáticas, así como unas impresionantes redes comerciales. Era una región amplia, en la que vibraba la vida, y se había constituido un estado de las cosas que parecía ser muy estable. En el norte se encontraba el Imperio hitita, al noreste se ubicaban asirios y babilonios, y en la zona del Egeo florecía una rica cultura de palacios. Durante esta época, en la zona, existía un mosaico de pequeñas ciudades-Estado que formaban parte del Imperio egipcio, y bajo su dominio se encontraba Canaán. Un auténtico mosaico con culturas diferentes y fórmulas de comer y cocinar vinculadas con la producción agroalimentaria y las creencias.

La Edad de Hierro

A partir de finales del siglo XIII y principios del siglo XII a. C., se observa cómo el sistema político de Oriente Medio comienza a padecer un proceso de colapso y cambio que fue bastante prolongado, y que se produjo no tanto como una revolución, sino más bien como una sucesión prolongada de acontecimientos. Ya en el s. XIII a. C. algunas de las ciudades-Estado cananitas fueron destruidas, y algunas incluso abandonadas, como fue el caso de Hazor. Y paralelamente se va percibiendo cómo junto a la desolación del viejo estado de las cosas, se producen evidencias de la aparición de otras. Nuevos pueblos, con diferentes culturas, emergen en esta etapa y aparecen los Pueblos del Mar, y también se produce la primera mención histórica de los israelitas en los textos históricos.

Esa constante y poderosa ola de cambios modificaría todo Oriente: cae el Imperio hitita a principios del s. XII a. C. y se debilita la fuerza de Egipto sobre Canaán, se producen quiebras en el estado de las sociedades y las relaciones entre ellas, de modo que el equilibrio de fuerzas en la zona se terminó fracturando. Parece que este es el momento histórico en el que se desarrollaron los acontecimientos clave de la Guerra de Troya, y cuyas manifestaciones se pueden observar en el abandono y la destrucción de muchos de los palacios micénicos. A la vez que estos importantes acontecimientos, la naturaleza también originaba y sufría una serie de cambios de otra índole, que terminaron conduciendo a un cambio climático que afectó de forma implacable hacia un clima más seco y caluroso.

Estos dos cambios (los climáticos y los políticos) se reforzaron y fortalecieron mutuamente, y terminaron provocando el desplome del orden establecido hasta entonces en el Mediterráneo oriental durante la etapa final de la Edad del Bronce. Unos acontecimientos que tuvieron innumerables consecuencias, ya que el comercio internacional se vio muy limitado, las redes comerciales se rompieron, y también las relaciones entre Estados, con la restricción o desaparición de las relaciones diplomáticas. Los imperios y los estados se debilitaron, perdiendo la cohesión anterior, y muchas ciudades se vieron abandonadas, mientras aparecían estos nuevos pueblos y culturas a lo largo de toda la región. El escenario histórico era diferente, se preparaba un desarrollo cultural que terminó dando lugar a la aparición de la Edad de Hierro.

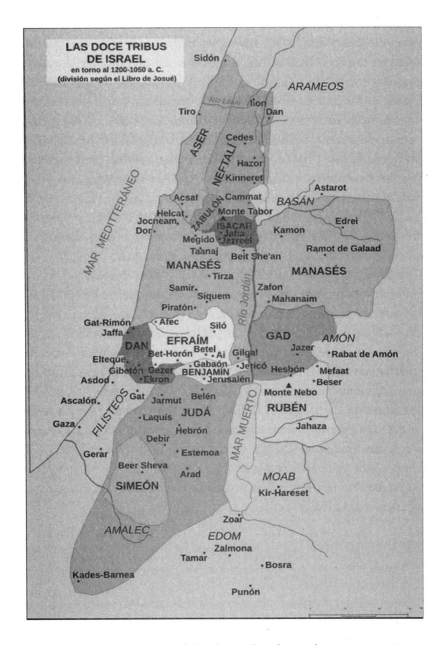

Fig. 5. Mapa con la ubicación de las doce tribus de Israel entre 1200 y 1050 a. C. Según la versión del libro de Josué.

71

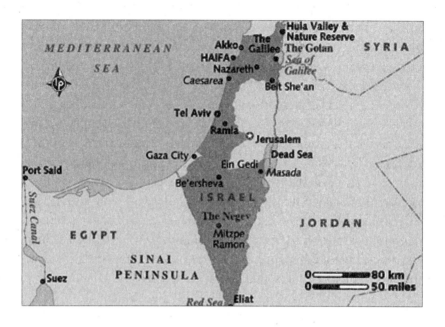

Fig. 6. Mapa de Israel en la actualidad.

Ciudades y territorios de la Biblia

La vida en la Biblia transcurría entre desiertos, ciudades y caminos plagados de distintas gentes: observamos cómo unos pastorean, algunos viven pacíficamente en aldeas mientras otros guerrean, y hay muchos más que llevan vidas urbanas o seminómadas. Este es sencillamente un reflejo de la vida en el mundo antiguo en Oriente Medio, no hay en ese sentido nada excepcional, no hay diferencias de los hebreos con otros pueblos, y aunque como sucede con cada uno de ellos, tienen sus características peculiares, la geografía era un fondo común a todos. Las religiones y las lenguas los diferenciaban, mientras el paisaje les igualaba. Probablemente algunas ciudades crecieron a lo largo de las vías de comunicación, y otras, incluso tras las destrucciones señaladas anteriormente, siguieron ocupándose, manteniendo constante su ubicación. Hasta esas ciudades abandonadas o incluso destruidas ofrecían siempre elementos útiles para los nuevos pobladores: bloques de piedra para nuevas construcciones, fortificaciones, buenos accesos a pozos y manantiales o campos que alguna vez fueron fértiles, todo un entorno repleto de ricas posibilidades.

Las narraciones de la Biblia nos sitúan en un paisaje, en una ciudad, en un entorno concreto, aunque no siempre es posible la identificación de los lugares bíblicos. Nos faltan datos arqueológicos, escasean los documentos y los nombres se repiten en lugares diferentes, la homonimia es un gran problema porque algunos nombres se identifican con su significado, por ejemplo, Belén significa «granero», Carmelo significa «viñedo de Dios» y Hazor quiere decir «cercamiento», así que distintos lugares están vinculados con esa denominación y su significado. El análisis topográfico, literario, arqueológico combinado será la clave para seguir obteniendo óptimos resultados en su búsqueda.

Jericó

Ciudad del Valle del Jordán que se encuentra a 258 m bajo el nivel del mar, y que tiene un importante manantial, algo fundamental en la comarca, que es plenamente agrícola, ya que se trata del manantial de agua más abundante de la zona. Podemos ubicar a Jericó al norte del río Jordán, y sabemos que desde el 10.000 a.C., la ciudad ha tenido ocupación humana. Aunque, desde luego podemos ver cómo se producen distintas fases a través de las cuales evoluciona su cultura, se desarrolla la cerámica y cambia el propio asentamiento, que se rodea y se protege mediante muros y murallas a lo largo del tiempo. Es decir, Jericó es un asentamiento que desde época neolítica presenta continuidad en la ocupación. Provenientes de esta etapa, y de esta época se han encontrado en él restos de cereales y de legumbres, así como de caza de animales, también herramientas de piedra como puntas de flecha, raspadores, hachas, cuencos, y hasta platos y tazas de piedra caliza y anzuelos. Esto explica el tipo de alimentación que se pudo hacer en una tierra que parece productiva por la continuidad de la ocupación y por los instrumentos.

De la Edad del Bronce tenemos datos para concluir que se produjeron varios episodios de destrucción de la ciudad, lo que podría vincularnos con la toma de Jericó por Josué, en su llegada a la Tierra Prometida tras el largo episodio en el desierto. Aunque estos hechos no han sido aceptados por todos los arqueólogos. La cuestión es que la conquista de Canaán se produjo, según la Biblia, a partir de la toma de Jericó, que los israelitas utilizaron como palanca para conquistar el resto de la región.

Jerusalén

Clave y explicación de todo lo judío, Jerusalén era una auténtica fortaleza rodeada de hondos valles excepto por el norte. Un emplazamiento que estuvo ocupado desde el IV milenio a. C., en plena Edad del Cobre y sin solución de continuidad hasta la actualidad. Sobre el año 1004 a. C., David conquistó la primitiva y pequeña Jerusalén a los jebuseos, convirtiéndola en la capital que terminó siendo de tanta relevancia. En el emplazamiento actual de Jerusalén podemos encontrar una colina al sur del monte del Templo, en la que se levantó la ciudad construida por David. Sin embargo, no fue una gran ciudad hasta bastante tiempo después, cuando en el s. VIII a. C. pasó a ocupar una superficie de al menos 60 hectáreas, ampliando así su perímetro y la ocupación de este. Su historia no fue sencilla y pacífica, ya que sufrió varias invasiones, la primera por los asirios, en concreto por el rey Senaquerib en 701 a.C. Y después bajo los babilonios, entre los años 597 y 546 a. C., que destruyeron el templo de David en el 587 a. C. y provocaron el exilio a Babilonia de muchos de sus habitantes. Los propios judíos reconstruyeron la ciudad cuando en el 539 a. C., Ciro el Grande, rey de Persia, conquistó a su vez el Imperio babilónico y permitió que los judíos deportados volvieran a Jerusalén. Allí volvieron a construir una segunda versión del Templo, que se terminó en el 516 a. C.

Pero parece que las dificultades del pueblo judío no iban a conocer descanso, y de nuevo en el 485 a. C., Jerusalén fue conquistada y casi destruida por una coalición de estados, volviendo a ser restaurada bajo el rey aqueménida Artajerjes I, que facilitó que la ciudad recuperara su papel como capital y centro del culto hebreo en el Templo. Desde luego, su historia no acaba aquí, ya que con posterioridad conoció otras ocupaciones y una posterior destrucción del Templo, en época de Tito. La ciudad sufrió invasiones, destrozos y constantes y pacientes reconstrucciones por parte del pueblo judío.

Una ciudad como Jerusalén, una capital, debería disponer de suficientes alimentos, agua y recursos. Y esto en todas las fases de su desarrollo (proporcionalmente, desde luego), desde que empezó su vital andadura como aldea insignificante. Su imponente desarrollo en el s. VIII a.C. debió procurar más recursos para alimentar a su numerosa población. El comercio, la existencia de un poder central y la presencia del Templo y los sacerdotes hicieron el resto. Había suficientes alimentos no sólo para la población ordinaria, también para proveer las ofrendas del Templo, que eran recurrentes y constantes debido a las numerosas fiestas y a la presencia de peregrinos. También para afrontar la comida cotidiana y los banquetes de la corte, así como para alimentar a los numerosos funcionarios. Podemos pensar en una auténtica capital que fue aumentando sus dimensiones y que con respecto a otras ciudades según la época, probablemente disfrutó de un sistema alimentario de relativa abundancia y variedad.

Samaría

Fue la capital de un territorio que corresponde en la actualidad a Cisjordania, es decir, la tierra que está más al oeste del río Jordán, y que incluye la antigua ciudad del mismo nombre, hoy desaparecida. Era la capital de Israel desde que el rey Omrí (882-872 a. C.) adquirió los terrenos ubicados en una colina por dos talentos de plata. Se trataba de un lugar estratégico para las comunicaciones entre Jerusalén y la llanura de Esdrelón, lo que permitiría al rey Omrí establecer relaciones con otras potencias (*1Re.*, 16, 24). Parece que en su momento fue una ciudad creada *ex novo* por Omrí, para desplazar a la población de su capital, Tirsa, identificada con la zona arqueológica de Tell el-Farah. La primera noticia que tenemos de Samaría tras su fundación es una hambruna que hubo en época del profeta Elías.

La historia de Samaría nos demuestra una vez más las relaciones estrechas entre Israel y diferentes pueblos en la Antigüedad. En época del rey Oseas y Salmanasar V, el rey israelita se rebeló contra el asirio. Las consecuencias fueron catastróficas: Salmanasar sitió la ciudad, que finalmente fue tomada, y expulsó a parte de la población, asentándola en regiones asirias muy alejadas como castigo. Las crónicas de Sargón narran el episodio, reflejando cómo los judíos fueron asentados en Asiria y, en reciprocidad, Samaría fue repoblada con gentes de otros países conquistados por los asirios. Las crónicas no revelan qué países, pero sí la Biblia, que asegura que llegó gente de Babilonia, Cut, Avá, Jamat y Sefarvaim, asentándose en los sitios que habían sido antes de los israelitas (2Re., 17, 24). La deportación fue una auténtica campaña de liquidación de los judíos, esta es la época en la que desaparecen las diez tribus del norte del reino de Israel. La Biblia, por su parte, sí menciona algunos de los lugares donde fueron exiliados los judíos:

> Calaj, junto al río Jabor, río de Gozán, y las poblaciones de Media (2Re., 17, 6).

La clave para comprender por qué este terrible destino se consideró un castigo divino, fue la creencia por parte de los propios hebreos de que ciertos comportamientos actuaron como génesis de sus conflictos: la falta de cumplimiento de la ley de YHWH, la idolatría, la relajación de las costumbres y la aceptación de los decretos y costumbres extranjeras. La cuestión es que tanto la deportación de los judíos como el asentamiento de babilonios en Israel terminaron provocando un importante sincretismo religioso y en otro sentido multiplicidad de cultos. Cada uno de los pueblos que llegó a Samaría adoraba a sus propios dioses y tenía sus normas, y la aversión del pueblo de Israel hacia su entorno derivaba principalmente de sus prácticas politeístas y su desagrado ante otros cultos en su territorio.

Pero el sincretismo al que hacemos referencia no solamente tendría vigencia en lo religioso o cultual. Las diferentes normas religiosas y los distintos orígenes de la población tuvieron necesariamente que provocar un intercambio de conocimientos agrícolas, técnicos y alimentarios. No necesariamente en forma de fusión, sino quizás en pequeños cambios indetectables pero sustanciales, como fue el uso de diferentes instrumentos, técnicas para aplicar a distintos alimentos, o quizás en combinaciones de productos dentro de una misma elaboración.

Aunque observamos comercio y comerciantes en distintos lugares de la Biblia, sabemos por el propio texto, que en Samaría hubo mercados, quizás no tanto una serie de espacios destinados exactamente a esto (lo que tampoco sería extraño), pero sí compraventa establecida unos días periódicos en alguna zona de la ciudad. El rey Ben-Hadad I de Aram-Damasco, que reinó entre 885 y 865 a.c., aseguró que su propio padre había establecido mercados en Samaría (*1Re.*, 20, 34).

Una ciudad que, en época de Amós, uno de los profetas menores, en el s. VIII a. C., debió ser rica, y punto de afluencia de mercancías valiosas. Ya que el profeta hace una dura crítica a los excesos de lujo y ostentación de la corte, entre los que estaban los de carácter alimentario. Esto no parece extraño, porque la fundación de Samaría fue el despegue del estado de Israel. Una ciudad con un proyecto palatino de casi dos hectáreas, ubicada en una enorme plataforma que acogía numerosos almacenes junto a un lujoso palacio real. Allí se han encontrado innumerables objetos gran calidad, como cerámica roja de mesa, fina y engobada, también marfiles tallados y otros objetos artesanales de primera categoría que evidencian las relaciones con Tiro y Damasco en la Edad del Hierro.

En unos *ostraka* encontrados en un palacio real de Samaría se encontraron los detalles sobre el suministro de aceite y vino que producían las fincas reales en las cercanías de la ciudad y que se enviaban al palacio real. Así que la realidad arqueológica concuerda con los lamentos de Amós y nos dejan la visión de una ciudad lujosa, de abundancia, con mesas bien pertrechadas y buenos alimentos[15].

Babel

Esta ciudad protagoniza uno de los grandes relatos del Génesis, que trata de explicar la solución de los orígenes humanos, del problema de las lenguas y de la aparición de pueblos. Y en él se describe a una humanidad dispersada, dividida en culturas distintas que hablan de

---

15   Liverani, M., *op. cit.*, 2005, pp. 159 ss.

forma diferente. Aunque la historia describe dos tradiciones distintas, una que hace referencia a una torre, y otra a una gran ciudad, se trata de versiones que, o bien se han refundido, o son la misma en su origen.

Es muy posible que Babel, la ciudad donde se edificó la torre a la que hace referencia el Génesis, fuera Babilonia (*Gn.*, 11,1). Desde luego, sabemos que fue una ciudad muy importante y que gozó de una época de riqueza puesta de manifiesto en la erección de importantes construcciones, como el gran zigurat. Y esto aparejó la necesidad de una industria paralela destinada a la producción de ladrillo. Incluso se crearon hornos para el material de construcción y una industria para la extracción y preparación de asfalto, que se usaba como argamasa.

El paisaje de Babilonia, conocido por los deportados en un entorno en el que había gentes diversas que los babilonios utilizaban como mano de obra en la construcción, explica muy bien este pasaje bíblico. En un entorno fértil, cultivado, rico en canales de riego y espléndidas construcciones como este zigurat, podemos imaginar el desarrollo de este pasaje de la torre de Babel.

Es decir, nos encontramos ante una ciudad en la que había una numerosa población que disponía de unos recursos extraordinarios, con capacidad para levantar obras arquitectónicas importantes. Esta riqueza se manifestó en la construcción de grandes edificios públicos, pero sobre todo en el hecho de que fue capaz de alimentar a todos ellos: ciudadanos, constructores y probablemente a la población del entorno, que podría haber llegado atraída por los recursos puestos a disposición para la construcción.

Babilonia era la ciudad más poderosa de su tiempo, especialmente en época de Hammurabi —del 1728 al 1686 a. C.—, además fue capaz de desarrollar una cultura poderosa que se extendió por todo el entorno. Parece que la historia de Babel hace más referencia a su significado sobre una época de cambio que a la propia construcción, ya fuera torre, fortaleza o zigurat. Aunque es posible que se tratara de un zigurat del que aún existen restos, quizás el Etemenanki. Parece que este era anterior a la época de Hammurabi y que es justamente el zigurat que se menciona en el Enûma Elish, y que estaba destinado al templo de Marduk para su culto. Herodoto hace referencia a él en su obra, ya que lo visitó en su época.

Esta sociedad, que se corresponde con un mundo urbano, complejo, organizado y rico tuvo un sistema alimentario vinculado con estas características, y formó parte del cambio histórico que supuso la aparición de grandes ciudades, con sus templos, edificios públicos y sistemas de organización de redes para la alimentación de una población que crecía y que no se dedicaba en su totalidad a la producción primaria. Un cambio más de carácter social, político y económico que encontraba su reflejo en una forma de alimentarse diferente a la de las zonas rurales. Era un mundo urbano, y también la alimentación caracterizaba su sistema de vida.

Fig. 7. Zigurat Etemenanki, posible origen del mito de la torre de Babel.

Sodoma y Gomorra

Las dos ciudades destruidas por la fuerza del azufre y del fuego que envió YHWH desde el cielo. La historia comienza cuando Lot se separó de Abraham y eligió la vega del Jordán para trasladarse con sus gentes y sus rebaños. Ambas ciudades parecen ubicarse en una vega feraz, con suficiente agua y tierras ricas, pero también con una población urbanizada y organizada. Es posible que en la actualidad, estas ciudades se encuentren bajo las aguas del Mar Muerto, aunque la arqueología no las ha localizado.

En realidad, parece que la metáfora de Sodoma y Gomorra representa a un grupo de cinco ciudades-Estado, y no solo dos: tenemos, además de las primeras, a Admá, Zoar y Zebolim. Las cinco estaban ubicadas en esta vega cercana al mar Muerto, posiblemente hacia el sur.

La historia de Lot nos cuenta que, a pesar de que el Génesis señala la maldad de sus habitantes, el sobrino de Abraham eligió esta zona por su riqueza, y terminó viviendo en Sodoma con su familia. Más allá de las explicaciones sobre la posible causa de la destrucción de ambas ciudades, y que en algún caso se vincula con la caída de un meteorito o algún desastre natural, sin duda era una tierra rica y bien abastecida, en una vega en la que se vieron afectados hombres, animales y plantas, todas las ciudades de la fértil vega.

Nínive

Una ciudad asiria, ubicada en el actual Irak, en la orilla oriental del Tigris. Se erigió sobre una zona ubicada estratégicamente en la confluencia de rutas comerciales, y fue una de las grandes ciudades del mundo antiguo. Nínive era una ciudad milenaria, la capital de Acadia, donde se han encontrado los documentos más antiguos en la historia, de los tiempos de Sargón de Acad, 2270-2215 a. C., y de época de Asurbanipal, 668- 627 a. C. Contuvo una fabulosa biblioteca con más de diez mil tablillas escritas en cuneiforme.

Nínive ya se cita en el Génesis como una ciudad fundada por un mítico bisnieto de Noé, el rey Nimrod, un valiente cazador que procedía de Mesopotamia.

Posteriormente, vivió en Nínive Tobías, el protagonista del libro del mismo nombre, redactado entre los s. IV al II a. C. y escrito en arameo. Un libro sapiencial que trata de enseñar teología, de ilustrar al lector. La historia cuenta que Tobías era hijo de Tobit, miembro de la tribu de Neftalí. Este último fue desterrado a Nínive cuando los babilonios deportaron a los judíos, y pronto la familia se habituó al medio. Incluso el propio Tobit y sus hermanos comenzaron a ingerir los manjares de los gentiles, pero Tobías no lo hizo. Se guardó de consumirlos, en el recuerdo a su tradición y al respeto de la vinculación con YHWH (*Gn.*, 10, 7-11; *Tb.*, 1).

Sin embargo, la tradición judia no lo considera dentro de la Tanaj, sino más bien como un libro respetable que venera la tradición, pero no canónico. Tobías incluso seguía celebrando la fiesta de Pentecostés, en la que las cenas cumplían la tradición judía. Esto es señal de que existían diferencias entre la alimentación en Nínive y la que llevaron en su traslado los hebreos, que eran perfectamente conscientes de la distancia entre una y otra. O que el redactor del libro era consciente de esta disparidad, ya que parece natural que diferentes territorios y creencias originaran distintos sistemas alimentarios.

Por otro lado, Nínive se presenta como una ciudad perversa, prototipo del paganismo y de la corrupción, populosa y rica, con una gran población a la que YHWH quería conquistar por la palabra. Con ese fin, Dios envió a Jonas a predicar, quién inclusó llegó a amenazar con la destrucción de Nínive si sus habitantes no dejaban su estilo de vida y se convertían. La Biblia cuenta que lo primero que hicieron los vecinos de Nínive, convencidos de la veracidad de la amenaza, fue ayunar. Hasta el propio rey de Nínive ayunó, pero no fue capaz de mantener durante mucho tiempo esta devoción ni la fe que la sostenía. Por este motivo, el profeta Nahum emitió un oráculo contra Nínive, acusando a sus habitantes de borrachos y augurando su caída con todo detalle, tanto como Sofonías (*Sof.*, 2, 13).

Toda esta vinculación del pueblo hebreo con Nínive, visible a través de diferentes libros, se debe a que es la ciudad protagonista de la deportación de los judíos tras la conquista de Tiglat-Pileser III y Salmanasar V, que duró veintidós años, desde el 740 a. C. Parece natural que se lamentaran y clamaran contra Nínive, ya que estaban en ella contra su voluntad.

Fig. 8. Relieve de Nínive mostrando al rey Asurbanipal y a la reina
disfrutando de un banquete en los jardines de palacio. Rodeados de músicos,
camareros y otros siervos. Relieve en mármol procedente de Kouyunjik
(montículo de Nínive). Londres, Museo Británico.

Otras civilizaciones y culturas en tiempos bíblicos

Israel se desarrolló en un territorio, no era ajena a la geografía ni
al entorno, muy al contrario, es un pueblo emparentado en sus orígenes con otros, y no aislado. Y aunque sin duda nació a partir de
un grupo que terminó originando su propia identidad a través del
tiempo, también las vinculaciones de carácter alimentario con otras
culturas son incuestionables. El asunto es que Oriente Medio fue
un hervidero de culturas y pueblos desde la época neolítica, incluso
algunos de ellos se terminaron transformando en importantes civilizaciones, como ya hemos visto. Israel no crecía en medio de un
desierto sino en una zona abierta, de paso, en la que se cruzaban los
caminos que servían para fines comerciales y políticos. En otro sentido también estaba volcada al Mediterráneo, y era receptora necesariamente de las influencias que se producían desde este constantemente. Observar su entorno se hace de nuevo necesario: un sencillo
vistazo nos permitirá comprobar cómo durante toda la edad antigua
fue un hervidero de culturas. Tenemos por el noreste Mesopotamia,
al sureste, Egipto, pero también Babilonia y por supuesto Canaán,
que terminó siendo su tierra, e incluso hizo su aparición la famosa y

enigmática Tarsis, alejada y misteriosa. De nuevo, el pueblo hebreo cobraba plenamente su identidad en esa vinculación, y a veces confrontación con otras naciones. Sin querer hacer un análisis exhaustivo de todos los pueblos del Oriente Medio a lo largo de la historia, veremos los sistemas alimentarios de los más importantes.

Babilonia

Babilonia se encuentra históricamente enlazada al destino del pueblo judío. Tras la toma de Jerusalén y la destrucción del Templo por Nabucodonosor II, los habitantes del reino de Judá fueron exiliados a Babilonia. Un destierro que duró hasta el año 538 a. C., y que terminó gracias a un edicto proclamado por Ciro, el rey de los persas. Es posible que durante la primera deportación estuvieran allí unos cincuenta o sesenta años, aunque el profeta Jeremías señala que duró setenta años. Fue un tiempo de conocer otras costumbres, otros alimentos y nuevas formas de prepararlos. Era inevitable que se produjera una importante influencia babilonia en la forma de comer de los israelitas.

Fig. 9. Deportación de los judíos a Babilonia tras la toma de Jerusalén y la destrucción del Templo (Tissot, 1896-1902).

Y tras el destierro en Babilonia, se produjo la concurrencia de dos comunidades hebreas que se reencuentran y que tienen que volver a aprender a vivir juntas. Y probablemente a intercambiar conocimiento en alimentación, en nuevas fórmulas de cocinar, de conservar y de comer. Mientras una ha permanecido practicando las viejas costumbres, los que llegaron del exilio portaban consigo un nuevo estilo de cocina.

Fig. 10. Mapa babilónico que interpreta el mundo, cuyo centro es el río Éufrates. Tablilla escrita en acadio del s. VI a. C.

Canaán

La Biblia nos habla de los cananeos con bastante frecuencia, tachándolos de idólatras, promiscuos y broncos. Siempre encontramos importantes diferencias entre la narración sobre el carácter y las costumbres del pueblo de Israel y los cananitas. La cultura cananea tuvo su culmen en el Bronce Reciente, cuando edificaron ciudades cuya presencia manifiesta una gran cultura material, la cual provenía de la importante actividad comercial de esta potencia económica. Se trataba de una sociedad que facilitaba que sus miembros disfrutaran de cierto confort en sus vidas y de recursos generosos, y probablemente unida a esta prosperidad se produjera de forma natural una buena y abundante alimentación. Su fama como mercaderes y negociantes ha llegado hasta hoy, pero en época del profeta Isaías ya destacaba:

¿Quién tomó la decisión sobre Tiro, la gran metrópoli, cuyos mercaderes eran príncipes, y sus comerciantes, nobles de la tierra? (Isa., 23, 8).

En cuanto al establecimiento de la sociedad cananea en ciudades, la más relevante es Ras Shamra, aunque es más conocida bajo el nombre de Ugarit. Esta ciudad disponía de un entramado urbano de categoría, fortificado por una potente muralla con grandes puertas para acceder al interior, donde había impresionantes palacios y templos, casas privadas y edificios comerciales, jardines, pozos y todas las comodidades de la vida urbana. Además de viviendas modestas, había en la ciudad casas destinadas a altos funcionarios, y el palacio no solo se utilizaba como residencia del monarca, sino que disponía de una importante dotación de edificios anexos que formaban un enorme complejo para la administración. Entre ellos había escuelas de escribas, bibliotecas y edificios religiosos que completaban las necesidades urbanas y sociales, y se vinculaban con uno de sus grandes descubrimientos: la escritura.

El pueblo cananita hizo un gran aporte a la cultura de la humanidad, ya que desarrollaron el lenguaje escrito, simplificando los complejos sistemas jeroglíficos y cuneiforme, y colaborando con la creación de un alfabeto del que derivarían el griego y el latino. Aunque en esta época escribían en lenguas que no eran las suyas, como egipcio y acadio, y que finalmente derivó en un precedente del alfabeto que utilizamos en la actualidad.

Pero tenemos más innovaciones por parte de los cananeos, y vinculado con su rica cultura alimentaria, disponemos de evidencias de un gran consumo y distribución de vino.

En uno de los yacimientos cananeos en la actual Israel, en Tell Kabri, se ha descubierto un impresionante palacio en el que destaca la bodega más antigua conocida en el Próximo Oriente. Las ciento diez tinajas encontradas estaban preparadas para su venta, probablemente, ya que las dimensiones de la bodega y la cantidad de vino indican que no es posible que estuvieran destinadas al consumo particular. Estos vinos estaban compuestos, como todos los de la Antigüedad, por una base vínica con aditivos para reforzar el sabor y proporcionar dulzor y aroma. El principal ingrediente extra que se añadía a estos vinos era la miel, pero se agregaban también diversas aromáticas como mirto y menta, además de aceite de cedro y la exótica y cara por entonces canela, que provenía de las rutas comerciales establecidas con India.

El pueblo de Israel debe mucho a su precedente cananita, pero no fue la única cultura que iba a dejar una huella en la historia del pueblo judío.

Fig. 11. Jarra de cerámica rosa con base circular, un asa y cuello estrecho. Ánfora del mismo material. Cananitas, Bronce Medio. Material excavado en Hazor. Museo Británico.

Egipto

La riqueza agroalimentaria y ganadera de Egipto y sus múltiples recursos son legendarios, pero también fueron históricos, y bien conocidos. Insistir en el Nilo como eje de riqueza, de prosperidad y de riqueza alimentaria es innecesario, pero sus orillas eran el núcleo dilatado, prolongado y extenso a lo largo de kilómetros, de innumerables tierras de cultivo, de espacios para la caza, de captura de animales acuáticos. Era tal su riqueza en posibilidades agroalimentarias, que su imperio se edificó precisamente gracias a esta base, sin la cual habría sido imposible su existencia. Y los cultivos, la ganadería, la pesca y la caza solamente fueron el principio.

Porque la capacidad de transformación de estos alimentos, el conocimiento sobre sus combinaciones y la abundancia de recursos técnicos, fueron las otras grandes bazas de Egipto. El saber aplicado al territorio fue precisamente el factor que les permitió desarrollar una de las civilizaciones más importantes de toda la historia, y una de las más prolongadas temporalmente. Desde las pirámides que se extienden por la meseta de Giza a los santuarios edificados en las tierras del sur del Nilo, en Abu Simbel, todo era un canto a la riqueza proporcionada por el gran río —que sin duda marcó no solo la alimentación, sino a la propia sociedad, con las labores anuales de siembra, recolección y aprovechamiento de los ricos lodos que fertilizaban las zonas de cosechas—. Los agrimensores eran imprescindibles, los cobradores de impuestos se basaban en su trabajo bien efectuado (que consistía entre otras cosas en calcular la produccción agrícola y ganadera de los productores) y el poder de Faraón se establecía en las riquísimas cosechas que, bien interpretadas, conducían a una efectiva paz social.

Egipto tuvo un riquísimo sistema alimentario, basado en esa gran variedad de productos de todos los orígenes, y posteriormente mejorado por la técnica y la cultura. Había multitud de estilos diferentes de comidas, desde las faraónicas a las de los sacerdotes, desde las de esclavos hasta las de los campesinos y trabajadores libres, y por supuesto, siempre sujetos a la variación anual vinculada con la producción, que era habitual en esta fase histórica. Egipto fue varias veces la despensa a la que recurrían los pueblos nómadas y seminómadas, Abraham se vio obligado a bajar desde las tierras altas cuando se produjo una hambruna, una acción que se repitió, posteriormente desde Canaán con la historia de José, el hijo de Jacob y por tanto bisnieto de Abraham. Fueron dos sistemas alimentarios que se vieron necesariamente entrelazados por las necesidades del pueblo de Israel, que finalmente se vio obligado a permanecer durante muchos años en Egipto, en un régimen de semiesclavitud, para liberarse finalmente bajo la mano de Moisés. El príncipe egipcio de origen israelita que terminó provocando un auténtico tsunami social en Egipto con la liberación de su pueblo. El primero de los patriarcas que se vio obligado a abastecerse en Egipto, Abraham, volvió al Negueb con ganado abundante en ovejas, vacas, asnos y camellos, plata y oro (*Gn.*, 12, 16; 13-6).

La falta de alimentos en Egipto debía ser algo excepcional. Sabemos que la organización burocrática era verdaderamente efectiva, y que la previsión para evitar las hambrunas funcionaba eficientemente. El sueño de Faraón interpretado por José, los siete años de abundancia y los siete de necesidad, representaban uno de esos ciclos que inteligentemente pudieron anticipar y evitar, por tanto, las necesidades de alimentos. José dispuso el cobro de una quinta parte de la cosecha durante los siete años de abundancia,

> *José almacenó muchísimo grano, como las arenas del mar, hasta el punto de que dejó de medirlo, pues sobrepasaba la medida (Gn., 42, 49).*

La necesidad de grano que padecieron su padre y sus hermanos en las mismas fechas, mientras sabían que había grano en Egipto les condujo a bajar para abastecerse, y no una, sino dos veces. Y comprobamos cómo no solamente los israelitas, también los egipcios tenían sus reglas en lo relativo a los alimentos, y no podían sentarse a la mesa con un hebreo. Aunque tampoco, según la Biblia, estaban bien vistos los pastores de ovejas (*Gn.*, 43, 32; 46, 34).

Desde luego, los israelitas siempre rememoraron la variada alimentación de la que disfrutaron durante su estancia en Egipto, y a lo largo de los años de travesía en el desierto se lo recordaban constantemente a Moisés: aquellos ricos panes, las refrescantes cervezas, la abundantes verduras y legumbres (como ajos, cebollas, puerros, lentejas…) que comían a diario, además de innumerables variedades de pescado y carne. Anhelaban aquellas sustanciosas ollas de carne de las que comían hasta saciarse, como reprochaban a Moisés y Aarón en los malos momentos (*Ex.*, 16, 3).

La cuestión es que también los egipcios consideraban su alimentación una fórmula cultural distinta, distante y civilizada, diferente y superior a las de su entorno. Observamos cómo el acto de comer junto a los hebreos significaba una abominación para los egipcios. Así que, en el relato de José, cuando aún sus hermanos desconocían que se había salvado y que el funcionario que les atendía era el propio José, haciendo de anfitrión egipcio, este comió cerca de ellos, en la misma estancia pero en una mesa separada. Sabemos que estaban cerca unos de otros porque José les pasaba raciones de su mesa, en especial a su querido Benjamín (*Gen.*, 43. 31-34).

Fig. 12. Maqueta de madera pintada que representa a unos siervos preparando cerveza. Sexta dinastía, entre el 2345 y 2181 a. C. De Asyut, tumba 45. Museo Británico.

Mesopotamia

Con todas las dificultades y prevenciones que puede tener para el historiador hablar de la alimentación en Mesopotamia, ya que plantea un importante reto por la extensión del territorio y la superposición de culturas, sí podemos tener en cuenta algunos factores. Entre ellos, y de nuevo, tenemos las características propias de la región. Se trata de una zona seca, irrigada abundantemente por los ríos Tigris y Éufrates, con agricultura de cereal, y espacios destinados a la huerta y ganado. Es cierto que se nos escapan en cierta medida los sabores de la Antigüedad, en especial los de las culturas más antiguas o desconocidas. Pero también es cierto que el historiador de la alimentación puede rescatar los productos que se utilizaban, incluso el conocimiento sobre técnicas, combinaciones o los recipientes. Todo ello, analizado a la luz de los pocos textos que se han conservado, nos proporcionan una visión sobre la cocina en Mesopotamia.

Pero esta vital y enorme región en la que se superpusieron diferentes culturas en distintas épocas, comenzando por los sumerios, también atrajo a tribus semitas, origen compartido con los hebreos. El primer gran imperio mesopotámico tuvo a un rey semita como actor principal, el rey Sargón, que inició la dinastía de Acad desde la ciudad de Kish (2335-2154 a. C.), y que consiguió la unión de la Baja Mesopotamia.

En esa Mesopotamia rica, de culturas superpuestas que se originaron en el Neolítico, tuvo sus orígenes el primero de los patriarcas. La ciudad de Ur, Ur de Caldea, vio nacer a Abraham, e igualmente fue el lugar desde donde partió. Ur era una población del sur de Mesopotamia, ubicada cerca de la desembocadura del río Éufrates, en la actual Irak. La cultura de Ur floreció entre los milenios cuarto y tercero a. C., aunque hay restos del quinto milenio, del periodo de El Obeid, lo que la convierte en una de las culturas más antiguas de la zona.

El patriarca inició su camino desde la ciudad que le había visto nacer, y es precisamente en este territorio donde encontramos la colección de recetas de cocina más antigua que existe en la actualidad. La fortuna quiso que en un descubrimiento inesperado vieran la luz tres tablillas cuneiformes datadas hacia 1600 a. C., pertenecientes a la Babylonian Collection, en la Universidad de Yale. Son apenas 350 líneas, que ha traducido e interpretado J. Botteró, gracias a cuyo trabajo podemos conocer al menos, parcialmente, una parte del recetario de la época de Abraham que, aunque corresponde a otro pueblo, puede darnos una imagen de su diversidad. Es interesante observar que, en todas estas recetas, hay abundancia y variedad de panes, de carnes, verduras y condimentos.

Carnes	Condimentos	Cereales y Legumbres	Lácteos	Varios
Carne salada	Comino	Varios molidos (sin definir)	Leche	Cerveza
Grasa	Cilantro	Sémola	Mantequilla clarificada	Vinagre
Gacela	Sal	Granos tostados		Aceite
Cabrito	Cebolla	Sémola de espelta		
Cordero lechal	Piñas de ciprés	Lentejas		
Carnero	Menta	Harina		
Bazo	Cuscuta			
Pichón	Eneldo			
Pierna	Remolachas			
Francolines	Nabos			
Pajaritos y sus menudillos	Ruda			
Buey				

Todas estas elaboraciones tienen la particularidad de que son recetas de caldos, cremas, gachas o guisos. Es decir, se trata de platos contundentes y capaces de satisfacer el hambre además de tener un rendimiento culinario muy alto. Es interesante observar que en ella no aparece el cerdo, ni se introducen pescados, crustáceos, moluscos o incluso tortugas, lo que puede tener varios significados. Por una parte, lo escasa que es la fuente, que nos muestra sólo una parte de la realidad. Por otro lado puede expresar que la cultura donde se escribió el recetario era selectiva. O que no tenían acceso a esos productos, o bien que fuera un conjunto de recetas destinadas a un grupo social que consumia unos alimentos y no otros.

Con respecto al cerdo, la cuestión es más delicada, porque su restricción es una de las cuestiones más interesanetes de la historia de la alimentación. Sabemos que se criaban cerdos, ¿es que las recetas transcritas estaban destinadas a las élites y estas no consumían cerdo? En realidad, el cerdo se criaba y se comía, pero se consideraba sucio, decían de él un proverbio:[16] «El cerdo no es limpio: lo mancha todo a su paso, ensucia las calles, embarra las casas…».

Igual que algunos mitos sumerios como el del Diluvio tienen un antecedente que dio origen tanto a la historia de Noé como a la de Gilgamesh, es indudable que hay una historia común con respecto al consumo de cerdo. Cuestión que exploraremos un poco más adelante.

Por otro lado, en relación con los productos de la dieta común, sabemos que en Mesopotamia la base de la alimentación popular era el pan acompañado de cebolla, que se terminó considerando como comida de campesinos con el paso del tiempo. En la tercera dinastía de Ur, en el segundo milenio a. C., cada persona recibía mensualmente una cantidad de pan y varias cebollas. La cebolla se comía cruda con el pan, y usualmente se vendía cortada en forma de anillos. La tradición hortelana en Mesopotamia era muy importante, solían cultivar a la vez cebollas, ajos y puerros, como vemos en los jardines del rey Merodach-Baladan II de Babilonia, y en los jardines de Ur-Nammu de Ur (2100 a. C.), y este último, aunque construyó un templo a la diosa Nannar, salvó sus jardines donde cultivaba cebollas y puerros[17].

Es justamente en uno de los jardines del anterior rey, Merodach-Baladan, donde se han reconocido rastros de la zanahoria, una raíz de oscuro pasado y origen europeo y asiático, donde se ha encontrado en sus formas silvestres. Así que formaba parte de la alimentación de estos pueblos. Este rey, conocido en la Biblia como Marduk-apal-idina II, Merodac-Baladan II o Marduk Baladan, fue un rey babilonio de la X dinastía, y reinó en dos periodos entre los años 722 a 403 a. C., consignó la presencia de zanahorias en una tablilla que actualmente se encuentra en el Museo Británico.

Observamos en la alimentación de Mesopotamia a lo largo incluso de diversas etapas y culturas una fuerte presencia de cereal, en realidad la base de su alimentación, combinado con productos de huerta. También es visible una inclinación por las especias y las combinaciones de sabores y por el consumo de animales domésticos y procedentes de la caza.

---

16   Bottero, J. *La cocina más antigua del mundo*, Barcelona, 2005, p. 72.
17   Brothwell, D. y Brothwell, P., *Food in Antiquity*, Baltimore, 1998, pp. 108-109.

Tarsis

La misteriosa Tarsis bíblica se ha convertido en un auténtico enigma para la historia. Por una parte, y si analizamos las ocasiones en que el término es mencionado en las páginas de la Biblia, se puede observar cómo, en realidad, hay cuatro campos semánticos a los que hace alusión y a los que haremos mención posteriormente: como el nombre de un lugar, de una persona, como una joya o como una expresión (las naves de Tarsis). Y a veces, como en este último caso, la palabra Tarsis contiene un elemento de la lengua hebrea que indica movimiento o señala una dirección, y que se asocia con nombres propios. Uno de estos sentidos es de carácter general, refiriéndose a barcos mercantes que se encaminaban a destinos lejanos (*Jon.*, 1, 3), y otras hablan de los productos que llegaban desde esa ciudad o civilización. Hay investigadores que se inclinan por entender el término Tarsis como una metáfora del mar o como una embarcación, pero desde luego, aún no está claro.

En otro sentido, algunos investigadores se han inclinado por que Tarsis pueda hacer referencia a la capital de la antigua civilización tartesia, o a la propia civilización misma. En cualquier caso, Tarsis es un lugar que exhala riqueza, con abundantes minerales (plata, hierro, estaño y plomo), útiles de bronce, marfil, ébano (*Isa.*, 2, 16; 23, 1; *Ez.*, 27, 12), monos y pavos reales. Aunque desde luego, en la Tartesos ibérica, con la que se ha asociado en otras ocasiones, no había monos ni gran parte de estos productos. Tenemos algunos datos, como la regularidad en las comunicaciones entre algún lugar ignoto y el rey Salomón, al que llegaban los cargamentos de la flota de Tarsis cada tres años (*1Re.*, 10, 22).

Ante todas estas dudas sobre si Tarsis es un lugar imaginario o real, en qué lugar del Mediterráneo se podría ubicar, y qué productos llegaban desde Tarsis, también conocemos algunas otras cosas sobre esta palabra, por ejemplo, que se llamaba Tarsis el segundo hijo de Jafet, hijo a su vez de Noé. Y así, desde la denominación de una persona o un pueblo hasta un imperio marítimo, una ciudad, un territorio... en cualquier caso el Tarsis bíblico todavía presenta muchas cuestiones sin resolver, y aunque hay algunas referencias como la de Flavio Josefo (*Ant.*, 1, 129), que la identifica en Cilicia, otras teorías divergen de este autor y por ejemplo, Heródoto y Estrabón la vinculan con la civilización del sur de la Península Ibérica, Tartesos. Estrabón reconoce que en su época muchos identificaban Tartesos con Cartago, aunque él no estaba de acuerdo con esta teoría (*Strab.*, 3, 14).

Hay que intentar ponerse en la piel de un habitante del Mediterráneo oriental del s. V a.C., y por supuesto mucho antes; para ellos Iberia era una región exótica, desconocida y alejada, y el Estrecho de Gibraltar un espacio ignoto por el que confluían las leyendas ingeniadas por los propios cartagineses, quienes las difundían con el fin de proteger las rutas comerciales del estaño. Heródoto (*Hist.*, 163) señala que los primeros griegos navegantes de Focea descubrieron Tartesos y en cualquier caso, parece una tierra mítica, una especie de legendario «El dorado». Este es el concepto que desde luego parece que exhibe la Tarsis bíblica: un lugar relacionado con la costa mediterránea, de una riqueza extraordinaria y con vinculaciones antiguas y estrechas con Oriente Medio. Pero aún quedan muchos enigmas que nos expliquen el significado de este mítico término.

MERODACH-BALADAN, KING OF BABYLON, ENFEOFFS A VASSAL
(From the original in the Royal Museums at Berlin.)

Fig. 13. Estela de Merodac-Baladán II o Marduk-Baladan. Rey de la X dinastía de Babilonia, que reinó entre los años 722 y 710 a. C. y posteriormente en 703 a. C.

Otros sistemas alimentarios singulares

El caso es que, a pesar de lo llamativo del modelo alimentario hebreo, no es el único sistema que se comporta de forma singular a lo largo de la historia, aunque cada uno tiene sus propias particularidades, como veremos de forma sucinta. En diferentes culturas podemos encontrar bastantes ejemplos de prohibiciones, impurezas, recomendaciones y diversos gravámenes e imposiciones con el fin de conseguir una correcta forma de alimentarse según los estándares de cada lugar y momento. Y más aún, casi todas las culturas presentan características de este tipo, aunque es cierto que no es lo más habitual que se encuentren tan arraigadas ni tan bien definidas como en el caso judío. Es clásico el caso de la vaca sagrada hindú, deambulando por las calles mientras el hambre se apodera de la población. Un panorama ciertamente inexplicable para el occidental, pero profundamente sensato para el pueblo hindú, ya que el respeto a la vaca es el homenaje a la madre de la vida. Ese animal que compite con el hombre por el alimento y que vaga en número de más de 150 millones de ejemplares incontrolados por toda la India, es asombrosamente respetado por los hindúes. Para complicar la cuestión, no solamente no se consume su carne, ni su vida tiene aprovechamiento alguno para los hombres, con excepción del estiércol que se utiliza como combustible y para recubrir los suelos y paredes de las casas, sino que, además, estos animales hacen muy complicada la vida urbana con su sempiterna presencia.

Este extravagante respeto, sólo se explica para el occidental por el ancestral afecto hacia estos animales, para los que incluso se han creado asilos. Con el fin de evitar los múltiples accidentes de tráfico que provocan y los incidentes con los pequeños agricultores, cuyas cosechas devoran sin control, se les recluye en granjas donde se les proporcionan los cuidados necesarios. Sin embargo, este es un complejo ecosistema, como sucede con el hebreo, y presenta numerosas peculiaridades que nos ayudan a comprender mejor sus culturas. Por ejemplo, que los bueyes sí tienen una gran utilidad para labrar la tierra, y son las vacas las productoras de los terneros que se transformarán en bueyes, fomentando con su crianza un sistema económico de tipo agrícola. Por otro lado, es cierto también que estas vacas producen poca leche, pero esta sí se utiliza para cocinar, ya que con ella se fabrica mantequilla y a su vez con esta un producto clarificado, el *ghee*, que es básico en la alimentación hindú.

Y el de India no es el único ejemplo: en Japón, mientras el conejo y el cerdo son aceptables, las carnes de buey, caballo, mono y pavo están prohibidas. Y en la China histórica, los códigos alimentarios eran signo de estatus, así que el emperador era la única persona que podía comer las tres carnes principales que provenían del cerdo, del carnero y la ternera. Los señores feudales, siguientes en los rangos de poder, podían consumir ternera, mientras que los ministros de alto rango tenían acceso al carnero, y los ministros menos poderosos podían tomar carnes de cerdo. El pescado estaba destinado a los generales, y el resto de la población consumía principalmente productos de origen vegetal. Hoy los chinos comen perro, pero les desagrada la leche de vaca.

Por nuestra parte, en Europa no comemos insectos (al menos su consumo no se encuentra en nuestra tradición), hay veganos, restricciones morales autoimpuestas y mil variantes diversas con respecto a la alimentación. En cuanto al código religioso cristiano presenta días de ayuno y de abstinencia, aunque sin prohibiciones alimentarias pero sí sobre los excesos de estos, que se relacionan con la gula.

Y aunque, en general, los tabúes alimentarios conciernen más a las carnes que a los vegetales, tenemos algunas prohibiciones tan antiguas como la del consumo de habas (la variedad mediterránea) por parte de Pitágoras y sus discípulos, cuya explicación es algo larga y farragosa pero no por eso menos cierta.

4. Actividades primarias y comercio

La tierra de Canaán fue una hermosa promesa para los israelitas en el desierto, pero también resultó posteriormente una realidad dura, un regalo que había que trabajar y cuidar, que requería una correcta explotación para ser mantenida con provecho. El mundo antiguo, y no solamente los personajes bíblicos, concebían la vida como un ciclo, y como las personas, la tierra también se encontraba inmersa en ese ciclo de generación y regeneración, de productividad y descanso, en el que se vinculaban no solamente los propietarios, sino todas las personas que vivían en su entorno, los ganados y hasta la fauna silvestre, los bosques y los matorrales, en un concepto que hoy podríamos considerar ecológico:

> *«Habla a los hijos de Israel y diles: «Cuando entréis en la tierra que yo os voy a dar, dejareis que la tierra tenga también un descanso sabático en honor del Señor. Durante seis años sembrarás tu campo, podarás tu viña y recogerás su fruto, pero al séptimo año la tierra gozará de un descanso sabático... No sembrarás tu campo ni podarás tu viña; no recogerás lo que renazca en tu barbecho ni vendimiarás los racimos de tu viña no podada. La tierra gozará de un descanso sabático. El descanso de la tierra os servirá de alimento a ti, a tu siervo, a tu criada, a tu jornalero, a tu huésped y a los extranjeros que viven contigo. También a tu ganado y a los animales de tu tierra su fruto les servirá de alimento»* (Lev., 25, 1-7).

El mundo antiguo representa todo un reto para el historiador de la alimentación, ya que, a las dificultades propias sobre el conocimiento de la Antigüedad, se añade una dificultad más. En este caso en conexión con la identificación de los términos que nominan los alimentos, las plantas y los animales. Un problema que la investigación del ADN ha venido a solucionar, aunque solo parcialmente. En realidad, el origen de la confusión se debe a que las descripciones que encontramos en los textos no siempre son estrictas, y a que la taxonomía y la clasificación más detallada sencillamente no existía, así que lo que tenemos se corresponde con las denominaciones ordinarias, sin reglamentar ni estructurar. La metodología de clasificación de las plantas y animales, la ciencia de la taxonomía, es una creación de Carlos Linneo, en el s. XVIII, de manera que volver a identificar correctamente cada una de las especies de las que hablaremos será complejo y probablemente en los próximos años podamos tener nuevos hallazgos en este sentido.

En realidad, emergen dos cuestiones a la hora de estudiar los textos antiguos: la primera es la ya citada sobre la inexacta traducción de algunos alimentos, y la segunda la conforman las cuestiones lingüísticas asociadas con la identificación zoológica y botánica. Aunque aún hay ciertos detalles que los especialistas no tienen claros, pero con toda seguridad muchos de ellos se llegarán a conocer con exactitud.

Por ejemplo, veamos el caso de la cebada, *hordeum spp.* Griegos y romanos identificaron palabras egipcias con su propia lengua[18]. Para la cebada usaban *hordeum*, pero ¿es el *hordeum* usado por Plinio idéntico al *krithi* descrito por Teofrasto?[19] Y ¿son el mismo producto que el denominado por los coptos *beti*? Aunque aún nos queda una cuestión más, ¿alguna de estas denominaciones se corresponde con el grano que usaban los antiguos egipcios? Y de nuevo, por si era poco, encontramos una pequeña complicación más, ya que parece que los traductores de época temprana no eran aficionados a dejar los huecos de las vocales, y las insertaban, lo que ha creado innumerables problemas de sinonimia. Este sencillo ejemplo es solo una muestra de un problema generalizado que han encontrado multitud

---

18   W. Darby *et alii*, *Food: The Gift of Osiris*. Londres, 1977, p. 39.
19   Plin., *N.H.*, 18, 14, 72-74; Teof., *M.M.*, 8, 2, 7..

de investigadores, y así los zoólogos, botánicos y naturalistas actuales han tropezado con todos ellos a la hora de identificar posibles especies, pero debemos confiar en su buen criterio, que es como se construye la ciencia.

El segundo problema es más difícil de solucionar debido a que es el que engloba las claves de la alimentación hebrea, se trata de la cuestión de la última causa. Este es un asunto diferente, que vamos a abordar constantemente a lo largo de esta obra: por qué unos alimentos y no otros, por qué existen unas prohibiciones o unas limitaciones, cual es la causa de unas elecciones culturales, históricas y territoriales. El porqué, que es la pregunta constante cada vez que encontramos una limitación de este tipo al observar el mundo judío. A qué se debe la creación de esos códigos que sostienen el sistema alimentario hebreo.

En realidad, es bastante complejo responder acertadamente a estas cuestiones fundamentales y existen infinidad de teorías al respecto, muchas refutables, otras significativas, pero casi siempre parciales. Ninguna de ellas es capaz de argumentar con eficacia y de forma integral a todos los interrogantes que se abren en este campo. Nos adentramos en un territorio difícil para caminar, con el suelo plagado de vidrios rotos o incluso en un pedregoso desierto, si me permiten la metáfora. Sin embargo, y a pesar de las dificultades, la reglamentación alimentaria hebrea está ahí, existe, tuvo unos orígenes y alguien pensó en algún momento que era mejor que las cosas se desarrollaran de esta forma y no de otra. Quizás no haya un solo camino para dilucidar este complejo problema en la historia de la alimentación judía. Quizás convergen varias explicaciones que se refuerzan mutuamente, y esta aclaración compleja y fragmentada puede convertirse en el paradigma que nos proporcione las soluciones a un problema tan confuso.

Entre estas explicaciones convergen multitud de aspectos como son la etnicidad, las prevenciones de carácter sanitario, las hipótesis ecológicas, las teorías de oportunidad, muchas de ellas probablemente relacionadas con la crianza y el consumo de animales, y quizás algunas más que todavía nos son desconocidas. Lo más posible es que todas formen parte de la solución o de la respuesta, pero no debemos olvidar la importancia nuclear de la cuestión religiosa, ya que a partir de esta etiología se nutre toda la reglamentación alimentaria judía.

El tiempo anterior al Éxodo nos proporciona datos muy variados, ya que los hebreos vivieron en diferentes lugares, pero al llegar a Israel, la Tierra Prometida, donde todo parecía resultar más fácil, las cosas dieron un giro. Aquella *tierra que mana leche y miel* era un espacio muy diferente al egipcio del que salieron, y por supuesto muy distinto al desierto y en el que las labores agrícolas resultaban imposibles. Aquella Tierra Prometida era un lugar en el que no encontrarían las facilidades para el trabajo del huerto del que habían disfrutado anteriormente en Egipto. El nuevo país era una zona netamente mediterránea, sometida a los rigores del clima, regada por lluvias y no por los fértiles lodos proporcionados por las crecidas del Nilo:

> *Porque la tierra donde vas a entrar para tomarla en posesión no es como el país de Egipto, de donde salisteis, en el que después de sembrar tenías que regar con tu pie, como se riega una huerta. La tierra a la que vais a pasar y tomar en posesión es un país de montañas y de vegas, regado con el agua de la lluvia del cielo (Deut., 11, 10-11).*

Finalmente, al terminar el largo periplo que tantos anhelos había causado, los errantes israelitas terminaron estableciéndose en la zona y adaptándose felizmente a ella.

En una etapa más avanzada de su historia observamos la abundancia de riquezas, en tiempos del rey David, cuando ya eran un pueblo numeroso y asentado. El primitivo estado se había desarrollado a través de una sociedad en la que el poder se dividía en jefes de tribus y cabezas de familia, que a su vez se fraccionaban en grupos que tenían a su cargo diferentes aspectos de la vida en común, entre los que encontramos: cantores, sacerdotes y levitas, grupos de levitas especializados en guardar las puertas del Templo, militares, encargados de la organización civil y, finalmente, los que se ocupaban de la organización administrativa. Este último grupo se dividía el trabajo que se les había asignado según las labores vinculadas con la producción agrícola. En realidad, toda esta minuciosa división era expresión de una sociedad rica y bien organizada, capaz de producir recursos agroalimentarios no solo para su consumo, sino incluso destinados a la exportación. Destacaban entre todas ellas las labores vinculadas con los depósitos reales, que eran una serie de almacenes ubicados en distintos lugares, tanto en el campo como en ciudades, aldeas y torres, así que lo primero con que nos encontramos en esta fase de la historia hebrea es con una tierra capaz de ofrecer buenas cosechas. Regiones que podían ser fértiles hasta tal punto que requerían la presencia de depósitos para conservar el excedente de grano. Pero, en segundo lugar, también encontramos una sociedad preparada para desarrollar todas estas posibilidades, que disponía de la capacidad de previsión para conservar el excedente, comerciar con él y prevenir épocas de malas cosechas.

En esta singular división del trabajo había también quienes se encargaban de organizar las faenas agrícolas, en especial las de las viñas, las bodegas y los subproductos de las viñas. Otros se ocupaban del desarrollo de los olivares y almacenes de aceite, y un grupo más era el responsable de la correcta producción de los sicómoros e higueras. Incluso había encargados de la vigilancia y atención del ganado, especialmente de las vacas, los camellos, las asnas y las ovejas. En realidad, esta pequeña incursión sobre la organización del estado en tiempos de David nos muestra una sociedad organizada y con capacidad de producción variada y abundante.

Fue, pues, sobre esta compleja geografía, trabajada con esmero y cuidado de diferentes maneras según la época, sobre la que las actividades primarias cumplieron un papel fundamental, extrayendo de la tierra los productos básicos para la supervivencia. Veremos a continuación cómo se desarrollaron las actividades primordiales como fueron la recolección y la caza. A estas siguió una segunda fase caracterizada por las labores agrícolas y la presencia de un incipiente comercio. La combinación de etapas históricas y actividades productivas contribuyó eficazmente a consolidar un sistema alimentario insólito y excepcional.

La recolección y la caza

La recolección es la primera de las labores para la supervivencia. Se trata de una actividad que vinculaba directamente a la humanidad con una naturaleza que ofrecía multitud de posibilidades, desde vegetales de temporada en sus estaciones naturales a la carne de animales silvestres, de crustáceos, mariscos y pescados. Incluso productos como la sal y la miel o los huevos de animales silvestres se podían obtener fácilmente a partir de sus fuentes naturales en la época de los cazadores-recolectores.

El único esfuerzo para obtener el alimento de forma directa era la captura en cualquiera de sus variantes, lo que liberaba a la población de criar, cuidar, vigilar, alimentar o sembrar, regar, podar o recoger vegetales o animales. Hasta el Neolítico, la humanidad había sido libre de vagar o de instalarse en cualquier lugar sin necesidad de vincularse a la tierra, de recolectar espontáneamente o de cazar... aquella fue la forma de vivir en el Paleolítico, pero en época bíblica, a pesar de que aquellos tiempos habían pasado hacía mucho, aún se mantenía el recuerdo de las actividades de recolección y no eran solamente una evocación: constituían parte activa de la alimentación, en forma de valiosos complementos. En realidad, el sistema económico de recolección ya no era útil para una población que había crecido y que vivía en ciudades, o al menos no era prioritario, pero no dejaba de ser un añadido provechoso para redondear la alimentación o un recurso de fácil acceso para tiempos difíciles.

En aquel ya antiquísimo proceso recolector, no solamente se había beneficiado de la recolección la población humana. También las plantas fueron domesticándose en su transcurso, conformándose en elementos más productivos para la alimentación. En la actualidad, aún quedan pueblos recolectores entre los bosquimanos del Kalahari y otros pueblos africanos, como la tribu Nuer, de los Montes Nuba en Sudán, y en el otro extremo del hemisferio norte, las poblaciones de Siberia y los esquimales de Alaska y Canadá. En el Amazonas y en Indochina incluso quedan vestigios de pueblos recolectores en pequeño número, aunque todos ellos y, en cierta medida, también producen sus propios alimentos. En realidad, en estos pueblos recolectores es frecuente que la línea que separa recolección y agricultura se haga difusa. Y esto sucede con más intensidad cuando nos acercamos a tiempos pasados, en el Neolítico, momento en el que es aún más difícil de delimitar esta frontera, porque ambas actividades se entrelazan.

Sin embargo, las actividades recolectoras aún no han desaparecido del todo, se han ido limitando al mundo rural y representan una actividad complementaria y de carácter lúdico, pero, en cualquier caso, su práctica ha llegado hasta la actualidad. Incluso hoy es frecuente que la gente salga en otoño a buscar setas, bellotas o castañas, espárragos en primavera, madroños en invierno o moras a final de verano, quizás aromáticas en cualquier época, como tomillo, romero, cantueso, borraja o capuchinas. Y hasta se pesca en las inmediaciones del mar o de ríos y pantanos, se recogen pequeños crustáceos o incluso se capturan caracoles.

Hoy también se siguen cazando diversos animales, piezas grandes y pequeñas, desde conejos y liebres a todo tipo de pájaros —perdiz, codorniz, faisán— o caza mayor, grupo en el que entran desde jabalíes a ciervos, gamos, corzos, muflones y fauna local en los distintos países. Todo ello nos proporciona un panorama que, dependiendo de la zona, puede ser muy enriquecedor para complementar una dieta sencilla. Esta pequeña muestra nos proporciona una idea de lo variada y amplia que podía ser la recolección en zonas fértiles, y cómo podrían no solo enriquecer, sino conformar la dieta completa.

En época bíblica, los tiempos de la recolección como única fuente de alimento ya no era una realidad. La bonanza climatológica del X milenio había facilitado la llegada del Neolítico con la sedentarización y desarrollo de la agricultura y ganadería. A la vez, la deforestación y el cambio del clima a más seco y cálido, forzó cambios sustanciales en zonas que anteriormente habían sido productivas, llevando a algunas de ellas a un proceso de desertización, haciendo más compleja la recolección en grandes zonas.

A pesar de que la oferta natural se constreñía según avanzaba el proceso urbanizador y se modificaba el clima, la alimentación se complementaba ocasionalmente con la recolección de ciertas cantidades de alimentos, o con la caza de pequeños animales o incluso con la captura de insectos. El episodio del maná durante el Éxodo, por ejemplo, parece un fenómeno de recolección de la semilla, el fruto o la resina de alguna planta. Pero naturalmente, tampoco Palestina era un desierto, aunque se hubiera limitado la oferta natural de la recolección tras una época de cambios. Aún la actividad recolectora podría ser una muy útil herramienta para complementar ocasionalmente la dieta.

Con respecto a la caza, sin embargo, fue una actividad practicada recurrentementer. Vemos cómo se suceden episodios vinculados con esta actividad desde la época de los Patriarcas. Entre todos los pasajes vinculados con ella, resulta clave el episodio de Esaú y Jacob sobre la caza, en (Gn., 25-27). Un auténtico símbolo sobre la división del pueblo hebreo y sobre el devenir de cada uno de los hombres en el caso particular de los dos hermanos. Pero sobre todo en el de las naciones, una dicotomía que nació en el vientre de Rebeca, la esposa de Isaac, el hijo primogénito de Abraham. Dos gemelos en guerra desde antes de nacer, dos naciones, dos formas de vida, dos formas de entender el vínculo con Dios. El mayor era Esaú, un experto cazador, montaraz, activo y cuya vida discurría al aire libre. Mientras que su hermano Jacob era tranquilo y vivía en el entorno más doméstico. En ellos observaremos algo singular: tanto Jacob como Esaú cocinaban, y no veremos a muchos hombres cocinar en el mundo antiguo. Por otra parte, en esta época no solamente se recolectaba o se cazaba, también se practicaban la ganadería y la agricultura. La caza era una actividad complementaria de carácter casi deportivo, una ocupación muy apropiada para el activo carácter de Esaú. Sin embargo, parece que esos tiempos antiguos del cazador vuelven a quedar en entredicho, e Isaac entrega no solo las bendiciones y la primogenitura a Jacob, sino también el trigo y el mosto, dejando al cazador con la herencia mermada (*Gn.*, 27, 37). Así, este pasaje nos muestra la caza como un recurso para complementar la alimentación, incluso como fuente de placer, ya que a Isaac le gustaban los guisos de caza, pero no como recurso primario para la alimentación, sino como fuente de disfrute gastronómico. Él prefiere ese plato y no otro. La de los cazadores había sido una etapa superada a la que se volvía únicamente en tiempos de escasez, por el placer de su práctica o por disfrutar de los gozos gastronómicos que esta aportaba.

A lo largo de los textos sagrados encontraremos innumerables referencias a la caza, tanto mayor como menor, con frecuencia estableciéndose un matiz fundamental, y es que, entre líneas, es posible percibir cómo conocían los hábitos de los animales, por ejemplo, el caso de «la perdiz que incuba lo que no ha puesto» (*Jerem.*, 17, 11). Existen una serie de cuidados de carácter ecológico con los animales que observamos especialmente en la recomendación del Deuteronomio:

> *Si al caminar encuentras casualmente un nido de pájaros en el árbol o en el suelo, y a la madre incubando sobre los polluelos o los huevos, no capturarás a la madre que está sobre las crías. Dejarás la madre y podrás quedarte con las crías (Deut., 22,6).*

Hay referencias a la caza prácticamente de todos los animales que existían en su ecosistema, desde la captura de la perdiz detallando su carácter montaraz (*1Sam.*, 26, 20) a las codornices que los israelitas encontraron tras su salida de Egipto, y que era necesario cazar, aparentemente con mucha facilidad (*Ex.*, 16, 3; *Num.*, 11, 31-32; *Sl.*, 10, 2; 105, 40). Pero también disponemos de referencias a la caza mayor, por ejemplo, los ciervos, como el episodio en el que se esclarece cómo se colocaban los cepos para la caza de los ciervos (*Prov.*, 7, 22). Las trampas para la caza eran bien conocidas, especialmente las de lazo, que se ocultaban bajo la tierra en los senderos, así como otras herramientas del cazador y sus técnicas de caza, como eran el lazo, el arco y las flechas (*Job.*, 18, 10; *Sl.*, 141, 9; *Gn.*, 21, 16; 27, 3; *1Sam.*, 20, 20-22). Y desde luego, se tenía en alta estima el valor de los cazadores más bravos y aguerridos, por su astucia y valentía (*Gn.*, 10, 9).

La Mishná[20] permite la caza en ciertas circunstancias y para determinados animales. Por supuesto, no para el jabalí ni para los reptiles, pero sí se pueden cazar ciervos y pájaros.

La agricultura y sus frutos

El Señor, tu Dios, te conduce hacia una tierra excelente... tierra de trigo y de cebada, de viñas, higueras y granados; tierra de olivos, de aceite y miel (Deut., 8, 7-8).

En la creación del mundo descrita en el libro del Génesis, tras la formación de la tierra y la separación de las aguas, se narra la configuración del mundo vegetal, la base de la vida que depende de la tierra y de una fuerza creadora que hizo que aparecieran las semillas en un ciclo idéntico al del resto de seres vivos. Así, en primera instancia, las plantas se vinculan con la tierra y la primera parte del proceso creador, los animales llegarán después.

La práctica de la agricultura como actividad no esporádica, sino continua, como fuente de producción fundamental y de supervivencia, marcó un cambio histórico de actividades entre el Paleolítico y el Neolítico. Y de forma paralela, la agricultura también surge en la his-

---

20 La Mishná es uno de los libros que recoge la tradición oral judía, que se hace remontar a Moisés, transmitiéndose de generación en generación. Su objetivo es aclarar, explicar e interpretar la Torá. Junto con la Torá da lugar a la Halajá, la ley judía. Fue redactada por Yehudah haNasí a principios del s. III d. C.

toria bíblica como la primera ocupación que tuvo el hombre al salir de Paraíso, marcando con ello un antes y un después. Tras disfrutar de una fase recolectora y de disfrute de los bienes de la Creación, aparece una etapa distinta caracterizada por la labranza de la tierra, la primera actividad de producción intrínsecamente humana como narra el Génesis:

Para que trabajase la tierra de la que había sido tomado (Gn., 3, 21).

Ya hemos visto cómo los cultivos principales en Palestina eran los típicamente mediterráneos, y en este marco de producción encontraremos una gran variedad de plantas para uso alimentario. Las sociedades se habían desarrollado hacia un mundo urbano, y desde las pequeñas aldeas a los imperios, el entramado social, político y económico requería importantes cantidades de alimentos, más allá de la supervivencia. Esta necesidad será precisamente la que provoque el desarrollo, y la expansión, en una ola que configurará los pequeños núcleos urbanos en importantes ciudades, acelerando la riqueza gracias al comercio. La cuestión es que la sociedad se hacía más compleja, y esto terminó provocando la división de tareas. Se hizo necesario alimentar a elementos sociales que no producían bienes de primera necesidad, pero que eran útiles en otros aspectos. Y así tenemos a los ejércitos, al cuerpo de sacerdotes, a las élites políticas e incluso a los artesanos, trabajadores y esclavos cuyas ocupaciones no estaban directamente vinculadas con la producción.

Gracias a la arqueología conocemos la importancia de las actividades agrícolas, y como estas faenas formaban la presencia de la agricultura. También de qué forma las faenas agrícolas formaban parte de la vida cotidiana. Esto es visible, por ejemplo, a través de los calendarios agrícolas, que se hicieron tradicionales por su utilidad, y en los que, a modo de recordartorio se repartían las distintas tareas enlazándolas con los tiempos del año. Este que presentamos a continuación pertenece a la ciudad arqueológica de Guézer, una localidad ubicada entre Jerusalén y Joppe, y tiene forma de una pequeña placa de caliza en la que se encontraba este antiguo texto de época de Salomón, en el s. X a. C.

Los dos meses para la recogida (de la aceituna)
los dos meses para sembrar (el grano);

los dos meses para la siembra tardía.
El mes para cavar el lino;
el mes para cosechar la cebada
el mes para cosechar y ensilar.
Los dos meses para cuidar las viñas;
el mes para los frutos de otoño[21].

Estos calendarios servían de recordatorio para los escolares y también para que los campesinos no olvidaran los tiempos establecidos para el pago de impuestos, una cuestión sustancial en una sociedad organizada.

En cuanto a los frutos de la agricultura, en el antiguo Israel las principales plantas alimentarias eran las gramíneas y las leguminosas, que producían semillas altamente nutritivas y que conformaban la base de la alimentación. Entre los cereales se impusieron la cebada, el trigo, el carraón y la escanda, con distintas variedades más productivas según el territorio y la época de plantación. Entre las legumbres, se citan en la Biblia las lentejas, las habas y los garbanzos, pero sabemos que, además de estas, se producían guisantes y arvejas e incluso otras especies menores. El libro de Samuel hace una bella descripción de uno de estos paisajes cultivados en la que podemos disfrutar la visión de un campo de lentejas en la localidad de Lejí o Lehí cuya ubicación actual se desconoce, y que databa de los tiempos del rey David (*2Sam.*, 23, 11).

La producción de origen vegetal se completaba con una gran variedad de hortalizas y verduras, con frutos secos y frutas. Algunos de estos árboles eran tan provechosos —como el olivo o la vid—, que por sus grandes beneficios se convirtieron en ramas fundamentales de la actividad agrícola e incluso comercial. Ya que sus frutos se transformaban (aceite, vino, vinagre) y se convertían en productos sustanciales para el comercio con otros países, como en el caso de Egipto, hacia donde se exportaban. Y sabemos que en el Bronce Antiguo palestino también se exportaban jarros cerámicos a Egipto, que muy posiblemente se utilizaban como contenedores de vino o de aceite de oliva.

---

21   Wright, G. E., *Arqueología Bíblica*, Madrid, 1975, p. 263.

Claro que los cultivos también dependían de la zona y de sus características climatológicas, del tipo de tierra e incluso de la adaptabilidad de la especie. Entre todas las zonas agrícolas, una de las más ricas desde este punto de vista agrario era el entorno de Jericó, donde además de los cultivos señalados anteriormente había plantaciones más selectas y vegetación singular, principalmente aloe y otras aromáticas destinadas tanto a la condimentación como a la elaboración de perfumes. Pero no eran los únicos productos y también había miel y ganado menor como cabras y corderos principalmente, aunque se criaba algo de vacuno mayor, pero en poca cantidad.

Y aunque parezca poco oportuna la referencia a animales en un apartado dedicado al análisis de la agricultura, es todo lo contrario. La vida real era mucho más compleja, y aunque en estas páginas reflejemos en los distintos apartados la división entre agricultura y ganadería para una explicación más clara sobre ambas actividades, la realidad era más rica. Ambas actividades eran complementarias y se vivían como tales, con el fin de aprovechar mejor los recursos de una y otra y fomentar las importantes interacciones. El fin de esta vinculación entre ambas actividades es evidente, ya que para el desarrollo de una vida más confortable era necesario complementar los recursos agrícolas, ganaderos y recolectores en aras de un mejor beneficio del conjunto.

Por otro lado, y como ocurre con todas las sociedades del mundo antiguo, asistiremos a una temprana vinculación de las actividades agrícolas con la religión, relación que se desarrolló de diversas formas. Por ejemplo, mediante la entrega de las primicias, que eran una parte de la cosecha que se adjudicaba a los sacerdotes para que hicieran el reparto entre las personas más necesitadas. Estas primicias se entregaban mediante dos fórmulas diferentes, una tras la cosecha y otra mediante el diezmo trienal, cada tres años, entregas que marcaban los tiempos agrícolas en un mundo en el que la producción era un aspecto fundamental (*Deut.*, 26, 1-15).

La cuestión es que, al analizar la Biblia con esta perspectiva de las actividades primarias encaminadas a la alimentación, observamos unas descripciones muy exactas sobre las labores agrícolas y con respecto a cómo se desarrollaban y se vivían. Se puede percibir en estos textos cómo los trabajos de agricultura formaban parte de una rutina vital, de hábitos que eran bien conocidos y puestos en práctica cotidianamente y que se llevaban realizando durante generaciones, afianzando esa relación del hombre con la tierra, e incluso asentando y mejorando el conocimiento cada vez con más seguridad y eficacia. Los israelitas de la segunda fase, cuando tras la etapa de la salida del desierto ya habitaban en la Tierra Prometida, eran agricultores que descendían de los antiguos pastores, gente asentada que cuidaba sus animales y que vivían, efectivamente, de los frutos de una tierra fértil, como les prometió YHWH. Pero claro, cultivar la tierra no era tan fácil y requería de un conocimiento y de unos instrumentos adecuados para las diferentes labores. Herramientas como trillos, rastrillos, varas y cuchillas, que describe Isaías:

> *El labrador ¿no se pasa todo el día labrando para después sembrar? ¿No abre surcos y rastrilla la tierra, allana la superficie, esparce el hinojo, desparrama el comino, echa el trigo en los surcos, la cebada en la parcela asignada, y la avena en las lindes?... Pues no con trillo se desgrana el hinojo, ni la rueda del carro pasa sobre el comino, sino que con vara se bate el hinojo, y el comino con estaca. El trigo se trilla, pero no se pisa sin cesar, no se aplasta con la rueda del carro ni se tritura con sus cuchillas (Isa., 28, 24-29).*

La pericia del agricultor era la clave para obtener un mejor rendimiento, destreza que además se tenía que poner en práctica mediante los instrumentos. En realidad, las labores de la tierra se recogen en numerosas ocasiones a lo largo de la Biblia, y en ellas es visible la experiencia del pueblo judío en estos trabajos. Además demuestran su vinculación con una actividad primordial y cómo la vida cotidiana se encontraba ligada con las labores propias de cada época. Y así, desde la siembra a la siega, desde el engavillado de las espigas hasta el aventado, cada una de estas acciones no solamente requería pericia, sino que se hicieran en el tiempo oportuno según el tipo de planta. Lo que nos lleva a concluir que, efectivamente, la relación de este pueblo con las labores agrícolas era antigua y se desarrollaba como algo consuetudinario y bien conocido.

Pero los detalles que nos ofrece la Biblia son aún más exactos y singulares, y nos remiten a prácticas milenarias e incluso familiares y entrañables, como es la de utilizar espantapájaros para mantener los huertos libres de aves (*Bar.*, 6, 69). Los instrumentos para la puesta en práctica de estas labores van desde el arado simple a las hoces de madera. Los arados eran tirados por bueyes o burros, y tenían una punta de piedra que posteriormente fue de hierro. Y las hoces tenían un mango de madera en el que se insertaban diminutas hojas de un sílex extraordinariamente cortante y capaz de seccionar los tallos del cereal seco. Después se trillaba, se aventaba para separar la paja que volaba del grano, y posteriormente se medía y se almacenaba.

A continuación, presentamos unas tablas con los distintos cultivos, agrupados por familias, con las correspondientes referencias al libro en donde se encuentran. En las referencias más comunes, especialmente en el caso del trigo y del aceite, hay unas referencias singulares, porque son tan numerosas que harían unas tablas de incómoda lectura. En el resto de los casos están anotadas las más importantes o en su totalidad.

Arar	*Deut.*, 22, 10; *1Re.*, 19, 19; *Job.*, 1, 14
Aventar	*Deut.*, 22, 10; *1Re.*, 19, 19; *Job.*, 1, 14
Espigar	*Deut.*, 22, 10; *1Re.*, 19, 19; *Job.*, 1, 14
Engavillar	*Gn.*, 37, 7
Irrigar / regar	*Deut.*, 11, 10; *Ecl.*, 2, 6; *Deut.*, 11, 10; *Isa.*, 58, 11
Labrar	*Gn.*, 2, 5; *1Sam.*, 8, 12; *Job.*, 39, 10
Plantar	*Pr.*, 31, 16; *Isa.*, 44, 14; *Jr.*, 31, 5; *Deut.*, 28, 30
Segar	*Lev.*, 19, 9; 23, 10; 25, 5; *Gn.*, 8, 22; *Ex.*, 23, 16; *Deut.*, 24, 19; *Rut.*, 1, 22; *1Sam.*, 12, 17; *2Sam.*, 21, 9; *Pr.*, 10, 5; 26, 1; *Sal.*, 72, 6; 129, 7; *Am.*, 7, 1
Sembrar	*Ecl.*, 1, 4; *Isa.*, 32, 20; *Lev.*, 25, 20; *Deut.*, 11, 10; 22, 9; *Ex.*, 23, 10; *Lev.*, 25, 4; 25, 11; 25, 20-22
Trillar	*Jue.*, 6, 11; *Rut.*, 3, 2; *1Cr.*, 21, 20; *Isa.*, 28, 27

El mundo romano, que dominaba todo el Mediterráneo a comienzos de nuestra era, conocía perfectamente los recursos agrícolas y ganaderos de este gran territorio, y tuvo agrónomos de la talla de Columela, Catón o Varrón. Igualmente eran bien conocidas las posibilidades agroalimentarias de todas las provincias y entre ellas, cómo no, la de Israel. Algunos de estos productos de origen israelí se dominaban a la perfección. Plinio, por ejemplo, ofrece interesantes datos sobre las cebollas de Ascalon, variedad muy conocida en el mundo romano y que tomaba el nombre de la ciudad homónima. Se trataba de una variedad estéril que no se podía reproducir por semillas. El mismo Plinio también nos aporta un dato muy interesante sobre la producción agrícola de esta zona en su tiempo, con respecto a la fama que tenía Judea por la calidad del fruto de las palmeras. Dice que eran dátiles muy dulces, cuya calidad y sabor permanecía en el tiempo y de tal condición que se podían elaborar vinos a partir de los frutos, lo que significa que tenían suficiente porcentaje de azúcar como para provocar una fermentación. Pero Plinio no se queda solamente ahí, y detalla cómo se cultivaban y propagaban en distintos lugares, explicando las calidades de los palmerales en diferentes localidades, y en especial los más famosos de la Antigüedad, los dátiles de Jericó. De estos se extraía un zumo tan espeso y dulce que parecía miel, según Plinio, y que probablemente fermentaba para convertirse en un licor apreciado. También explica que había una variedad de dátiles de Etiopía que eran tan secos que se trituraban y compactaban en una especie de pan, lo que parece sencillamente es que eran dátiles deshidratados de cualquier especie. Recientemente se han rescatado unas semillas de palmera datilera de sitios arqueológicos de Judea —desde luego era una especie que ya se explotaba y consumía hace 7000 años—, y que parecen responder a estos famosos dátiles de Jericó, proporcionando unos frutos de tamaño muy superior al de los dátiles actuales. Se trata de una investigación que viene a confirmar que los datos aportados por las fuentes antiguas sobre alimentación son fiables precisamente porque no eran actividades prioritarias. El objetivo de Plinio era documentar, no tenía que demostrar nada sobre los alimentos ni las comidas, sencillamente narra y describe lo que conocía o de lo que había oído hablar, que en este caso hacía referencia a la calidad y tamaño de unos dátiles.

Veamos el origen de algunas de estas plantas, las más significativas, y que han conformado la base alimentaria de este pueblo durante milenios. De las que se conocía a fondo su cultivo y que, por tanto, plantadas en abundancia, dieron forma a numerosos platos vinculados con ellas ellas, así como multitud de combinaciones capaces de nutrir y hacer las delicias de cualquiera. Las plantas eran tan importantes que hasta Salomón escribió sobre ellas. Es interesante observar cómo la producción de este rey comprende desde poesía, parábolas y proverbios, aunque no se olvida de cosas más prosaicas pero necesarias como las plantas. Desde los más regios cedros del Líbano a los sencillos hisopos que brotaban en los muros (*1Re.*, 5, 12).

Cereales

Los cereales eran la base de la alimentación. Nutritivos, saciantes, polivalentes y fáciles de transportar y conservar. El trigo y la cebada eran las dos variedades más consumidas, y entre el primero destacan tres variedades de trigo: *hittâ, einkorn* y *emmer* (quizás espelta, este último). Una vez almacenado el trigo después de la cosecha, se conservaba entero, y a la hora de cocinarlo se tostaba previamente o se molía para hacer harina. Sin duda, era el cereal más valorado y se usaba tanto como alimento como en rituales religiosos. Podemos asomarnos a una preciosa imagen de la vida ordinaria vinculada con los cereales a través de un campo de cebada, propiedad de Joab, a punto para la siega en época del rey David. Una anécdota recogida en el libro de Samuel debido al desgraciado incendio provocado en el campo por los servidores de Absalón (*2Sam.*, 14, 30).

El cereal era el primer alimento de la vida cotidiana en sus dos principales especies, la cebada y el trigo. Cada una de ellas en sus distintas variedades. El trigo parece valorarse más, y al menos se menciona con más frecuencia en dos variedades principales, el *einkorn,* que era el que se destinaba a elaborar el pan común, y la variedad *emmer,* posiblemente la espelta. La cebada tenía una gran ventaja sobre el trigo debido a que su cultivo necesitaba menos agua y resistía tanto terrenos difíciles como la presencia de sal en el suelo... ¡una gran ventaja! Aunque también se consideraba de calidad inferior e incluso se cultivaba para alimentar a los animales. En Mesopotamia se producía gran cantidad de cerveza de cebada, o de cebada y otros cereales, a pesar de que los israelitas consumían preferentemente vino, ya que lo había en abundancia y era de buena calidad.

Como producto primordial, el cereal era la auténtica base de la alimentación, y representaba tanto la subsistencia como el placer, en un amplísimo recorrido por las recetas de la zona. Estas iban desde sencillas tortas de pan o gachas a panes y galletas más elaboradas y selectas como masas similares al hojaldre, o enriquecidas con frutos secos. Podemos decir que eran innumerables las elaboraciones realizadas con el trigo. Algunas de ellas, incluso, continúan vigentes con las variaciones y añadidos del tiempo, como los panes, las tortas o las sopas de pan, pero probablemente también hemos perdido otras tantas. Una cuestión fundamental con respecto al cereal era conseguir alargar la duración del grano, para lo que este se tostaba; así se mantenía mas estable. Por supuesto, también se molía en forma de harina.

A continuación se presenta una tabla en la que se recogen las veces que se citan los distintos cereales:

Trigo	*Ez.*, 4, 9 *2Sam.*, 17, 28
Cebada	*Ez.*, 4, 9 *2Sam.*, 17, 288
Avena	*Isa.*, 28,25 *Ez.*, 4, 9
Espelta	*Ez.*, 4, 9
Grano	*2Sam.*, 17, 28

Avena[22]
Grano[23]

Legumbres

Ricas en nutrientes, fáciles de cultivar y adaptadas al clima seco y cálido del Mediterrráneo. Formaron parte no solo de la alimentación, sino de una forma de vivir, porque se podían mantener en buen estado durante mucho tiempo. Proporcionando así, la base nutritiva de innumerables preparaciones.

---

22 En unas versiones traducido como avena, en otras como espelta.
23 Un tipo de grano inespecífico y diferenciado del trigo, cebada, habas, lentejas y garbanzos.

Entre las legumbres tenemos la lenteja, *Lens culinaris,* que es uno de los cultivos más antiguos de Oriente Medio. Está atestiguada desde la época del Neolítico cerámico en Jarmo, en el periodo Samarra de Choga Mami y en la última fase de Uruk, así como en la época acadia antigua en Tell Taya, y durante dos etapas babilonias, en Isin-Larsa, en el periodo babilonio antiguo, así como en el periodo medio en Tell Bazmosian. La lenteja, como legumbre que es, es rica en proteína vegetal, y soporta los suelos secos, pero no el exceso de humedad, lo que la hace muy adecuada a las tierras que están más alejadas de los cultivos de regadío, y para todos los cultivos de secano de Oriente Medio.

Por su parte, el garbanzo *Cicer arietinum* se documenta igualmente en época temprana, con ejemplares que fueron cultivados en el cementerio real de Ur, en Pu-abi´s. Hay ejemplares carbonizados del periodo babilonio medio de Tell Bazmosian y del neoasirio de Nimrud. El garbanzo es una planta singular, porque soporta muy bien el calor extremo, y es tolerante a los terrenos salinos, aunque, por otro lado, es muy sensible al frío.

El haba mediterránea, *Vicia faba* (no confundir con la habichuela americana), se ha cultivado en todo el entorno mediterráneo, pero en el caso de Oriente Medio, solamente tenemos ejemplares de la época acadia antigua de Tell Taya. Como el resto de las legumbres, es muy resistente a los climas secos.

Por su parte, del guisante, *Pisum sativum*, está comprobado su cultivo en la época final de la prehistoria, tanto en Jarmo como en Choga Mami. Posteriormente apareció en las ofrendas realizadas en el cementerio real de Ur, Pu-Abi´s en los niveles dinástico temprano y acadio antiguo en Tell Taya y en época antigua babilónica. Una legumbre de invierno que agradecía el riego.

El *Lathryus sativus*, bien conocido en el Jarmo prehistórico y Choga Mami, en el yacimiento de Tell Taya, del acadio antiguo, Tell Bazmosian del babilonio antiguo y el neoasirio Nimrud. Las almortas son una legumbre resistente al clima y tolerante a la inundación. A lo largo de la historia se ha utilizado como un grano en época de hambrunas, cuando había escasez de cereales, pero su consumo en exceso o continuado causa una grave enfermedad llamada latirismo.

Las legumbres tienen, como los cereales, una ventaja sobre el resto de los cultivos, y es que sufren un proceso natural de deshidratación que permite dilatar su consumo en el tiempo, manteniéndose como una excelente fórmula para disponer de una conserva todo el año. Aunque el mundo antiguo conoció más legumbres, como los altramuces, estas son las variedades que se citan, y no con demasiada frecuencia. Sin embargo, nos consta que formaban parte de la dieta ordinaria por la facilidad de transporte y conservación que caracterizaba a estas legumbres, y por la buena complementación que tenían, al igual que los cereales, con el resto de su alimentación.

Lentejas	Gn., 25, 34 Ez., 4, 92 2Sam., 17, 28 2Sam., 2, 11
Habas	2Sam., 17, 28
Garbanzos (tostados)	2Sam., 17, 28

Hortalizas y verduras

Causa asombro la escasez de citas que hacen referencia a hortalizas y legumbres, aunque hay numerosas referencias a hortalizas genéricas, a huertos y lugares regados que producen alimentos, algo que tranquiliza en segunda instancia y que nos confirma en el concepto de que es imprescindible vincular la alimentación con el territorio, en especial en el mundo antiguo. Además de los propios cultivos, conocían la riqueza hortícola egipcia, y probablemente cultivaban muchas de aquellas plantas que ya les eran familiares. La cuestión que se pierde con frecuencia con estas listas de alimentos es la capacidad que tenían de aprovechar diferentes partes de los árboles, plantas y arbustos. Por ejemplo, es el caso de la hoja de higuera y la de parra, la primera utilizada como protección para diferentes alimentos, por supuesto higos en primera instancia, y la segunda utilizada igualmente como protección y como comida, usada para envolver rellenos de diferentes clases, como se sigue haciendo en la cocina tradicional griega.

Cebollas	Num., 11, 5
Ajos	Num., 11, 5
Pepinos	Num., 11, 5
Puerros	Num., 11, 5
Alcaparras	Ecl., 12, 5
Cardo	Isa., 24, 13 Os., 9, 6 Ct., 2, 2

Cardo[24]

Las legumbres se preparaban estofadas y guisadas, solas, pero más comunmente en combinación con verduras, hortalizas y carnes. Condimentadas y quizás especiadas. Las de mayor tamaño, como los garbanzos y quizás las habas, se tostaban. También se usaban trituradas a modo de harina para enriquecer panes o como base de estos.

Frutas

En la Biblia hay innumerables referencias a árboles frutales, pero como ocurre en el caso de las hortalizas, las referencias son genéricas y poco útiles a la hora de interpretar su alimentación. Aun así, el que presentamos parece un buen surtido de frutas, entre las que las uvas, las granadas y los higos juegan un papel fundamental.

Los textos antiguos nos proporcionan una interesante información sobre los cultivos, como los de Urukagina de Lagash, que reinó en el 2400 a. C. y que revela la rica producción de vegetales y frutas en su tiempo. Podemos imaginar ejemplares de menor tamaño, vinculados a una temporada corta de producción, y muy apreciados por su sabor dulce. Entre los tipos de frutas conocidas en el territorio tenemos las manzanas, que presentaban variedades silvestres, y cuyos ejemplares se han encontrado en Çatal Hüyük, en Anatolia. También fueron

---

24 Usado fresco como verdura, pero también su jugo para cuajar la leche.

cultivadas por los hititas, en Mesopotamia y en Egipto. En época de Ramsés II, en el s. XIII, se plantaron manzanos en el delta del Nilo, y Ramsés III enviaba cestas de manzanas como ofrendas a los sacerdotes tebanos[25]. Se consumían frescas y deshidratadas, previamente troceadas.

La granada, *Malum punicam*, es original de Asia menor, de la zona del Cáucaso, Armenia y Persia. Su propia denominación latina nos indica que la vía de transmisión a Roma fue por Cartago, aunque también se cultivaron en India en época temprana. Encontramos imágenes suyas en el herbario asirio, con una variedad amarga y otra dulce, y tanto en los huertos hititas como persas fue de cultivo común. Llegó a Egipto en el Reino Nuevo y encontramos representaciones de granadas en el entorno funerario de Ani, un escriba de la época de Tuthmosis I, s. XVI a. C., e incluso representaciones en la tumba de Akhenaton. En la Palestina de la época del Antiguo Testamento se han encontrado granadas carbonizadas en tumbas del Jericó de la Edad de Bronce.

Peras y membrillos se conocieron en sus variedades silvestres, como sucedió con la manzana, y las primeras evidencias de su cultivo parten de Mesopotamia. Pero no se quedaron allí, de forma que tanto hititas como persas las cultivaron y consumieron de varias formas, frescas, cocinadas o deshidratas en finas lascas. Los membrillos se encontraban en estado silvestre en Anatolia, en el Cáucaso y en Persia.

Pero entre todos los frutos consumidos con mayor frecuencia y de forma cotidiana en Oriente Medio, tenemos los dátiles, uvas e higos, tanto en sus variedades frescas como deshidratadas. Todas ellas son frutas autóctonas, de cultivo fácil, adaptadas y bien conocidas desde la época de las poblaciones primitivas, ya que formaban parte de su alimentación desde época prehistórica, incluso en el Paleolítico. En realidad, muchos textos babilonios y asirios confirman su importancia e implantación. El caso de todas estas frutas es singular y de gran importancia en la alimentación, ya que son muy ricas en azúcares, y por tanto en calorías. Y las calorías eran muy importantes en esta época, ya que dotarse de alimentos altamente nutritivos era una forma de conseguir más y mejores posibilidades de superviven-

---

25   Brothwell, D., y Brothwell, P., *op. cit.*, 1998, p. 132.

cia. Además de proporcionar un anhelado sabor dulce, ya que, junto a la miel, estas frutas eran las únicas fuentes de sabor dulce al desconocerse aún el azúcar de remolacha o caña en esta zona.

El caso de los dátiles es especialmente llamativo, ya que se consumían frescos o secos, incluso deshidratados totalmente o fermentados para elaborar vinos y vinagres, y formaban parte de innumerables elaboraciones y bebidas. Incluso se usaban como guarnición, como bocado ocasional, en forma de postre, y para endulzar las elaboraciones de repostería. Su consumo fue tan importante que su cultivo se cuidaba hasta el extremo. Las palmeras datileras debían polinizarse manualmente, como señala el Código de Hammurabi (1750 a. C., promulgado por el rey Hammurabi de Babilonia), y se cultivaban en huertos de propiedad privada que proporcionaban importantes beneficios a sus propietarios, ya que cada palmera suministraba una cosecha anual de 120 lt de dátiles. Además, la imagen de las palmeras datileras es constante, con descripciones relativamente frecuentes, por ejemplo, cuando se retrata a Jericó como la ciudad de las palmeras datileras (*2Cron.*, 28, 15; *Deut.*, 34, 3). También los hijos de Judá subieron desde la *ciudad de las palmeras* al desierto de Judá, según relata el libro de Jueces (*Jue.*, 1, 16), y Jericó también fue conquistada por Eglón, el rey moabita (*Jue.*, 3, 13). No solamente había una importante producción de dátiles, es que los dátiles de Jericó eran especialmente estimados por ser muy suculentos y de gran calidad.

Además de estas referencias a las palmeras datileras, en la Biblia solamente se mencionan los dátiles en dos ocasiones: en la primera se habla de ellos como parte de los ingredientes para la elaboración de unos pasteles que se repartían de forma comunal a todo el pueblo. En este caso, el acontecimiento fue singular e importante, ya que aquella comida se ofreció para celebrar la entrada del Arca en Jerusalén en época del rey David (*2Sam.*, 6, 19; *1Cron.*, 16, 3). La segunda vez que se habla de los dátiles es cuando los hebreos salieron del mar Rojo y los ejércitos de Faraón se vieron aniquilados por las aguas. Entonces, Moisés condujo al pueblo hasta Elim, un oasis descrito como un lugar en el que había doce fuentes de agua y setenta palmeras, con sus nutritivos dátiles, en una hermosa y sugerente imagen (*Ex.*, 16, 27).

Los higos fueron parte de ese singular trío de frutos dulces, de gran importancia en la alimentación, por su capacidad de mantenerse secos durante mucho tiempo y con la singularidad de producir dos cosechas anuales, en primavera (brevas) y en otoño (higos). Constituían en sí mismos una conserva, que se podía consumir bastante tiempo después de su recolección, mantenían un rico sabor dulce y gracias al elevado contenido en azúcares la fermentación era relativamente sencilla; con ellos también se podían elaborar vinos. La gran ventaja que tenían las higueras con respecto a cultivos frutales posteriores es que eran árboles autóctonos, por lo tanto, bien conocidos y de fácil cultivo, así que su crianza y aprovechamiento era efectivo desde la prehistoria. Había dos grandes variedades, el sicomoro y la higuera, ambos muy populares.

La primera vez que se cita este árbol en la Biblia es para detallar los primeros vestidos de Adán y Eva, que usaron hojas de higuera para vestir su desnudez (*Gn.*, 3, 7). Aunque no será la última vez que veamos aparecer este fruto entre las páginas bíblicas, y el libro de Samuel detalla cómo en tiempos del rey David, tras el fallecimiento de Samuel, la prudente esposa del calebita Nabal, envía a las tropas del rey doscientos panes de higo, entre otras elaboraciones (*1Sam.*, 25, 18). Que parecen no tanto un pan estrictamente dicho, sino más bien una elaboración dulce del estilo de una torta o galleta, que debía ser una preparación común, ya que suele aparecer con frecuencia entre las descripciones de platos. E incluso debía tener variedades de diferente categoría y calidad, ya que hasta el propio rey David las consumió (*1Sam.*, 29, 12), y a lo largo de los textos sagrados se explican elaboraciones similares, pero con matices, como una preparación de tortas de higos (*1Cron.*, 12, 41).

La producción de higos era de gran importancia, con cosechas significativas, ya que incluso se pagaba el impuesto del diezmo sobre la producción. Este era un gravamen que se obtenía de calcular la décima parte de la cosecha, y que se entregaba a las autoridades (*Tb.*, 1, 7). La importancia de la higuera era algo extraordinario, más aún que la palmera, casi una constante que proporciona la anhelada sombra a lo largo de la Biblia, apareciendo como un árbol en el que se resguardaron distintos personajes, y que en realidad funciona como una parte normalizada del paisaje. No solo como árbol productivo, como frutal, sino como símbolo de lo cotidiano, de lo familiar, de la seguridad ofrecida por YHWH. Y también de la prosperidad, de la seguridad y del bienestar. Y tienen un importante simbolismo, ya que son árboles que necesitan cuidados durante muchos años para que sean grandes y productivos y, así como el exilio y el estado de seminomadismo que había padecido el pueblo durante el tiempo que pasó en el desierto era igualmente la representación del castigo, sentarse en paz bajo la higuera era un símbolo de bendiciones divinas. Y como nos muestra Oseas, la higuera es incluso el símbolo espiritual y físico de Israel:

> Como uvas en desierto encontré Yo a Israel, como breva primeriza en higuera vi a vuestros padres (Os., 9, 10).

Y su sombra y sus frutos son el símbolo de un tiempo mejor, como cuando Salomón dominaba todos los reinos desde Egipto hasta el río y el país de los filisteos, cobrando tributos y en paz:

> Judá e Israel vivieron en seguridad, cada uno bajo su parra y bajo su higuera (2Re.,5, 5).

Comida y bebida clave de la dieta mediterránea, en Israel se producían uvas y se criaban vinos en un entorno de clima de veranos secos y con unas condiciones ideales de cultivo. Se plantaban en bancales, para aprovechar la pendiente de las colinas, y el lagar se encontraba en su entorno, lo que facilitaba tanto el trabajo como el desplazamiento.

Por una parte, las uvas se consumían tanto frescas como pasas, y no solamente eran un rico bocado en su temporada, también aportaban dulzor a los postres y se convertían en un auténtico comodín por la facilidad de su conservación. Y por supuesto, las uvas son el tercer fruto que es fuente de sabor dulce, tan valorado en el mundo antiguo. Un fruto tan importante en el Mediterráneo como en Israel, y símbolo igualmente de riqueza, prosperidad y de identidad judía. La viña es originaria de Asia Menor, y distintos pueblos del entorno replicaron su cultivo y utilizaron sus frutos, pero no de forma oportunista, casual o intermitente, sino desde el punto de vista del agricultor, ya que la viticultura se conocía en Mesopotamia al menos desde el tercer milenio a. C. y quizás en Egipto antes incluso de las épocas dinásticas. Los hititas, por ejemplo, fueron excelentes viticultores y grandes productores de vino, porque paralelamente a la viticultura nacería la vinicultura. La vid procuraba varios alimentos, ya que no solamente se consumía la uva, sino también las hojas. La uva se tomaba fresca, como fruto de temporada, pero también se deshidrataba para convertirse en uva pasa, que servía para consumo a lo largo de todo el año. Y por supuesto, la fruta se exprimía, y el mosto obtenido se fermentaba para elaborar vino, y con los vinos, también producir vinagre. Así que era un ciclo completo con un aprovechamiento casi total.

La elaboración de vinos es muy antigua, y no está claro el momento exacto en que comienza esta producción. Los hititas y egipcios fabricaron vino, estos últimos al menos en el cuarto milenio a. C. Son tan conocidos y constantes en su uso —pasas y vinos— que los encontramos constantemente citados a lo largo de la Biblia. Las pasas se conservaban en racimos, y además se cocinaban multitud de elaboraciones con ellas, aunque entre todas destacaba la repostería, con un tipo de panes (*2Sam.*, 6, 19), pasteles (*1Cron.*, 16, 3) que las incorporaban entre sus ingredientes. En el Cantar de los Cantares se presentan unos pasteles especiales, que también se preparaban con pasas (*Cant.*, 2, 5).

En el terreno práctico de la alimentación, era necesario disponer de espacios donde conservar los frutos de la cosecha; no solamente para los frutos más lábiles, como las manzanas o las hortalizas, sino para aquellos productos que se podían mantener durante bastante tiempo, como eran el cereal, las legumbres y las frutas deshidratadas. En cualquier caso, tanto si la producción se usaba para consumo invernal de la población, o para comerciar, encontramos algunos espacios de almacenaje como en Tell en-Nasbeh, la ciudad de Mizpah, de la tribu de Benjamín, al norte de Jerusalén, donde se disponía de estos depósitos de gran tamaño. Se han encontrado 201 de este tipo de silos cortados en la roca madre; eran unos contenedores que podían contener unos 1820 kg de trigo. Se calcula que cada uno de estos contenedores podía alimentar a nueve individuos durante un año completo[26].

---

26   Zorn, R., «Tell en-Nasbeh», en Master, D. M., *The Oxford Encyclopedia of The Bible and Archaeology*, Oxford, 2013, p. 403.

Melones	*Ba.*, 6, 69 *Num.*, 11, 5 *Isa.*, 1, 8; 23, 16
Granados	*Ex.*, 28, 33-34; 39, 24; 25; 26 *Num.*, 13, 23 *1Re.*, 7, 18; 20; 42 *2Re.*, 25, 17 *3Cron.*, 3, 16; 4, 13 *Cant.*, 4, 3; 6, 7; 8, 2 *Jerem.*, 52, 22; 23
Manzana	*Ex.*, 25, 31; 25, 33; 34; 35; 36; 37, 17; 19; 20; 22 *Prov.*, 25, 11 *Cant.*, 2, 5; 7, 8
Higos	*Num.*, 13, 23 *Isa.*, 38, 21 *1Sam.*, 23, 18 *Ne.*, 13, 15 *Tb.*, 1, 7 *Jdt.*, 10, 5 *2Re.*, 20, 7
Nogal	*Cant.*, 6, 11
Dátiles	*2Sam.*, 6, 19 *1Cron.*, 16, 3
Pasas	*1Cron.*, 16, 3 *2Sam.*, 6, 19; 16, 2 *Cant.*, 2, 5 *Num.*, 6, 3
Uva fresca	*Gn.*, 40, 10; 11; 49, 11 *Lev.*, 25, 5 *Num.*, 6, 3; 13, 20; 23 *Deut.*, 23, 24; 28, 39; 32, 14; 32, 32 *Jue.*, 9, 27 *1Sam.*, 25, 18 *Ne.*, 13, 15 *Isa.*, 5, 2; 4; 16, 7 *Jerem.*, 8, 13; 31, 29; 31, 30 *Ez.*, 18, 2 *Os.*, 9, 10 *Am.*, 9, 13

Sicomoro	1Ry., 10, 27 1Cron., 27, 28 2Cron., 2, 15; 9, 27 Sl., 78, 47 Isa., 9, 9 Am., 7, 14
Viña de Sodoma o manzana de Sodoma Calotropis procera	Deut., 32, 32

Nogal[27]

Calotropis procera [28]

Plantas aromáticas

Si queremos comprender la alimentación y el mundo de los sabores del antiguo Israel, es clave entender el papel de los complementos en su cocina. Desde las aromáticas a las gomorresinas y bálsamos (estos últimos en la tabla inmediatamente posterior), jugaban un papel determinante para conseguir modificar una preparación, proporcionándole un sabor y aroma final distinto. Pero también tenían otro uso, y este era el medicinal. Las plantas aromáticas tienen unos componentes curativos en forma de aceites esenciales que regulan desde la digestión hasta las molestias y dolores de la vida ordinaria. Debemos pensar en ellas como parte sustancial, y no solamente como un componente esporádico o utilizado sin intención, un elemento recurrente en la vida cotidiana. Como ocurre con el resto de las diferentes familias de plantas, se escapan algunas que sabemos que se utilizaban, como eran el hinojo o la mostaza, que además se dan muy bien en la zona.

Las plantas aromáticas complementaban los cultivos agrícolas, y se usaban tanto para elaborar perfumes, principalmente quemados en pebeteros, como para aromatizar vinos, y por supuesto como condimentos selectos. Uno de estos productos, originario del sur de Arabia se empezó a cultivar de forma temprana en Palestina, hasta el punto de que los autores antiguos creyeron que era originario de esta zona

---

27   Referencia a un huerto de nogales.
28   Es un árbol del norte de África, del género *Calotropis*.

(Teof., *H.P.*, 9, 6, 1). Se trata del bálsamo (*Balsamum o Commiphora opobalsamum*), del que eran útiles tanto el fruto como la resina, y se usaba en perfumería y cocina. Tuvo tanto éxito que los romanos trataron de llevarse ejemplares de árboles de bálsamo, aunque tras las campañas de Vespasiano y Tito los judíos destruyeron todos los árboles de bálsamo que fueron capaces para que los romanos no disfrutaran de ellos. A pesar de todo, la especie no se perdió, y se continuó cultivando con posterioridad en la Palestina romana, como destaca Plinio:

> *Ahora bien, sobre todos los demás perfumes el preferido es el bálsamo, otorgado en exclusiva a una parte del mundo: Judea. Antaño solo crecía en dos huertos, ambos del patrimonio real: uno de no más de veinte yugadas y otro de poco menos. Los emperadores Vespasianos exhibieron este árbol en Roma* (Plin., *N.H.*, 12, 111).

La resina que destilaba el árbol del bálsamo era muy escasa, lo que encarecía su precio hasta tal punto que se buscaron alternativas más económicas, e incluso falsificaciones, y sabemos que en Petra crecía una planta similar con la que se falsificaba el auténtico bálsamo (Dsc., *Mat.*, 1, 19).

No debemos imaginar una sociedad arraigada en los patrones antiguos, dotada solo de una alimentación básica y simple, porque fue progresando a través del tiempo, mejorando el tipo de producción, diversificándolo y extrayendo el mejor partido a los cultivos de la zona. E incluso, abriéndose a diferentes cultivos que llegaban de otras tierras, como es este último caso. Sí podemos distinguir a la cultura judía por la calidad de su producción agrícola, vinculada en cada momento con su época, y con la capacidad de extraer un gran partido a las posibilidades brindadas por el territorio.

En cuanto a las prestaciones que ofrecía cada uno de los productos que se fueron definiendo en torno a la alimentación, se descubren diferentes propiedades, combinaciones entre sustancias y usos, por ejemplo, como medicinas. De nuevo Plinio, tan descriptivo, indica que hay raíces que tienen muchos usos, como algunas cañas o juncos de Judea y Siria. Señala que, además de servir como perfumes, se hervían con hierba o semilla de apio para obtener mejor diuresis y otros beneficios para el riñón y que eran útiles hasta para curar los esguinces. Incluso con el jugo de la planta se obtenía una medicina similar a la que proporcionaba el elaterium (*Ecballium elaterium*) o cohombrillo amargo[29].

En la tabla que se presenta a continuación se recogen las aromáticas y especias citadas en la Biblia.

Eneldo	*Isa.*, 28, 25; 27
Comino	*Isa.*, 29, 25; 27
Eneldo	*Isa.*, 29, 25; 27
Canela	*Ez.*, 27, 19 *Cant.*, 4, 14 *Jer.*, 6, 20
Caña dulce (de azúcar)	*Ex.*, 30, 23 *Ez.*, 27, 19 *Cant.*, 4, 14
Nardo	*Cant.*, 4, 14 *Cant.*, 1, 12
Azafrán	*Cant.*, 4, 14
Cinamomo	*Ex.*, 30, 23 *Prov.*, 7, 17 *Ec.*, 24, 15; 25, 15
Casia	*Ex.*, 30, 24 *Ez.*, 27, 19 *Sl.*, 45, 8
Aspátalo *Convolvulus scoparius*	*Sir.*, 24, 15; 25, 15
Gálbano	*Ex.*, 30, 34
Uña olorosa	*Ex.*, 30, 34
Estacte	*Ex.*, 30, 34

Uña Olorosa[30]   Estacte[31]

---

29   Plin., *N.H.*, 24, 85-86.
30   *Zostera marina*.
31   Aceite esencial extraído de la mirra fresca.

Semillas, frutos secos y otros condimentos

De la misma forma que ocurre con las aromáticas, el conocimiento del entorno, con las posibilidades alimentarias que proporciona, debía ser extraordinario. Contemplando incluso muchas opciones que hoy se han olvidado por el escaso interés comercial o sencillamente por la pérdida de la tradición del uso. En ese caso, por ejemplo, están las flores de malva que hoy se consideran casi una planta invasora, aunque la flor no solamente es perfectamente comestible, sino que tiene innumerables propiedades farmacológicas.

A continuación se presenta una tabla con los frutos secos y semillas que se citan en la Biblia.

Neguilla o ajenuz	Isa., 28, 25
Almendra	Gn., 43, 11 Nm., 17, 23
Pistacho	Gn., 43,11
Malva	Job., 30, 4
Agraz	Num., 6, 4 Jer., 31, 29 Ez., 18, 2
Teberinto (resina)	Isa., 6, 13

Teberinto (resina)[32]

Esta tabla recoge las resinas de distintas especies, que se citan en la Biblia. Las resinas se utilizaban con gran frecuencia en el mundo antiguo, por su intenso y singular perfume. También tenian otros usos, como protección de maderas y para fabricar adhesivos. Pero, sobre todo, para elaborar perfumes ambientales. Algunas de ellas no eran estrictamente resinas, sino gomorresinas, una mezcla de goma y resina que emulsionaban en agua, y que contenían ricos aceites esenciales. De ahí su agradable perfume.

---

32   Árbol a cuya sombra incluso vemos descansar, y quizás protegerse del ardiente sol, al rey Saúl, cuando iba en persecución de David (1Sam., 22, 6).

Almáciga *Pistacia lentiscus*	*Gn.*, 43, 11 *Dan.*, 13, 54
Ládano	*Gn.*, 43, 11
Pannag	*Ez.*, 27,17
Bálsamo	*Gn.*, 37, 25; 43, 11 *Jer.*, 8, 22; 46, 11; 51, 8
Gábano *Ferula gummosa*	*Ex.*, 30, 34
Estacte o estoraque *Liquidambar orientalis* o *Styrax officinale*	*Ex.*, 30, 34

Pannag[33]
Bálsamo[34]
Gálbano *Ferula gummosa*[35]
Estacte o estoraque *Liquidambar orientalis* o *Styrax officinale*[36]

Estas tablas nos muestran a simple vista cómo podía ser la alimentación en sus líneas generales, y eso sí, con los ingredientes básicos que cita la Biblia; con toda seguridad hay innumerables productos que no se citan. Y aunque desgraciadamente no nos ofrece listas exhaustivas de productos, limitándose a contar algunos alimentos o comidas de forma breve y anecdótica, es ahí precisamente de donde radica su valor, ya que al no formar parte del eje vertebrador del discurso religioso ni ser objetivo de los redactores, su presencia es perfectamente certera y sus usos reflejan con exactitud las diferentes etapas en su alimentación o en algunos casos de épocas posteriores, pero exactas en sus descripciones. Desde luego, Israel era una tierra próspera, con gentes que tenían una extraordinaria experiencia en el pastoreo, como destaca a lo largo de su obra Filón de Alejandría, un

---

33   Este término está tomado de la versión de la Biblia de Jerusalén, traducida como bálsamo en versión de Eunsa.
34   Hay muchas clases de resinas que producen diferentes tipos de bálsamo, los más conocidos son el bálsamo de Judea (*Commiphora gileadensis*) y el bálsamo de la Meca (*Amyris gileadensis*). Es muy difícil definir a qué tipo de planta se refiere el texto cuando habla de bálsamo, pero además de estos es posible que sea el *Balsamodendron opobalsamum*, sin descartar otras variedades.
35   Gomorresina que se obtiene por incisión realizada en la raíz.
36   Gomorresina que puede provenir de ambas plantas. Ambas de dos árboles diferentes.

judío acomodado que vivió entre el 15 a. C. al 50 d. C. (*circa*) y que conocía bien Israel[37].

En cuanto a otro de los frutos principales y fuente de la grasa que se consumía, el olivo, se trata de un árbol autóctono del Mediterráneo, aunque no era la única fuente de grasa, ya que se utilizaba grasa animal para cocinar. Desde luego, se usaban otros aceites que provenían de plantas aromáticas, aunque en este caso su finalidad era para perfumar o para usar en ritos funerarios.

El aceite de oliva es la grasa por excelencia del mundo mediterráneo, caracteriza su cocina y es no sólo un símbolo representativo, sino una forma de expresión de su cultura. El olivo está muy bien adaptado al clima de veranos calurosos e inviernos fríos y en especial en la zona montañosa de Israel se cultivaban en su forma silvestre en el VII milenio a. C., aunque el olivo cultivado data de época posterior, calcolítica, en el V milenio. El proceso de recolección, prensa y conservación del aceite era muy bien conocido, y se utilizaba en primera instancia como alimento, pero el aceite también alimentaba a las lamparillas para iluminar, se usaba en rituales religiosos, incluso tenía aplicaciones para dar masajes e hidratar la piel y, por supuesto, resultaba imprescindible en medicina y farmacología. El aceite de oliva era tan importante en la cultura hebrea que con él se ungían personas y objetos, y se mezclaba con aromas para elaborar perfumes y lociones. Sin embargo, no observamos que se consumiera la aceituna curada, en salmuera o sazonada, (al menos en los primeros tiempos) ya que no hay ninguna referencia explícita a esta forma de preparación y consumo, aunque no se puede descartar, así que tenemos en este sentido un campo abierto que podrá proporcionarnos algunas sorpresas en el futuro.

Originario de Siria y Palestina, su gran ventaja con respecto a otros aceites vegetales era la facilidad de cultivo, el arraigado hábito de consumo y su gran perdurabilidad del aceite de oliva. Al menos desde el cuarto milenio a. C., Palestina llegaba a exportar aceite de oliva, que era famoso por su calidad. Incluso las olivas silvestres, aunque no proporcionaban tanta cantidad de aceite, sí eran bien conocidas desde época temprana. En el puerto de Ugarit se han encon-

---

37 Triviño, J. M., (trad.), *Obras completas de Filón de Alejandría, t. II,* Buenos Aires, 1976.

trado jarras de aceite, quizás preparadas para su exportación por el Mediterráneo. Pero no solamente se consumía el aceite. La aceituna era igualmente importante en la alimentación de este pueblo, que conservaba este fruto en jarras cerámicas con hinojo y mástic[38] para su maceración, y cubiertas con líquido de condimentación como salmuera, mosto o vinagre.

Ganadería

A lo largo de la fase neolítica, en esta zona se produjo el largo proceso de domesticación que condujo finalmente al desarrollo de actividades ganaderas y de pastoreo. Ovejas y cabras, cerdos y bóvidos eran la base de la ganadería, aunque también se domesticaron los burros como bestias de carga. Porque el ganado tenía que aportar algo más que carne, así los burros y bóvidos tenían un uso como ayuda en la agricultura y carga, y por su parte las ovejas y las cabras producían leche. La consecuencia inmediata era la elaboración de quesos, que suponían un elemento muy importante en la dieta, y además de aportar proteínas se convertían en productos con capacidad de ser almacenados durante largos periodos sin deterioro. La calidad de los pastos tuvo como consecuencia que en las zonas más secas los grandes rebaños de ganado estuvieran compuestos de animales de pequeño tamaño, como ovejas y cabras. Y en el otro sentido, el ganado mayor estaba reservado para las zonas más húmedas y por tanto las que estaban dotadas con mejores pastos.

Las ovejas fueron fundamentales en el desarrollo de este proceso por los recursos que ofrecían, ya no solamente se usaba la carne del animal, sino por lo que suponía de recurrencia la producción de lana al menos una vez al año, la disposición de sus pieles tras el sacrificio y el disfrutar de leche ordeñada diariamente. La población local consumía una parte de los ejemplares de un año, sacrificándolas durante la época más fría[39]. De esta forma se abastecían de carne y utilizaban

---

38   El mástic es la resina del lentisco.
39   Brothwell, D. y Brothwell, P., *op. cit.*, 1998, pp. 43-44.

las pieles, que se encurtían y servían para abrigar, pero también para fabricar bolsas y objetos de utilidad.

Las ovejas no fueron los únicos animales que se domesticaron, sabemos que se habían realizado otros intentos de domesticación que terminaron siendo infructuosos, como en el caso de las gacelas. Sin embargo, la oveja proporcionó mejores resultados y estos animales fueron sometidos en época temprana, al menos en el 9000 a. C., datos que conocemos por las evidencias encontradas en Zawi Chemi Shanidar, en el actual Iraq. La transición del estado salvaje al doméstico se puede documentar a partir del análisis métrico de los huesos, y parece que todos los ejemplares de la zona derivan de la oveja silvestre urial (*Ovis orientalis*).

Resulta clave saber que, a finales de la Edad del Bronce, cuando los conflictos entre estados empezaron a ser importantes, asistimos a la domesticación del caballo y posteriormente también del camello y el dromedario[40], que servían de transporte, en las caravanas y para carga, pero también en la guerra. En cualquier caso, también eran capaces de transportar jinetes y, por lo tanto, de facilitar los desplazamientos y hacerlos más frecuentes y rápidos. Estos animales eran importantes hasta el punto de que encontramos relatos sobre la captura de rebaños de diferentes especies como botín de guerra, y en número significativo, principalmente de camellos, ovejas y asnos (*1Cr.*, 5, 21; *2Cr.*, 14, 14).

La ganadería tenía unas características especiales, y vinculaba al propietario con su rebaño, porque en definitiva eran los que proporcionaban el sustento para la familia

> *Conoce bien las caras de tus ovejas, pon tu corazón en tus rebaños, que la riqueza no es para siempre, ni una corona para todas las generaciones. Despunta el heno, aparece el césped, y se recogen las hierbas de los montes, los corderos dan para vestirte y los machos cabríos, el precio de un campo, y es suficiente la leche de cabras para tu sustento, para el sustento de tu casa y el mantenimiento de tus criadas (Prov., 27, 23-27).*

Por su parte, el ganado vacuno representa una cuestión bien distinta de la anterior. La proporción de vacas con respecto al ganado

---

40   Liverani, M., *op. cit.*, 2005, p. 51.

ovicaprino era muy inferior, como sucede en todos los grupos beduinos. Y la explicación es sencilla: los pastores seminómadas que prac-
tican la agricultura estacional necesitan dedicar muchos meses
del año a buscar pastos frescos. Estos movimientos constantes y a
veces imprevisibles se realizan de forma bastante rápida con ovejas y
cabras. El ganado vacuno, por el contrario, representa una carga, ya
que no se puede convertir en transhumante debido a que su movimiento es mucho más lento. Y es muy probable que la presencia de
vacas se relacionara con su uso como ganado de tiro o para labranza,
sugiriendo de nuevo con esta actividad la estacionalidad propia del
mundo agrícola y no tanto la existencia de un modelo extensivo de
ganado vacuno.

Un modelo productivo de estas características sugiere algo muy
interesante, que es la necesidad de vinculación entre las poblaciones históricas sedentarias y las nómadas o seminómadas. Por una
parte, los pastores nómadas necesitaban a las poblaciones urbanas
como mercado de venta de sus productos, que eran verdaderamente
importantes para ellos, debido a que les proveían de pieles, de carne
y de productos lácteos. A la vez que, en doble relación, los agricultores debían vender su excedente, que era imprescindible para la
supervivencia de los pastores, cuya base de alimentación era el cereal
y no el ganado.

Otra cuestión singular con respecto a la ganadería en esta época
es que no hay restos de producción porcina. No es que no existiera
el cerdo en todo Oriente Medio, en absoluto, porque sabemos que
los filisteos, los amonitas y los moabitas que vivían al este del Jordán
consumían carne de cerdo en abundancia y por supuesto los criaban. Sin embargo, en las excavaciones de los pequeños asentamientos israelitas ubicados en las tierras altas en la Edad del Hierro, que
es la época de las monarquías israelitas, no se ha encontrado ningún
hueso de cerdo[41]. El caso es que este animal sí se comía en épocas
anteriores a esta, y también se consumió posteriormente a la Edad
del Hierro. En esto sí coinciden historia y tradición, y es posible que
este hábito de alimentación se configure como una de las claves para
la identificación de Israel a lo largo de la historia, y no solo eso, tam-

41   Finkelstein I., Silberman N. A., *op. cit.*, 2001, pp. 134-135.

bién para ayudarnos a desentrañar las claves de su identidad. Y sabemos que la identidad se configura buscando las diferencias frente a los *otros,* aunque hablaremos de esta cuestión más extensamente en el apartado «Porcofilia y porcofobia».

En cuanto a las especies animales preferidas para el consumo, las cabras y ovejas eran las predilectas. Además, eran capaces de dotar a las poblaciones seminómadas de lo más básico para su supervivencia. No olvidemos su condición, que es fundamental para entender el interés de la crianza del ganado, que ofrecía producción diaria de leche y también lana tras el esquilado anual. Con todo ello no solamente cubrían sus necesidades, sino que también eran productos objeto de comercio e intercambio con otras poblaciones. Por otro lado el uso de la carne de ganado como alimento no era lo más frecuente, ya sabemos que los pastores no se comen a las ovejas, aunque sí hay algún uso esporádico que parece estar dentro del marco de lo normal (*Gn.,* 9, 4; 18, 7; *Dt.,* 14, 4). Sacrificar algunos animales de cuando en cuando, en una fiesta, en una boda o para celebrar a un recién llegado, o en ocasiones singulares, no quiebra el ritmo natural de crecimiento de un rebaño, pero sí lo rompería que los pastores se alimentaran únicamente de carne. Podemos observar esto cuando Isaac propone a su hijo Esaú que vaya a cazar una pieza al campo, y no le pide que sacrifique un cordero del rebaño.

Aunque la visión de un pueblo de pastores es constante a lo largo de todo el texto, hay momentos en los que vemos a ricos propietarios, por ejemplo, a un pastor poseedor de tres mil ovejas y mil cabras que vivía en Carmel en tiempos del rey David, y al que se presenta en época de esquileo (*1Sam.,* 25, 2 ss.). Lo que nos enseña cómo dentro de una misma ocupación, en este caso la ganadería menor, se daban diferentes categorías de propietarios, desde el que poseía lo justo para la subsistencia hasta ganaderos importantes y ricos, propietarios de animales en abundancia. La vinculación de esta población con sus ganados era tal que hasta podemos observar a los hijos de los reyes ocupándose de vigilar la temporada de esquileo de sus ovejas. El propio Absalón, hijo de David se dedicaba al esquileo en Baal-Jasor, lugar al que invita a todos sus hermanos (*2Sam.,* 13, 23).

Por tanto, los animales domésticos comestibles eran, como hemos visto, la oveja, la cabra y el ganado vacuno. El asno, también amansado, se utilizaba como fuerza de tiro, y el perro, domesticado mucho antes

—hacía miles de años— era un compañero y ayuda con el ganado. Los camellos, sometidos alrededor del primer milenio, se usaban para transporte de mercancías y comercio, especialmente en grandes distancias. Por su parte, los caballos estaban vinculados con las actividades militares y la guerra, por su rapidez y fortaleza. Las gallinas no fueron habituales antes del s. V a. C., y con ellas los huevos, aunque hay un sello datado el 600 a. C., en Tell en-Nasbeh, al norte de Jerusalén, en el que aparecen representadas. Así que tendremos que imaginar una cocina en la que los huevos de gallina no tuvieron presencia al menos hasta que estos animales pudieron criarse con facilidad.

Pesca

La pesca era la actividad principal de los grupos que vivían cerca de un lago o del mar, sin embargo fue una ocupación propia de época más tardía, ya que el entorno de los primeros judíos les alejaba de estas zonas de humedales. En el Israel posterior a la llegada de Moisés, la pesca se daba principalmente en el Lago de Genesaret, donde también se fabricaban salazones y se elaboraban pescados deshidratados, lo que permitió la expansión de una pequeña industria y una importante mejora en la variedad de alimentos.

La cuestión es la riqueza de este medio, ya que del mar no solamente se extraían pescados y mariscos, sino que además aprovechaba la sal y se elaboraban diferentes subproductos como era el caso de las salsas de pescado. Desde luego, las salmueras eran de uso corriente en cocina; se elaboraban simplemente con el formato básico consistente en una mezcla de agua con sal, y eran muy útiles como conservantes. La cuestión es que estas salsas y salmueras eran apreciadas y muy habituales en todo el Mediterráneo, por lo que también los israelitas, confeccionaban estas salsas similares al *garum*, aunque, eso sí, con los pescados permitidos por la ley. Los textos nos hablan de estas salsas y sus variedades, en concreto lo hace la Mishná, haciendo referencia, al menos, a dos variedades de salmuera, una líquida y otra densa (M., *Shab.*, 14, 2; *Yom.*, 8, 3; *Ned.*, 6, 4).

Y desde luego, la pesca era una actividad constante siempre que hubiera un lago, un río o un mar que lo permitiera. Aunque las leyes sobre la pureza y la impureza de algunos preceptos son complejas. Por ejemplo, en el caso de la langosta, la Mishná dice que:

> La salmuera de langostas silvestres impuras es pura, ya que la primera mishná estableció que si langostas impuras se ponían en conserva con langostas puras no hacían inservible su salmuera (Ed., 7, 2).

En este caso, hace referencia a langostas silvestres o terrestres, que sí eran puras, pero en este caso se entiende que son impuras por algún motivo ritual, mientras que mezcladas con otras que sí fueran puras, aunque no fueran langostas de mar, que sí están prohibidas, el resultado era puro.

Pero en cualquier caso era prescriptivo que debía ser preparada por un experto israelí, no por gentiles, aunque podía ser pura o impura según el tipo de pescado con el que se hubiera elaborado (M., Az., 2, 4). Para saber de qué pescado estaba hecha la salmuera, se dejaba alguno entero en la superficie, con lo que se avisaba del tipo de preparación a simple vista (M., Az., 2, 7). Estas salmueras se envasaban en toneles untados con pez en su interior, y con los bordes enyesados para evitar entrada de cualquier cosa (M., Kel., 10, 5).

Las labores del pescador se completaban con actividades semiindustriales, y entre otras cosas, preparaban pescados en escabeche, que incluían diversos condimentos y cebolla. La preparación de barriles de pescado en conserva de salmuera era habitual, así como la mezcla del vino con salmuera de pescado, lo que nos proporciona un panorama muy amplio de lo que representaba el pescado en su sistema alimentario, y las posibilidades para que este producto tan perecedero se convirtiera en parte de una elaboración de mayor duración (M., Ter., 10, 1; 10, 8; 11, 1).

Se conservaba en salazón (y era famoso) el atún español, y el mercado incluso ofrecía migas de atún desmenuzado. En realidad, se percibe un dominio extraordinario de las técnicas de salazón del pescado, como corresponde a una población volcada al Mediterráneo (M., Shab., 22, 2; Ned., 6 2).

Tobías, por ejemplo, cuya historia se desarrolla en la antigua Asiria, en la ciudad de Nínive, captura un pescado a orillas del Tigris, un pez al que retira la hiel, el corazón y el hígado. Con el resto de la pieza asa una parte para comer, y el resto lo pone en salazón (Tb., 6, 5-6). Y parece que tiene pericia en hacer esto, porque es un acto encadenado a la pesca y al asado, directo, y sin complicaciones, lo que significa que estaba habituado a ver cómo se hacía o a hacerlo él mismo, y por supuesto, a comerlo.

Fig. 14. Pescadores drusos comiendo junto al mar de Galilea.
Fotografía del s. XIX.

Industria

La industria no aparece hasta época avanzada, porque hasta los primeros tiempos de la monarquía la economía del pueblo judío estaba muy poco desarrollada. Como sus principales actividades eran la agricultura y la ganadería, se imponía el autoabastecimiento y el comercio estaba muy limitado. Hasta que no se asentaron en la Tierra Prometida, no les fue posible disponer de los medios necesarios para desarrollar otros medios de producción. El artesanado fue la primera fase que empezó a adquirir auge, pero no podemos considerar esta actividad como una verdadera industria.

Desde luego es posible encontrar en la Biblia un vestigio de la primera división de actividades profesionales que no estuvieran estrictamente vinculadas con la producción agrícola o ganadera, o con el pastoreo. Una circunstancia que es visible en la genealogía de los cainitas, los descendientes de Caín, quienes nos cuentan esas primeras y toscas divisiones que, según la Biblia, darían lugar cientos de años después, a una auténtica división semiindustrial. Es entonces cuando aparecen caldereros, herreros y músicos junto a nómadas pastores, por una parte aquellos que construyen ciudades, que inventan oficios y otra que continúa dedicándose a una actividad que terminará quedándose en los límites de la nueva forma de vida (*Gn.*, 4, 20-22). Es posible que ese grupo que quedó fuera de los nuevos tiempos, y que eran nómadas beduinos, pasaran su vida entre el pastoreo y el pillaje, y que efectivamente, fueran los quenitas, o bien que el relato bíblico esté inspirado en ellos. Estos quenitas eran adoradores del mismo dios que los israelitas, aunque eran beduinos que vivían en los bordes del desierto, al margen de las tierras cultivadas. Y por tanto, con un sistema de vida y de alimentación más anticuado que el de sus vecinos sedentarizados.

Pero continuemos con los inicios de la actividad semiindustrial, que se relacionaba necesariamente con la vida en las ciudades, y aunque en el mundo antiguo hablar de industria es una cuestión delicada, por el propio concepto que representa esta actividad, podemos hacerlo salvando las distancias y entendiéndola en un marco histórico diferente al del mundo moderno. La primera industria que atañe al mundo de la alimentación es la fabricación de cerámica de uso culinario y de mesa, que proveía de piezas necesarias para el desarrollo de los procesos relacionados con la alimentación, para guardar todo tipo de alimentos, conservas o excedentes, así como para comerciar con las mismas piezas o con su contenido. Incluso las grandes tinajas para conservar el vino y el aceite de oliva eran cerámicas. En cualquier caso, con una enorme variedad morfológica, los ceramistas desarrollaron una gran pericia en su manufactura.

En realidad, la industria alimentaria en el Israel anterior al s. I es muy limitada, con excepción de la estrictamente alimentaria y vinculada con el olivo, que daría una abundante producción de aceite y elaboración de aceitunas encurtidas, y cuyo cultivo ya había comenzado al menos en el 5.200 a.c., momento en el que se ha detectado que se cultivaron olivos en la zona del valle del Jordán, en el poblado prehistórico de Tell Tsaf. El proceso se desarrolló de la forma más sencilla y útil, trasladando las aceitunas recogidas hasta las almazaras, donde se prensaban entre muelas, como se ha hecho en el Mediterráneo con pocas variaciones a lo largo del tiempo. Ya se prensaba aceite en esta época tan temprana, y si podemos hablar de industria, en el yacimiento de Tell Mike Akron, cercano a Tel Aviv, se han encontrado más de cien prensas de aceite capaces de ofrecer entre una y dos toneladas de aceite. La obtención del aceite era un proceso muy bien conocido, que iba desde el cultivo del olivo hasta la recogida de la aceituna, que se producía con el característico vareo, y finalmente el prensado de la aceituna para producir aceite.

Fig. 15. Vareo de la aceituna en la antigua Grecia. Ánfora ática atribuida al pintor de Antímenes, del 520 a. C.

También la elaboración de vinos se terminó haciendo de forma casi industrial, al menos en lo referente a la cantidad, ya que era un producto bien conocido desde el Bronce Antiguo, momento en el que ya se cultivaba la vid y se valoraban los vinos. Los lagares solían estar ubicados en el entorno del viñedo para facilitar las operaciones, que se acortaban gracias a una buena organización.

En la época del rey David y su hijo Salomón se produjo un avance económico, desarrollándose el artesanado y sobre todo el comercio. Hasta tal punto que Salomón celebró un tratado con el rey de Tiro, Hiram, para que Israel se beneficiara de su posición y sacara partido de las rutas comerciales que unían el mar Mediterráneo con el mar Rojo, a través del puerto de Esión-Geber.

Por otro lado, el artesanado, como germen de la industria, sí era muy activo y tenía variedades como la alfarería, la fabricación de calzado o la herrería:

> No había herreros en todo el país de Israel porque los filisteos habían decidido que los hebreos no se hicieran ni espadas ni lanzas; así que los israelitas tenían que bajar hasta los filisteos para afilar su reja, su azada, su hacha y su hoz (1Sam., 13, 20).

Comercio: la inteligencia del intercambio

El comercio era una actividad fundamental, no solo el pequeño comercio de artesanía, sino el importante en cantidad y calidad de productos: el de grano o aceite, por ejemplo, que representaba actividades sustanciales de la vida económica de Israel. Incluso el de mercancías y productos de lujo, como encontramos en época del rey Salomón. La cuestión es que la ubicación de Israel era estratégica. Se trataba de un auténtico nudo de comunicaciones entre las rutas marítimas y tierra adentro, a caballo entre Mesopotamia y Egipto, y aunque en realidad no podemos ubicar una auténtica red de carreteras antes del mundo romano, sí aportan pruebas de estas rutas los miliarios o hitos, el determinismo geográfico, la documentación literaria y las pruebas arqueológicas[42]. Es decir, sabemos que en primera

---

42   Beitzel, *op. cit.*, 2017, p. 76.

instancia la geografía de nuevo vuelve a marcar la ruta, y los ríos, por ejemplo, los grandes desiertos o las montañas determinaron en gran parte las vías seguidas por los caravaneros, que preferían tierras fáciles de atravesar sobre las que presentaban dificultades como zonas pantanosas, desiertos o peligrosos desfiladeros y montañas. Las fuentes literarias también hablan de viajes, lugares y circunstancias en las que, al ubicar accidentes geográficos, nos ayudan a trazar las rutas. Por supuesto, las pruebas arqueológicas, que son las más concluyentes, aunque requieren complementarse con el resto de los indicios señalados. No olvidemos que la actividad de la transhumancia puesta en práctica durante cientos de años, terminó poniendo en contacto a los hebreos con otros pueblos, y que probablemente surgiera, paralelamente a esta actividad, un primitivo comercio.

El comercio no solo creaba riqueza, era fuente de intercambio de ideas, también de novedades técnicas, de productos agroalimentarios y por qué no, de recetas. Además del pequeño comercio desarrollado a través de las rutas cortas tradicionales, Israel conoció también un gran comercio con varias vías de acceso. Por una parte, el marítimo, no olvidemos la gran línea de costa levantina, que facilita este tipo de movimiento en ciudades de la zona, muchas de ellas no necesariamente israelitas, como Tiro, Biblos o Sidón, o las más antiguas de Ugarit y Tell el-Amarna. Gracias a las evidencias arqueológicas encontradas en estos dos últimos sitios, se puede asegurar que en el Bronce Tardío hubo naves con gran capacidad. Y desde luego, los fenicios fletaban naves desde la Edad del Hierro temprano[43].

Aunque las rutas marítimas no fueron las únicas ni las más importantes. El comercio que se dirigía hacia el este era constante y altamente eficaz, desarrollado y relativamente seguro. Se encaminaba hacia destinos muy lejanos, atravesando el Oriente Medio hasta llegar a la India y China. El desarrollo de las rutas caravaneras debió nacer en época temprana, ya que los textos sagrados encontramos referencias a la canela, que venía necesariamente del sur del continente asiático, de la actual Sri Lanka (*Cant.,* 4, 14; *Jer.,* 8, 20). Y no era la única ruta importante, también el itinerario comercial entre Egipto y Babilonia discurría por el territorio israelí. Se utilizó

---

43   Beitzel, *op. cit.,* 2017, p. 86.

139

desde época temprana con mucha constancia, e iba desde la base del delta del Nilo hasta Gaza, y después continuaba hasta el norte, cambiando la dirección en la base del monte Carmelo, donde se dividía en tres ramas: una hasta la costa mediterránea, otra hasta Antioquía y la tercera, desde Meguido, iba hacia el este en varias direcciones, pudiendo incluso alcanzar Damasco, desde donde emprender nuevas rutas. El antiguo Camino asirio de caravanas, que se practicaba desde el segundo milenio a. C. era el que facilitaba el comercio de largo alcance, e incluso el Camino Real Persa, creado por el rey Darío, partía de Susa a Sardis, completando la fabulosa distancia de 2500 km[44].

Con frecuencia se observa el mundo antiguo como algo local, pequeño, compartimentado y aislado cuando, como podemos ver, existían caminos, vínculos entre civilizaciones, comunicación y, por supuesto, un gran comercio. Claro que la existencia de estos vínculos tampoco nos debe precipitar hacia un optimismo absurdo, porque los caminos eran inseguros, lentos, cansados, y los caravaneros estaban sometidos a las inclemencias del tiempo, a los asaltantes o a los animales salvajes. Parece que el promedio de un viaje en esta época se establecía entre 27 y 37 km diarios por tierra.

En cuanto al otro aspecto del comercio, el más local, de carácter agrícola y ganadero, se desarrollaba principalmente entre las pequeñas ciudades y el territorio que las rodeaba, y que se necesitaban mutuamente para sobrevivir. El vínculo se establecía a través del intercambio entre materias primas y productos manufacturados, y al igual que los grandes artículos que eran objeto de las caravanas más distantes —como perfumes, maderas orientales o tejidos—, los productos alimentarios también se veían sometidos al pago de tasas e impuestos; y así, a la entrada de las ciudades era necesario pagar un peaje del que se ocupaban funcionarios en la propia puerta de la ciudad. Y una vez satisfecho el impuesto, el destino de los productos era el mercado, que se ubicaba en el centro de la ciudad, un lugar de intercambio de bienes, pero también de socialización. La complicación de crear redes comerciales para el comerciante más ambicioso era que cada ciudad tenía capacidad de

---

44   Según Heródoto, *Geog.*, 5, 54, quien indica que se tardaba tres meses en recorrer ese camino.

elegir una moneda y un sistema de medidas, lo que complicaba las transacciones, especialmente si había que viajar a varias ciudades diferentes a lo largo del ciclo agrícola e ir cambiando de moneda y de sistema de medidas.

El pequeño comercio se repartía en mercados modestos ubicados estratégicamente en las ciudades, especialmente en Jerusalén a partir de la época del rey Salomón; era una gran ciudad en la que se podían encontrar todo tipo de productos. Precisamente porque desde el Templo se dictaba y aplicaba la normativa que afectaba a alimentos puros o impuros, en su entorno florecía el comercio. En especial las pequeñas transacciones de alimentos para el sacrificio, comidas para los peregrinos y toda suerte de pequeñas cosas necesarias para desarrollar las distintas actividades vinculadas con la asistencia al Templo. Parece natural que, en una ciudad más importante como Jerusalén, fluyeran productos de todo tipo: desde los sencillos alimentos a los vinos de calidad o incluso especias. El comercio era más rico, más abundante y exótico en las ciudades más opulentas que tenían acceso no solamente a la producción de los campesinos del entorno, porque también llegaban objetos de lujo desde Oriente Medio, útiles del estilo de cerámicas de gran calidad, cristal para la mesa, adornos femeninos y telas. Desde el sur, Arabia, llegaban perfumes, piedras preciosas y oro; del Líbano arribaban maderas de cedro, de Fenicia, al norte, la tan codiciada púrpura, un colorante extraordinario y salazones de pescado. Y vía Mesopotamia recalaban productos de China e India, como sedas, especias y telas bordadas. Jerusalén terminó convirtiéndose en el centro de Israel, no solo en la capital espiritual, sino en la capital política y sede del poder. Todos los productos que impulsaron estos importantes movimientos comerciales, generaron una gran riqueza que a su vez hizo florecer la riqueza de la ciudad, ya que estaban gravados por sus correspondientes impuestos.

Junto a todos estos productos de lujo, tenemos algunos más sencillos de producción propia, entre los que sobresale el aceite de oliva, cuyo ciclo agrícola e industrial se conocía a la perfección. El profeta Oseas hace referencia al comercio del aceite de oliva judío con otros pueblos,

Lleva aceite a Egipto (Os., 12, 2).

Pero no será la única vez que se atestigua la vinculación comercial entre naciones, porque en tiempos del rey Salomón también se exportaban a Tiro aceite y trigo, y desde allí se importaban maderas para el conjunto monumental de Jerusalén.

El comercio jugó un papel muy importante en el desarrollo de las ciudades, en el progreso y en las relaciones diplomáticas. Con los productos no solamente viajaban artículos necesarios o de lujo, se trasladaba el conocimiento sobre cómo usarlos, historias sobre cómo se utilizaban en los lugares de origen, y probablemente consejos y desarrollo de técnicas vinculados con la alimentación. La fusión de las ideas, productos y procedimientos propios con los nuevos, probablemente terminó forjando en Jerusalén un peculiar sistema alimentario más rico que el original, de carácter urbano y cosmopolita.

5. De la manzana del Edén al Templo de Salomón

El largo camino que nos conduce desde los orígenes del pueblo de Israel a su fundación en torno a una ciudad nos hará recorrer un itinerario a través de las páginas de la Biblia que comienza en su primer libro, el Génesis, hasta la época de los Reyes, y que está constantemente salpicado de comentarios sobre hábitos en torno a la alimentación. A través de ellos es posible vislumbrar cómo, desde época temprana, fueron apareciendo entre los primitivos pueblos beduinos, y después en la cultura israelita, una serie de singularidades y, con el paso del tiempo, estas peculiaridades que los diferenciaban de los pueblos del entorno terminaron creando una cultura inconfundible.

En cualquier caso, el progreso de carácter técnico, cultural y alimentario que se percibe a lo largo de los textos sagrados es muy importante, y hay diferencias entre las distintas etapas. A lo largo de su historia se despliega un proceso idéntico, cada siglo va conociendo pequeñas modificaciones, avances, cambios. A veces se olvida una fórmula de cocinar, un ingrediente, una herramienta y desaparecen platos; estas son las recetas que se extinguen y cuya memoria resultará prácticamente imposible reconstruir. A la vez que florecen estos procesos, y de forma paralela, se incorporan novedades, aparecen nuevos ingredientes o se descubren fórmulas más adecuadas a un nuevo estilo de vida; las modas, las formas de vida más estables y el acceso más sencillo a diferentes productos ayudan a que se produzca esta transformación. En realidad, no es nada extraño ni único en esta cultura, más bien se trata de un proceso vivo, cambiante y que a la vez nos va contando, casi como en un libro abierto, las condiciones y características de una sociedad con una gran vitalidad. La simplicidad de la metáfora de la fruta, fuera manzana o no, nos lleva a reflexionar sobre los cambios que sucedieron a lo largo del tiempo, y cómo desde los alimentos más simples a las mesas del rey Salomón habían pasado muchas generaciones y se habían implementado innumerables cambios.

Hábitos que fabrican cultura

Las prácticas alimentarias forman parte esencial de una cultura y son de carácter medular, troncal incluso; son la savia que da vida a la propia vida. Porque comemos cada día, todos los días de la vida ¡varias veces al día! La vida se caracteriza por su incertidumbre, por la falta de certezas, por la escasa seguridad. Y la repetición de los hábitos nos hace personas instaladas en una (cierta) seguridad, aunque solo sea imaginaria. Nos constituye en sociedades fortalecidas por esa cultura nacida a partir de algunos hábitos concretos, repetitivos y diferenciadores. Nos guarnece como grupos que tienen una historia común, con actividades y tradiciones que refuerzan los lazos entre generaciones y entre coetáneos con un recuerdo común, con unas tradiciones similares o idénticas. Comer repitiendo ciertos ritos, respetando ciertas normas, compartiendo con los que tienen idénticas creencias, significa que hay redes, que hay culturas, y así, los hábitos se comportan como certidumbres capaces de proporcionar seguridad.

Pero la cultura siempre llega después de la presencia de un territorio concreto, no es ajena al entorno, sino que está insertada en la naturaleza, desde luego, porque ella es la que da lugar a la aparición de las personas y de la geografía, la eterna madre de la que nace todo lo vivo. Esa parte natural nos viene dada, sencillamente estamos aquí, en un lugar, en cualquier lugar.

Y sobre este primer entorno, las personas fabricamos cultura, que tiene que ver con un aprendizaje y su repetición, pero también con las invenciones personales y oportunas, que incluso cambian el curso de las cosas en ciertos momentos de la historia. Son esos cambios, a veces minúsculos y en ocasiones importantes, los que provocan los cambios en las culturas, los que la hacen germinar incluso, pero también los que nos hacen singulares, diferentes, los que nos proporcionan una identidad. En realidad, la cuestión de la creación de una cultura alimentaria no es una materia que afecte al mundo hebreo, haciéndolo único. Más bien es una cuestión que nos atañe a todos como seres humanos, en todos los momentos a lo largo de la historia. En todas las épocas, las personas terminamos fabricando culturas distintas: los grupos humanos crecen y se fortalecen en las diferencias con los otros, en las similitudes con los nuestros, y en esa rica ambivalencia terminan adquiriendo una auténtica personalidad.

Esos cambios que se suceden, o mejor, que van sucediendo incesantemente, son los que conforman la dinámica histórica, los que dan sentido a la sucesión de diferentes etapas en el tiempo y en distintos lugares. Los que nos caracterizan. La pregunta con respecto a este singular pueblo es también la gran cuestión de la humanidad: ¿por qué somos como somos? Y quizás sea una reflexión importante el que la capacidad de cambio nos provea de herramientas adecuadas para tiempos distintos. Pero de nuevo surgen interrogantes: ¿por qué el pueblo judío ha sufrido pocas (en algunos casos ninguna) variaciones en dos de los aspectos esenciales de su cultura, como son la religión y la alimentación?

La pregunta que le debemos hacer a la historia es justamente la contraria de la que hacemos en otros casos, y no trataremos de elaborar una teoría del cambio, ni del problema que supone entender las mutaciones que generan diferentes culturas y que caracterizan a distintas etapas históricas. Si no que, de forma combinada, analizaremos cómo se produjo ese cambio, y en la medida de lo posible exploraremos los porqués, y cómo ha conseguido este pueblo mantener el cambio inicial sin modificaciones sustanciales en su sistema alimentario.

En realidad, las conclusiones en los libros se dejan siempre para el final, avanzando al lector hacia una especie de apoteosis para rematar con el fin de la obra. Sin embargo, voy a romper el clásico modo de trabajar, para incidir en lo que podría ser una conclusión sobre las causas primeras del sistema alimentario judío, y que pienso que puede ser un criterio de trabajo honesto y útil para el lector. En realidad, el objeto de este libro es ofrecer respuestas a las primeras causas de las diferencias de la alimentación en el pueblo de Israel con otros de su entorno geográfico y su tiempo. Pero también exponer de forma ordenada cuáles son esas diferencias, y cómo se han desarrollado en el tiempo, vinculándose con diferentes etapas de la historia bíblica, desde los patriarcas hasta los reyes.

Todas las criaturas somos diferentes, cada uno de nosotros tiene su propia historia, presenta unas particularidades físicas, y despliega un carácter. También muestra unos hábitos y unas preferencias, lo que sucede igualmente con las culturas en las que se desarrolla. Sin embargo, hay una diferencia sustancial entre nosotros: cada criatura es libre de elegir una vida, de esforzarse por un cambio soñado o elegido. Y, sin embargo, las culturas en las que nos desarrollamos, a pesar de estar compuestas de personas, no se mueven en los mismos parámetros con respecto a este cambio. Ni siquiera en el mismo sentido o con idéntico ritmo.

A pesar de que la fértil imaginación humana diseña constantemente nuevas estrategias destinadas a sobrevivir al cambio (de las estaciones, de las circunstancias), en nuestro objeto de estudio sucede algo singular, y es que la fuerza de la cultura hebrea no está en el cambio, sino en la permanencia. A lo largo de su historia se han diseñado fórmulas para insistir en algo que funciona o que se supone lo auténtico, lo verdadero. Pero, ¿cómo se consigue la permanencia? Limitando el número de intercambio de ideas, que provocan inestabilidad cultural[45], algo que resultaba bastante sencillo de hacer en el mundo antiguo. Facilitando la endogamia y el encuentro dentro de la misma comunidad, de ahí la importancia de que esta fuera lo suficientemente amplia como para que se produjera fluidamente la comunicación, el intercambio social, etc. Es decir, la clave de todo consistía en que disminuir el encuentro con otras culturas, con otros pensamientos, desaceleraba las motivaciones para el cambio. Se trataba, incluso, de provocar la rebeldía frente al cambio, canalizando esta tendencia humana natural para estimular la permanencia dentro de la comunidad.

---

45   F. Fernández-Armesto, *Un pie en el río. Sobre el cambio y los límites de la evolución*, Madrid, 2016, pp. 19-22.

Por otro lado, el ser humano tiene necesidad de huir de lo efímero, de escudriñar y conseguir estabilidad, permanencia, solidez. Buscamos tierra firme desde la que poder desarrollarnos, y en este universo sucede esto más que en otros: la historia judía nada siempre en el mismo río, tiene claros los márgenes, las distancias, las prohibiciones y las posibilidades. Por eso su filosofía es tan compleja e inextricable, por eso el divagar entre las eternas preguntas sin respuesta, por eso las cuestiones universales sin resolver y que en realidad son cuestiones irresolubles para todas las culturas y civilizaciones en cualquier tiempo. Pero como la realidad es movimiento, y es la propia naturaleza humana, la constante y necesaria corriente, la que se produce en el interior de la propia cultura, a pesar incluso de que muchos judíos pierden la fe, no disminuye en ellos esa tendencia hacia la filosofía y a la interpelación constante hacia el interior.

En realidad, ha sido y es un tipo de selección cultural la que ha facilitado la continuidad del pueblo judío en el tiempo, es la elección voluntaria de un primer grupo hacia la búsqueda de la perpetuación, hacia la exploración de un medio que fuera inalterable al paso del tiempo. Y porque el tiempo es la medida del cambio, debía pasar para ellos sin alterar su esencia, independientemente de los motivos, que en última instancia son de carácter religioso.

Ante la falta de seguridades vitales para el ser humano, crear parámetros de firmeza en el tiempo proporciona seguridad. Y eso no solamente en aspectos trascendentes, sino aun con más ahínco en cuestiones cotidianas y pequeñas, pero practicadas constante y reiteradamente. Como ocurre en el caso de un sistema alimentario que proporciona el sustento cotidiano, y que termina convirtiéndose en una auténtica red de seguridad para las vidas. La inquietud por la vida siempre escudriña elementos que proporcionen estabilidad. Y la tradición es tangible, es inequívoca, y más aún: porque la tradición compartida es una fuerza muy poderosa. Un sistema complejo como lo es el de Israel, cuya riqueza nace de múltiples núcleos —todos ellos bien configurados—, es resistente al tiempo y a los cambios. No solamente es que lo sea, es que lo ha sido, es que está siéndolo y probablemente lo será, o seguirá siéndolo. Su fortaleza no nace tanto de una única creencia, o de una única práctica, sino del conjunto de todas ellas, vinculadas mutuamente en una compleja red que ha fabricado un sistema cultural que lleva más de tres mil años funcionando.

Las personas somos criaturas inseguras en un mundo inseguro, sujeto al cambio constante de las estaciones, de las circunstancias adversas, del paso del tiempo y el deterioro físico de la vejez. La creación de la cultura permite muchas cosas, y una de ellas es proporcionar un espacio de seguridad en el interior de un mundo en constante cambio. Aunque se modifiquen las circunstancias, aunque uno tenga que ir a otro lugar, aunque pase el tiempo, aunque haya enfermedad, pérdida o dolor, siempre hay algún último refugio al que aferrarse, ¿habría que buscar las causas psicológicas de los sistemas alimentarios? Probablemente también se encuentren relacionadas y se fundamenten unas en otras de alguna forma compleja y sutil.

En la propia Biblia podemos encontrar algunas claves de por qué y cómo se manifestaba la identidad judía. Precisamente durante la cautividad de los asirios, cuando conducían a Nínive a la familia de Tobías, su padre, Tobit, observaba que muchos judíos comían los alimentos de los gentiles, pero él, sintiendo que se mantenía fiel a Dios, con toda su alma y también su cuerpo, dice:

Guardé pura mi alma al no comer de esos alimentos (Tb., 1, 10-12).

Ahí está. Es justamente Tobit quien deja la clave, y nos explica la importancia de la alimentación en los sistemas de creencias y en el estilo elegido para vivir. Este personaje cumple todos los preceptos, observa una conducta recta y acorde con su religión y, entre todas esas prácticas, mantiene, incluso en las dificultades del exilio, la alimentación tradicional, la de su pueblo, de sus padres y antepasados. Es una vida fundamentada en una roca, sencilla y difícil de seguir a la vez, con una única visión, que es ser vivida a través de sus principios y de ninguna otra forma más.

El Génesis

El Señor Dios tomó al hombre y lo colocó en el jardín de Edén para que lo trabajara y lo guardara... «De todos los árboles del jardín podrás comer» (Gn., 2, 15, 16).

La descripción de Edén, el jardín de Paraíso narrado en el Génesis es mucho más corta de lo que nos gustaría. Apenas ocupa unos fugaces párrafos en el libro del Génesis, ¡pero qué párrafos! Tanta trascendencia ha tenido, que las palabras Paraíso y Edén surgen más allá de la religión y de la fe, y con frecuencia en asuntos tan prosaicos como en la hostelería, en los complejos turísticos y en lugares de ocio que se presentan como paradigmas de la perfección pero que aun así no han conseguido vulgarizar el concepto. Este sustrato cultural al que no nos podemos retrotraer proviene de las ideas que a lo largo de estos siglos hemos acumulado en torno al mítico paraíso terrenal. Que añoramos como si hubiéramos vivido en él, como si fuera un recuerdo más que un mito, pero ¿es esto efectivamente así? ¿Fue tan sólo un mito? ¿Y sí, realmente, hubo *un tiempo mejor*?

Quizás la clave para comprender el Paraíso terrenal consista en modificar la mirada con que observamos el tiempo anterior a la escritura, a la creación de la ciudad, a la sedentarización. Quizás convenga observar más atentamente el universo del Paleolítico y olvidar la perspectiva de que fue un entorno agresivo, difícil, oscuro y tempestuoso para el hombre. Desde la visión del sedentario, es decir, nosotros hoy en el s. XXI, podemos recoger en multitud de tradiciones el mito de la existencia de una edad de oro, en la que todo era fácil para las personas. Griegos, romanos, y mucho antes egipcios, sumerios y acadios, contemplaban ese mundo perfecto y perdido desde la visión de las leyendas, desde los mitos que trataban de mantener en el recuerdo una etapa a la que jamás se volvería, pero que alumbraría la historia humana para siempre. Hesíodo, en el s. VIII a. C. hablaba de esa edad de oro en su obra *Trabajos y Días*, de una forma tan explícita como esta:

> *Al principio los Inmortales que habitan mansiones olímpicas crearon una dorada estirpe de hombres mortales. Existieron aquellos en tiempos de Cronos, cuando reinaba en el cielo; vivían como dioses, con el corazón libre de preocupaciones, sin fatiga ni miseria; y no se cernía sobre ellos la vejez despreciable, sino que, siempre con igual vitalidad en piernas y brazos, se recreaban con fiestas ajenos a todo tipo de males. Morían como sumidos en un sueño; poseían toda clase de alegrías, y el campo fértil producía espontáneamente abundantes y excelentes frutos. Ellos contentos y tranquilos alternaban sus faenas*

con numerosos deleites. Eran ricos en rebaños y entrañables a los dio-
ses bienaventurados (Hesiod., Op., 109 y ss.).

Un paraíso en la tierra creado por dioses, con habitantes que viven en la plenitud de su salud, en un entorno de campos fértiles y ganados prolíficos. Un paraíso en el que no existía la necesidad de hacer esfuerzo, más allá de recoger los frutos de los que generosamente proveía la tierra. Un paraíso en el que observamos similitudes con el descrito en el Génesis. En esta fábula de Hesíodo, en la que narra una suerte de generaciones simbólicas, ni siquiera conocían el pan, que es el símbolo de comida elaborada, aunque tenían frutos de los que se alimentaban sin necesidad de cultivarlos, es decir, comer y sobrevivir sin esfuerzo, regaladamente (Hesíod., Op., 145). Este panorama nos muestra de forma muy evidente un sistema alimentario de características recolectoras, como el que se percibe en el Génesis, y en el que, a pesar de la nula o escasa transformación de los productos ingredientes, hay abundancia de comida.

Como ocurre en todos los mitos, es posible que haya un átomo de verdad sobre el que este se construyó, y es más sencillo llegar a percibir que esto pudo ser así si comparamos las tradiciones de la zona y observamos que se repite en algunas de ellas el idéntico recuerdo de un paraíso perdido. El caso es que podemos imaginar una remota época anterior al desarrollo de ciudades, ganadería y agricultura, el Paleolítico, cuando la presión humana sobre el territorio era muy inferior al posterior Neolítico. Entonces ya sabían cómo controlar los procesos para hacer herramientas líticas, fabricar objetos con madera, con cuero y tendones de animales, y conocían a la perfección las mejores formas de cubrirse con pieles. Era un mundo en el que solo había que prepararse para recoger lo que este ofrecía, y que se encontraba muy alejado del esfuerzo que debió representar la creación de ciudades, los cuidados constantes con la cosecha, la reparación de viviendas, el desarrollo de caminos o el pago de impuestos.

La idea de una población que disponía de tiempo para el esparcimiento, para descansar, para holgazanear después de proveerse de lo necesario parece un concepto inimaginable, pero incluso las sociedades de grandes simios, después de cubrir sus necesidades, disponen de mucho tiempo de ocio[46]. Seguro que la humanidad paleolítica no era menos eficaz en la captura, recolección o elaboración de herramientas que ellos. Incluso existen poblaciones de bosquimanos que siguen practicando hábitos característicos de una época de presedentarización, los cuales hasta en una región desértica como el extremo del Kalahari, con menos de tres horas diarias dedicadas a la búsqueda de alimentos, tienen suficiente. El resto es lo que conocemos en nuestra sociedad como «tiempo libre». ¿No parece una opción extraordinaria? Y este estilo de vida ¿no podría ser el sueño de otra cultura posterior que recordara aquellos tiempos como deliciosamente similares a los de un paraíso?

El desarrollo de la agricultura y la ganadería y el crecimiento de la ciudad implicaban un gran esfuerzo, con muchas y constantes horas de trabajo por cada persona. Para una sociedad en crecimiento, cuyo número de habitantes excedía la capacidad natural del territorio para alimentarse, la agricultura y ganadería fueron necesidades con vistas a la supervivencia. Pero había que cuidar el ciclo agrícola y el de reproducción de los animales o era imposible obtener rentabilidad para alimentar a toda la familia o a la comunidad. Con una población pequeña en relación con el territorio, la capacidad de regeneración del entorno en condiciones normales era suficiente, o incluso podían migrar a otra zona si alguna catástrofe la asolaba. Algo que era muy difícil de hacer cuando ya se había ocasionado el proceso de sedentarización. Sean cuales sean los motivos por los que esa población se inclinó en algún momento hacia la sedentarización, la diferencia entre tiempo de ocupación y tiempo de ocio era significativa, y quizás el recuerdo de una época más feliz fuera el inicio para las leyendas sobre un paraíso en la tierra, sobre un espacio de libertad y comunión en la naturaleza.

Desde luego, numerosas y antiquísimas tradiciones de Oriente Medio confluyeron en la creación de este libro del Génesis: sagas, relatos y mitos que requieren una interpretación muy compleja por parte del exégeta. Así que hay narraciones vinculadas con el culto, otras de carácter etnológico e incluso algunas son pequeñas historias, pero completas y magníficas cada una de ellas. Y aunque la

---

46 Harris, M., *Caníbales y reyes*, Madrid, 2011b, pp. 25 ss.

fantasía, la poesía y el interés en el dinamismo literario tengan su porción en la acción del libro del Génesis, los alimentos y los platos responden a la realidad del mundo de los narradores, o a lo que ellos pensaban que se consumía en la época, quizás incluso se tratara de un recuerdo enraizado en las narraciones palestinas preisraelitas o precananeas. En cualquier caso, estos relatos se arraigan en la historia precisamente a través de aspectos tan concretos como es la alimentación.

En tierras de Paraíso

La primera parte del Génesis es un bellísimo poema destinado a recordar la importancia de los designios de Dios en la tierra, y para la tierra. Su interpretación es compleja entre otros motivos porque el relato de la creación está nutrido por dos fuentes, una conocida como yahvista y otra como sacerdotal:

1. Una de tradición yahvista que es anterior a la sacerdotal, aunque hay dudas sobre el tiempo exacto de la redacción (*Gn.*, 2, 4b-25). La fuente yahvista alude a las emociones, es poética y de escritura elegante. En ella se vislumbran los efectos del exilio en Babilonia. Representa un tipo de literatura que se cuestiona las razones ancestrales sobre quiénes somos y por qué somos así, incluso reflexiona sobre el problema del bien y el mal. Este relato está escrito como una preciosa narración, un modelo literario plasmado por la pluma de un maestro de la prosa poética.
2. La otra fuente para el Génesis es la de origen sacerdotal. En realidad, ambas reflejan el mismo acontecimiento desde dos puntos de vista, que es la Creación como don de Dios para los hombres. Es muy exacta en su perspectiva, destaca los hechos y los aspectos concretos, y se refiere a Dios como Elohim o El Shaddai. Se redactó en el s. VI a. C., la época persa, cuando los hebreos volvieron del destierro al que fueron condenados en Babilonia.

El caso es que allí, en aquel lugar especial, fuera Edén o Paraíso, los hombres podían disfrutar de todos los vegetales que estuvieran a su alcance: frutos, semillas y plantas. Y los animales solo podían comer la hierba, lo que es muy probablemente una alegoría a la paz idílica de un tiempo dorado, al que sin duda hace referencia esta historia del Génesis. Todavía los animales no formaban parte de esta metafórica alimentación humana, y no se producía el derramamiento de sangre, ni siquiera de animales (*Gn.*, 1, 29).

En cuanto a la ubicación de Paraíso, que ha sido una de las grandes búsquedas de aventureros y poetas de todos los tiempos, el propio Génesis nos proporciona algunas de sus coordenadas, aunque no todas. Pero sí sabemos que el Tigris y el Éufrates eran dos de sus límites:

> *Un río nacía en Edén para regar el jardín, y desde allí se dividía formando cuatro brazos. El nombre del primero es Pisón, que rodea todo el país de Javilá, donde hay oro. El oro de aquel país es puro, allí hay también bedelio y piedra de ónice. El nombre del segundo río es Guijón, que rodea todo el país de Etiopía. El nombre del tercer río es Tigris, que recorre el oriente de Asiria. Y el cuarto río es el Éufrates (Gn., 2, 10-14).*

Con estos pocos datos, los investigadores de todos los tiempos han tratado de encontrar ese espacio que prometía más que confort, más que abundancia: el comienzo de todo, el nacimiento de la Humanidad. El origen. Claro que esta cuestión no la vamos a descifrar aquí, este no es nuestro objetivo, pero sí es importante tenerla en cuenta como marco para comprender el desarrollo de un sistema alimentario tan singular como es el judío.

En cualquier caso, ¿es posible que las referencias se hicieran con respecto a un lugar concreto? El caso es que hay autores que opinan que sí, pero no podemos tener la seguridad de que Paraíso lo fuera. Paralelamente, se puede observar la presencia de un territorio en los primeros capítulos del Génesis a través de los pequeños detalles. Por ejemplo, por la influencia de las culturas del entorno, que se hace patente, por ejemplo en la figura de la serpiente, una serpiente que termina conduciendo a Eva hacia la expulsión de Paraíso. Sabemos que, por ejemplo, en la cultura cananea existía una serpiente, Yam, cuyo nombre significa mar, que fue vencida por el dios de la tormenta, Baal. Y no será la única serpiente en la zona: por su parte, el texto babilónico del Enûma Elish presenta también otra serpiente, Tiamat, que era la diosa del caos y que fue vencida por

Marduk. Encontraremos más serpientes en la mitología del Próximo Oriente, por ejemplo entre las leyendas del pueblo hitita aparece otra serpiente, Illuyanka, que fue vencida por el dios del cielo, Teshub. El caso de la serpiente nos ubica en una zona en la que, como podemos observar, este animal era importante, tenía una antigua y extensa mitología, y las leyendas sobre su poder, siempre vencido por el bien, no eran una rareza.

Quizás el autor del Génesis utilizara el trasfondo de esos mitos para repetir la personificación del bien y el mal en seres que ya eran conocidos y cuyas míticas características eran familiares a los semitas. El caso es que los cananitas seguían adorando a la serpiente, que era el símbolo de la fertilidad y la inmortalidad, y es posible que los israelitas también continuaran sintiendo esa antigua afinidad por este animal. Por ese motivo, provocar con su presencia en los textos justo de forma contraria a lo que había representado hasta entonces la antiquísima y adorada serpiente, era una inteligente forma de diferenciarse de las culturas anteriores. Empezó a interpretarse como motivo maligno, lo que significaba precisamente una divergencia de creencias, de criterio y de cultura respecto a otros pueblos. Incluso se ha encontrado un interesante cilindro sello mesopotámico del 2000 a. C. que podemos interpretar como una pista para saber cómo la mitología bíblica era conocida en la zona. En él se representa a un hombre y a una mujer, junto a ellos un árbol de la vida con sus siete ramas. Y tras la mujer, una serpiente. Es una curiosa coincidencia[47], y podemos decir que, como poco, se trata de una imagen evocadora del Génesis. La serpiente, por tanto, forma parte del entramado de la historia, aunque aún es más compleja, como veremos.

La cuestión es que comer, y comer la fruta, es el acto clave, la condensación en un instante cuyo alcance es la ruptura de una promesa, expresión de la tentación, del significado entre las tres fuerzas: Dios, el hombre y el demonio. Ese primer bocado de la fruta es uno de los momentos vinculados con la alimentación que tiene un mayor significado en toda la historia bíblica, hasta tal punto que uno se pregunta: ¿qué ocurrió allí? De cualquier forma,

---

Cabello, P., *Arqueología bíblica*, Córdoba, 2019, pp.183-184.

el propio texto nos indica cómo se vincula a Adán y Eva con la tierra, cómo hay algo que los entrelaza en su concepto de vida, tierra, producción, y llama a Adan, *Adam* (ser humano), relacionándolo con el término *adama* (tierra). Y a Eva, *Javá*, la vincula con la palabra hebrea *ḥay*, *ḥayya* (vida). Ambos son castigados no con el trabajo, sino con la aridez de la tierra y el esfuerzo inacabable por hacerla productiva, lo que adquiere todo su sentido si conocemos la aridez de la tierra palestina y las dificultades para la producción agrícola.

Por una parte, por tanto, encontramos referencias al Génesis en toda la zona del entorno palestino, es decir, hay un sustrato cultural que facilita que el relato pueda entenderse en un contexto. Por otra parte, y con respecto al alimento concreto, al fruto prohibido, en realidad jamás se menciona la tradicional manzana, pero sí un fruto que pende de un árbol. Desde luego, no sabemos cuál es, y aunque la tradición ha asumido que era una manzana, no parece el fruto más adecuado para una zona cálida. Sin embargo, otro detalle nos vuelve a remitir al auténtico territorio: lo primero que hacen Adán y Eva al percibir la desnudez fue entrelazar hojas de higuera y ceñirse con ellas (*Gn.*, 3, 7). La higuera sí era un árbol autóctono, de fácil producción y múltiples usos, cuyo fruto servía para alimentarse y del que se extraía un gran provecho. No solamente se consumía la fruta fresca, también se deshidrataban los higos y se mantenían así un tiempo prolongado; o se elaboraban vinos con el jugo, gracias a su elevado contenido en azúcares. La higuera sí nos ubica en el entorno, y no tanto la manzana del imaginario popular. Es más, tanto la *malus domestica* como sus antecesores silvestres son originarias de Asia central, en donde aparecieron los primeros ejemplares en el 9000 a. C. Viajaron hacia el Próximo Oriente en época temprana, después de la última glaciación, y hacia el 4000 a. C. ya había manzanas en Mesopotamia, que incluso se preparaban deshidratadas y cortadas en anillos.

Igualmente, el mito incide sobre cómo en Paraíso se podían consumir todo tipo de frutos y vegetales recolectados sin esfuerzo, sin tener que cultivar ni cuidar, mientras se hace patente la otra cara de la moneda durante la expulsión. YHWH destaca el dolor que causarán a los hombres las labores de la tierra y la dureza de la transformación de los productos en alimentos para la futura humanidad:

Maldita sea la tierra por tu causa. Con fatiga comerás de ella todos los días de tu vida. Te producirá espinas y zarzas, y comerás las plantas del campo. Con el sudor de tu frente comerás el pan (Gn., 3, 17-19).

Inesperadamente caen los velos, desaparecen las facilidades, se muestra la dureza de un futuro incierto. Y se percibe la dura realidad del esfuerzo que supone la vida agrícola desde entonces. Cuidar la tierra, prepararla, sembrarla y esperar... no siempre con los frutos anhelados, solo con la esperanza de que surgirá algo capaz de mantener la vida. En Paraíso era posible vivir sin trabajar, sin realizar esfuerzo alguno, lo que resulta un imposible en términos de naturaleza, pero en cualquier caso, sí parece la expresión o la metáfora que representa un cambio de época desde un tiempo en el que había recursos suficientes, a otro en el que era necesario dar un paso más (trabajar) porque la abundancia ya no existía.

El caso es que puede que Edén no estuviera tan lejos. En el dialecto acadio/sumerio hay un término cognado, *edinu,* que designa a una llanura, que habría podido estar ubicada en Mesopotamia. También en cananeo, el término `dn hace referencia a un lugar fértil. Muchos autores se han esforzado por ubicar geográficamente el jardín de Edén, teniendo en cuenta las modificaciones geográficas propias del paso del tiempo, por ejemplo, el inferior nivel del mar antes del 5000 a. C., y teniendo también en cuenta la ignota ubicación de los ríos Pisón y Gihón. Incluso en el caso de que este lugar hubiera existido, hay dos amplias zonas que, según sugieren algunos investigadores[48], que habrían podido ser ubicaciones de Edén. Una es el territorio donde se unen el Tigris y el Éufrates, en la boca del Golfo Pérsico, y otra al norte de Mesopotamia, entre el mar Negro y el monte Ararat. En cualquier caso, ambas son zonas húmedas, fértiles y con similares producciones agrícolas. Y en las que podemos encontrar sistemas alimentarios que en cualquier caso heredan territorios productivos y que justifican el concepto de Paraíso.

---

48   Beitzel, B. J. *op. cit.*, 2017, pp. 88-90.

El drama de Caín y Abel

Dos hermanos, dos formas de vivir, dos personalidades. Y, claro, dos mundos, el de los cazadores-recolectores por un lado, y el de los agricultores por el otro. Abel y Caín, el pasado y el futuro. Según nos cuenta la Biblia, Abel era el preferido de YHWH, el cazador del pasado que representaba un mundo en decadencia, al menos en los aspectos de producción. Sin embargo, una época nueva imponía su ritmo, y Dios permitió el desarrollo de ese nuevo ciclo, cuyo precio fue la muerte del favorito Abel. Con consecuencias para la humanidad, porque de nuevo se produjo la expulsión del hombre, la salida de Caín de una tierra que ya daba fruto; otra vez se repetía la historia de sus padres, y la humanidad se volvía a alejar del afecto de YHWH. Caín se fue al país de Nod, al oriente de Edén. La cuestión es que de ninguno de esos dos primeros descendientes de Adán y Eva surgió la humanidad, el texto sagrado narra que el linaje de Adán y Eva —y el ascendiente directo de Abraham, el padre del pueblo judío— no fue el de Caín, y por supuesto tampoco de Abel, sino de un tercero, hijo igualmente de Adán y Eva, Set, del que no conocemos nada más que su nombre. Pero sí sabemos que fue el ascendiente directo de Noé.

Autor de la primera muerte humana, su estigma, la mancha del linaje, el del fratricida, persiguió siempre a Caín, y aunque tuvo numerosa descendencia, ninguno de ellos sobrevivió al Diluvio, y tan solo la siguiente generación de hijos de Adán y Eva, encarnados en Set, se vieron libres del primer drama familiar de la historia bíblica. Sin embargo, y a pesar de esta primera catástrofe, el futuro fue de los agricultores y ganaderos, representados por Caín. El pasado de cazadores recolectores era el de Abel, con cuya muerte se cerraba un ciclo productivo en la historia, una historia que representaba el cambio de producción y de vinculación del hombre con la naturaleza. Y aunque estas actividades son una imagen del tiempo pasado, se siguieron practicando muchas labores recolectoras y conocieron una cada vez más creciente legislación a través de los siglos, presentándose como una actividad deportiva a veces (por ejemplo, en el caso de la caza), otras para complementar una dieta, y en las ocasiones de mayores dificultades como el recurso natural más directo para la pura subsistencia.

El trasfondo histórico de la historia de Caín se vincula con la tribu de los quenitas, y nuestro personaje parece encarnar a este grupo, que aún existía en época del redactor del relato, la fuente Yahvista. Se trata de una historia difícil de explicar, ya que los quenitas también adoraban a YHWH, pero no eran los herederos de la tierra prometida, a pesar incluso de que durante la travesía en el desierto se unieron a los israelitas. Como ellos, eran nómadas que, sin embargo, era posible identificar y distinguir a primera vista porque llevaban tatuado un signo que les identificaba. Los quenitas simbolizan ese sentido primitivo que percibimos en Caín, en sus actividades y en su violencia, la del primitivo cazador que vagabundea hasta encontrar las piezas y que repite con su hermano el sacrificio de la vida. Y que, sin embargo, no es repudiado por Dios, quizás como una fórmula para evitar que toda una saga humana volviera al estado salvaje y, por tanto, a la forma de vida del cazador-recolector.

Como ocurrió en el caso de Caín y Abel, podemos encontrar el recuerdo de un enfrentamiento similar entre Gilgamesh y Enkidú, los héroes del *Poema de Gilgamesh* y otro de los personajes, un monstruo, el gigante Humbaba o *espíritu del Bosque* que parece el eco de un antiguo pasado de raíces en los cambios que propiciaron el Neolítico, y que refleja la lucha entre los pastores de las montañas y los agricultores de las tierras bajas. La entrada del bosque de los cedros es el símbolo de ese paso entre un mundo que se extinguía en la *Montaña de los Cedros* y un nuevo mundo representado por Gilgamesh y Enkidú, y que termina venciendo. E, igualmente asistimos a un enfrentamiento entre poderes encarnados en diosas vinculadas con dos medios de producción diferentes, Ashnan, la diosa del grano, y Lahar, diosa del ganado. Ambas fueron creadas según la mitología por los Anunaki, las deidades acadias y sumerias más importantes, con el fin de proveer de alimentos a los hombres. También se producen problemas muy similares entre Enten (el invierno) y Emesh (el verano), respectivamente dioses de la fertilidad de los animales y de su producción (crema, leche, carne) y también de la fertilidad de los campos cultivados (miel, vino, dátiles, uvas, grano), así como de la vegetación y los bosques el segundo. Se produjo un enfrentamiento entre ellos por las diferentes ofrendas entregadas a Enlil —el padre de los dioses, quien pone paz entre ellos—, ciclo que se cierra con un banquete de néctar, vino y cerveza, y «beben hasta la saciedad aquello que alegra el corazón»[49].

En todos estos casos, la mitología de la zona narra un concepto idéntico de diferentes formas (Caín y Abel, Gilgamesh y Enkidú, Ashnan y Lahar). En todos ellos, y a través de las distintas narraciones, recoge el enfrentamiento que se produjo entre dos modos de vida que eran expresión de diferentes actividades productivas, contrapuestas entre sí. Dos formas de vida ante las que había que elegir y que divergen en sus sistemas alimentarios radicalmente, porque en todos los casos uno de los grupos representa al recolector y el otro al productor. Así sus alimentos, sus técnicas y las transformaciónes de estos son diferentes. Incluso lo es en la manera en cómo celebran y cómo valoran estos alimentos. Este cambio de modelo recogido en el Génesis muestra cómo la alimentación es el reflejo de una forma de vivir concreta, y no de otra, y que es posible identificarla a través de ellos. Y como los seres humanos son capaces de extraer un extraordinario provecho de los recursos disponibles en cualquier caso.

Noé, el Arca y las semillas de la vida

Daremos un gran salto en el tiempo para llegar hasta la época de Noé, que era descendiente directo de Set, el hijo inocente de Adán y Eva, esa nueva rama que no participó en la primera tragedia y que dio origen a la humanidad. Noé fue el hombre del nuevo ciclo, el protagonista de otro drástico cambio en el que se le percibe como un auténtico héroe que protagoniza un episodio en el que, de nuevo, se produce un drama colosal: el del fallecimiento del resto de la humanidad con excepción de él mismo y de su propia su familia. La clave de la supervivencia, y de la alimentación, por supuesto, la proporcionaría a Noé el propio YHWH, al explicar detalladamente cómo y cuándo tenía que construir una embarcación que les salvaría, e indicando que en el arca fueran parejas de animales de todas las especies y también semillas en igual proporción. Bien, la historia es muy popular y perfectamente conocida.

---

49   Lara Peinado, F., *Mitos sumerios y acadios*, Madrid, 1984, pp. 111-112.

La cuestión es que la tradición de un catastrófico diluvio pervive en muchas historias antiguas. Parece que los investigadores se inclinan por la existencia de una fuente antigua de la que emanan el resto de ellas, en especial la del Génesis y la del Poema de Hatra Hasis del 1635 a. C., o del Poema de Ziusudra, del 1600 a. C. Y que incluso es coincidente con la de Gilgamesh, muy posterior a esta, del s. VII a. C.

¿Pudo haber una inundación colosal en Mesopotamia entre los años 4000 y 2800 a. C.? ¿Pudo ser esta fruto de una inundación provocada por el deshielo de la última glaciación, en el 8000 a. C.? En realidad, no trataremos de investigar sobre las causas, a pesar de que el interés en ellas se ha manifestado en innumerables expediciones durante cientos de años, y el afán por conocer la verdad continúa. En nuestro caso, lo que verdaderamente nos importa es entender el sistema alimentario de la época de Noé, ya que incluso, aunque sea un héroe legendario, probablemente repita parámetros de algún tiempo concreto y una tierra determinada. Comencemos por el principio: sabemos que en cuanto a su actividad productiva, Noé era labrador, conocía la tierra y sabía cultivar, lo que observamos cuando sale del arca y planta una vid. Además, parece que conoce cómo se producen los alimentos, Dios da por hecho que encontrará las soluciones, y Él mismo indicó a Noé que se organizara para que no les faltara de nada, y eso se debe a que Noé podía hacerlo, sabía cómo hacerlo:

Tú mismo procúrate todo tipo de alimento, y almacénalo para que os sirva de comida a ti y a ellos (Gn., 6, 21).

La necesidad era obvia. Se necesitaba una buena cantidad de alimentos para tantos animales y personas durante muchos días, así que, si sobrevivieron, es que pudieron alimentarse. Y mientras el Diluvio inundaba la tierra, la familia de Noé subsistía, aunque, según el relato bíblico, todo ser que se movía sobre la tierra desapareció, como consecuencia, lo hizo el resto de la humanidad. La vuelta a la vida surgió cuando todos salieron del arca, la promesa divina fue la continuidad de las cosechas:

Sementera y siega, frío y calor, verano e invierno, día y noche no cesarán mientras dure la tierra (Gn., 8, 22).

Y fue a Noé, en representación de la futura humanidad, a quien Dios prometió que no volvería a producirse otro acontecimiento catastrófico de ese calado, y a quien incluso ofreció una mejor posibilidad de alimentación. Ya no solo dejaba a disposición del hombre los vegetales y hortalizas que les había entregado durante su estancia en Edén, tras la creación, sino también les brindó *todo aquello que vive*, para que pudiera servir de alimento, todo, sí... con excepción de la sangre.

Con Noé se cierra el ciclo mítico, nebuloso, incluso simbólico de una humanidad que estaba en contacto directo con el Creador, y que disponía de los alimentos que Este les ofrecía, que eran muchos. De nuevo es una historia vinculada con los orígenes, con una época tan antigua que se terminó fosilizando en historias legendarias y que fue transmitida mediante la tradición oral. Y es entonces cuando se produce el renacimiento hacia una nueva era, cuando vuelve a comenzar la historia.

Pero al hablar de Noé, no debemos dejar de tener en cuenta el resto de las tradiciones sumerias que describen un acontecimiento semejante al gran Diluvio. Son cinco los poemas sumerios que hablan de un personaje, Utnapishtim que, como Noé, recibió la ayuda divina para superar la prueba del Diluvio. No todos los especialistas lo consideran una ficción, y los poemas se han encontrado en la biblioteca de Nínive: *Gilgamesh y Agga de Kish, La muerte de Gilgamesh*, poema del 2100 a. C., *Gilgamesh y el País de la Vida, Gilgamesh y el Toro Celeste, Gilgamesh, Enkidu y el Mundo Inferior*, este último una versión asiria de la misma historia. El Diluvio existió, entonces, además de en la tradición bíblica, en la tradición sumeria y en la babilónica, que a su vez recoge una versión de la historia más antigua que la de Utnapishtim y la simiente de las cosas vivas, el héroe que hizo subir a su barco cuantas especies vivientes había. En la versión babilonia encontraremos la historia de un héroe llamado Atrahasis. Tenemos, por tanto, tres versiones de un diluvio en la misma zona: el bíblico, el sumerio y el babilónico. En cualquier caso, podemos decir que la historia del Diluvio alcanzó una gran importancia en el gran territorio enmarcado por tres puntos que fueron Palestina, Mesopotamia y Asia Menor.

En cuanto a Noé, el héroe de nuestra historia, se nos muestra como una figura muy vigorosa, con capacidad de desarrollar ideas, de liderar a una pequeña comunidad y de obtener buenos resultados. De él sabemos que era un labrador, que tras el Diluvio plantó vides, que inventó una nueva forma de vida, en el más amplio sentido de

la palabra, que construyó, que probó en sí mismo la fuerza embriagadora del mosto fermentado, y que terminó sellando con YHWH
una alianza para un tiempo nuevo en la historia de la humanidad.
Se trata de una alianza distinta a la que se producirá posteriormente
con Abraham, o a la mosaica, y el signo que la sella es el del arcoíris,
cuyo significado es el del arco de un guerrero. Es la muestra de que
Dios había dejado su arco (el arco iris) en posición de reposo, como
signo de paz. Es una sociedad que imagina a un Dios guerrero, y que
por esto mismo se define. Tras este nuevo inicio, el mundo seguiría
cambiando, produciendo y comiendo cosas nuevas y diferentes.

Los Patriarcas

Mi padre era un arameo errante...
(Bronce Medio, una fecha que pudo variar entre el 2000 y el 1550 a. C.)

En plena época histórica, en el Bronce Medio, ya existían ciudades.
Se había hecho común la escritura, y en todo el Cercano Oriente
hacía tiempo que se dominaban a la perfección la alfarería, la agricultura y la ganadería. Y aún más, en esta época ya podemos hablar
de la existencia de grandes culturas vinculadas con los ríos importantes, culturas basadas en la existencia de ciudades prósperas, y
cuyos modelos clave son la ciudad egipcia por un lado, que surgía
brillantemente alrededor del Nilo, mientras que por el otro extremo
los sumerios poblaban y dominaban el entorno del Tigris y del
Éufrates. Por su parte tenemos Palestina, que, si bien no se vinculaba
con ningún río de estas magnitudes, sí estaba ubicada en ese lugar
estratégico y de comunicación entre civilizaciones, casi equidistante
y cercana a Egipto, y de la misma forma, cercana al Creciente fértil y al Mediterráneo. Ambas culturas estaban unidas a la hebrea
mediante fuertes vínculos, que enriquecieron la sociedad y la cultura
de los pueblos de esta zona, Palestina era una tierra con innumerables posibilidades a pesar de carecer de la cercanía de un curso fluvial como los anteriores. Aquella fue una época de florecimiento, de
pujante comercio y vinculación entre los imperios del este y del sur,
que sin embargo terminó padeciendo una serie de acontecimientos

que quebrantaron esta rica etapa. La época que conocemos como Bronce Intermedio, entre el 2350 y el 2000 a. C., presentó importantes cambios, cerrándose un ciclo histórico con una gran crisis en toda la zona, entendida en su más amplio sentido. Como ocurre en otros momentos históricos, desconocemos todas las causas finales de esta profunda crisis, aunque es posible que se combinaran varias, como fueron la llegada de un grupo nuevo desde el norte, los amorreos con los avances militares egipcios, a lo que quizás se añadiera la existencia de importantes problemas entre las ciudades de la propia Palestina y la presencia de severas crisis medioambientales en forma de sequías. A lo largo de la historia podemos comprobar cómo no es un fenómeno frecuente que los acontecimientos se ocasionen por una sola causa. Por el contrario, es más común que la presencia de varios conflictos de diferente etiología se superpongan y se refuercen entre sí, funcionando como auténticos motores que es difícil detener debido precisamente a que la inercia está generada en diferentes puntos. Es más habitual que se sumen multiples circunstancias, potenciándose unas a otras y acelarando o detonando las crisis.

La cuestión es que se observan importantes cambios en la región, circunstancias como severas destrucciones en las distintas ciudades, una decadente demografía y la presencia de unos nómadas desconocidos que se hacen con el control de algunas poblaciones y desarrollan un estilo de vida diferente al urbano, más vinculado con sus propias costumbres. También es posible que solamente aprovecharan lo que quedaba después del abandono de ciudades, las batallas o cualquier otra circunstancia, sin ocuparse de reconstruir o mejorar las estructuras urbanas preexistentes. Estos nuevos ocupantes quizás no eran tanto los causantes como sencillamente pastores nómadas o seminómadas que trataban de sobrevivir tras el colapso general y que dieron lugar a una cultura nueva, llegando a convivir y a mezclarse con los cananeos, que eran los anteriores habitantes de la zona. Es muy posible que este sea justamente el entorno en el que pudo desarrollarse y que la explicación de los hechos nos facilite entender el mundo donde vivieron los patriarcas bíblicos. Desde luego, la vida se rehízo y las ciudades se reconstruyeron, dando paso a un nuevo ciclo histórico, el del Bronce Medio, que se desarrolló entre el 2000 y el 1550 a. C. Se trata de una etapa muy rica en documentos que se encuentran vinculados a la reconstrucción de las ciudades y a una nueva prosperidad[50]. Las escenas que observamos, que serán como un telón de fondo del tiempo de los Patriarcas, nos permiten atisbar un contexto muy evidente, con una alimentación que nace de una geografía concreta, de actividades culturales vinculadas con civilizaciones contiguas y plagadas de mutuas influencias de las respectivas cocinas. Es cierto que estas historias se redactaron mucho tiempo después de la época en que se enmarcan, pero de cualquier forma nos permiten atisbar su sistema alimentario y los cambios que se fueron produciendo con el paso del tiempo. La historia de los hebreos pasa por diferentes etapas, cada una sustancial e importante, pero esta de los Patriarcas resulta decisiva por su peso histórico y cultural.

Este ciclo de los Patriarcas es el comienzo auténtico de la historia, en ella se asienta algo único y que es común a todos los judíos, representa la forja auténtica de un pueblo, una época en la que incluso aparece ya la denominación de Israel. Esta es una historia que comienza con un grupo de gentes seminómadas que, encabezados por Abraham, el padre del pueblo judío, pactaron con Dios una primera alianza, y cuyos inicios se remontan a una época que se puede datar entre el segundo milenio y la mitad del primero a. C. Las tradiciones de los patriarcas se conservaron de forma oral, como historias y leyendas propias de diferentes clanes, que eran a su vez útiles para enseñar la religión y recordar las hazañas de los ancestros. Estas historias estaban vinculadas a territorios, a ciudades y a un marco geográfico que se encuentra muy bien definido.

En cuanto a la ambientación del mundo patriarcal, Liverani describe su desarrollo, y como los textos que recogen las historias de esta época se redactaron en época bastante tardía, aunque con ambientación y origen palestino. Incluso sugiere que el origen del término Abraham es el de una tribu de Banu-Raham, de la Palestina central del XIII a. C., cuyas actividades productivas eran la mismas que se corresponden con la historia del patriarca. Una labor principal de transhumancia propia de pastores desarrollada entre Hebrón y Berseba en el invierno y en el entorno de Siquem y Bétel en verano, con la posibilidad de ir a Egipto en caso de hambruna[51].

---

50   Cabello, P., *op. cit.,* 2019, p. 173 y ss.
51   Liverani, M., *op. cit.,* 2005, p. 313.

Esta saga de patriarcas está compuesta de tres grandes hombres, descendientes directos unos de otros (padre, hijo, nieto), cada uno con sus extensas familias y grandes clanes en sus respectivas narraciones: en primer lugar tenemos a la figura más carismática de todas, que inaugura esta saga como fundador de la dinastía, Abraham. Su hijo Isaac será el segundo de la estirpe, y el nieto de Abraham, Jacob, el tercero. Las tres historias están recogidas en el libro del Génesis. Una de las claves más significativas de su linaje es que a los dos primeros Dios les cambió el nombre, llamándoles Abraham por Abran e Israel por Jacob, en un acercamiento que representa la elección de los hombres que formarán su pueblo. Y ya nadie se acordará de sus antiguos nombres, cuando cambia la denominación se modifica la personalidad y también el destino, tanto de ellos como de sus familias y el del propio pueblo judío. Efectivamente nombrar las cosas, a las personas, a la divinidad, tiene una gran importancia en la Biblia. En el caso de Jacob se observa en dos ocasiones la importancia del nombre, en primer lugar, el cambio del suyo propio, y en segundo lugar cuando, tras la agotadora lucha nocturna con la divinidad, Jacob inquiere el nombre del ser misterioso. Pero no recibe una respuesta, así que para recordar aquel momento nomina al lugar donde ocurre con el nombre de Penuel. Un nombre con un significado al final de aquella agotadora noche en la que él mismo cambió de nombre (*Gn.*, 32, 30-31).

En cuanto a las referencias a la alimentación durante el ciclo de los Patriarcas, estas se encuentran constantemente vinculadas a la actividad principal, que era el pastoreo. Esto no era incompatible con la necesidad (y el consumo) de cereal en primera instancia, como producto base de la alimentación, complementado por las legumbres, adquiridos ambos a otros productores, o sembrado por ellos mismos en ese ciclo del seminomadismo que les permitía sembrar en una zona, trasladarse a otro lugar con los rebaños y posteriormente volver al lugar inicial a recoger la cosecha. Pero, sin lugar a duda, la clave de su vida y su alimentación es la constante presencia de los rebaños, en los que los pastores desarrollaron las habilidades propias vinculadas con el ordeño. Y con la leche, se da la aparición de una serie de múltiples fórmulas para su transformación en diversos subproductos como cuajadas y mantequillas, sueros, natas y quesos, que, estos sí, formaban una parte importante de su alimentación.

También debemos contar con una actividad complementaria pero probablemente muy enriquecedora para la dieta, que era la recolección de productos de temporada. Es necesario considerar el conocimiento que los pueblos antiguos tenían de las semillas, de las plantas y de sus ciclos naturales, ya que formaban parte de un estilo de alimentación que necesitaba recurrir a todas las posibilidades en un mundo en el que el propio ciclo de la vida era incierto.

Y para terminar estas líneas generales sobre la alimentación en tiempos de los Patriarcas, volvemos a su principal actividad como pastores, que no nos debe llevar a confusión sobre una dieta esencialmente carnívora. Muy al contrario, es posible ver cómo la carne no se consumía a diario, los grandes asados eran propios de celebraciones, de ritos o fiestas singulares, ya que sería absurdo pastorear para comerse a los animales diariamente. Aunque, sin embargo, su carne estaba bien valorada y tenía connotaciones festivas al convertirse en el plato principal del menú en los banquetes e incluso para las fiestas religiosas y en las ofrendas piadosas.

Esa identidad que se refleja en las fórmulas de comidas, esa historia que vincula a través del tiempo lo religioso y lo clánico, lo sobrenatural y lo terrenal, se observa en la oración que recitaban al presentar las primicias al Templo. Esta era dirigida por el sacerdote, y en ella, el oferente, sintiéndose verdaderamente descendiente de Abraham, recitaba una fórmula breve pero significativa, explicando en pocas frases su historia. Se trata de un hermoso y duro relato que concluye con los dos productos que identifican la alegría de una buena alimentación, la leche y la miel:

> *Mi padre era un arameo errante que bajó a Egipto, donde moró con unos pocos hombres; pero llegó a ser allí una nación grande, fuerte y numerosa. Luego los egipcios nos maltrataron, nos humillaron y nos impusieron una servidumbre durísima. Entonces clamamos al Señor, Dios de nuestros padres. El Señor oyó nuestro clamor y se fijó en nuestra miseria, nuestra fatiga y nuestra opresión. Y nos condujo a este lugar y nos ha dado esta tierra, una tierra que mana leche y miel (Deut., 16, 5-9).*

Origen, destino, espacio, vinculación con otros pueblos, fe, presencia divina y alimentación fueron todos conceptos que se relacionaban entre sí, que se fortalecían mutuamente y que al final representan el origen de una misma identidad.

En tiempos de Abraham

Abraham es el primero de los patriarcas, el padre del pueblo elegido. Comienza con su presencia una saga de hombres que se comunican directamente con Dios, unas figuras dotadas de una fuerza, de una autenticidad, de un espíritu de lucha tan poderoso que sobrecoge. Son personajes de una gran dimensión, porque se perciben en ellos tanto las debilidades humanas como la grandeza de la fe y una absoluta confianza en su propio destino. Es en esta época cuando se producirán importantes cambios en el sistema alimentario, y sucederán de una forma casi radical con respecto a las etapas anteriores.

En primera instancia, observamos que Abrán (le llamaremos así hasta que llegue el momento de su cambio de nombre) elige un estilo de vida peculiar, diferente al que se desarrollaba en la zona donde nació, que era un entorno urbano. Era un habitante de la ciudad, con un estilo de vida de carácter sedentario y urbano y con todas las comodidades que podía suponer esto en el segundo milenio a. C.

Al otro lado de la vida urbana, más segura, reglamentada y confortable, tenemos las comunidades seminómadas a las que ya hemos hecho referencia. Eran grupos de personas vinculadas con la posesión de grandes rebaños, que vivían en cabañas desmontables fabricadas con un entramado elaborado con las pieles de sus propios animales, como una especie de carpas portátiles que movían fácilmente en sus desplazamientos, y que cambiaban de ubicación según el ciclo de vegetación o las necesidades del rebaño. Su actividad principal era el pastoreo, y como las zonas por donde pacían los animales eran muy secas y de escasa pluviosidad, la vida en campamentos de este tipo era sencilla, y los traslados resultaban casi constantes en búsqueda siempre de los mejores pastos de la temporada, cuando otros se agotaban. Las extensas familias de los patriarcas no vivían en ciudades ni cultivaban la tierra, esta tan solo era una actividad oportunista y casual, y quizás se vinculaban más con la recolección, que podía realizarse fácilmente mientras cumplían como pastores o trasladaban sus rebaños. Al ser su principal actividad el pastoreo, tampoco poseían tierras, con excepción de algunos lugares para las sepulturas, lo que observamos cuando falleció Raquel, la esposa de Abrán, la familia ni siquiera tenía en propiedad un sepulcro y el patriarca tuvo que adquirir uno para este fin (*Gn.*, 35, 16-20).

El primer valor de la casta de los Patriarcas es el de la ascendencia común, ya que al hacer referencia a ellos siempre se aludirá a la familia de Abraham, de la estirpe que se convirtió en un pueblo y que se expandió por el mundo. Y que además no solo mantuvo conciencia de su origen, sino que a la vez fue capaz de mantener con vitalidad gracias a la práctica cotidiana una serie de tradiciones (muchas de ellas de carácter alimentario) que aportaron cohesión y se convirtieron en el cemento que ha unido primero a miles, después a millones de personas a lo largo de milenios. La potencia de esta determinación y la importancia de las pequeñas rutinas y creencias firmes no deja de causar asombro, y provoca la reflexión sobre la capacidad de resistencia, afirmación, conciencia y firmeza del pueblo judío.

Como un mismo actor que presenta mil caras, la conciencia común del pueblo judío es la imagen de la descendencia de Abrán, el padre de los millones de hijos hebreos que hoy pueblan la tierra. Y que tuvo la visión de la humanidad multiplicándose a partir de él.

Abrán, el primero de los patriarcas pudo formar parte de las leyendas sobre pastores seminómadas que podemos datar entre los s. XIX y XV a. C. y que circulaban entre Mesopotamia, Palestina y Egipto. En realidad, hay diversas teorías sobre su origen, pero la clave es entender las figuras de los patriarcas como auténticos padres, verdaderos predecesores y progenitores del pueblo más que como héroes o guerreros, que no lo fueron. Es decir, se entiende mejor a los patriarcas cuando se les identifica como los legítimos ancestros del pueblo hebreo, como los antepasados comunes que cimentaron una genealogía común. En cualquier caso, las leyendas o el mito de los patriarcas sí presentan hechos relacionados con su alimentación, y a través de su historia podremos comparar la alimentación de su propio tiempo con la del mundo posmosaico, lo que observaremos más adelante. La época patriarcal es un tiempo largo durante el segundo milenio a. C., un periodo en el que encajan los acontecimientos narrados por el Antiguo Testamento con los desplazamientos de grandes grupos de población, con un estilo de vida seminómada también descrito en los textos literarios.

La primera patria de Abrán fue Ur de los caldeos, como la denomina la Biblia, aunque esta ciudad presenta algunos problemas para su identificación. El primero de ellos es que los caldeos eran semitas, y el segundo que en la zona existieron varias ciudades denominadas Ur, lo que complica conocer los auténticos orígenes de la ciudad de partida del patriarca. Sin embargo, la insistencia en el uso de la referencia de Ur a los caldeos parece hacer una indicación respecto a las regiones septentrionales de Mesopotamia, ya que no hay rastro de ellos en la zona meridional antes del s. IX a. C., momento en el que la época patriarcal ya había llegado a su fin. Por otro lado, es la zona norte desde donde se pueden inducir los contactos culturales que se reflejan en hábitos como el matrimonio por levirato, en la herencia genealógica y en la vida cotidiana de los patriarcas[52]. Estas dos posibles Ur del norte (ubicaciones en la actual Siria o en el sur de Turquía) son poblados más cercanos a la siguiente ubicación del grupo, Harán. Hay serias y bien debatidas opiniones sobre si la patria de Abrán estaba al norte o al sur, pero aún no hay acuerdo al respecto. Parece, igualmente, que podemos enmarcar la salida de Abrán desde Ur en el entorno de las migraciones de esta época. En realidad, Abrán es el auténtico arranque de nuestra historia, la figura imponente en la que el pueblo judío personifica su origen, y es en Ur donde comienza su propia historia personal, de ahí la importancia de identificar el lugar.

Podemos imaginar una ciudad construida con ladrillos de adobe, con zonas para el intercambio comercial, espacios religiosos importantes e incluso palacios y por supuesto tiendas, zonas de servicios y casas particulares, una ciudad organizada. Asomémonos a la patria de Abrán, para conocer el sistema alimentario de esta ciudad (ubicada en Mesopotamia septentrional), disponemos de una pieza singular que es el estandarte de Ur, perteneciente al periodo dinástico arcaico, y que se ha datado entre los s. XXVII al XXV. En cualquier caso, es bastante anterior a la época de los patriarcas. Resulta especialmente interesante la parte del estandarte que simboliza la Cara de la Paz. En esta se representa con gran detalle un desfile de tributos ante un rey de Ur, en una expresiva muestra de cómo era la vida y qué alimentos se usaban como homenaje al poder. Esa procesión que interpreta la imagen de un acontecimiento importante, es una expresión exacta de la importancia de los ganados y de la cosecha. A través de las imágenes que nos hablan descriptivamente, pode-

---

52   Beitzel, B.J., *op. cit.*, 2017, pp. 98 ss.

mos asomarnos a su estilo de vida, e incluso vislumbrar cómo se desarrollaban allí los banquetes. En una de las franjas se dibuja una escena de distensión y gozo en la que hay músicos, y los participantes están bebiendo de una copa relajadamente. Parece el momento de disfrute tras la recogida de los frutos de la tierra, con algunos porteadores que acarrean pescados, ovejas, cabras y terneros mientras otros transportan sacos y otras cargas. Incluso podemos concluir la presencia de riqueza en esta sociedad, dado que se desarrollaba en un rico entorno productivo con (al menos) abundantes cosechas de grano y presencia de carnes y lácteos.

Fig. 16. Estandarte de Ur, del 2500 a. C. Museo Británico. Podemos observar en esta parte del estandarte, el llamado «Panel de la paz», cómo en la parte superior se disfruta de un banquete, en el que hay una figura principal. Y una bailarina, un arpista y un copero amenizan la velada. Los otros dos niveles hacen referencia a las riquezas agroalimentarias de aquella civilización.

Sabemos algunas cosas de Abran antes de que se convirtiera en el gran patriarca que muestran las escrituras. Era hijo de Téraj, que a su vez era descendiente de Sem, el buen hijo de Noé, por tanto, su origen nos conduce hacia una estirpe bendecida por YHWH. Su familia era originaria de Ur de Caldea, una ciudad ubicada en la antigua Asiria, la actual Iraq (*Gn.*, 11, 30-32). Abrán vivió en los tiempos del rey Hammurabi, en el s. XIX a. C., en esa época en la que la ley ya había adquirido una poderosa fuerza, y en la que el propio monarca promulgaba leyes que incluían aspectos agrícolas. Gracias a ellas nos podemos asomar a un mundo campesino de ricas producciones excelentemente organizadas, y feraces hasta el punto de necesitar una legislación específica. En este entorno nace y vive Abrán, quien, ya adulto y a instancias de YHWH, salió de Ur con su padre, con su sobrino Lot y con las esposas y familias de todos ellos, trasladándose con sus siervos y sus posesiones a Harán, ubicada en la moderna ciudad del mismo nombre cerca del río Balí en lo que debió ser un movimiento de personas y ganado relativamente importante en ese tiempo. Harán era una antigua ciudad cuyos orígenes están datados en el 8000 a. C., y a la que los romanos terminaron denominando Carras. Sin embargo, el patriarca no pasó mucho tiempo allí y volvió a salir de nuevo con todo su clan, junto con Saray, su esposa y la familia de Lot, sus siervos y su ganado. Si observamos su dirección, Abrán una vez fuera de Ur caminó de norte a suroeste, desde el norte del mar de Galilea hasta la zona de Gosén, en Egipto, pasando por la zona del Néguev y por la cadena montañosa situada entre la llanura marítima y el río Jordán. En ese momento se produjo el fallecimiento de su padre, y fue entonces cuando Abrán tuvo la primera visión. En ella recibió un mensaje divino en el que se le ofrecía una promesa que él acogió con una confianza absoluta. Sin embargo, en todo este gran trayecto se nos queda algo pendiente desde los inicios, y es ¿por qué salió Abrán de Ur, donde parece que estaba tan arraigado? Esta es una de las preguntas que tiene respuesta en un acto de fe del protagonista de nuestra historia. Trataremos de conocer un poco mejor los acontecimientos narrados por la Biblia para conocer el sistema alimentario de tiempos de Abrán.

En realidad, y aunque hoy lo observemos con los ojos del personaje transformado, en sus inicios Abrán no era más que un sencillo pastor, jefe de una tribu de pastores. Tras la salida de Ur y Harán, y como tales, comenzaron un lento recorrido porque estaban desplazándose un elevado número de personas (familia y siervos) además de abundante ganado. Así que tras su salida de Ur continuaron la travesía desde Canaán hasta Siquem, estableciéndose en el Néguev. Fue entonces cuando empezó a haber una hambruna en la zona, la primera referencia que tenemos a la alimentación o en este caso a la falta de alimento, y el grupo completo se vio obligado a bajar a Egipto para dar solución a un problema que será recurrente en esta etapa de la historia del pueblo hebreo. Una vez solucionado volvieron hasta el Néguev y después hacia donde tenían ubicadas sus tiendas, una región comprendida entre Betel y Ay.

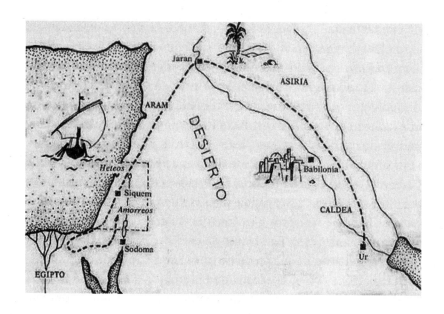

Fig. 17. Detalle de los viajes de Abraham.

Durante toda esta travesía el grupo inicial se mantuvo unido, los dos cabezas de familia, Abrán y Lot habían superado este trayecto juntos, pero pronto surgieron problemas. Ambos se habían convertido en ricos pastores, y sus rebaños de ovejas y vacas eran numerosos. Tío y sobrino eran propietarios de multitud de cabezas de ganado, hasta el punto de que continuar juntos les creaba un conflicto por la convivencia entre los pastores e incluso por el acceso de los animales a los pastos y al agua. Por lo que se vieron obligados a separarse y elegir lugares distantes para vivir, así que Lot fue hacia oriente, dirigiéndose hacia la vega del Jordán y estableciéndose en la ciudad de Sodoma mientras Abrán se estableció en Canaán, en concreto en el robledo de Mambré, junto a Hebrón, que era posiblemente una zona de dehesa abierta. La vida continuaba para ambos, y no iba a ser la última vez que se vieran. Una vez distanciados y establecidos respectivamente en sus territorios elegidos, Lot se vio envuelto en una reyerta entre varios reyes locales, y este es justo el momento en que encontramos la primera denominación que habla de la identidad de un pueblo, en la que se hace referencia a Abrán como «hebreo» (*Gn.*, 13, 18). Es un momento clave en el que ya podemos observar cómo hay un pueblo, por pequeño o carente de territorio que fuera, que es identificado por otros. Un pueblo dotado de una identidad, de una personalidad propia, de una forma de entender la vida y de unos hábitos y manera de vivir, probablemente uno de los distintos grupos que podríamos encontrar en similares circunstancias en esta época en la misma zona. Sin embargo, disponemos de una filiación que lo hacía distinto a los demás y que lo caracterizaba, porque no es solamente que ellos se sintieran un único pueblo, diferente a otros, es que eran el resto de los pueblos del entorno los que observan cómo aquellos hebreos eran diferentes a ellos mismos, y analizan las diferencias, percibiendo sus diferentes costumbres y tradiciones, y sobre todo cómo su historia era diferente. Justamente en este momento, ese clan de beduinos, de seminómadas, de gentes al margen, ya no son un grupo de pastores nómadas erráticos y carentes de filiación, sino una colectividad bien definida e identificada.

Y ya como jefe de un grupo reconocible y concreto, Abrán se vio obligado a intervenir en los conflictos que entre los reyes de la zona, porque habían afectado a Lot, que fue hecho prisionero. Con su intervención consiguió la liberación de su sobrino, tras la cual se encontró con Melquisedec, el sacerdote-rey, quien acogió a los nómadas ofreciéndoles pan y vino para comer, como anfitrión que cumplía las leyes no escritas de la época, ayudando al viajero y dándole cobijo, alimento y protección. Y aunque la relación entre Abrán y Melquisedec fue breve y tuvieron un solo encuentro, se produjo entre ambos un momento enigmático, quizás trascendente, ya que el propio Melquisedec, que era un rey pero también sacerdote, bendijo a Abrán, reconociendo su vinculación con lo sobrenatural. Resulta de gran interés en esta escena entre ambas personalidades, observar el condumio tan frugal que Melquisedec ofreció a su visitante, a pesar de su estatus de poder, y que consistió sencillamente en pan y vino, quizás no en el sentido de banquete propiamente dicho, ya que no lo era, sino como signo de las primicias de la tierra. Aunque el texto es confuso, explica que Melquisedec dio de comer a algunos jóvenes y a tres hombres que acompañaban a Abrán, aunque desconocemos qué alimentos en este caso (Gn., 14, 17-24).

Fue entonces cuando, tras retomar el camino, tuvo lugar uno de los momentos clave de la historia de Israel. YHWH vuelve a aparecerse a Abrán, ahora con una potencia impresionante, por la fuerza de la aparición y por la imponente promesa universal. Es en este momento cuando adquiere el compromiso de hacerle padre de un gran pueblo, con estas palabras:

Alza la vista desde el lugar en que estás y mira al norte, al sur, al este y al oeste. Toda la tierra que ves te la daré a ti y a tu descendencia para siempre (Gn., 13, 14-15).

Los acontecimientos se suceden, y tras los últimos sucesos asistimos a la transformación del primitivo pastor en todo un patriarca que además debió gestionar muy bien sus recursos, porque es perceptible su riqueza: poseía rebaños de ovejas, camellos y asnos, además de siervos y metales nobles. Pronto veremos cómo Abrán ofrece sacrificios en los que ofrenda una ternera, una cabra, un carnero (todos ellos de tres años), una tórtola y un pichón. Esta minuciosidad nos ayuda a identificar los animales que con toda probabilidad llevaba en su rebaño, y también los del nicho ecológico de la zona en donde vivía.

Todo nos va conduciendo a un objetivo, a la definición de un pueblo a través del reconocimiento de los demás (como ocurre, por ejemplo, en el caso de Melquisedec), y también mediante los nuevos hábitos que se instauran desde entonces y que refuerzan su personalidad como pueblo, como es el caso de la circuncisión, cuya práctica se impone también desde ahora. Como señal de la alianza que se hizo efectiva entre YHWH y Abrán, el primero impone la circuncisión a él y a todos los familiares y siervos del pueblo elegido. Y en esta alianza, que es una promesa milenaria, no solo se pide esta prueba, sino que va más allá y Dios cambia el nombre del patriarca, convirtiendo a Abrán en Abraham, y sucede lo mismo en el caso de su esposa, que de Saray pasa a ser Sara. El cambio de nombres no es anecdótico, significa una auténtica transformación, y en lo más profundo de la persona se transmuta la esencia, el yo. YHWH no solamente distingue a una dinastía y a sus fundadores con sus promesas de futuro, sino que cambia su naturaleza, los modifica, los redefine, troca su esencia para que sea esa y de esa forma y no de otra, la dinastía elegida. No solamente los elige, también los transforma y los adapta, y los hace, aún más, distintos a los pueblos del entorno, no solo por como los otros los perciben, sino por como ellos mismos se sienten finalmente.

Una vez definido el proceso de transformación de aquel primer Abrán, miembro de la comunidad de Ur en una persona diferente, un personaje que será el padre de un pueblo, el iniciador de una gran dinastía que proporcionará un origen común, podremos observar algunos detalles con respecto a la alimentación en su tiempo que nos ayudarán a conocer sus características. Esta etapa es definitivamente distinta a la posterior a Moisés, se percibe claramente como un momento previo al de la legislación del Levítico y, por tanto, se caracteriza por presentar un sistema alimentario más antiguo que el establecido en época mosaica. Veremos los detalles.

Podemos encontrar el primero de ellos, esclarecedor, en el insólito pasaje en el que se describe cómo Dios visita a Abraham durante una jornada de mucho calor, a la hora más tórrida, que sería el mediodía o principio de la tarde. Como buen anfitrión, Abraham ofreció descanso y refugio a los viajeros, procurando un poco de alivio de los ardores de la tierra a sus visitantes, brindándoles sombra que los resguardara del sol y con un pequeño refrigerio en primera instancia, que consistió en pan y agua, mientras en las tiendas se organizaba una buena comida en toda regla. A fin de disponer un generoso banquete para sus invitados, Abraham mandó a su mujer amasar tres *seim*[53] de flor de harina para hacer unas tortas, lo que representa unos 2,3 lt de harina. También ordenó sacrificar un ternero que eligió personalmente, y lo dispuso todo para que su siervo lo preparara con la mayor rapidez. Como parece natural, desde que se amasó el pan, se sacrificó, limpió y porcionó el ternero y se guisaron todos los alimentos, debieron pasar varias horas, de ahí que les sirvieran primero pan y agua, y finalmente, cuando todo estuvo listo, se presentó toda la comida para los invitados. Ya no era un refrigerio, sino un auténtico banquete que consistió en abundantes tortas de pan, el ternero guisado, así como cuajada y leche para beber. En señal de respeto, Abraham se quedó de pie, observando a sus invitados mientras ellos comían ¿el mismo YHWH comiendo? ¿Eran ángeles? Resulta una imagen, como poco, extraordinariamente enigmática.

Por otro lado, la presencia de esa cuajada es una incógnita, y sugiere un estilo de alimentación muy diferente al propuesto con posterioridad por el Levítico, ya en tiempos de Moisés. En realidad,

---

53   Un *efah* es una medida de áridos que se corresponde con 7 litros. Y el *seah, seim* en plural, correspondía a una tercera parte de esta cantidad, es decir, a 2,3 litros. Es decir, hicieron una buena cantidad de pan o de tortas.

el texto latino no habla de cuajada, como sí señala la traducción española, sino que se refiere a *butyrum*, mantequilla, pero en cualquier caso, en aquella celebración se sirvieron dos tipos de lácteos (leche para beber y algún derivado con el que se condimentó el estofado) y la carne del ternero guisada (*Gn.*, 18, 1-7). Por su parte, los panes son del estilo subcinericios, una preparación arcaica que denota la falta de hornos y por tanto de infraestructuras domésticas, es decir, el estilo de alimentación describe a la perfección a un grupo nómada y pastor, aunque retomaremos la cuestión de la panificación un poco más adelante. Y tampoco en este texto se ofrece vino a los visitantes, aunque ya sabemos que se elaboraba, como se deduce del pasaje en el que las hijas de Lot embriagaron a su padre (*Gn.*, 19, 32-35), y también sabemos que se cultivaban vides y se elaboraban vinos y derivados en el entorno histórico y geográfico. Pero ellos no lo ofrecen probablemente porque no disponían de este lujo. La misma comida, que se ofrece con lo mejor que tienen, es profundamente simple, a pesar de estar elaborada con el mejor ingrediente que poseía un pastor, y que era la carne de su ganado.

En este pasaje del banquete ofrecido a YHWH por Abraham encontramos una singularidad de lo más interesante, ya que se trata de la primera y la única vez que se sirven en todo el Antiguo Testamento lácteos y carne a la vez, en la misma comida. El sentido clave es que Abraham quería ofrecer a sus visitantes lo mejor que tenía, en la seguridad de que eran de origen divino, por tanto, su propia esposa hizo con sus manos el pan (y no lo amasó una sierva), y no se sacrificó un animal menor sino un ternero, una promesa de vaca que hubiera podido dar muchos litros de leche. Abraham no solo seleccionó los mejores productos para sus invitados, y desarrolló la más cuidada elaboración, sino que, si hubiera habido alguna regla religiosa con respecto a la alimentación, con toda seguridad habría hecho que se cumpliera. En primer lugar, el patriarca habría consumado todas las normativas con respecto al correcto servicio y protocolo e incluso las más minuciosas, como aquellas que hicieran referencia a la combinación y elaboración de alimentos. En segundo lugar, es evidente que aún no existía la prohibición de mezclar ambos alimentos, o no hubiera servido estos al propio autor de la restricción, ya que Abraham mismo consideraba que sus invitados eran de origen divino. En realidad, este pasaje resulta significativo y aclara una duda importante, y es a partir de qué momento se prohibió consumir asociados estos dos productos, lácteos y carne, por lo que podemos concluir que dicha restricción se produjo posteriormente, al menos entre el tiempo que transcurre entre Abraham y Moisés, y que aún no tenía vigencia en la época del primer patriarca. Podemos decir que, por su alimentación, esta época es anterior y diferente.

Desde luego, ya sabemos que la Biblia habla con frecuencia de forma simbólica. Y es difícil saber a qué momento pertenecen los diferentes acontecimientos y descripciones, en qué coyuntura de la historia del pueblo de Israel encajan. Sin embargo, en esta comida que sirve Abraham sí podemos observar que es de época anterior a las limitaciones alimentarias del Levítico, que es el libro que impone la prohibición del consumo de carne y lácteos en la misma comida. Y, por tanto, este texto que narra la comida puede responder al conocimiento que se tenía de un antes y un después en los hábitos alimentarios o sencillamente a una realidad transmitida de forma oral que era expresión de esas diferencias en la alimentación de este pueblo a través de los siglos. En cualquier caso, se trata de una distinción clave y significativa.

La vida de los patriarcas desde Abraham era bastante libre en el sentido espacial, de movimiento en un territorio. Se desarrollaba en un tiempo en el que la región de Canaán no estaba controlada exteriormente, y podemos observar cómo Abraham y su gente se movían sin problemas por él, sin intromisión de ningún poder superior. Esto coincide con el Canaán de la última fase del Bronce Medio, entre 1850 y 1550. E incluso concuerdan con este tiempo algunos hábitos que nos ayudarán a ubicar a los patriarcas, como son el que una esclava formara parte de la dote de la mujer en el matrimonio (*Gn.*, 16, 1-6; 30, 1-3), y que su propia esclava proveyera de descendencia a su esposo si ella era estéril (*Gn.*, 30, 1-8). Incluso lo observamos en el hecho de que un hombre pudiera recurrir a la adopción en caso de carecer de hijos varones (*Gn.*, 15, 2-6), o incluso tuviera legitimado recurrir a la poligamia (*Gn.*, 16, 1-6). En definitiva, Abraham migró desde Ur de Caldea y llevó consigo diversas costumbres, entre las que necesariamente se encontraban las de origen alimentario, ya que parece sensato concluir que, si había vivido allí toda su vida, él mismo o su gente habrían aprendido a elaborar las comidas al estilo de su lugar de origen. Pero no solamente arrastra la selección de productos, sino que era igualmente singular la forma de tratarlos, el desarrollo de las técnicas de conservación y cocinado, así como los utensilios. Y por supuesto, cómo se combinaban los distintos alimentos en la elaboración de un plato o de un menú, por lo que podríamos concluir que esta costumbre de usar lácteos y carne en la misma comida es muy posible que fuera propia de Mesopotamia, y la restricción con respecto a esta combinación solo se conoció más adelante. El porqué es la clave, quizás la necesidad de diferenciación con respecto a otros pueblos con idénticos orígenes se encuentre en la raíz de esta cuestión.

Isaac, el milagro de la vida

La saga de los patriarcas es familiar y continúa con Isaac, hijo del primer patriarca, que se enmarca aún en un mundo arcaico, en el que las relaciones familiares se estrechaban mediante alianzas matrimoniales. Abraham y su familia vivían en Canaán, la familia había crecido y sus hijos se habían hecho mayores: había llegado el momento del matrimonio, y el padre quería que su hijo se casara con una mujer de su tierra, de Aram-Naharaim en la alta Mesopotamia, donde había vivido en su origen y donde probablemente aún le quedaban parientes. La decisión de Abraham fue definitiva y envió a Eliezer, su siervo de más confianza, con una caravana de camellos a buscar esposa para su hijo. Eliezer tuvo la fortuna de encontrar a una sobrina de Abraham, hija de su hermano. Rebeca se había criado como una mujer mesopotamia, al igual que Abraham en su juventud, y lo más posible es que llevara con ella hasta la casa de su esposo costumbres y alimentos de su tierra, que era también la de sus suegros. Isaac y Rebeca contrajeron matrimonio y vivieron en la región del Negueb, junto al pozo de Lajay-Roy —donde no les faltaría agua para proveer a su familia y a sus siervos, ni por supuesto al abundante ganado que era su principal forma de vida—, y engendraron a Esaú y Jacob.

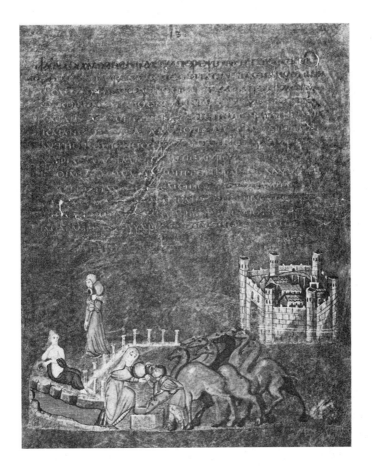

Fig. 18. Talmud de Viena. Imagen de Rebeca y Eliezer.

Jacob: el nacimiento de la historia de Israel

La historia de Jacob es la representación de cómo dos pueblos hermanos se dividen y toman caminos distintos, y cuyas diferencias se
simbolizan en un plato de comida. Se trata del guiso de lentejas más
caro de la historia, que rompe la tradición del hermano mayor en
beneficio del hermano más hábil, y que simboliza no solo las ocupaciones de uno y otro, sino también el carácter y los recursos personales con que se ingenió Jacob para conseguir su objetivo.

Es una de las historias más conocidas de la Biblia: la venta de la
primogenitura de Esaú por un plato de lentejas, con dos protago-

nistas con inclinaciones y ocupaciones diferenciadas. Por una parte, Esaú, el cazador, un *hombre montaraz*, y su hermano Jacob con más interés entre las tiendas y en el entorno humano, representan dos mundos diferentes y alejados, como parecen ser también sus respectivos caracteres y como lo fueron Caín y Abel. El relato nos muestra a un Isaac ya anciano, al que le gustaban los guisos de caza de animales que capturaba y elaboraba Esaú, y que consciente de su edad, desea dar la bendición, es decir, dejar como heredero a Esaú. Pero a Jacob se le escapaba un singular detalle: no sabía que, tiempo antes, su hijo mayor había vendido su primogenitura al menor, Jacob quien, además, ayudado por su madre, se valió de artimañas para sustituir a su hermano durante el momento de la bendición, entregando a su padre, ya ciego, un guiso elaborado al estilo de los de Esaú. Y con la bendición paterna se refuerza aquella venta de la primogenitura, dejando a Jacob como heredero no solo formalmente, sino moralmente, con la fuerza que el hijo mayor, o el heredero en este caso, tenía en aquella sociedad.

El plato en cuestión que es el auténtico protagonista de nuestra historia y que tomó ansiosamente Esaú tras la excursión que le dejó exhausto, era un estofado, *pulmentum*, que parece que era la especialidad de Jacob. Se trataba de un plato de lentejas guisadas que sirvieron guarnecidas de pan, que era el acompañamiento de todas las comidas, incluso a veces con mayor presencia que los propios guisos, y que se utilizaba para coger porciones, mojando la pieza en el estofado, a modo de cuchara (*Gn.*, 25, 27-34).

Desde luego, es más que razonable, de sentido práctico, que un pueblo seminómada adquiriera productos de larga conservación, como son el cereal y las legumbres a los agricultores de las tierras bajas, para disponer de pan y de una sólida base para elaborar guisos durante las largas temporadas de pastoreo. Por su parte, las lentejas (*Lens culinaris*) tienen un antiquísimo origen, y se conocen variedades silvestres al menos desde el 12.000 a. C., en Siria. Se cultivan y almacenan fácilmente y se pueden guisar de multitud de formas, lo que además de su capacidad nutritiva y saciante y su buen sabor, las transforma en un alimento muy completo y con excelentes posibilidades culinarias para estos grupos históricos.

Las míticas lentejas de Jacob han sido una metáfora en la historia, representando, más allá del plato, la poca cordura de vender la primogenitura, es decir, lo valioso, por una necesidad menor, aunque acuciante. En cualquier caso, las lentejas de Jacob eran un guiso corriente, de la vida diaria, que este acompañó de pan y de alguna bebida. Un guiso para el que necesitó una cuchara o algún instrumento similar para comerlo, y probablemente fue el pan el receptáculo con el que recogía porciones del guiso, para comer de un solo bocado y a la vez recipiente (pan) y contenido (lentejas). Seguro que esta receta como muchas de las preparaciones domésticas y tradicionales, tuvo infinidad de versiones según cada familia, pero pudo prepararse, teniendo en cuenta el entorno árido en el que se encontraban los hebreos, teniendo en cuenta que los subproductos lácteos de los animales formaban parte de la dieta de forma habitual.

Tienen una característica singular, y es que no son castañas o verdes, son lentejas de un tono rojizo mucho más pronunciado, que las hace brillantes y diferentes de los guisos europeos, y que se debe a la variedad de la legumbre en la zona.

Por otro lado, podemos rastrear en la historia un caso muy similar al de la venta de la primogenitura que se produjo en el relato bíblico de Isaac y Jacob, se trata de un relato parecido narrado en las tablillas de Nuzi. Era una ciudad situada cerca del Tigris, en el actual Irak, que fue ocupada por los hurritas en el año 1500, quienes le dieron este nombre. En esta ciudad se han encontrado miles de tablillas escritas en cuneiforme acadio, y entre ellas se narra una historia similar a la de la venta de la primogenitura de Jacob, aunque cambia en estas el objeto de venta, que son tres ovejas y no lentejas. Estas tabletas, acuñadas en una época posterior al periodo patriarcal (entre el 2000 y el 1800 a. C.), muestran ese pasado reciente y las similares costumbres de sus respectivas sociedades y épocas, una importantísima aportación al conocimiento histórico de los grupos hebreos.

Continuamos con la historia de Jacob, quien ya adulto revive la fórmula de matrimonio de su padre, ya que YHWH le ordena tomar una esposa entre las hijas de Labán, que era hermano de Rebeca, su madre. Parece que las hijas de Canaán, que era donde vivían, no eran las mujeres preferidas por los hebreos para sus esponsales, de forma que buscaban emparentar en un entorno más parecido al de ellos, que era el de su propio clan. Así, el hábito de buscar esposas de su propio origen no solo reforzaba los vínculos familiares, sino que afianzaba las costumbres de la vida cotidiana, las creencias y por supuesto las fórmulas de alimentación de la familia. Pero al contrario que la de Isaac, la historia de Jacob es muy agitada, desde la relación con sus dos esposas Lía y Raquel hasta el dudoso comportamiento de su tío Labam, que le engaña y le mantiene trabajando para él durante muchos años. Por otra parte, en la vida de Jacob resulta magnífico y enigmático el episodio de la escalera hasta el cielo, ¿metáfora de la unión de lo divino y lo humano?, ¿expresión del futuro del judaísmo?, ¿alegoría de la búsqueda de Dios en la vida? En cualquier caso, en Jacob encontramos expuesto todo el simbolismo, los signos evidentes de un pueblo que tendrá un largo recorrido. Ya no es la promesa, como en el caso de Abraham, es que la identidad del israelita ya está configurada. Y a partir de esta solidez cultural, y gracias a ella, se establecen hábitos alimentarios con una reglamentación en ciernes que se hará formalmente rigurosa en época mosaica.

Pero estas no serán las únicas vivencias extraordinarias de Jacob: su lucha cuerpo a cuerpo con una divinidad, un ángel, es extraña y misteriosa, un acontecimiento singular en todo el texto sagrado. Precisamente de aquel incidente de la lucha con el ángel, en el que Jacob resultó herido en la pierna, deriva una prohibición que se sigue practicando, y que es la extracción del nervio ciático de todos los animales que se consumen, es el *guid hanashé*, que necesita una supervisión especial para realizarse correctamente. De ahí la existencia de auténticos matarifes especializados y de rabinos bien entrenados para preparar alimentos que cumplieran la ley.

Pero en la vida de Jacob hay un suceso más, uno que ya se había producido antes en época de su abuelo Abraham, y que en el caso de Jacob adquiere aún más fuerza porque no solo le atañe a él, sino al futuro del pueblo. Se trata del cambio de nombre de Jacob a Israel, a través del que observamos cómo ya se ha estrechado la relación entre los orígenes, la descendencia y la identidad. De nuevo YHWH se acerca al linaje de Abraham, otra vez elige, otra vez modifica y esculpe a los padres de su pueblo, haciendo con esto a Jacob el auténtico heredero de la promesa divina realizada a Abraham. A partir de Jacob, los israelitas ya son un pueblo con auténtico carácter, definidos, identificables y con unos orígenes propios, tienen ancestros bien establecidos y comunes. Entre sus costumbres se encuentra la circuncisión masculina, que los hace diferentes a otros pueblos, y cuya diferencia percibimos en su llegada a Siquem, en Canaán. Jacob no quiso que su hija Dina se uniera a un príncipe del país, porque consideraba que aquel pueblo estaba demasiado alejado de sus creencias y de su estilo de vida. Así que para acercar posiciones entre ambas sociedades y con el fin de facilitar la boda, obligó a que ellos también cumplieran esa norma esencial y se circuncidaran (un acto de catastróficas consecuencias para los gentiles, por cierto).

Y ya tenemos al tercer patriarca, ya Israel y no Jacob, convertido en padre de doce hijos varones, que serán el comienzo de una historia que llega hasta la actualidad, con el germen de lo que serían las doce tribus de Israel: los hijos de Jacob. Así, ese cambio de nombre fue sustancial, designó a toda su descendencia, que fue numerosa y que se convirtió en esencia en lo que sería el pueblo judío en un futuro milenario. Un pueblo formado por doce tribus, representadas por esos doce hijos, doce tribus que se necesitarán unas a otras en lo que ha terminado conformándose como una auténtica herencia cultural y un pasado que conduce nada más y nada menos que hasta la Creación.

A pesar de la magnificencia de los acontecimientos, el día a día de los israelitas se conduce con sencillez. La actividad principal de los hebreos seguía siendo el pastoreo, parecen un pueblo poco numeroso y bastante humilde, en el que hasta los hijos de los patriarcas siguen cuidando cabras y ovejas, y disfrutan de una vida cotidiana muy sobria. Esta saga de los patriarcas se cierra con los hijos de Jacob, entre los cuales destaca José, quien entronca con un pueblo vecino, con los egipcios, a donde finalmente terminaron llegando sus hermanos, a causa del hambre (de nuevo se repite la circunstancia de una hambruna ya vivida en tiempos de Abraham). Los hermanos de José fueron invitados de honor a la mesa de los egipcios, pero en pocas generaciones pasaron a ser un pueblo sometido, quizás más que esclavo. Juntos y distantes, hebreos y egipcios pasaron mucho tiempo conviviendo en la misma tierra, construyendo como mano de obra y dominadores, respectivamente, las ciudades de Pitom y Ramsés, en las que se almacenaban grandes cantidades de grano. Hasta que aparece Moisés, a caballo entre dos pueblos, uniendo y separando, representando de nuevo un ciclo diferente.

Moisés, el liberador, y el duro Éxodo

Moisés[54] es un personaje que impacta por su fuerza dramática, por sus constantes aventuras, por su enorme resistencia a las adversidades y sobre todo, por su capacidad de liderazgo. Moisés era de origen judío, aunque casi desde su nacimiento se educó como un príncipe egipcio, por lo que parece natural que formaran parte de su bagaje tanto las tradiciones egipcias como la cultura propia de un príncipe. Y con ello, sus conocimientos, ya que muy probablemente había disfrutado de una espléndida formación y dispondría de capacidad de mando. Moisés es la representación del gran cambio entre dos momentos diferentes de una misma sociedad: la seminómada de estilo de vida patriarcal y la del pueblo judío como entidad cohesionada. Su figura expresa la consecución de ese mundo judío dotado de una identidad estructurada a partir del primitivo pueblo de beduinos. Cuando, en época de José, los hijos de Jacob bajaron a Egipto, la sociedad seminómada que les había precedido desapareció con ellos. La época de vida en Egipto es el auténtico umbral hacia la consolidación de un pueblo, y el periodo mosaico y el peregrinar por el desierto son su culminación. Y tras una, o como mucho dos generaciones de relación confortable con los egipcios, la llegada de malos tiempos para los judíos se hizo una realidad. Arribó una época difícil, y aunque continuaron viviendo en Egipto ya no sería como invitados, sino como mano de obra en la construcción de los grandes monumentos faraónicos.

Tras el periodo del Éxodo, y ya en la última etapa de la vida de Moisés, se estructura y da forma a ese sistema de vida que iba más allá de la religión. Porque era la expresión de la cultura de un pueblo, normalizada y organizada por y para el pueblo de Israel, los hijos de Jacob.

En cuanto a su recorrido, el Éxodo transcurre desde la ciudad de Raamsés, la actual Qantir, desde donde los judíos se desplazaron hasta Sucot, después a Etam y finalmente alcanzaron la costa en Pi-hahirot (*Num.*, 33, 3; *Ex.*, 1, 11; 12, 37). La ciudad bíblica de Raamsés era muy extensa, cubría casi mil hectáreas de superficie en

---

54   Villegas, A., *Grandes maestros de la historia de la Gastronomía*, Córdoba, 2017, pp. 339-362.

forma de una metrópoli opulenta, repleta de edificios religiosos destinados al culto y de palacios reales. También había enormes establos y cobertizos para carros de guerra, una ciudadela militar, áreas industriales para la producción de metal, principalmente bronce e incluso había fábricas para elaborar y esmaltar azulejos. La construcción de todos ellos se había realizado a base de ladrillos de adobe, como bien se detalla en el Éxodo, ya que en la zona no había ni piedra ni madera (*Ex.*, 1, 14; 5, 7-8; 16-19).

La salida de esta ciudad y el alejamiento del modo de vida urbano, con sus dificultades, pero también su cierta dosis de confort —especialmente en lo que suponía el suministro de alimentos—, supuso un duro golpe a los judíos durante los siguientes años, un tiempo largo entre la época de la huida de los egipcios hasta su llegada a Canaán. Este periodo giróvago duró al menos treinta y cinco años, durante los cuales los hebreos se vieron obligados a desarrollar una vida seminómada y errática a través del implacable desierto, y durante el que tuvieron multitud de necesidades insatisfechas. La primera dificultad nacía en el día a día, y era absolutamente vital: se trataba de la cuestión de cómo alimentar a un nutrido grupo de personas en medio de un desierto en el que había escasas posibilidades para conseguir alimentos.

Y es entonces cuando se percibe un cambio radical en el sistema alimentario hebreo, la etapa en la que se observan las diferencias sustanciales que se habían desarrollado entre la época de los patriarcas hasta la de Moisés. Desde luego, las cosas habían cambiado para ellos, tanto su estilo de vida como las expectativas para el pueblo, que anhelaba llegar a esa Tierra Prometida que manaba leche y miel. La promesa de una vida mejor en la que todo sería más sencillo se haría realidad, y de esta época parece nacer la legislación del Levítico y el Deuteronomio, que son el *corpus* del que surgirán todos los hábitos de alimentación del pueblo hebreo, y del que se extraerá el conocimiento para la puesta en práctica de una alimentación compleja, estructurada, y repleta de dificultades e intransigencias. Cosas tan delicadas como la pureza o la impureza de los alimentos, las herramientas que se podían utilizar y cuáles no, e incluso las personas que pueden o no cocinar (y cómo deben hacerlo), así como los días de fiesta y su celebración.

Fig. 19. Séfora, la esposa madianita de Moisés, según Sandro Boticcelli.
De su obra «La juventud de Moisés». Capilla Sixtina, Roma, 1481-82.

EL MANÁ Y LAS CODORNICES

La primera pregunta, inmediata, tras la liberación de Egipto camino
de una libertad que tendría un alto precio fue «¿Qué vamos a comer?».
Un pueblo numeroso necesitaba comer más que un grupo pequeño,
y esto era necesario cada día una vez al día como mínimo, y para un
colectivo complejo en el que había niños, embarazadas, enfermos y
personas mayores y la casuística propia de una comunidad de estas
características. La cuestión era peliaguda y hasta peligrosa, pero los
hebreos contaron de nuevo, como ocurrirá a lo largo de toda su historia, con una ayuda especial. Y en el texto harán su aparición dos
alimentos de forma milagrosa: el maná y las codornices.

Son dos curiosísimas apariciones que llaman la atención por lo
que suponen de alimentos oportunos en momentos necesarios, en

medio de uno de los espacios más difíciles y extremos para la vida, el desierto. Con respecto al maná, el propio texto bíblico lo describe vinculándolo por su parecido con el cilantro: dice que es blanco, similar al cilantro y que sabe como a torta de miel. ¿Era untuoso?, probablemente sí, y además era dulce. Fue el alimento cotidiano a lo largo de todo el trayecto hasta la Tierra Prometida, durante decenas de años. Es decir, que se encontraba en el desierto fácilmente, satisfacía al menos en parte el hambre y tenía un sabor agradable.

Encontramos su descripción en dos libros, en el Éxodo, que explica que el maná era pan que caía desde el cielo (*Ex.*, 16, 4) y también en Números explica cómo era el maná:

> *El maná era como la semilla del cilantro, y su aspecto era parecido al de una resina. El pueblo salía a recogerlo, y lo molían en el molino o lo machacaban en el mortero; lo cocían en la olla y hacían con él unas tortas cuyo sabor era como el del pan con aceite. Cuando el rocío caía sobre el campamento, por la noche, también el maná descendía sobre él (Num., 11, 7-9).*

Es decir, el maná no se consumía de inmediato, había que transformarlo, moliéndolo en el molino de mano, que era pequeño y se podía transportar fácilmente, y después se hacían con él unas tortas de agradable sabor utilizando probablemente los recipientes sobre cuyas paredes se pegaba la masa, y que daban forma a las tortas de pan en esta época, o en sencillos fogones mediante técnicas subcinericias. Pero no debía ser totalmente saciante, observamos cómo el pueblo se queja de la poca eficiencia para calmar el apetito, añorando las comidas antiguas de Egipto (*Num.*, 21, 5).

Y con respecto a su origen hay multitud de teorías, veremos las más destacadas a continuación. La primera es que se trataba de un arbusto propio de la zona, el tamarisco o *Tamarix ramosissima*, de la familia de las acacias, que crece en suelos arenosos y a pleno sol, y que era bien conocida en la Antigüedad. El tamarisco tiene forma de arbusto que crece espontáneamente en la península del Sinaí, y que produce una resina de sabor dulce cuando los arbustos son picados por una cochinilla específica de esta planta, lo que encaja con la descripción de que parecía una resina. Este exudado del tamarisco tiene un agradable aroma y es untuoso como la cera, derritiéndose con el calor. Es muy rico en azúcares y los beduinos siguen recogiéndolo de la misma forma que indica el texto sagrado, muy temprano en la mañana, ya que se derrite por el calor o es comido por los insectos; estos pueblos denominan a este alimento *mann*. Además, el tamarisco tiene unas semillas de pequeño tamaño, redondas y duras como la semilla del cilantro *Coriandrum sativum*. Observamos la aparición de un probable tamarisco cuando falleció el rey Saúl, cuyos huesos enterraron bajo un árbol que identifica la traducción bíblica española como tamarindo, lo cual es bastante improbable. Porque el tamarindo es un árbol de zonas tropicales que requiere mucha agua, y parece extraño encontrarlo en el desierto, y el lugar descrito por la Biblia es Bet-Seán, el actual Montículo de la Fortaleza, que correspondía a una ciudad cananea cercana al Jordán, lo cual hace muy difícil que el árbol, citado en la versión latina como *myrice*[55], fuera un tamarindo. Y sí mucho más probable que fuera el tamarisco. O incluso un terebinto, que es como la misma versión de la Biblia traduce en otro caso el *myrice*, también en la vida del rey Saúl (*1Sam.*, 22, 6), lo que provoca cierta confusión en el lector.

Jeremías sí hace referencia a un tamarisco en la Arabá, en medio del desierto, en lugares inhabitables (*Jr.*, 17, 6), lo que nos confirma la fortaleza del tamarisco, lo habitual que era y lo conocido por todos, y desde época antigua, ya que observamos incluso a Abraham plantando un tamarisco en Berseba, lugar donde vivió mucho tiempo (*Gen.*, 21, 33).

Otra teoría señala que el maná es el exudado de una leguminosa, la *Hedysarum coronarium* o zulla, como se conoce vulgarmente. Sin embargo, esta planta necesita climas suaves y no crece en suelos arenosos, como es el del desierto, de manera que no encaja con la primera de las características, que crezca de forma natural en esos parajes.

Una teoría más es que el maná fuera un liquen que surge después de las lluvias, la *Lecanora esculenta* o liquen del maná, que crece sobre los suelos y después se fragmenta en diminutas esferas[56]. Y aunque sabemos que se consume en el norte del Sáhara y en Japón, no parece que fuera un alimento que se pudiera consumir diariamente, sino solamente tras un episodio de lluvia, tan raro como escaso en las

---

55   En cualquier caso, si el término *myrice* hace referencia a la familia de las miricáceas, tampoco es posible, ya que esta familia de plantas, muy extendida, es nativa de regiones subtropicales. Font Quer, P., *Diccionario de Botánica*, Barcelona, 2001, p. 720.

56   Según Font Quer, P, *op. cit.*, 2001, pp. 649; 699.

zonas desérticas. También hay teorías sobre el uso de plantas alucinó-genas como alguna variedad de hongos *Psilocybe,* teoría que resulta extraña cuando los hongos de cualquier familia requieren para su crecimiento humedad, y se desarrollan en épocas lluviosas, por lo que tampoco encaja entre las posibilidades de ser alimento diario.

La cuestión es que en esta zona era habitual aprovechar todos los recursos, tanto alimentarios como para cualquier otro uso, y cono-cían a la perfección las resinas, tanto las que se usaban en perfumería como para alimentación, resinas famosas y literarias como la mirra, una gomorresina del arbusto *Commiphora myrrha,* aromática, tam-bién la goma arábica, que se extrae de la *Acacia senegal* o el traga-canto, del *Astragalus gummifer.* También era conocida la almáciga o mástic, que es la resina del lentisco, el *Pistacia lentiscus* (que además era objeto de recolección y comercio desde muy antiguo) y aunque ninguna de las anteriores se usaba en alimentación, sí se utilizaban para dar aroma a algunas preparaciones o licores, en perfumería, cosmética y farmacología incluso. Por lo que no sería extraño que conocieran y utilizaran el recurso del exudado del tamarisco, que parece la opción más probable entre todas ellas, y la que mejor encaja con la descripción del maná.

Fig. 20. *Tamarix ramosissima.*

Fig. 21. *Tamarix ramosissima*, cultivada en suelos arenosos, en zonas de alta exposición solar.

Por las descripciones tan explícitas que ofrece la Biblia, el maná parece más alimento físico que espiritual —a pesar de que hay autores que aseguran lo contrario— y, en cualquier caso, es evidente que un numeroso grupo de peregrinos que caminaban por el desierto necesitaba alimento. La capacidad de observación, aprovechamiento y recursos de los pueblos antiguos era muy eficaz, porque de ello dependía frecuentemente su supervivencia, y no debemos desechar este hondo conocimiento de la múltiple oferta natural.

El caso es que, fuera el maná lo que fuera, los hebreos siguen recordando su presencia de forma viva, cada celebración de Shabat. La siguiente cuestión es que, como narra el libro del Éxodo, los sábados no había lluvia de maná, por lo que era necesario recoger doble ración los viernes. Y ellos siguen manteniendo viva la tradición, con actos simbólicos cada una de las celebraciones del Shabat, bendiciendo la mesa con la oración de *HaMotzí* que significa «que extrae el pan de la tierra», y que se efectúa sobre dos panes enteros, de los que se cortan dos rodajas. Son justamente esas dos rebanadas de pan las que recuerdan la doble ración de maná que YHWH hacía caer los viernes, para que los israelitas tuvieran suficiente cantidad para alimentarse durante el viernes y el sábado. Pero este no es el único recordatorio del maná, también la división de las empanadas en dos capas de masa y un relleno aluden a las dos porciones del maná. La tradición que se iba creando a partir de la religión afectará durante toda la historia a las fórmulas de alimentación, que es una extraordinaria manera de mantener vivo el patrimonio de cualquier tipo, en este caso religioso y cultural.

A lo largo de la historia judía, las fórmulas de cocinado se irán refrescando con los nuevos platos que surgen y que son producto de nuevas tecnologías, de nuevos alimentos y de visiones más modernas de la alimentación. Pero a la vez que se desarrolla la historia, no se olvida la tradición, muy al contrario, y gracias a fórmulas perspicaces como esta, observaremos cómo se enfoca la alimentación de manera que siempre represente alguna fracción de la tradición, alguna faceta, quizás a un personaje o algún hecho. Esta es la clave para conseguir que unas fórmulas alimentarias permanezcan, no solamente se evita la rebeldía con respecto al pasado mediante la aceptación de nuevos modos, sino que a la vez se formulan cauces frescos para fortalecer los vínculos entre ellos, con su historia y con los preceptos divinos.

Fig. 22. Anton Koberger, 1483. El maná y los antiguos hebreos, una representación de la imagen en el desierto.

Las codornices son una cuestión diferente. Según la Biblia, fueron conducidas por una corriente de aire hasta el campamento, son un caso esporádico que puede responder a diferentes circunstancias, más allá de un símbolo o una representación de algo. La codorniz es un ave con varias especies, una de ellas, la que más encaja en el relato, es la *Coturnix coturnix coturnix*, que pasa el invierno en África, aunque hay algunas poblaciones de codorniz que no migran, especialmente en el norte y oriente de África, lo que nos indica que, efectivamente, es posible encontraran codornices en aquella zona. Las codornices llegaron con la caída de la tarde. Estas aves son buenas voladoras en distancias cortas, pero tienen que hacer paradas en la migración porque no soportan distancias largas, quizás fuera posible, sencillamente, que una bandada que migraba estuviera exhausta tras el vuelo y fueran fáciles de capturar. Ambas cuestiones, maná y codornices, en realidad no parecen tanto un misterio como una posibilidad muy real de alimentarse en el desierto, en el que cualquier circunstancia bien aprovechada significaba la supervivencia.

En cualquier caso, el ejemplo de las codornices nos muestra cómo una dieta sencilla como la de los israelitas en el desierto podía verse enriquecida con la simple observación o con el conocimiento del territorio y sus posibilidades.

La época de los Reyes

La instauración de la monarquía comienza con Saúl, el primer rey israelita, empujado con toda probabilidad por el peligro externo que sufría su pueblo en dos vertientes: la primera por causa de los amonitas, que amenazaban la ciudad de Galaad, y la segunda empujados por los filisteos, que lo hacían igualmente sobre las tribus de la Palestina central. Y la defensa mutua es, como sabemos, un excelente incentivo para la unión. Aunque desde luego, más allá de la asamblea de Ramá, en la que participó y decidió el pueblo (*1Sam.*, 8), hay que pensar que la génesis de Israel fue más larga y compleja. Instaurar la realeza debió ser un proceso largo y difícil, y además de las causas anteriores, debió estar motivado igualmente por la necesidad de establecer orden dentro de Israel y Judá. Algo tan complejo como la creación de un estado se debe con toda probabilidad a diversas causas que se refuerzan mutuamente. En cualquier caso, este tránsito en el modelo fue una época decisiva en la formación de Israel en la primera Edad del Hierro, y aunque su reinado fue breve, tuvo continuidad en el rey David, asentándose en tiempos de su hijo Salomón.

Samuel, tiempos de cambio

Samuel era el hijo de un sufita, Elcaná, y una mujer llamada Ana, y nació después de que su madre, que era infértil, prometiera que lo consagraría al culto divino. Fue un profeta, no un rey, que ungió a Saúl, el primero de los reyes israelitas, que sí era descendiente de Israel, de la tribu de Benjamín.

En época de Samuel hay dos ocasiones de gran interés para conocer la alimentación cotidiana. Una que nos muestra cómo era la alimentación de los sacerdotes, y los abusos que se cometían; en la segunda se percibe el funcionamiento de las cortes reales.

La primera de las cuestiones nos lleva a una de las más interesantes circunstancias del mundo israelí y es el detalle sobre cómo funcionaban los holocaustos, los sacrificios que se hacían a YHWH a través de la casta de sacerdotes, que eran descendientes de Leví, el hijo de Jacob.

Los sacerdotes organizaban, disponían y reglamentaban las ofrendas, que consistían en alimentos. Pero no siempre eran administradores justos, y los hijos de Elí, que era el sacerdote que tenía a su cargo el servicio del Templo, abusaban de los fieles. Gracias a las exhaustivas descripciones y normativas, sabemos cómo se hacían los sacrificios de carne en el lugar sagrado de Silo[57]: el donante ofre-

---

57   Silo fue la capital de Israel, en Palestina, desde la época del asentamiento de las tribus hasta que se instaura la monarquía durante 368 años. No solamente era la capital, era un lugar sagrado en el que estaba ubicada el Arca de la Alianza, y por tanto un espacio de culto en el que se ha documentado una importante zona de sacrificios. Disponía incluso de grandes cocinas que pertenecen a estructuras no domésticas, y en ella se han localizado numerosos huesos de animales, probablemente restos de los sacrificios. Sobre Silo y las diferentes campañas arqueológicas, ver Cabello, P., *op. cit.*, 2019, pp. 271-276.

cía un sacrificio y utilizaba las instalaciones e instrumentos del templo para cocer la carne. La carne se cocía, sencillamente, y el uso de esta técnica es clave porque parece medular la cuestión de la técnica usada, aunque era indiferente el instrumento con que se realizara la cocción: olla, puchero, cazuela o caldera. Y disponían de una horquilla con tres dientes, probablemente de generoso tamaño para alcanzar el fondo de la olla, con la que un sirviente del sacerdote extraía una de las piezas, la cual correspondía al consumo del Templo. La parte que consumían los sacerdotes era por la descripción del ritual, el lado derecho de la víctima (*Lev.*, 7, 32-35).

La norma habitual se desarrollaba de la siguiente forma: los oferentes adquirían una pieza de carne y la cocían personalmente en las dependencias del Templo. De ella se reservaba una porción para el Templo. Una parte de la grasa se quemaba como ofrenda a YHWH, y la carne se cocinaba, quedando una parte para el consumo de los sacerdotes y otra que consumían a gusto los propios oferentes. Sin embargo, vamos a encontrara una aparente contradicción, porque había una preferencia clara por el consumo de carne asada sobre la carne cocida, sencillamente gustaba más la primera fórmula de cocinado. Y no es extraño, ya que el asado produce una caramelización de las grasas e hidratos que de forma natural posee la carne, y que se traduce en la conocida como reacción de Maillard, que provoca una concentración del sabor, un aroma agradable y un aspecto dorado. La cuestión es que parece haber una preferencia clara por la carne asada antes que por la carne cocida, y estos hijos de Elí (que preferían evidentemente la carne asada) instaban a los donantes a darles su parte de carne antes de cocerla, porque la preferían asada a cocida. Y con esta acción rompían la norma ritual de la cocción de la carne, ya que además lo hacían utilizando la fuerza si era necesario, ejerciendo por tanto dos modos de violencia, uno sobre el ritual religioso y otro sobre los oferentes. El interés de este pasaje reside precisamente en lo que significaba la inclinación por un gusto u otro, y aunque observamos que se prefería la carne asada que cocida, por algún motivo se eligió cocerla en lugar de asarla cuando estaba destinada a las ofrendas religiosas.

Recientemente parece haberse descubierto en la zona arqueológica de Silo un espacio en el que se distingue el resto de una cocina comunitaria. Desde luego, no doméstica por las proporciones pero indicativa de que se realizaron sacrificios (y se cocinaron las carnes) de manera constante y en gran formato durante bastante tiempo.

Con respecto al otro acontecimiento que se produce en época de Samuel y que se encuentra vinculado con la alimentación, se trata de la articulación de las cortes reales en su época. Seguimos ubicados en Silo, la capital de Israel en esta época. Los filisteos han robado y devuelto el Arca de la Alianza, en un episodio más envuelto en el misterio que acompaña de forma constante al Arca, y el pueblo pide a Samuel que nombre a un Rey. Y Samuel, reacio a la propuesta, cita todos los derechos y las cargas que tendría un poder absoluto sobre todos ellos, y que estaban vinculados con las labores y necesidades propias de una corte y que los israelitas y sus hijos tendrán que realizar. En primer lugar, agruparemos los trabajos del campo citados por el profeta: habrá que sembrar y segar, que ocuparse de la viña y del olivar, de los que además tendrán que pagar diezmo, se llevará bueyes, años y el diezmo de los rebaños (el poder central). Además, el pueblo se tendría que ocupar de labores como la organización de un ejército, con sus armas y caballos, y las mujeres encargarse de los trabajos de panadería y cocina, que estaban diferenciados.

Fig. 23. Posible reconstrucción del Tabernáculo previo a la edificación del Templo, que contenía el Arca de la Alianza.

Esta separación entre actividades de la cocina (panadería y cocina) significa que ambas ocupaciones estaban muy desarrolladas en este momento y que se diferenciaban entre sí en cuanto a los espacios y, sobre todo, en lo que respecta a las técnicas y a la especialización de los panaderos y cocineros. Esta diferenciación es bastante natural, ya que la panadería, que se asocia también con la repostería, tiene unas características y necesidades propias y muy diferentes a las de la cocina. Necesita un espacio exclusivo, porque las masas se estropean con facilidad en contacto con ciertos olores, y el proceso de fermentación puede interrumpirse si hay corrientes de aire o golpes, por ejemplo. Y para elaborarlas es preciso disponer de una superficie amplia y despejada. Esto nos lleva a concluir que ambas labores no se encontraban precisamente en un estadio primitivo, sino muy al contrario, estaban avanzadas y diferenciadas entre sí, y panaderos y reposteros conocían bien los matices de cada una de ellas. Desde luego, hay que señalar que la existencia de una alta cocina o cocina de corte no significa que este estilo de cocina se repitiera en toda la sociedad israelí; probablemente, en esta época ni siquiera los estratos más altos disponían de la capacidad y circunstancias de una corte importante para repetir un estilo de cocina que debía ser verdaderamente costosa. Las cocinas de una corte tienen unas necesidades singulares, se encuentran muy alejadas de las cocinas domésticas, y suelen estar espoleadas por la necesidad de la expresión de una imagen del poder. Cuyos detalles veremos un poco más adelante en la corte del rey Salomón, y que impresionaron a sus visitantes, como ocurrió con la mismísima reina de Saba.

Saúl, el primer rey

La instauración de la monarquía en Israel y Judá pudo producirse entre 1025 y 880 a. C.

El primer rey de Israel, de la tribu de Benjamín, que dio forma a la unión entre la primitiva sociedad de tribus, comenzando su transformación histórica hacia un reino. Este proceso fue más lento en Israel que entre sus vecinos (edomitas, moabitas y amonitas), quizás por la concepción religiosa de que no debía existir un rey en la tierra[58], pero la fuerte presión de los filisteos y diversas tribus sobre territorios israelitas confirmó finalmente la necesidad de un poder centralizado y fuerte.

Saúl empieza su historia sin provisiones en el zurrón cuando su padre le envía a buscar unas asnas que se habían perdido (1Sam., 9, 7). Es una anécdota interesante, que nos asoma a un tiempo en el que incluso el hijo de una familia influyente solamente llevaba pan como provisión.

Y nos enseña cómo se vinculaban los sacrificios y la comida a través de su consagración. Únicamente tras la bendición de los alimentos, los convocados al sacrificio podían comer (1Sam., 9, 13). Con ocasión de un banquete organizado por Samuel, en el que había treinta personas invitadas, el profeta no solo invitó a un joven Saúl a la mesa, también le concedió un puesto de privilegio, presidiéndola. Algo sorprendente, porque era sólo un joven sin mérito alguno, y la edad en esta sociedad, tenía un gran valor. Así que Saúl presidió la mesa en aquella ocasión, como una premonición de su futuro poder, que el profeta había intuido. Es justamente en esta ocasión cuando observamos cómo hay cocineros profesionales que se ocupan de estos banquetes. Durante la comida, uno de ellos presentó uno de los platos principales ante Saúl, que era a quién correspondía mostrar los platos antes de servir, por su posición de preferencia. Este plato consistía en una comida de pastores, consistía en una fuente con una pierna y un rabo guisados, y nos proporcionará interesantes datos sobre la comida y sobre la época en que se desarrolló esta celebración. Por un lado, podemos presuponer que era carne de cordero, no vacuno, y tampoco de cabra, que era un animal considerado inferior a la oveja y que no se utilizaría para una celebración. Por otro lado, es posible que el rabo proviniera de la tradición del desrabote, de cortar el rabo a las ovejas jóvenes que se van a destinar a la reproducción, y que se suele realizar justo antes de primavera o a final del otoño con el fin de facilitar la monta.

---

58   Cassin, E.; Bottéro, J.; Vercoutter, J., Los imperios del Antiguo Oriente. III, La primera mitad del primer milenio, 1988, Madrid, p. 122.

Estos rabos tenían dos formas de preparación, asados (sobre brasas principalmente, con leña que aporta sabor) o guisados, en algún tipo de estofado. Todavía se siguen preparando estas piezas en lugares de pastoreo a lo largo de todo el Mediterráneo, con la variedad de cocinas que han surgido a lo largo de los siglos, e incluso en España se siguen haciendo en la comarca de Los Pedroches en Córdoba, en el entorno de Aranda de Duero o en Aragón. Pero también los encontramos en la literatura europea, en especial la que relata acontecimientos vinculados con labores de pastoreo59.

59   En la obra clásica que describe la Inglaterra rural victoriana de Flora Thompson, *Trilogía de Candleford*, podemos encontrar una descripción extensa de estos rabos de ovejas vivas, con los que se elaboraba un pastel muy conocido y que eran un regalo muy apreciado. Lo que nos lleva a considerar lo extendido en el tiempo y en el espacio que estuvieron el desrabote y sus recetas. Thompson, F., *Trilogía de Candleford*, Guijón, 2020, p. 443.

Fig. 24 Reinos de Judá e Israel en tiempos de los reyes Saúl y David.

En época de Saúl se producen dos hechos que siguen atestiguando en primer lugar cómo se desarrolla el gusto, qué alimentos eran preferidos y por qué. Y también cómo las normas del Levítico se conocían y se cumplían rigurosamente. Empecemos por el gusto: se trata de la cuestión de la miel. En una refriega que Saúl esperaba tener con los filisteos, el rey prohibió que su ejército comiera nada hasta acabar la batalla. Lo curioso del caso es que llegaron a una zona en la que había miel por el suelo, o al menos estaba muy al alcance de las personas, y el hijo del rey, Jonatán, que no había oído la prohibición de su padre, probó la miel y *se le iluminaron los ojos*, como dice *1Sam.*, 14, 27.

Desde luego, si pensamos en un ejército que lleva horas sin descansar y sin comer, y tiene la oportunidad de probar un poco de miel que en definitiva son azúcares que producen una energía instantánea, comprenderemos la expresión de *iluminarse los ojos*. Se trata de un efecto bien conocido por la medicina moderna, ya que la miel posee un tipo de azúcares combinados entre fructosa y glucosa que, al igual que otros endulzantes como el azúcar, aumenta repentinamente la glucosa en sangre, proporcionando así energía con gran rapidez y eficacia. Probablemente a todo el ejército de Saúl le habría ido mucho mejor si hubieran comido aquella miel que estaba a su alcance, como bien sabía Jonatán (*1Sam.*, 14, 30).

La cuestión es que, a pesar de todo, ganaron, pero estaban agotados y hambrientos, y se precipitaron sobre los animales, ovejas, bueyes y terneros y comieron su carne sin desangrarlos previamente, rompiendo así el precepto divino, lo que enfureció al rey. Esta es la segunda cuestión señalada, que nos indica que la normativa prescrita por el Levítico era bien conocida y se practicaba. Aunque finalmente se hicieron los sacrificios que cumplieran con la ley, desangrando correctamente los animales (*1Sam.*, 14, 31-34), y cuyo motivo probablemente tuviera más que ver con un acto de obediencia y sumisión a una misma ley, a un mismo Dios, que con ninguna otra explicación. Es, sencillamente, una de las cuestiones de identidad de origen religioso que se interpretan con facilidad y que no necesitan un complejo aparato explicativo[60].

David, el rey guerrero y poeta

Vivió entre el 1000 y 960 a. C.

David irrumpe en la historia transportando alimentos para sus tres hermanos mayores, que luchaban junto al rey Saúl contra los filisteos. Su padre enviaba con el muchacho un *efah* de trigo tostado y diez panes, además de diez quesos para el jefe de mando del ejército, probablemente con el fin de que tratara bien a los tres hijos que estaban a su servicio (*1Sam.*, 17, 17). Ya hemos visto que un *efah* corresponde a siete litros de grano, lo que supondría, entre panes y trigo, alimento para varios días destinado a los tres hermanos.

La alimentación en la vida ordinaria era muy sencilla, aspecto que observamos en distintas épocas. Desde reyes a pastores, el pan era el producto indispensable, y el agua la bebida por excelencia. El resto de alimentos (carnes, lácteos, miel, frutas y hortalizas) se consumían en pequeñas cantidades y según la temporada, variando en relación con la disponibilidad y la época del año. Podemos observarlo cuando el rey David, en una de sus innumerables batallas, perseguía a los amalecitas que habían secuestrado a su familia y encontró en el camino a un egipcio exhausto que llevaba tres días en el desierto sin comer ni beber. Le dieron lo que llevaban: pan y agua en primera instancia y pan de higos y uvas pasas. Gracias al modesto refrigerio, el hombre se repuso y pudo contar hacia dónde iban los amalecitas. En esta escena asistimos a un hecho de la vida cotidiana y a cómo era de importante la previsión. Todos llevaban consigo algún bocado, cierto tipo de conserva fácil de comer, como eran las uvas pasas, de larga duración, y el pan de higos, que es sencillamente una masa elaborada con higos deshidratados (de tan larga duración

---

60   En *1Sam.* 15, 22, el texto bíblico es muy explícito al respecto: ¿*Se complace el Señor en holocaustos y sacrificios o más bien en quien escucha la voz del Señor? Obedecer es más que un sacrificio, la docilidad más que la grasa de carneros.*

como las pasas) y quizás algún fruto seco como almendras, lo que los haría doblemente nutritivos, que era justamente de lo que se trataba. El pan, por su parte, a veces se elaboraba para alguna ocasión especial, pero observamos que también se transportaban panes, probablemente ligeros, aplastados en forma de tortas flexibles y sin levadura, fórmula que permitiría una mayor duración del producto.

No será la única vez que veamos estos alimentos oportunos en la historia de David. Cuando tuvo que huir de Jerusalén, un criado de Meribaal les llevó a él y a sus tropas para reponerles del esfuerzo dos asnos cargados con doscientos panes, cien racimos de pasas, cien frutos de verano y un odre de vino (*2Sam.*, 15, 1). Como en el caso anterior, era toda ella comida básica, oportuna y fácil de conservar. Por su parte, el vino no solamente era hidratante y sustituye ventajosamente al agua, también tiene una connotación vinculada con el estatus de la realeza, y era capaz de reponer las fuerzas de los que estaban agotados en el desierto con mayor eficacia.

La cuestión es que el rey David desarrolló numerosas campañas militares, y en otra de ellas les llevaron alimentos muy nutritivos y parece que en cantidad. Fue cuando la campaña contra Absalón, que el rey y su ejército se nutrieron con

Trigo, cebada, harina, grano tostado, habas y lentejas; miel, cuajada y queso de ovejas y de vacas (2Sam., 18, 28-29).

BUÑUELOS DE AMNÓN, EL HIJO DEL REY DAVID

La que comienza como preciosa historia de Tamar y Amnón, el hijo de David, enfermo de amor por ella —amor que termina con un desgraciado final en una violación—, tiene un episodio más dulce, cuando Tamar prepara unos pasteles con harina que amasa y después los fríe en una sartén. Eran frituras de pequeño tamaño, ¿buñuelos, tortillas? En cualquier caso, sabemos cómo las preparó y que apenas llevaban harina y agua, además de aceite de oliva para freír (*2Sam.*, 13, 6-8). La cuestión más interesante es que esta historia nos muestra no solo una receta, sino una forma de cocinar y varias técnicas. Vemos cómo Tamar se desplaza a las habitaciones de Amnón con unos pocos instrumentos de cocina: una sartén, un recipiente para transportar harina, algún tazón para el agua y un hornillo para calentar la sartén. Parece que se mantienen ciertos usos de una cultura beduina, en la que cualquier cosa debía ser de fácil movimiento, y cualquier instrumento, por tanto, transportable. Se dominan diferentes fórmulas para hacer pan o tortas, que se diferencian de forma evidente por el tipo de técnica, ya que no se asan ni se hornean, se fríen en aceite, al menos en la traducción española. Porque en latín se usa la palabra *sorbitiunculas*, que significa pastelillo de pequeño tamaño o porción, y el verbo es *coxit*, es decir, cocer o cocinar de forma genérica. Lo que nos vuelve a enfrentar al dilema de la auténtica técnica utilizada. La técnica más posible, sin embargo, es la fritura, que les era familiar, que se podía desarrollar en esas circunstancias y que parece una elaboración más golosa para un enfermo caprichoso que una torta corriente de pan.

El rey Salomón o la sabiduría de una mesa lujosa

Vivió entre 960-920 a. C.

Salomón vivió una era de paz y prosperidad en un entorno que parece producir abundantes riquezas , y un lugar en el que los víveres eran abundantes, variados, y de excelente calidad. Además de la riqueza agrícola y ganadera, se favoreció el comercio desde la administración del Estado, y Salomón estableció para ciertos productos monopolios comerciales que ayudaron, junto con el cobro de tributos sobre los bienes, a desarrollar una importante y suntuosa arquitectura. El pueblo se enriquecía y a la vez hacía progresar al Estado gracias a los gravámenes. Durante la administración de Salomón se percibe un tiempo pacífico y próspero,

Judá e Israel eran tan numerosos como las arenas de la orilla del mar. Comían, bebían y eran felices (1Re., 4, 20). Se trata de un reinado muy diferente al de David, que pasó su reinado prácticamente completo guerreando y asentando territorios y tribus. Por el contrario, la Biblia refleja el reinado de Salomón como un tiempo pacífico, de crecimiento y prosperidad donde *cada hombre vivía tranquilo bajo su parra y su higuera* (1Re,. 5, 5). Un reinado en el que se analizaron y estudiaron plantas y animales en una suerte rudimentaria de ciencias botánica y zoológica respectivamente (*1Re.*, 5, 33) y en el que las relaciones internacionales prosperaron en armonía. Hiram, el rey de Tiro, se comprometió con Salomón en el suministro de madera de cedro y abeto para la construcción del Templo de Jerusalén, que hasta entonces había sido una tienda y no una auténtica construcción, a cambio del abastecimiento de trigo y aceite de oliva para su casa, en una proporción anual de veinte mil cargas de trigo, veinte mil cargas de vino y veinte mil medidas de aceite de oliva (*1Re.*, 5, 24; *2Cron.*, 2, 9).

La edificación más importante del rey Salomon fue un gran palacio que integraba el gran Templo, y cuya construcción duró al menos veinte años; además amuralló Jerusalén y las ciudades de Meguido, Guézer y Jasor.

La creación de una corte numerosa en un entorno palaciego requería un importante aprovisionamiento, y así su casa se abastecía diariamente con treinta cargas de flor de harina y sesenta cargas de harina corriente, diez bueyes cebados, veinte toros de pasto y cien ovejas; aparte de gacelas, gansos y aves de corral (*1Re.*, 5, 2-5). En lo que debía ser una espectacular procesión cotidiana de animales, carros cargados y todo tipo de personas que se ocuparan de los distintos aspectos del manejo de tantos alimentos, desde los porteadores y pastores hasta los encargados del sacrificio, carniceros, cocineros, pasteleros y los numerosos ayudantes necesarios en una trama alimentaria especialmente compleja que impresionó hasta a la reina de Saba a su llegada a Jerusalén. Sin embargo, todo este movimiento y desplazamiento de personas y víveres no era una rareza, muy al contrario. En todas las cortes del mundo antiguo vamos a encontrar necesidades similares, por una parte debido a la concentración humana, y por otra por la necesaria calidad debida a la presencia de las élites gobernantes, diplomacia o representantes de otros estados.

Uno de los momentos álgidos de su reinado fue la dedicación del Templo, con la terminación de las obras se orquestó una gran celebración. Para su desarrollo se realizaron sacrificios, en número importante, y aunque los números de animales están evidentemente exagerados: veintidós mil cabezas de ganado mayor y ciento veinte mil de ganado menor, sin duda debió ser un momento insigne en la vida de los israelitas que por fin conocieron el establecimiento de su rey en un palacio y de su Dios en un templo. Todo ello celebrado en una misma ceremonia que duró siete días y en la que vemos a dos castas religiosas, sacerdotes y levitas, que se ocupan de labores diferentes (*1Re.,* 8, 62-66; *2Cron.,* 7).

La abundancia de alimentos y la riqueza de presentaciones en la corte de Salomón fueron muy elogiados. Y hasta la reina de Saba[61] se quedó impresionada por los manjares de la mesa del rey. Era una corte singular, en la que el rey no solamente era el hombre más sabio sobre la tierra (como la Biblia dice que a ella le pareció), sino que había construido un complejo palaciego impactante, con buenas habitaciones para sus siervos, que además iban bien vestidos y tenían un gran porte. Todo aquello se completaba con unas bodegas generosas y unos espléndidos holocaustos en honor a la dedicación del nuevo Templo. Probablemente, cuando la reina de Saba fue invitada a algunos de los banquetes reales, se quedaría doblemente impactada, porque la vajilla y los vasos eran todos de oro. Las señales sugieren que, como dice la Biblia, efectivamente,

> *El rey Salomón sobrepasó a todos los reyes de la tierra en riquezas y sabiduría (1Re., 10, 23).*

Sin embargo, el espléndido reinado de Salomón careció de continuidad, y la unión del territorio creada por David y Salomón terminó con la muerte del último rey, y comenzó otra etapa de fragmentación hasta que se produjo la conquista asiria, desde finales del s. X hasta la mitad del VIII.

Los levitas

Junto a las figuras de los profetas y de los reyes aparecen los sacerdotes. Vinculados con la tribu de Leví, uno de los doce hijos de Jacob, eran los únicos que estaban autorizados a desarrollar el levirato, es decir, a responsabilizarse de las labores sacerdotales. Con ellos, las ceremonias se ritualizan, las prácticas se convierten en hábitos y

---

61 Con respecto a la visita de la reina de Saba a Jerusalén, aunque como dice Liverani posee tintes novelescos, se puede afirmar como histórico su trasfondo diplomático y comercial. Liverani, M. *op. cit.,* 2005, p. 522.

estos en un auténtico culto con todos los rituales en torno a la vida cotidiana, y muy vinculados con los alimentos. Los levitas eran no solamente los guardianes de la ley divina. Eran sobre todo, aquellos que conocían las prescripciones exactas de los sacrificios, de las comidas y todos los detalles de la práctica de la ley, que terminaron siendo bastante complejos. El profeta Isaías proclamaba la queja de Dios sobre los sangrientos sacrificios, más propios de una época anterior a la suya, para instar al buen comportamiento y al cuidado de las personas más débiles (*Isa.*, 1, 10-20).

Finalmente, la institución de los levitas quedó caduca y terminó desapareciendo con la destrucción del Templo de Jerusalén, en el año 70 d. C. Ya no hubo más sacerdotes en Israel, y su función primordial, que era la enseñanza de la fe al pueblo, se desarrolló en torno a la figura de los rabinos, palabra que deriva de *rab*, abundante. Serán los que desde entonces conserven, difundan y expliquen la ley en las sinagogas, entre ellas las muy complejas y exhaustivas leyes de la alimentación.

Fig. 25. Maqueta del Segundo Templo de Jerusalén en el s. I.

Por su parte, el Templo cumplía un papel muy importante, de carácter simbólico, pero dotado de un gran poder en la sociedad israelí:

Nadie se presentará ante mí con las manos vacías (Ex., 23, 15- 34, 20).

Así que los fieles se dirigían al Templo a presentar sus ofrendas en forma de sacrificios, donaciones, diezmos o primicias, que de alguna forma se devolvían en forma de bendiciones y promesas de bienes o esperanzas para el postulante y su familia. Todas las ofrendas se destinaban al tesoro del Templo. Y los sacrificios terminaron parcialmente dejandose de hacer por parte de los postulantes, que entregaban unas monedas a los sacerdotes para que ellos mismos realizaran los sacrificios.

Este diezmo está presente constantemente a lo largo de todo el Antiguo Testamento, y la primera vez que se vuelve a celebrar la Pascua en tiempo de Ezequías —durante la que se desarrollan grandes holocaustos—, se entregan al Templo las primicias del grano, del aceite, de la miel y de todos los productos del campo además del diezmo, lo que indica que se cumplieron ambos impuestos (las primicias y el diezmo). Tanto los habitantes de Israel como de Judá llevaron sus diezmos al templo y se celebró un gran banquete, aunque incluso sobraron alimentos que se llevaron a los almacenes del Templo (*2Cron.*, 31, 1-11).

6. La Torah
es el manual del usuario

La religión judía presenta una serie de instrucciones o «Leyes de la pureza», que afectan a toda la vida cotidiana, desde la sexualidad —con una insistencia especial en la femenina— hasta los hábitos religiosos o la alimentación. Es extremadamente minuciosa e incluso compete a las vinculaciones entre estos diferentes aspectos. En realidad, estas leyes que estructuran la alimentación son códigos de carácter dietético con orígenes históricos y sobre todo (no olvidemos esta cuestión, porque es fundamental) se caracterizan por una trascendencia espiritual cuya última causa con frecuencia se nos escapa. Hoy conocemos estas leyes bajo el concepto Kashrut, y los alimentos y comidas que la cumplen son *kasher* (esta última corresponde a la expresión en hebreo, aunque también encontraremos la denominación *kósher*, en yidish en este caso). Representan la conexión del judío con su identidad, y su cumplimiento es *mitzvá* o precepto: es una obligación del judío respetar esas normas. En realidad, la Torah muestra una antiquísima versión del *somos lo que comemos*. Algo que se comprendió hace miles de años, que sigue siendo efectivo, y que tiene que ver con un concepto de mejora personal y espiritual a través de la propia materia, tanto del cuerpo como de los productos que constituyen los alimentos. Es evidente que en el mundo antiguo era posible identificar a un judío a través de su mesa.

Los libros del Levítico y del Deuteronomio son la clave de todos estos complicados rituales, prohibiciones e indicaciones. Era lo que llamaban las leyes de la pureza y la impureza, y así, se consideraba en estado impuro aquel que, realizando ciertas acciones, y tras su acción, necesitaba una limpieza y un tiempo para recobrar ese estado de normalidad que es el estado de la pureza. La peor de las impurezas era rozar un cadáver, hasta el punto de que los sacerdotes no podían tocar a sus propios difuntos, especialmente si tenían que realizar los oficios divinos. Pero no se abandonaba a los muertos, si no que los familiares, después de haberlos tocado, pasaban un periodo de siete días impuros y ciertos lavados rituales para volver a ser puros.

Todas estas cuestiones de carácter práctico están muy bien descritas y parecen responder a una práctica inmemorial, en la que intervienen productos con efectos concretos de limpieza, como es el caso de las aguas para purificar. En el capítulo 19 del libro de Números se aclara muy bien cómo se hacía el agua de purificación, que era en realidad una lejía, elaborada con porcentaje de agua mezclada con las cenizas de una vaca sacrificada.

En general, las impurezas se curaban así, con lavados rituales a base de esta «agua purificadora» o con otras indicaciones, además de un corto periodo alejado de otras personas que dependía del tipo de purificación.

En cuanto a los alimentos puros o impuros, en Levítico 11 y Deuteronomio 14 están bien descritos, aunque la cuestión es mucho más compleja de lo que parece a primera vista, como iremos viendo. En primera instancia, animales puros eran los que tenían las pezuñas hendidas y eran rumiantes, mientras que cerdos, camellos y caballos, mulas y burros eran impuros. Las aves se podían comer todas, excepto las de presa. Y los peces que tuvieran aletas y espinas. Pero no insectos ni reptiles.

	Animales puros	Animales impuros
Características del animal	Pezuña hendida y rumiante. Animales no carroñeros.	Pezuña completa. Carroñeros. Que se arrastren.
Animales	Vaca, cordero, cabra. Aves. Pescados con aletas y espinas.	Cerdos, camellos, caballos, mulas y burros. Aves de presa. Insectos y reptiles. Peces sin aletas. Mariscos y crustáceos.

Todos los libros del Pentateuco, basados en relatos tradicionales de origen oral en primera instancia y posteriormente redactados por escrito, se compusieron en grandes ciclos narrativos, que dan origen al inicio del relato bíblico. Estos ciclos son los siguientes: la historia de los orígenes; la de los patriarcas; el relato de Israel en Egipto y el posterior éxodo y, finalmente, la crónica de Israel en el desierto hasta la llegada a Canaán. Ya sabemos que el contenido, en ocasiones de fuente yahvista y en otras de fuente sacerdotal no se escribió como un todo, sino que provenía de las antiquísimas tradiciones israelitas con sus particularidades singulares cada una de las fuentes, y que finalmente adquirieron unidad al formarse como el Pentateuco. La lectura del Pentateuco nos inicia en lo que fue el verdadero génesis de la cultura hebrea. Vemos como su aparición se va dando por fases, primero sólo apuntan, y después asistimos a su gestación , se va conformando un pueblo a través de las vicisitudes narradas en este libro. Hasta que finalmente se convierten en un sólo pueblo, y ya los identificamos fácilmente como israelitas. Su historia es la auténtica aventura del origen de Israel. Y la historia común a los primitivos núcleos de beduinos es precisamente la que terminó convirtiéndoles en ese solo pueblo.

Probablemente no todos los tabúes alimentarios tuvieran el mismo origen o idéntica explicación. Lo más verosímil es que algunos combinaran diferentes motivaciones, que otros fueran claramente ecológicos y que unos terceros tuvieran causas culturales. Quizás por herencia de épocas anteriores, por influencia de otras culturas, incluso que provienen de épocas remotas y ancestrales. Finalmente, todas las causas convergieron en una sola, ya que, al tomar su cumplimiento como palabra divina, adquirieron una fuerza que de otra manera no habrían tenido, lo que nos confirma que el motivo final de la aparición de un sistema alimentario completo fue, sin duda, de carácter religioso. Sin embargo, hay una complejidad profunda y difícil de solucionar, aún tenemos muchos interrogantes, y probablemente estarán con nosotros mucho tiempo, porque la multiplicidad de las causas, sumada a la antigüedad de estos hábitos, hace que sean difíciles de descifrar.

En realidad, aunque trataremos de analizar los orígenes de cada uno de los tabúes, se trata de un asunto arduo. Porque independientemente de las causas del nacimiento de cada uno de ellos, que tienen su tiempo y sus circunstancias, lo más relevante es el conjunto. El pueblo judío puso en práctica un sistema alimentario complejo, repleto de hábitos y coyunturas diversas que terminaron creando un *corpus* único a través de los años. Fue la práctica en común de esos hábitos que se habían configurado a través de los años por muy diferentes motivos.

ETAPAS EN LA EVOLUCIÓN
DE LOS CÓDIGOS ALIMENTARIOS

Al principio todo era fácil. Cualquier alimento era puro, todos ellos lo eran, porque en el Paraíso, la Creación entera estaba a disposición del hombre. Esta dieta inicial estaba constituida por plantas, que fueron el alimento primero del ser humano. Las cosas cambiaron en época del Diluvio, cuando ya observamos cómo se comenzaron a diferenciar animales puros o impuros (*Gn.*, 7, 1-2). Es una cuestión interesante ver cómo todos ellos, sin importar razas, condición o impureza, todos, se salvaron gracias a Noé y a la protectora Arca. Y tras el diluvio, el régimen alimenticio cambia, se amplía, y empiezan a aparecer condiciones: YHWH les permite comer todo excepto la sangre. En los siguientes tiempos las cosas se complicarán aún más, lo que observamos en los libros del Levítico y el Deuteronomio, que reglamentaron la vida cotidiana[62] hasta hacerla verdaderamente compleja.

Es posible que la explicación de las prohibiciones y las indicaciones de la dieta de los israelitas no estuviera motivada por una sola causa, sino que fuera la suma de diferentes razones que se terminaron fundiendo y dando lugar a una forma concreta de alimentación. Por un lado, hay que evitar una visión que sobrevalore el conocimiento técnico de la Antigüedad, porque sencillamente no es posible que un pueblo del mundo antiguo tuviera mejor y más profundo entendimiento de la tecnología de los alimentos y la medicina que en el s. XIX, por ejemplo. Es verdad que, en la tradición popular, estas elecciones se atribuyen a algún tipo de saber mágico y misterioso, por ejemplo, sobre la competencia de los judíos sobre la brucelosis, el ántrax o la peste porcina, y que su inclinación o no por diversos productos se vinculaba con esto. Nada más lejos de la realidad, sencillamente existía el antiguo sistema de prueba y error, el conocimiento empírico que se basaba en la experiencia y que era característico de estas sociedades, que con infinitas precauciones iban probando y desechando. Y, claro, corriendo el menor riesgo posible. Y por supuesto, también tenían en su bagaje aspectos propios de una cultura de la Antigüedad, cuestiones como la superstición, la ignorancia y una cierta conciencia mítica con respecto a las creencias y a los efectos de los alimentos.

La primera etapa en este complejo sistema alimentario se describe en el Génesis, el tiempo en el que se consideraban puros todos los productos de la tierra. Se trata de una fase en la que, sin vetar directamente el acceso a la alimentación animal, esta no se menciona, pero el ser humano está provisto de todo lo vegetal. Las plantas, según esta versión, fueron el primer alimento humano. La única prohibición fue la fruta de un árbol, cargado de simbolismo y de misterio, pero nada más estaba prohibido:

He aquí que os he dado todas las plantas portadoras de semillas que hay en toda la superficie de la tierra, y todos los árboles que dan fruto con semilla; esto os servirá de alimento (Gn., 1, 29).

---

62   Grivetti, L. E, «Food Prejudices and Taboos», en Kiple, K. F. y Ornelas, K. C., *The Cambridge World History of Food,* 2000, Cambridge, p. 1498.

El Señor Dios hizo brotar del suelo toda clase de árboles agradables a
la vista y buenos para comer... De todos los árboles del jardín podrás
comer (Gn., 2, 9; 16).

Ese fruto del bien y del mal que no solamente representa la dualidad, sino que es también el ejemplo de una elección primitiva: comer
o no comer.

La segunda etapa se desarrolla en tiempos del Diluvio, su protagonista es Noé. Se trata de un tiempo de auténtica catarsis para el ser
humano, la tierra desapareció bajo el agua, y con ella todos los seres
vivos, aunque se concedío a Noé la posibilidad de ocuparse directamente de la salvación de todos los animales y las plantas. Cualquiera
de ellos en cualquier estado: puros e impuros, salvajes y domésticos,
útiles para alimentarse o no, la naturaleza en una pequeña cápsula
salvífica. YHWH lo indicó claramente:

De todos los animales puros tomarás siete parejas... y de los anima-
les impuros... También de las aves del cielo... Entraron con Noé en el
Arca parejas de todos los seres vivos (Gn., 7, 2-3;16).

Es decir, sobre los animales que existían se produjo una selección
en número de dos (parejas), pero no en tipos de especies: toda la creación tenía el derecho de sobrevivir a la catástrofe. Y tras el Diluvio,
la tierra y el hombre vuelven a renovar el ciclo vital, aunque las cosas
parecen ahora muy distintas. Porque YHWH prohibió el consumo
de carne, aunque ofreció a la humanidad la posibilidad de que cualquier ser vivo sirviera de alimento. Pero atentos, tenemos una norma
nueva, y el precepto de la sangre es la segunda prohibición tras la del
fruto prohibido de Paraíso. Lo más interesante es que este tabú continúa hasta la actualidad ya que la sangre es todo un símbolo para el
pueblo judío, no una metáfora de la vida, sino la vida misma:

Todo cuanto se mueve y tiene vida os servirá de alimento; lo mismo
que os di las hortalizas, todo os lo doy. Únicamente no comeréis la
carne con su vida, es decir, su sangre. Más aún, pediré cuentas de
vuestra sangre y de vuestras vidas, se las reclamaré a cualquier ani-
mal y sobre todo, al hombre, a cualquier hermano suyo (Gn., 9, 3-5).

Tras estas dos primeras etapas en la formación del sistema alimentario israelita, se sucede una nueva fase en la que se produce
una auténtica clasificación verdaderamente importante, muy clara

y explícita mediante la que la presencia de alimentos puros o impuros, permitidos o vetados en la dieta serán evidentes de ahora en adelante para el pueblo hebreo. El Levítico y el Deuteronomio contienen una reglamentación de estos alimentos, de sus combinaciones, de sus posibles contaminaciones y de sus circunstancias. De todo lo que incumbe a un sistema alimentario que ya está enmarcado y que se desarrollará en el futuro dentro de esta estricta reglamentación.

Estos dos libros, Levítico y Deuteronomio, son textos posteriores a la alianza del pueblo con YHWH que se desarrolla en el libro del Éxodo, y glosan asuntos de la vida ordinaria, uniendo en una forma de manifestarse cuestiones de fe y materias de usos cotidianos como es la alimentación.

En realidad, la clave de su desarrollo y de estas etapas la encontraremos en los libros que componen el Pentateuco, y que como expresa el título de este capítulo, son un auténtico «manual del usuario». Si bien está muy claro que el Génesis inicia nuestra historia, y que su continuación es el libro del Éxodo —donde podremos encontrar la narración de un pueblo ya compacto—, los otros tres libros no son una narración continua de la historia del pueblo de Israel, sino la recopilación de una antigua tradición oral, o la composición de estas tradiciones mediante textos escritos.

Incluso la vinculación con Dios es diferente para los distintos personajes que iremos tratando. Algunos lo conocen de forma cercana y hablan con él directamente, saben que es Dios y le responden sin duda alguna. Es el caso de Adán y Eva, de Abraham o de Jacob. Otros solamente lo intuyen, lo oyen, lo esperan. Son actitudes diferentes ante circunstancias que varían.

Y LOS LIBROS SAGRADOS

El más importante en este sentido es el Levítico, que incluye las herramientas para estar a bien con Dios, la forma práctica de cumplir las creencias. Y que en esta época no solamente responden a un comportamiento personal, como la elección entre el bien y el mal, sino más bien a las fórmulas para contactar con Él. El sentido de los sacrificios es justamente este: la ofrenda de lo pequeño para solicitar lo grande; la entrega de un cordero para pedir ayuda para todo el rebaño y, más adelante, cuando ya fueron un pueblo sedentario, la donación de un poco de trigo o de una torta, para solicitar un buen año. Las primicias.

Pero esa relación no era directa. Necesitaba unas manos que conocieran los modos correctos para realizar la petición, la ofrenda o la súplica. Eran las manos del sacerdote, conocedor de la liturgia, y cuya obligación era practicarla estrictamente como señalaba la ley.

Que el pueblo reconociera su autoridad era imperioso para que los sacerdotes practicaran correctamente los rituales. Y de esta forma nacen a la vez una clase sacerdotal, una liturgia y unas fórmulas para comer que los primeros conocen y que se reglamentan estrictamente. En los orígenes de Israel era el padre de familia quien realizaba estos sacrificios. Más tarde, instaurada la monarquía, el rey se atribuye las funciones sacerdotales y reales, y finalmente son los sacerdotes quienes se ocupan de estas funciones. Así se distinguen unos y otros no solo por su posición, sino por su ocupación.

Alimentos prohibidos y platos lícitos

Las restricciones de alimentos son un hábito antiquísimo, y propio de la zona en la que vivieron los judíos. Heródoto, en el s. V a. C. nos cuenta, por ejemplo que los sacerdotes egipcios se abstenían de comer vacuno, y que este patrón dietético se extendía en todos los límites geográficos egipcios hasta Libia (Her., *Hist.*, 11, 41). Filodoro de Atenas trataba de explicar este tabú en el s. IV a. C. , a través de un texto de Ateneo (Aten., *Deipnos.*, 41, 9, 375C). Por su parte, Porfirio, en el s. III d. C., también hizo referencia a que los egipcios no consumían vacuno, sin embargo, los datos arqueológicos y las pinturas de bovinos nos dicen no solamente que había rebaños de estos animales, sino que se despiezaban, que había carniceros que los sacrificaban, y que el vacuno se consumía asado y cocido. Es verdad que las diosas Hathor e Isis según la mitología egipcia se vinculan con vacas, y la deificación podría haber afectado al consumo en todo el valle del Nilo. Así que en este caso se perfila un cierto conflicto o un tipo de consumo con muchos matices.

En cualquier caso, lo que señala este hecho, que no fue único ni ocasional, es que la prohibición de productos que eran perfectamente comestibles era algo normal. Continuando en el entorno egipcio, también los sacerdotes egipcios se abstenían de consumir pescado e incluso su actitud iba más allá, ya que incluso se aborrecía la profesión de pescador. Incluso las personas que hubieran consumido pescado eran impuras si tenían que ocuparse de poner en práctica alguna ceremonia religiosa, lo que complicaba las circunstancias para un comedor de pescado. Hasta ese punto llegaban las leyes de la pureza y la impureza, de la misma forma que lo hicieron en el seno del pueblo de Israel.

Las listas de alimentos puros o impuros son complejas y han abierto un debate considerable, y aún no resuelto, sobre los motivos de sus elecciones y con respecto a si son acertados los términos actuales que identifican a aquellos animales y plantas propuestos por los libros sagrados. Algunos autores sugieren que hay bastante consistencia como para pensar que los animales vetados son exactamente los que define el Pentateuco, aunque es probable que sea más fácil identificar a los animales de mayor tamaño como el cerdo, el camello o la liebre y, sin embargo, encontremos mayores problemas con los anfibios, los reptiles y las aves. Lo que explica que los traductores de los textos originales, durante los primeros años, hubieran encontrado un importante conflicto al tratar de identificar ciertos animales de la zona este del Mediterráneo, especialmente si ellos no conocían la región.

Por otro lado, los conceptos de lo puro y lo impuro tienen una estrecha relación con la forma en como se concibe la religión y la vinculación de los hombres con YHWH. Si se le considera a El como lo más puro, fuente de vida, es lógico que en esa relación se le entregue lo mejor, de ahí la necesidad de diferenciar pureza e impureza. Es decir, no podemos hacer una lectura meramente formal, sino tratar de entender cómo y por qué se crearon estas costumbres, de qué pequeños hábitos devinieron y cómo llegaron a transformarse en ley. Y finalmente tratar de vislumbrar su significado, que arranca de su identidad, porque el hebreo se identificaba por sus alimentos. Incluso la reina Esther se enorgullecía de no comer de:

La mesa de las abominaciones, ni beber el vino de las libaciones de los paganos (Est., 4, 17).

Por su parte, Filón de Alejandría desarrolló su propia teoría al respecto, y atribuía las restricciones alimentarias a un concepto de frugalidad y orden sobre los placeres. Explicaba que el motivo de las limitaciones era poner un freno para controlar la continencia y la piedad. Y señalaba, finalmente, que incluso la organización religiosa con el tributo de las primicias tenía su explicación en la liturgia y el orden necesarios a un pueblo para mantener un cierto espíritu austero y saludable, criterio al que parece que Filón atribuye todas las restricciones alimentarias. Por ese motivo comparaba al pueblo de Israel con otros pueblos como los lacedemonios, jonios o sibaritas, de los que condena los excesos de sus hábitos alimentarios (Filo., *De Spec., Leg.*, IV, S 96-103)[63].

El sacrificio de los animales

Otro de los motivos aducidos para la selección de animales puros o impuros se debe a la intención de fortalecer la identidad cultural, que era una forma de distanciarse de los vecinos ya fuera para diferenciarse de los egipcios, de los cananitas o de cualquier otra sociedad de su época cercana a ellos. Una cuestión de identidad, siempre «nosotros» y «ellos», gentes de la misma zona que, sin embargo, se distinguían fácilmente a través de aspectos muy visibles como la ropa o la forma de peinarse y, por supuesto, a través de los alimentos, de su elección y su preparación. Y, como no, en la propia mesa durante el desarrollo de la comida.

Los animales terrestres y también las aves debían ser sacrificados por un especialista, un matarife o *shojet* experto en su oficio, que también debía ser un profundo conocedor de la ley de la Torá, *shejitá*, que en la actualidad incluso está certificado por un rabino.

---

63   Triviño, J. M. (trad.), *op. cit.*, 1976, pp. 274-275.

Líquido de vida, la sangre

La primera vez que se habla en la Biblia de sangre es de la sangre humana. Es la sangre del hijo de Adán y Eva. La sangre de Abel adquiere vida propia y se presenta como una voz que clama a Dios, en una imagen literaria impactante y poderosa ante la que el lector no puede nada más que sentir esa conmoción frente a la terrible e innecesaria muerte. Exploraremos la importancia que se le da para poder entender los motivos de la prohibición del consumo de sangre:

> *La voz de la sangre de tu hermano clama hacia mí desde la tierra. Ahora, maldito seas, márchate de esta tierra que ha abierto su boca para recibir la sangre que has derramado de tu hermano (Gn., 4, 10-11).*

Efectivamente estas son palabras que claman justicia, no venganza, pero sí el castigo con su nomadismo eterno. Caín no tendría descanso después del asesinato de su hermano, cuya sangre, como un espíritu independiente del cuerpo de Abel, tiene voz propia para clamar a Dios de una forma sobrecogedora. Igualmente, la tierra, como símbolo fúnebre de lo más secular, se representa con una metafórica boca en la que se sume la sangre humana, la de Abel, cuyo destino no era aquel, sin duda alguna. El pasaje es penetrante y nos muestra cómo la sangre era el signo de la vida regalada por Dios a los hombres, pero no solamente entendida como una parte de la vida, sino como la vida misma, con un vigor y una lozanía característicos, y dotada de una voz personalísima.

La segunda ocasión en la que la sangre toma protagonismo en la Biblia sucede tras el Diluvio, cuando se prohíbe taxativa y explícitamente el consumo de sangre de cualquier animal. Y fue una proscripción importante, ya que es la segunda de carácter alimentario tras la del fruto prohibido de Paraíso; dice YHWH en ella que no comerán la carne con su vida, es decir, con su sangre. De esta forma entendemos mejor un tabú, porque si la auténtica vida está en lo oculto, es decir en la sangre, y consideran la vida creación y regalo divino, la prohibición adquiere todo el sentido (*Gn.*, 9, 3-5). La explicación está igualmente en (*Gn.*, 9, 6,) ya que si el hombre estaba hecho a imagen de Dios, esa sangre era, en cierta forma, de carácter divino.

Otro de los momentos dramáticos en los que observamos la importancia que se le concedía a la sangre es en la historia de los doce hijos de Jacob, cuando los hermanos se dispusieron a matar a José. Uno de ellos, Rubén, les pidió que no derramaran su sangre, que no lo asesinaran para luego ocultar su delito tapándola con tierra. En realidad, es un auténtico símbolo el lamento de los dos hermanos, Rubén y Judá (*Gn.*, 37, 21-26) que se resistían a derramar y ocultar la sangre de José en el peor de los crímenes, el fratricidio. Cargaron con esa culpa muchos años, de manera que no lo habían olvidado en su llegada a Egipto tras la hambruna cuando fueron a pedir grano. Fue el propio Rubén quién se dirigió al resto de los hermanos quejándose porque la sangre que creyó que se había derramado, tomaba de alguna forma su venganza contra los que Rubén creía asesinos.

El siguiente episodio vinculado con la sangre nos conduce a un nuevo salto en el tiempo, y sucede durante la primera plaga, en tiempos ya de Moisés. Sin embargo, esta sangre que aparece en las plagas carece de la fuerza, de la vitalidad y la crudeza de la sangre de anteriores episodios. Es un concepto genérico y no es la sangre de una persona o de un animal, sino un líquido de origen ignoto, aunque perturbador, desde luego. Pero tenemos un episodio más en tiempos mosaicos, y que atañe a la sangre de animal: se trata de la institución de la Pascua. Un pasaje emocionante, cargado de simbolismo y que refleja la prisa por salir de Egipto, el peligro, el miedo, el atropello inolvidable de aquellos momentos. Y la necesidad de protección que sintieron los israelitas, quienes se resguardaron gracias a las instrucciones precisas proporcionadas por Moisés a los ancianos de Israel. Cada familia debía sacrificar un cordero y guardar su sangre, con la que se señalarían las casas:

> *Untad con ella el dintel y las dos jambas, y que ninguno de vosotros salga de la puerta de su casa hasta la mañana siguiente. El Señor pasará hiriendo a los egipcios; pero cuando vea la sangre… pasará de largo sobre vuestras puertas y no permitirá al exterminador entrar en vuestras casas (Ex., 12, 21-23).*

Verdaderamente, tras esa noche terrible, la experiencia se recordaría de generación en generación, y el festejo de la Pascua llevaría consigo el alivio inmemorial por el peligro soslayado. Aquí no hay prevención ante la sangre, no se recoge, no se ordena no consumirla. Todavía las prescripciones del Levítico no tenían validez, el mundo antiguo se resquebrajaba y daría paso a uno nuevo, incluso esa misma noche, con las prohibiciones sobre el pan con levadura que veremos en este mismo apartado.

Ya hemos visto en qué momento Dios vetó al hombre el consumo de sangre animal, a la vez que prohibía derramar sangre humana. El hálito de vida, el espíritu, se consideraba que era transportado por la sangre, o que era la misma sangre. De ahí que incluso en la actualidad este tabú haya seguido siendo válido y los judíos eviten el consumo de preparados como la morcilla en España o el budín negro en Francia, cuyo ingrediente principal es precisamente la sangre. Incluso estarían prohibidos platos históricos como la sopa negra que servían los antiguos espartanos, elaborada con sangre, vino y vísceras, y cuya receta se perdió con el tiempo. Podemos observar en numerosos pasajes este concepto de vitalidad divina en la sangre, explícitamente expresado:

> *Porque la vida de la carne está en la sangre, y yo la he destinado para que vosotros, mediante ella, hagáis expiación en favor vuestro sobre el altar, pues solo la sangre por tener vida es la que expía... Pues la vida de toda carne es su sangre (Lev., 17, 11; 14).*

La prohibición es directa y no sugerida, de nuevo la explicación está perfectamente descrita:

> *Todo el que coma sangre será extirpado de su pueblo (Lev., 7, 27).*

Los atributos de la nueva etapa, tras la entrega de los mandamientos a Moisés, comienzan a percibirse, y una de las leyes culturales de carácter alimentario destaca entre todas: las libaciones de sangre del sacrificio de animales que se ofrecen a Dios no debían contaminarse al ofrecerse junto a pan fermentado, que sí se consideraba impuro para este fin. En estas ofrendas que provenían de sacrificios, la víctima se consagraba, se entregaba a la divinidad, ese es el sentido de la ofrenda de sangre, la ofrenda de la vida. Que en el caso israelí no se debía mezclar con alimentos impuros, como el pan fermentado, y no solamente en alimentación, sino tampoco en las ofrendas a Dios, que era el dador de esa vida. Estas ofrendas de sangre encierran significados muy antiguos y vinculados con los pueblos nómadas, en los que la sangre de los animales era el sello de los pactos que se realizaban. Aquí la alianzase produce entre YHWH y el pueblo completo, cuando Moisés rocía con la mitad de la sangre de los novillos sacrificados el altar, usando la otra mitad para salpicar con ella a toda la comunidad, señalando que esa sangre era el sello del pacto con Dios, el cual tiene tal importancia que:

Los hijos de Israel pudieron contemplar a Dios (Ex., 24, 9-11).

El resto de las ceremonias y sacrificios de consagración incluyen en su gran mayoría el uso de la sangre, derramándola ante el altar, untando con la sangre partes del cuerpo de los sacerdotes en una ceremonia singular, pero habitual. Frazer señala que el tabú de la sangre permanece en diferentes culturas de todo el mundo, con idéntico significado sobre la idea de sacralidad y de espiritualidad de la sangre, con una repugnancia común a la hora de verter la sangre al suelo, porque la sangre contiene la vida y el espíritu de lo vivo[64]. Aunque en realidad, la sangre utilizada para estas ceremonias religiosas no se consumía. Y no solamente no estaba prohibido su uso, sino que era el elemento indicado para estas ofrendas.

Este tabú alimentario no solamente afectaba a la sangre del cerdo, sino a la de cualquier animal. Por eso estos embutidos, o guisos como sangre guisada, sangre frita, entomatada o encebollada, o los platos de pescado en su sangre, como la lamprea, así como los guisos de caza, como el civet medieval, tampoco podían formar parte de su dieta.

Filón de Alejandría, un erudito judío que vivió en el mundo romano en el s. I, explicaba cómo se entendía en su época la importancia de la sangre:

La sangre es el alma de la carne; porque sabe que la naturaleza de la carne no tiene asignada parte alguna en la inteligencia, sino participa de la vida tal como participa todo nuestro cuerpo, y llama, en cambio, aliento el alma del hombre (Filo., G. D. P. I. S., 84).

En cualquier caso y en toda situación, la prohibición del consumo de sangre se observa como una orden no solo muy clara, sino tajante y de carácter imperecedero:

---

64   J.G. Frazer, *La rama dorada*, Madrid, 1992, pp. 271-274.

Es una ley perpetua para vuestras generaciones que donde quiera que habitéis nunca comáis grasa ni sangre (Lev., 3, 12).

Sin embargo, el pescado tiene sangre, y no se mantienen los mismos cuidados para su extracción que con la carne. Claro que esto lo conocemos hoy, y parece que no era tan evidente para las sociedades antiguas, de ahí la confusión al permitir su consumo sin extraer la sangre.

Los animales carnívoros, por alimentarse de sangre tampoco se pueden comer, una prohibición que se extiende incluso a las rapaces, como el halcón y el águila, cuya alimentación es carnívora. Por su parte, el animal objeto del gran tabú alimentario hebreo, el cerdo, es omnívoro, puede comer pequeños animales también, pero este conflictivo animal merecerá un capítulo entero más adelante.

Pero no solamente estaba vedado el consumo de sangre a los israelitas, sino a los forasteros que compartían su mesa (*Lev.*, 17, 10; 19, 16). De nuevo tenemos una prohibición explícita de sangre, constantemente reseñada a lo largo de los textos sagrados. Aunque esa prohibición no siempre se cumplía, y podemos ver como incluso ellos mismos en momentos de auténtica hambre, devoraron carne sin desangrarla previamente, como narra Samuel. La anécdota se produjo después de una dura batalla en la que los israelitas derrotaron a los filisteos, y tras la que estando hambrientos y agotados, sacrificaron y comieron ovejas, bueyes y terneros sin desangrar. Esta narración nos muestra lo que parece un acto profundamente humano de necesidad y terrible a la vez, por la pérdida de cualquier consideración hacia unos principios que habitualmente no sólo eran ley, sino que formaban parte del respeto y las costumbres adquiridas (*1Sam.*, 15, 32).

Esta cuestión ha pervivido hasta la actualidad con una vigencia profundamente vital, y hasta tal punto sigue siendo importante evitar el consumo de sangre que se debe retirar de los huevos esa gota que a veces presentan[65] y que para otras culturas carece de importancia. A pesar de lo cual se debe eliminar. Y más allá aún, porque incluso en las comunidades más estrictas no se pueden usar los hue-

---

65   Y que solo es la ruptura de algún vaso sanguíneo durante la etapa de formación o de la ovulación de la gallina.

vos manchados. Toda esta reglamentación inflexible y muy generalizada conduce a una profunda observación de los alimentos, a una consciencia absoluta de los pequeños detalles durante la preparación de las comidas y también durante su consumo en la mesa.

La de la sangre es una importante interdicción en la vida diaria, no solo en el mundo antiguo, sino en la actualidad. Conduce a un minucioso proceso para que la carne pueda estar lista para el consumo, con varios pasos que comienzan por el sacrificio del animal, que se degüella de forma ritual con un cuchillo muy afilado y de manos de un experto, para evitar que el animal sufra. Tras el despiece se trocea la carne cuidadosamente, no de cualquier manera. Estos trozos hay que prepararlos de la siguiente forma:

1. Lavar la carne a fondo para eliminar la sangre más visible, así como todos los coágulos y la posible suciedad.
2. Sumergir la carne en agua a temperatura ambiente. De esta forma la carne quedará limpia del resto de la sangre que haya podido quedar en el interior del animal.
3. Proceso de breve salazón de la carne que se prolonga durante una hora, y se realiza con sal de grano medio. La carne se coloca en un recipiente que debe mantenerse con una ligera inclinación, para que elimine, y no se bañe, en esos jugos que se expulsan por el proceso de ósmosis que provoca la sal sobre los tejidos.
4. Se realiza un último lavado de la carne para retirar la sal y los jugos que hayan quedado.

Tras esta rutina, se considera que la carne se puede consumir, que estará libre de sangre y que, por tanto, es *kashrut*.

Para finalizar este apartado, y comprender la prohibición de la sangre en su contexto histórico, señalaremos que en culturas cercanas sí se consumía sangre, como ocurría en Mesopotamia. Sabemos que, en esta zona, sobre el 1600 a. C., se añadía sangre al caldo, directamente, y que también se mezclaba con otros productos para hacer una especie de pomada que se calentaba y se fundía en el guiso[66]. La cuestión es que aquí, la sangre parece un ingrediente habitual, no

---

66   Botteró, J., *op. cit.*, 2005, p. 131.

es extraño ni ocasional, sino cotidiano, algo que parece lógico en el sentido de aprovechar cualquier posible alimento para la dieta cotidiana. Sabemos, por tanto, que la sangre se utilizaba en tiempos del antiguo pueblo hebreo, pero en otras culturas de la zona, algo que parece natural en un mundo en el que la ganadería era parte sustancial de las fórmulas de producción, y que, aunque vetada para el consumo, sí se utilizó en ofrendas rituales, consagraciones y bendiciones. Por ejemplo, había sangre en la ratificación de la alianza entre YHWH y su pueblo (*Ex.*, 24, 6-8), cuando Moisés roció a su gente con sangre tras el juramento de respeto y acuerdo a la sagrada alianza. Él mismo empleó unas gotas de sangre durante la ceremonia de ordenación de los sacerdotes, descrita en el Levítico. Para ello, con los dedos impregnados de sangre tocó el pulgar de la mano, el dedo gordo del pie de los sacerdotes, el lóbulo de la oreja derecha y finalmente perfiló con sangre el entorno del altar (*Lev.*, 14, 14-18). Igualmente advertimos la presencia de sangre en la liturgia de purificación para las enfermedades de la piel, pero no son las únicas ocasiones, sino una pequeña muestra de que la sangre sí estaba presente en los rituales religiosos, a pesar de que no se consumiera, lo que ratifica la idea de que no comerla era una elección muy reflexionada, que nacía de la voluntad de no hacerlo y no en el desconocimiento de sus posibilidades (*Lev.*, 14, 14-18).

Prohibición del consumo de grasa animal

Toda la grasa pertenece al Señor. Es una ley perpetua para vuestras generaciones que donde quiera que habitéis nunca comáis grasa ni sangre (Lev., 3, 16-17).

Y estas breves sentencias del Levítico fueron suficiente para que siempre se extrajera la grasa de los animales terrestres o *jelev*. Todos los animales debían ser despojados de esta grasa o sebo, particularmente la grasa que quedaba pegada a los riñones y al hígado, aunque también la que estaba sobre los lomos del animal se debía retirar. Y no podían consumir la grasa de buey, oveja o cabra pero sí se podía usar la grasa de pájaros o animales salvajes, aunque solo si se destinaba a otros fines que no fueran la alimentación. En realidad, la prohibición exacta es la del consumo de la grasa del animal sacrificado como ofrenda, y no tanto toda la grasa (*Lev.*, 7, 23-25). Esta grasa concreta cuyo consumo estaba prohibido se quemaba como oblación selecta a YHWH, y fue incluso el sacrificio que Abel presentó, quemándola como ofrenda (*Gn.*, 4, 4; *Num.*, 18, 17). Sin embargo, y contradictoriamente, encontramos en el libro del Deuteronomio cómo el sebo de los corderos se utilizaba en alimentación. Y no solo eso, también se encontraba entre los alimentos básicos que destaca el párrafo, y que fueron miel, cuajada y leche, carne de carnero, pan y vino (*Deut.*, 32, 14). Estas posibles contradicciones pueden responder a que la referencia haga alusión a un hábito de consumo más antiguo a la prohibición impuesta por el Levítico.

Esta prohibición sobre la grasa, o más bien limitación, es interesante porque, al fin y al cabo, esta podría representar un sustancioso aporte nutritivo, al menos en forma de calorías, y sin embargo nos encontramos con la aparente incongruencia de que un pueblo que no dispone de exceso de alimentos voluntariamente se obliga a prescindir de ella, ¿por qué? Y ¿en qué momento sucede esto? Parece unas de las reglas más antiguas que, al menos, en el Pentateuco, se remonta a Abel, a los inicios del consumo de alimentos animales, ya que él icinera la grasa que ofrece a YHWH, pero no la consume. Si comparamos esta actitud con la de los pueblos de Mesopotamia, por ejemplo, un entorno tan cercano, podemos ver como los mesopotámicos, a finales del III milenio a. C. apreciaban extraordinariamente la rica grasa[67], aunque no tenemos seguridad de que fuera mantequilla o manteca animal, en cualquier caso era grasa. Incluso se observa que hay presencia de porteadores de grasa que la llevaban a casa, lo que indica igualmente su valor y lo cotidiano de su consumo[68]. Como en otras ocasiones, esta elección, que tenía un coste cotidiano y muy real, era una renuncia y significaba diferenciarse de las tradiciones alimentarias, en nuestro caso, de los pueblos y culturas del entorno.

Según Filón de Alejandría, la cuestión fundamental era que la grasa se consideraba una extravagancia, un lujo, por eso, y al ser

---

67   Por ejemplo, lo observamos en los Himnos Sumerios, en concreto en el Himno a Enlil, 50, cuando hacen referencia a los *festivales desbordantes de rica grasa y leche*. Lara Peinado, F. *Himnos Sumerios*, Madrid, 2006, p. 11.

68   Himno a Nanshe, 75. Lara Peinado, F. *op. cit.*, 2006, p. 106.

considerada lo mejor, se ofrecía a YHWH y se limitaba su consumo para los hombres, con la idea de animarlos a mantener una actitud de frugalidad frente a la glotonería. Según Filón, la gula era un mal que producía multitud de enfermedades, y por el lado contrario, la moderación era generadora de continencia y autocontrol, de sensatez y capacidad de adaptación a cualquier tipo de alimento (Filo., *De Spec., Leg.*, 100)[69].

Insectos y animales que se arrastran

Aquí tenemos una prohibición más, o dos en realidad. Por una parte, la de los insectos como las moscas, y por otra la de los animales que se arrastran, como son la serpiente o el caracol.

Por su parte, tenemos la prohibición de comer *todo insecto alado que camina sobre cuatro patas* (*Lev.*, 11, 20), con excepción de la langosta, el saltamontes, el grillo y la cigarra. Y también se podían consumir los que, aunque tuvieran cuatro patas, usaran las traseras para saltar sobre la tierra. Aunque tenemos una contradicción, y es que el libro del Deuteronomio prohíbe todo tipo de insecto alado (*Deut.*, 14, 19). Algunas comunidades judías actuales en Yemen y Marruecos consumen ciertas especies de langosta, mientras que las comunidades askenazi actuales no toman ningún insecto. Por otro lado, los pueblos del entorno de los israelitas no descartaban unos buenos insectos, y podemos observar escenas de asirios con hombres portando langostas ensartadas en un palo. Eran esas langostas que formaban bandadas y que asolaban las tierras de Mesopotamia, y que, por la cantidad, la facilidad con que se capturaban y probablemente su sabor (quizás les gustaban), eran una fuente muy aceptable de calorías. Sabemos, por las tabletas de Yale, que en esta zona se comían insectos estacionales[70]. Incluso conocemos algunas escenas asirias aún más explícitas en las que observamos la presencia de hombres con grandes ramas en las que se insertan langostas como

---

69   Triviño, J. M. (trad.), *op. cit.*, 1976, p. 275.
70   Bottéro, J., *op. cit.*, 2005, pp. 71.

para un banquete o una ofrenda, y que podemos observar en la siguiente ilustración.

Filón de Alejandría proporciona una explicación muy expresiva sobre la prohibición del consumo de reptiles e insectos, que él entiende como una auténtica revelación del Pentateuco. Dice con respecto a los reptiles que estos simbolizan a los hombres que *se llenan hasta el hartazgo*, y de ahí su impureza. Mientras que para los insectos tiene otra comparación, según él simbolizan: «a los viles esclavos, no de una sola pasión, el deseo, sino de todas sin excepción» (Filo., *De Spec., Leg.*, 4, 100)[71]. La cuestión es que la tradición había creado ya en el s. I unas imágenes que contenían símbolos negativos de ambos tipos de animales, que con frecuencia también perjudicaban mucho las cosechas, tanto en el campo como durante su almacenaje, por lo que eran doblemente temidos. En cualquier caso, no solamente no se podían comer porque su propia condición quebraba las leyes de la pureza, es que debían producir repugnancia, a la vista de las comparaciones que hace Filón. Finalmente, la propia tradición verificada en los textos de la Mishna reconoce que hay algunas langostas que son comestibles, y no solo eso, sino que se elaboraba una salmuera con las langostas mezcladas (puras e impuras) cuyo resultado se consideraba puro y por tanto comestible (M., *Ver.*, 6, 4; *Ter.*, 10, 9). Es muy posible que, además de por estos motivos, la impureza se debiera también a que los insectos tienen seis patas, caminan y vuelan, y por lo tanto no se pueden encuadrar entre los animales cuadrúpedos que caminan ni entre las aves, que vuelan pero no tienen seis patas. Es decir, estos animales no siguen la pauta que hubiera podido parecer habitual, por lo que el criterio de pureza o impureza se observa debido a que se produjo cierto intento de clasificación entre las especies, de modo que, con aquellas que eran difíciles de catalogar, como es este caso, su propio carácter de indefinición las conducía a la impureza.

---

71   Triviño, J. M. (trad.) *op. cit.*, 1976, p. 277.

Fig. 26. Asirios transportando langostas destinadas
a la preparación de un banquete.

Con respecto a los animales que reptan, algunos de ellos se han
consumido en Oriente Medio y en el Mediterráneo, es el caso de los
caracoles. Y aunque sabemos que los judíos no los consumen debido
a que la ley mosaica los prohíbe, sabemos también sin embargo que
el caracol se consumió mucho en la Antigüedad en concreto podemos hablar de la especie *Hélix salomónica* muy utilizada en Jarmo,
localidad ubicada en la actual Iraq. Incluso es posible que se criaran
allí o al menos se recolectaran en la época posterior a las lluvias, que

es cuando resulta más sencilla su captura. En Jericó, en la edad de Bronce, hay evidencia de que al menos se consumieron dos variedades de caracol, la *Kélix prasinata* y la *Levantina spiriplana*, pero desconocemos cómo se cocinaban, ya que se trata de una época precerámica. Las conchas que se han encontrado están completas, lo que sugiere que los animales se extrajeron de los caparazones tras su muerte (hacerlo antes resulta imposible), lo que indica que se cocieron con su concha en primera instancia. Hecho que a su vez nos hace reflexionar sobre qué tipo de contenedor se usó para su cocción[72]. Desde luego, Levítico prohíbe su consumo expresamente:

> *Todo reptil que se arrastra sobre la tierra es abominación, no se podrá comer. No comeréis ningún animal que camina sobre el vientre, ni el que tenga cuatro patas ni el que tenga muchas, esto es, ningún reptil que se arrastra por la tierra (Lev., 11, 41).*

Y especifica incluso algunos de estos animales que considera que reptan: comadreja, ratón, lagarto, erizo, lagartija, camaleón, salamandra y topo. Hasta tal punto repugnaban y rompían la ley, que la Mishná los considera *padres de la impureza* (M., *Kelim*, 1, 1). Aunque la aversión ante los reptiles parece algo bastante extendido, y el judaísmo no es la única religión en la que ocupan un lugar, en especial en el caso de la serpiente.

Este animal tiene una larga historia entre los mitos universales: en el cristianismo representa al demonio, a la maldad, a los espíritus demoníacos, incluso es la provocadora de la tentación en Eva y con ella la pérdida de la vida en Edén para toda la humanidad. Aunque, por otro lado, en las religiones mediterráneas encontramos a la serpiente una y otra vez, y no necesariamente con connotaciones negativas, por ejemplo, ya que adquiere presencia en el propio bastón de Esculapio, también en la diosa de las serpientes de Micenas o en las más cercanas a la época que estudiamos, las deidades mesopotámicas en forma de serpiente. En este último caso, no solamente no desagradaba, es que adquiría un papel regio o divino en diferentes tradiciones como el señor o la señora del árbol de la vida.

Por tanto, hayamos en ella una ambivalencia muy interesante, ya que es un animal que representa la sabiduría o el mal más absoluto

---

72   Brothwell, D., y Brothwell, P., *op. cit.*, 1998, p. 88.

entre las fábulas mediterráneas, y que, por otra parte, en su vertiente biológica es muy peligroso, ya que la picadura con veneno de muchas de ellas carecía de cura posible. Así, esta curiosa posición de animal vinculado con las divinidades, de picadura mortal en muchos casos, y que además era impracticable para ser domesticado, se convirtió en el extremo contrario, en la representación de la maldad. Desde luego en ninguno de los dos casos, ya fuera demonio, ya fuera un representante de los dioses, parece que fuera una carne destinada a la mesa.

Evitarás consumir carne de caza

La caza en el mundo mediterráneo era una rica posibilidad de complementar la alimentación, desde pequeños animales como el conejo o la liebre hasta aves, o incluso algunas piezas de gran tamaño como cabras montesas o ciervos. Sin embargo, la caza no estaba bien vista como pasatiempo —aunque se permitía si había que comer—, el concepto era que no había que derramar sangre innecesaria. La descripción que se hace de los cazadores es de hombres rudos como Esaú (hombre montaraz) o gente claramente malvada, como Nimrod, citado en el Génesis, y que la tradición hebrea considera como a un auténtico tirano y malvado (*Gn.*, 25, 27-28; 10, 8-10).

La cuestión es que, incluso la carne de caza, estaba sometida a la ley de la pureza, y seguía las indicaciones de esta, sencillamente debía cumplir la ley de ser rumiante con casco partido y pezuña hundida. Entonces se podía consumir su carne: era el caso de la gacela, del ciervo, de la cabra montés y del antílope. En el caso contrario, estaba vedado su consumo. Y desde luego, había que degollar la pieza y respetar las normas del sacrificio, desangrándola y retirando las partes no permitidas para la alimentación.

Desde luego, la carne de caza tiene ese sabor peculiar de animal de vida silvestre y en libertad, algo que se conocía bien y que nos lleva a saber algo más sobre las inclinaciones y los gustos en esta época. La pista nos la proporciona el Eclesiastés:

El paladar distingue por el gusto la carne de caza (Ecl., 36, 21).

Es interesante observar cómo se detecta un sabor y se localiza con facilidad, algo bastante sencillo en el caso de la caza. En realidad, esto sigue ocurriendo, y las versiones domésticas o silvestres de las mismas especies tienen unos sabores diferentes, más fuertes y pronunciados en el caso de estos últimos. Les era familiar, y no nos debe extrañar, ya que la caza era algo natural en el mundo antiguo: constantemente observamos en los textos sagrados a bravos cazadores, desde Caín a Esaú, y algunos de ellos preparan sus guisos de caza, estofada en el caso de Esaú, o asada, como en Proverbios (*Pr.*, 12, 27). Además de esta caza eventual, había otros cazadores que se ocupaban de librar los cultivos de pequeños animales como ratones o algunos de gran tamaño como grandes leones e incluso raposas, que se comían las uvas, pero que, en cualquier caso, se cazaban sencillamente para librarse de su ferocidad, pero no eran objeto de alimentación (*Cant.*, 2, 15).

Así, las normas de alimentación vinculadas con la caza de animales no son tanto una prohibición de la caza estrictamente como que la carne cazada cumpliera igualmente los criterios de pureza para poder ser alimento de hombres puros. Y que, por supuesto, el acto de cazar fuera necesario para la alimentación. Se permitía la caza «que pueda comerse», es decir, no cualquier animal ni de cualquier forma, solo aquellos destinados a la supervivencia, y cuya sangre, además, debía cubrirse con tierra, por el sentido del tabú de la sangre. El versículo afina este concepto y nos introduce en una forma especial de respeto a la vida (*Lev.*, 17, 13-14).

Peces, crustáceos y moluscos

La regla de pureza para el consumo de los animales marítimos parece más sencilla que la del resto de las normativas alimentarias anteriores. En realidad, los pescados no necesitaban pasar por el complejo proceso de sacrificio de la carne, no era necesario extraer la sangre ni necesitaban un matarife especializado. Solamente debían cumplir la primera ley, y sencillamente unos estaban prohibidos y otros se podían consumir.

Será abominación para vosotros todo animal que no tenga aletas ni escamas, y todo reptil que viva en las aguas de los mares o de los ríos (Lev., 11, 9).

Esta ley, por tanto, representaba un cumplimiento más sencillo que aquellas normativas que afectaban a la carne. Y así estaban prohibidos los mariscos y crustáceos (almejas, ostras, cangrejos, gambas, langostinos, centollos…), además de todos los cefalópodos (pulpo, calamar, sepia), e incluso los caracoles o las ranas. Tampoco se podían comer ninguno de los peces que carecieran de escamas o aletas, como son la morena, el pez espada, el esturión, la anguila, la lamprea o el congrio. El problema con su consumo no afecta al origen, en realidad no importaba que fueran peces de río o de mar, sino los que se consideraban que no cumplían todos los parámetros para ser lo que entonces se consideraban genuinos peces. Este concepto de «auténtica» naturaleza es el que parece imperar en el fondo de la creación de las reglas de la pureza y la impureza. Las cosas, los animales y las personas debían ser de una forma y no de otra, y en el caso de que no fueran como consideraba la pauta, pasaban automáticamente a considerarse impuras.

A pesar de ser un pueblo de pastores, cuando vivían en Egipto comían abundante pescado, y probablemente ¡de balde!, lo que significa que podían pescar libremente y a placer, y comerlo sin restricción alguna (*Num.*, 11, 4). Posteriormente, también podían adquirirlo en los mercados de Jerusalén a los mercaderes de Tiro (*Ne.*, 13, 16). Así que, desde luego, el pescado no les era ajeno, estaban familiarizados con las distintas variedades y, más aún cuando su estilo de vida cambió tras abandonar la antigua vida errática, el pescado se convirtió en una buena y abundante fuente de alimento.

No cocerás al cabrito…

Esta es la prescripción bíblica que se traduce a la hora de cocinar en evitar la mezcla de leche y carne en la misma comida. Y con ello, se incorporan algunas complicaciones añadidas, como no usar la misma batería de cocina o vajilla para contener de forma polivalente ambos productos, un factor más que venía a dificultar la elaboración de las comidas hebreas. En realidad, los productos se dividían en cárnicos, lácteos y *pareve*. Cada uno de estos grupos se corresponden respectivamente con las carnes y productos derivados, con los lácteos y finalmente con los alimentos neutros, permitidos en su totalidad.

Las prácticas alimentarias vinculadas con esta prohibición no son de las más antiguas en el mundo hebreo, lo vemos en el hecho de que Abraham consume en una comida carne y lácteos (cuestión analizada extensamente en el apartado «En tiempos de Abraham»). Sucedió junto a la encina de Mambré, un día caluroso en el que aparecieron tres hombres ante el patriarca, y según el texto, él percibió que su visitante era el propio YHWH. Así que les ofreció lo que tenía, que era sencillamente un poco de pan para comer y agua para lavarse los pies, al menos en primera instancia. Aquello era todo lo que tenía. Mientras ellos descansaban con este frugal refrigerio, Abraham fue a la tienda donde estaba Sara, su esposa, y le dijo:

> *Date prisa, amasa tres seim de flor de harina y haz unas tortas. Él fue corriendo a la vacada, tomó un hermoso ternero recental y lo entregó a su siervo, que se dio prisa en prepararlo. Luego tomó cuajada, leche y el ternero que había preparado, y lo sirvió ante ellos (Gn., 18, 4-8).*

Es decir, todavía la ley que prohibía esta combinación no formaba parte de la tradición, o en otro caso, si hubiera sido considerado un incumplimiento de la ley, Abraham no lo habría ofrecido al propio YHWH, que era la mismísima fuente de generación de las leyes alimentarias y sus ritos.

La cuestión es que incluso en esa primera división, no todos están de acuerdo. Es decir, hay algunos que consideran que está vetado unir en la misma comida cualquier tipo de carne y cualquier tipo de lácteo, como el rabino Akiba ben Joseph[73], quien decía que ningún tipo de carne se podía consumir con ningún tipo de lácteo. Sin embargo, hay dudas sobre si el pollo y el pescado se pueden considerar bajo la misma categoría que la ternera o el cordero, o es más adecuado considerarlos *pareve*, es decir, como alimentos neutros.

---

73   Akiba ben Joseph fue un rabino que vivió entre el 50 y el 135 d. C. Se le considera el principal estudioso de la *halajá*, el cuerpo de reglamentos, leyes y tradiciones de la tradición judía.

Porque no se dan los factores necesarios para la prohibición debido a que las aves no son mamíferos, por lo que es imposible cocer al pollo en la leche de su madre, ya que las gallinas no son productoras de leche.

En cuanto a las repercusiones de esta normativa en el mundo moderno, se hacen aún más complejas, porque hay multitud de productos elaborados que contienen proteínas lácteas, la caseína, en particular, lo que convertiría a un producto que en principio es neutro en un producto lácteo, como es el caso de la bollería o la panadería. Así que, para el judío ortodoxo en el siglo XXI, la tradición es mucho más compleja de seguir que en tiempos bíblicos.

Podemos conducir este tabú un poco más lejos, si la ley dice que no pueden estar ambos productos en la misma mesa, o que no se pueden tocar físicamente, hay muchas situaciones en las que esto se hace difícil, por no decir imposible. Por ejemplo, si damos un salto en el tiempo y llegamos al s. XXI, y se va a hacer la compra y se quieren adquirir ambos tipos de productos, ¿cómo se soluciona este conflicto? En realidad, no pueden ir ni siquiera en la misma bolsa, pero sí en el caso de que fueran perfectamente envueltos en plástico o papel, de manera que no se rocen, que es lo que produciría la contaminación, el contacto físico.

Permítanme dar un salto al presente, este tema lo merece, lo que nos facilitará una visión de conjunto. Así que, una vez llegados a su destino, en casa o en el restaurante, ambos productos (lácteos y carnes) irán a distintas neveras o congeladores. No solo eso, sino también, y si es el caso, a diferentes despensas. También se servirán en distintas vajillas e incluso variarán las cuberterías y los recipientes con los que estén en contacto carnes y lácteos. Y hasta los electrodomésticos deben ser distintos: microondas, lavavajillas, hornos, y todo tipo de robots y ayudas en la cocina. Y en la mesa habrá un menú para todos, pero no platos diferentes, porque si unos contienen carne y otros lácteos, la comida será *terehpha*, a pesar de que cada uno de los platos sea *kosher* en su origen. Mezclarlos en la mesa los convertirá en impuros, así que habrá que elegir un menú con carnes o un menú con lácteos para facilitar el correcto cumplimiento de la ley.

En cuanto a los motivos de esta regla de la prohibición del consumo de lácteos y cárnicos en la misma comida, ocurre como con el resto de ellas y, con franqueza, son igualmente complejos y difíciles de localizar y definir. Respecto a la explicación hay multitud de teorías, veremos algunas de ellas:

— La primera de ellas quiebra de base la tradición, diciendo que en realidad no estaba prohibido preparar juntos cárnicos y lácteos, sino que la ley se refería a cocinar la carne con su sangre, y que en la traducción se desvirtuó el principal sentido de la acción.

— Según otra teoría, de carácter moral, los judíos eran gente compasiva y no les parecía correcto hervir a una cría en el líquido que la hubiera tenido que nutrir. Es posible entender que un pueblo de pastores podía ser todo lo compasivo que fuera posible, pero en ningún caso iban a dejar de utilizar los productos necesarios para su alimentación. Esta es una evidente visión del mundo moderno, que es en parte incapaz de comprender los aspectos más complejos de la vida en la Antigüedad.

— La teoría de Filón de Alejandría, es que la preparación de comidas que contenían lácteos y carne era estimulante y agradable, y que por tanto había que prohibirla para demostrar autocontrol frente al «alma incontinente e insaciable» (Filo., *De ebr.,* 214; 216-217). Una motivación que, si bien no tendría origen de carácter alimentario, sí estaba vinculada con la filosofía de los hebreos y su aplicación al régimen alimentario.

— En otras ocasiones observamos que es posible que se trate de la creencia en la magia simpatética, bajo la creencia de que lo similar produce lo similar. Mediante estas teorías se entiende que los efectos son parecidos a las causas, y que los animales pueden controlar sus flujos, que en este caso es la leche, incluso después de que los humanos la hayan extraído. En este caso, a pesar de lo complejo que pueda parecer, la acción de hervir la leche sería como calentar las ubres del ganado del que se extrajo. Se trata de un código que formaría parte de unas pautas culturales creadas para que el ganado no fuera dañado, con el fin de proteger tanto a los rebaños como a los animales.

— Una teoría más señala que la separación de la leche y la carne a la hora de comer se debe a causas de la posible contaminación bacteriana y por seguridad alimentaria. El argumento es que, en el entorno seco y muy caluroso del desierto, las condiciones eran de lo más adecuado para que tanto la carne como los lácteos se deterioraran rápidamente, más aún si estaban mezcladas. Sin embargo, ambos tipos de productos se estropean igual de rápido tanto si están como si no están combinados, lo que invalidaría esta teoría. Más aún teniendo en cuenta que la seguridad alimentaria en el mundo antiguo era un concepto inexistente.

— Finalmente, tenemos la teoría de que las relaciones entre la madre y sus crías son motivos iconográficos muy comunes en todo el Próximo Oriente, y representan la fertilidad. Parece que esas representaciones vinculan el culto a una diosa de la fertilidad mediante una imagen evidente, que son las madres que crían y su descendencia. Es posible que ellos entendieran este culto en un concepto más amplio de respeto a lo creado y al orden natural de la relación madre-hijo en cualquier especie. Es cierto que este concepto, si es el origen del tabú, representaría un salto desde una tradición politeísta a una monoteísta, algo que representa un problema, aunque parece vincularse en el sentido moral a la teoría de Filón de Alejandría expuesta anteriormente[74].

Pero conviene ir al principio de la producción de lácteos, y no olvidar que dicha actividad se encuentra estrechamente vinculada con los inicios de la ganadería. Las primeras representaciones del ordeño las podemos encontrar en Ur, en el templo de Ninhursag, en El Obeid, *circa* 2900 a. C., y también en Egipto, en el templo de Hatshepshup, de la undécima dinastía, en Deir el-Bahari, aproximadamente en el 1500 a. C. Sin embargo, aún podemos ir más atrás, recordando que la paleta de Narmer del 3100 a. C., que ha sido citada frecuentemente como el primer documento histórico del mundo, presenta unas escenas que transcurren bajo la atenta mirada de dos cabezas de bovino que representan a la diosa Bat, la diosa vaca en la mitología egipcia, cuyo culto tiene sus orígenes en las poblaciones ganaderas del último Paleolítico. Aunque, desde luego, el necesario estímulo humano para extraer la leche y fomentar su producción, ya fuera de vacas, ovejas o cabras, se descubrió probablemente más

---

74 Houston, W. J., «Alimentos puros e impuros», en Alexander T. D. y Baker, D. W., eds. *Diccionario del Antiguo Testamento, Pentateuco*, Barcelona, 2003, pp. 193-194.

tarde. La cuestión es que con la producción de leche aparece también la de sus derivados como eran la mantequilla, la leche fermentada o la innumerable variedad de quesos. Con el tiempo, y ya en el mundo romano, la mantequilla se terminaría considerando un alimento propio de bárbaros, y Plinio asevera que los productos derivados de la leche de vaca, como la leche agria, la mantequilla, o incluso el yogur, eran inherentes a la alimentación de tribus bárbaras (Plin., *N.H.*, 28, 33-36).

Sin embargo, los quesos son otra cuestión diferente a la del resto de lácteos, porque son una fuente práctica y segura de almacenar el exceso de producción de lácteos. Se trata de un sistema excelente para un pueblo de pastores ya que les permitía usar con doble aprovechamiento el producto secundario (leche) mientras el principal (carne) daba sus frutos en forma de leche y lana. En cuanto al mundo circundante, el relieve de Ur nos enseña cómo la producción de lácteos era bien conocida tanto en Mesopotamia como en Egipto. También sabemos que los hititas conocían el queso y la cuajada, y que los combinaban con diferentes alimentos[75], incluida la carne, así que las teorías que explican este hábito en relación con la protección de la salud, etc., parece que no tienen mucho sentido.

Sí es obvio que se trata de una costumbre que se adquirió con el tiempo. En época de Abraham aún no tenía vigencia, como hemos visto, y lácteos y carne se unieron en su mesa, y no en un menú, sino incluso en la misma elaboración. Lo que nos lleva a entender cómo poco a poco se fue forjando la identidad alimentaria hebrea, y de que manera se sucedieron las diferentes singularidades alimentarias que terminaron identificando al pueblo judío. En realidad, fueron una construcción, un gerundio constante de miles de años, en el que la propia voluntad de diferenciación era tan poderosa como la fe en ese único Dios que también eligió, les eligió a ellos y no a otros. Las peculiaridades que en algunos momentos parecieron oportunas, prudentes o inspiradas se terminaron convirtiendo en ley; es sencillamente esto lo que, con distintos matices, parece ocurrir con las elecciones de alimentos que terminaban enorgulleciendo a quienes las practi-

---

75   Álvarez-Pedrosa, J. A. «Médico y maga en los textos hititas», *Estudios griegos e indoeuropeos*, 2004, p. 27.

caban porque esas pequeñas cosas de la vida cotidiana los significaban como miembros de un selecto club: el del linaje de los elegidos.

Camellos y liebres

Estos dos animales son una singularidad (una más) entre los códigos
alimentarios hebreos, porque, en realidad, la prohibición veta a todo
vertebrado terrestre no rumiante, con la pezuña hendida. Y ninguno
de los dos, ni camello ni liebre, es un rumiante. La prohibición se
extiende incluso a otro animal, el *shapan*, que no está perfectamente
identificado, y que se traduce como tejón, que es posible se corres-
ponda con alguna variedad de conejo o algún otro sin identificar. En
realidad, todos los términos designan a un herbívoro con cascos, de
pequeño tamaño, que habitaba en las zonas rocosas y aisladas, pero,
en cualquier caso, tampoco rumiaba.

En el mundo antiguo todo es un poco más complejo de lo que
podamos imaginar, el conocimiento científico no existía, y sí la
superstición, lo que afecta en nuestro caso a que la taxonomía de los
animales no fuera exacta, ya que se desconocían multitud de cosas
respecto a ellos. Por ejemplo el camello regurgita y masca el contenido de su bolo alimenticio como hacen las vacas o las ovejas, pero
no es rumiante. Sin embargo, eso no era posible saberlo por simple observación, sin conocer a fondo su anatomía. Y tampoco es
rumiante la liebre, a pesar de que también mastique constantemente
su comida. Este desconocimiento refleja aspectos distintos en cada
uno de los casos, como veremos.

En el caso del camello, que en realidad había sido domesticado
en época tardía, aproximadamente en el 1000 a. C., observaremos
algunas peculiaridades. La primera es que la convivencia con él era
sobre todo de carácter práctico, como elemento de transporte altamente adaptado al entorno desértico. El camello almacena grasa en
su joroba (y no agua), es capaz de soportar temperaturas elevadas y
desprende bien el calor al estar prácticamente exento de grasa bajo la
piel, con la excepción de la joroba. Todo ello convierte a este animal
en un excelente medio de transporte en el desierto, pero para consumir su carne encontramos algunos problemas escasamente ven-

tajosos. En primer lugar, su crecimiento es muy lento, y hasta que no tienen seis años ni hembras ni machos son capaces de reproducirse. Para colmo de dificultades, los machos solo tienen un periodo de celo al año y las hembras no producen leche para ser ordeñadas, solo tienen suficiente cantidad para la cría durante la época de amamantamiento y no más tiempo. Y con respecto a la eficacia de su dieta para convertir el reseco pasto en carne o leche, tanto ovejas como cabras son infinitamente más productivas. Es decir, las únicas utilidades del camello eran el transporte y la carne, pero al ser esta segunda posibilidad de escasa y mala calidad en comparación con el resto de los animales domésticos, su único cometido resultó ser el transporte[76]. Es posible que todas estas circunstancias hicieran que la carne de camello no fuera especialmente bienvenida, ya que el conjunto de variables hacía muy complicado su consumo.

La primera vez que vemos camellos es entre los rebaños de Abraham, y desde entonces son una constante como animal de transporte y de carga—, pero en ningún caso forman parte de la alimentación. Y por su parte, tampoco lo hacen las liebres y ni siquiera se menciona a los conejos.

La cuestión de la levadura

Las levaduras no solamente hacen referencia al pan leudado, sino a todo tipo de levadura capaz de hacer fermentar un alimento. No es que se prohibiera consumir pan leudado, es decir, fermentado, de miga, esponjoso y tierno, es que se prohíbe consumirlo durante ciertos días, como durante la celebración del Shabat o la Pascua, y en otras fiestas. Lo que significa que al menos a partir de esta prohibición, se conocían ambos tipos de pan. Es posible que el comienzo de esta interdicción tuviera vinculación con el sentido de expiación o penitencia en ciertos momentos del año, en épocas en las que los rituales ocupaban un espacio importante como recordatorio del origen común, de la misma fe y de la misma cultura. Rituales entendidos como fórmulas para estrechar los lazos familiares mediante la

---

76   Harris, M., *Bueno para comer*, Madrid, 2011, p. 116.

acción de honrar al antepasado común, en el desarrollo de un procedimiento idéntico con respecto al consumo de alimentos que además se realizaba en los mismos días y de la misma forma. Así, un judío que hubiera nacido en cualquier otro lugar que no fuera Israel, seguía siendo judío, se identificaba en el mismo rito, en la misma comida, en un alimento análogo. Esa es en parte la clave de su continuidad en el tiempo, de su fortaleza y de su pervivencia como pueblo.

Es en el libro del Éxodo cuando observamos la aparición de esta prohibición del pan leudado, justo en el momento en que se disponía la huida de Egipto, en la misma institución de la Pascua. Al salir los hijos de Israel:

> *El pueblo recogió la masa antes de que fermentara, envolvió las artesas en mantas y cargó con ellas... Cocieron la masa que habían sacado de Egipto e hicieron panes ácimos porque aún no había fermentado, pues al ser expulsados de Egipto no pudieron entretenerse (Ex., 12, 33; 39).*

Así que la prisa por la salida de Egipto, y no otro motivo, es el origen del consumo de los panes ácimos. Y por esa causa, los ácimos se toman únicamente en esa fecha o en las que se vinculan con el momento de la libertad, aunque el resto del tiempo tienen permitido el consumo del pan ordinario. Sin embargo, el pan sin levadura (*maṣṣâ*) no era exclusivo de Israel, se consumía en todo Oriente, pero es aquí donde adquiere el contexto litúrgico, festivo y, sobre todo, conmemorativo que se data especialmente en el momento de la apresurada salida de Egipto, noche en la que nace la fiesta de la Pascua y esa especial consideración del pan ácimo. El entorno del culto es la clave para entender la aparición de este pan, que formaba parte no solo de la Pascua, sino también de las ofrendas de los levitas (*Lev.*, 2, 4-5; 6, 16). En realidad, el contexto y la fiesta nacieron juntos, y con ellos los alimentos de aquella noche singular. Y ese contexto sacrificial de respeto y devoción que acompaña en todo momento al pan, y especialmente al pan no leudado.

Hay otros momentos en los que este pan adquiere una presencia singular. Es el caso de la visita del ángel a Gedeón, cuando se repite este concepto en el que se mezclan la prisa, el sacrificio, la ofrenda y el pan. Gedeón hace que el ángel se siente, y le pide que espere hasta que él le lleve su ofrenda, que consiste en carne y panes ácimos (*Jue.*,

6, 19-22). Es un momento en el que vemos cómo adquieren su sentido los dos alimentos, el primero la carne, un producto festivo y especial, y que está guisada como asado y no cocida (recordemos que la carne cocida era la que se reservaba para los sacrificios en el Templo). Y el menú se completa con panes ácimos, que no rompen el clímax de respeto al ángel, sino que lo complementan, porque son el tipo de pan de respeto que se ofrece a la divinidad o que se toma en los días señalados. El pan ácimo no es un castigo, sino una ofrenda: es el pan del sacrificio a YHWH. Es en este sentido cuando adquiere todo su significado, en el apresuramiento y en lo sagrado, respectivamente en el recuerdo de la tradición y en el respeto a la divinidad.

Esa especial tradición vinculada con las creencias ha continuado hasta la actualidad. Hoy la celebración de Pesaj incluye cuidados que hacen referencia a la fermentación, ya no solamente del pan, sino de cualquier alimento fermentado. Así, el día anterior a la víspera de Pesaj, el 14 de Nisán, todas las familias judías revisan detenidamente cada rincón de la casa, para comprobar que no haya quedado rastro de *jamétz*, y se realiza una limpieza a fondo de todas y cada una de las hendiduras de la cocina. Y si se encuentran trocitos de pan o pequeños fragmentos de alimentos similares o que estén posiblemente fermentados, se incineran la víspera de Pesaj.

Como hemos visto, el pan cotidiano se sustituye por una masa también de pan, pero sin fermentar. Porque es obvio que si se consumía desde época inmemorial, también se elaboraba; desde luego era una tradición muy arraigada, la elaboración de *matzá*, una galleta hecha con harina y agua, de aspecto agradable y crujiente. Esta galleta o pan sin levadura y por tanto, sin fermentar, es el pan ácimo. Como dato curioso, resulta idéntico a las tortas cenceñas que se preparan para hacer gazpachos manchegos, con la única diferencia de que las tortas se comercializan en forma circular y el pan ácimo es (actualmente) de formato cuadrangular. Este pan ácimo se elabora en cada casa, o incluso se adquiere, pero en cualquier caso se prepara de forma específica para dar cumplimento al precepto bíblico. Y resulta tan importante su consumo y su presencia en las mesas festivas que el propio Zohar nomina a este pan como «alimento de fe» y «alimento de la curación», porque se entiende que fortalece a las personas en ambos aspectos.

Por este aspecto de pureza y vinculación con uno de los momentos más relevantes de su historia, el pan ácimo también formaba parte de los rituales de ofrendas en el templo. Antes de fermentar no se había transformado, no era nada más que agua y harina y, por lo tanto, se consideraba un alimento puro y apropiado como ofrenda:

Toda oblación que ofrezcáis al Señor la haréis sin levadura, pues entre vosotros nunca haréis arder como ofrenda consumida en honor del Señor nada fermentado ni miel (Lev., 2, 11).

El pan ácimo se preparaba rápidamente, y era suficiente con tener un poco de harina y una fuente de calor posteriormente, como vemos en numerosas ocasiones. Por ejemplo, lo observamos en la vida de Saúl, quien es atendido por una mujer que sacrifica un ternero cebado especialmente para el rey, acompañándolo de panes ácimos (*1Sam.*, 28, 24). Desde luego, era una receta de elaboración fácil y rápida, y solamente había que mezclar la harina con el agua para obtener en un tiempo récord un alimento razonablemente satisfactorio. Es decir, es un pan muy apropiado para pueblos que vivían en el primitivo seminomadismo semita, y que disponían de medios escasos para cocinar. Este pan se hacía con facilidad, y hasta un inexperto podría elaborarlo. Con posterioridad adquiriría ese concepto de ofrenda.

En la actualidad, la normativa es aún más compleja, y no solamente afecta al pan, así que los cereales fermentados y sus derivados que hayan estado en contacto con el agua o la humedad, iniciando con toda probabilidad un proceso de fermentación, son *jamétz*. Y se prohíbe el consumo e incluso la posesión de alguno de estos fermentados en el Shabat y durante todos los días de Pesaj, así como las mezclas que los contengan (galletas, pastas o cualquier preparación de cocina) o las bebidas alcohólicas como la cerveza que, como es natural, han sido fermentadas.

Porcofilia y porcofobia

La historia del cerdo en el Mediterráneo tiene sus filias y sus fobias, ambas fuertemente arraigadas, y no hay término medio en la inclinación, así que, o el cerdo es una altamente apreciada despensa andante, o se le proscribe como a un animal inmundo. En el caso de los judíos nos enfrentamos a una auténtica fobia que ha perdurado miles de años, y aún en la actualidad sigue activa. Se trata de una cuestión íntimamente vinculada con su identidad, que incluso ha conducido a algunos hebreos a lo largo de la historia a padecer terribles torturas y sacrificios —que preferían antes de consumir el animal impuro—, y la lectura de algunos de ellos todavía tiene fuerza para conmover al lector. Es el caso de los Macabeos, cuando se vieron forzados en el s. II a. C. por Antíoco IV, Epífanes, rey del Imperio Seléucida, no solamente a abandonar su religión, sino a romper violentamente con ella, volviéndose contra su pasado y sus tradiciones, con tal imposición de terror, que provocaron todo lo contrario:

> *Muchos en Israel se mantuvieron firmes y se llenaron de valor para no comer alimentos impuros. Prefirieron morir antes que mancharse con la comida o profanar la alianza santa; y murieron (1Mac., 2, 63-64).*

La cuestión es, entonces, verdaderamente relevante, porque si alguien se dejaba morir antes que incumplir el precepto, es que efectivamente se trataba de una cuestión medular para esa persona. El cerdo era visto como un animal abominable que representaba lo peor que podía hacer un judío, hasta tal punto que prefería una cruel tortura y la muerte antes que consumirlo. Es un ejemplo evidente de cómo un alimento es capaz de representar las convicciones, la pertenencia, el estilo de vida elegido.

Pero no es solamente que el cerdo no se pudiera consumir, es que no se permitía ni siquiera su crianza: «No se pueden criar cerdos en ninguna parte», como explica la Mishná, por lo que la impureza era mucho más extensa y se relacionaba incluso con el modo de producción (M., *BQ.*, 7, 7). Constantemente podemos ver en los propios textos hebreos cómo el cerdo se consideraba un animal impuro, y las comparaciones con este animal se consideran realmente insultantes, como sigue ocurriendo en la actualidad.

Pero la prohibición del consumo de la carne de cerdo —que fue una elección, ya fuera un tabú o una fórmula de supervivencia— no solamente era un rito o una tradición interna: en el entorno mediterráneo era tan evidente y llamativa que los pueblos que compartieron sus ciudades con judíos observaron con extrañeza y hasta se sobresaltaron por su tradición. Entre ellos, Roma percibió esta singular prohibición y las fuentes señalan cómo les pareció verdaderamente absurda, ya que la civilización romana adoraba su carne. Es Tácito quien buscaba explicaciones a esta costumbre alimentaria que a él le parecía irracional. El tenía una teoría, sugería que los judíos hacían exactamente lo contrario de lo que practicaban el resto de los mortales con el único afán de ser diferentes. Y achacaba el origen de la costumbre a que, tras una plaga sufrida por estos animales en algún momento de su historia, los judíos empezaron a considerarlo impuro, y tras el episodio evitaron en lo sucesivo volver a consumirlo. Se percibe en sus palabras cómo esta justificación le parecía al autor lo suficientemente extraña como para ser judía, y de alguna forma la excusa por la antigüedad de su práctica como algo cuya memoria se había perdido ya en su tiempo, pero que había llegado a materializarse como parte de la cultura hebrea (Tac., *Hist.*, 5, 4).

Es interesante el análisis de Tácito al explicar las diferencias de los judíos de su tiempo con otros pueblos con los que habían convivido, como por ejemplo era el caso de los egipcios. Según el escritor, muchas de las elecciones religiosas, vitales e incluso alimenticias del pueblo judío se debían a la intención de Moisés de crear ritos nuevos, contrarios a los del resto del mundo. Con el único fin de hacer a su pueblo diferente y único. Y cuya causa final era una fe que les llevaba a esa búsqueda de singularidad, y así, según su criterio, los judíos iban seleccionando como sagrado lo que para el resto del mundo era profano y viceversa. Según esta teoría de Tácito, era por este motivo por el que, además de abominar de la carne de cerdo, seleccionaron como animal destinado al sacrificio al carnero: con el fin no solo de diferenciarse, sino también de ultrajar a Amón, el dios egipcio representado en forma de carnero. Como trasfondo al texto de Tácito, se advierte la opinión que los romanos tenía sobre los judíos. Más allá de percibirlos diferentes, y como señala el propio Tácito, estaban convencidos de que su mente y su corazón estaban repletos de maldad. Y que la ponían de manifiesto a través de ceremonias siniestras y abyectas. Esta fue una desgraciada y triste fama que les terminó acompañando durante toda la historia, de forma que casi cuesta reponerse tras la lectura de estas afirmaciones. Para tratar de entender al menos parcialmente esta inquina, tendremos en cuenta que Tácito compuso sus *Historias* entre los años 69 y 96 d.C., es decir, desde el consulado del emperador Galba hasta el fallecimiento de Domiciano, tras la primera revuelta judía. Era una situación social compleja, con una Roma en plena efervescencia antijudía, y quizás su aversión se explique parcialmente por la difícil situación histórica que le tocó vivir.

Volvemos a la prohibición del consumo del cerdo, para lo que analizaremos sus causas antes de tomar una decisión con respecto a los motivos de su inclusión entre los animales prohibidos. En realidad, la carne de cerdo es una magnífica fuente de proteínas. Proviene de un animal más fácil de criar que, por ejemplo, el camello, ya que tiene un tamaño inferior y más manejable. Sin embargo, los cerdos no pueden caminar largas distancias, no comen solamente hojas de plantas, ya que necesitan grano o incluso pequeños animales, porque son omnívoros. Y por supuesto no producen leche ni rinden ningún otro servicio con el animal vivo, como por ejemplo producción de lana o transporte de personas y enseres. Es decir, por el precio de una cabra o una oveja, una comunidad recibía un animal que comía cosas que los hombres no podían digerir. Además, cabras y ovejas proporcionaban leche, son dóciles, pueden caminar largas distancias e incluso se puede aprovechar su pelaje. Un pastor nómada jamás elegiría a un cerdo como animal por todos estos motivos, a pesar de la calidad de su carne. Y en realidad, los pastores no cuidan el ganado únicamente por la carne, sino por los productos secundarios como son la lana y la leche, que les proveen de artículos de alimento y vestido sin perder al propio animal, y son una magnífica fuente de recursos para una economía de intercambio. Ovejas y cabras, en definitiva, eran más valiosas vivas que muertas y, en realidad, un pastor que hacía vida de subsistencia no podía permitirse comerse su rebaño, porque terminaría pronto con su forma de ganarse la vida.

Por otro lado, observemos el hábitat, que será clave para comprender la inserción o el rechazo de la cría del porcino. En primer lugar, los cerdos viven preferentemente en lugares húmedos o cerca de humedales, en bosques mejor que en lugares desérticos, en los que no sobreviven. No tienen glándulas sudoríparas, así que para que su temperatura no suba excesivamente se enlodan cuando hace calor, lo que les proporciona ese aspecto sucio tan mencionado en todos los textos, y que en realidad es una auténtica barrera protectora contra la deshidratación. Aunque, desde luego, si tienen barro y agua limpia, lo prefieren a enlodarse en medio de excrementos y lugares sucios, y siempre tratan de protegerse mediante este sistema cuando la temperatura llega a los 30º, que es su límite de calor externo. La situación puede ser aún más compleja, porque si el animal es de gran tamaño le cuesta más trabajo refrigerarse y por tanto sobrevivir, lo que nos lleva a la conclusión de que el clima extremo del desierto hace imposible la supervivencia de los cerdos.

Con respecto a su fisiología, como señala Levítico, los cerdos tienen la pezuña hendida, pero no son rumiantes, son omnívoros exactamente igual que el hombre, lo que significa que compiten por la misma comida en un entorno de escasez. Y si los comparamos con los otros animales sí elegidos para su consumo por este pueblo, como son las cabras y las ovejas, observamos que las hierbas y raíces que consumen estos herbívoros no son adecuados para el consumo humano. Por tanto, al no haber competencia entre el ser humano y el ganado ovicaprino, hay alimento para todos, se produce una situación en la que la coexistencia conduce a un mutuo aprovechamiento; se hace viable la convivencia entre hombres, cabras y ovejas.

Pero tengamos en cuenta el territorio de nuevo, y volvamos al segundo milenio a. C., a una zona árida, poco poblada y de difícil tránsito como es la que estudiamos. Los grupos de pastores que nomadeaban con sus rebaños vivían de las posibilidades ofertadas por estos territorios, con unos pastos limitados, en los que principalmente había ganado vacuno, ovino y caprino. En las zonas húmedas y más ricas desde el punto de vista de la agricultura, en el valle del Jordán, la población sedentaria no judía, probablemente sí criaba cerdos.

En realidad, la prohibición del consumo de cerdo no hacía nada más que poner de manifiesto el problema que los nómadas tenían con este animal. Y se trata de una cuestión concluyente, ya que si el consumo de su carne se vetaba, sobraba criar a los animales, y si para colmo de males los cochinos prácticamente no podían vivir en el nicho ecológico de los nómadas, su consumo era absurdo y la crianza se hacía prácticamente imposible.

Sin embargo, los herbívoros (cabras y ovejas) podían consumir todas esas hierbas áridas e incluso las raíces, gracias a que los distintos estómagos que tienen les permiten absorber la celulosa. El cerdo,

245

que no es herbívoro, no puede absorberla, sencillamente. Además, no soporta el calor, no da leche ni lana, solamente tiene valor muerto, no vivo, al contrario que les sucede a los animales que sí pastoreaban estos pueblos. Ni siquiera puede tirar de un arado o llevar peso sobre los lomos, y para colmo, necesita refrescarse porque no puede sudar, por lo que en lugares de temperaturas elevadas sufre extraordinariamente, debido a que tampoco tiene pelo que pueda protegerle del sol intenso. Por lo tanto, el cerdo busca constantemente líquidos con los que poder refrigerarse como hemos comentado, y si no hay agua limpia se revolcará en sus propios excrementos, de ahí el concepto de que los cerdos eran sucios.

Como resumen de lo expuesto diremos que el cerdo compite por el alimento con el hombre, que no está adaptado al nomadismo, que no soporta el calor y que además no proporciona más rendimiento que su carne. Todos estos son demasiados problemas para una crianza de ganado con buen rendimiento.

Una vez analizadas las circunstancias biológicas del animal y estudiado el entorno natural, veamos algunas de las teorías más populares para explicar el tabú del cerdo:

1. Para el antropólogo Marvin Harris[77], probablemente el cerdo fuera un artículo de lujo, un *placer suculento* hasta tal punto que, según él, su consumo tuviera alguna acepción pecaminosa, una auténtica tentación de delicias culinarias equiparables en otros siglos a las de las mesas de Carême, Escoffier o Grimod de la Reyniere. Y a la vez de esta gula pecaminosa, el cerdo en realidad habría sido una gran carga para los hombres nómadas, un animal imposible de transportar y que requería más cuidados que beneficios producía. Y tenemos una interesante clave que puede ayudar a explicar el proceso del rechazo de la cría del cerdo y el consumo de su carne. Debido al cambio climatico que se produjo previamente al Neolítico, tanto el norte de África como Oriente Medio perdieron el antiguo clima más benigno y suave para adentrarse en temperaturas más cálidas. En todo el planeta se produjo una auténtica metamorfosis, la cual derivo en esta zona hacia una des-

---

77 Harris, M., *Vacas, cerdos, guerras y brujas*, 2011a, p. 57.

trucción de vegetación y de humedad. Y este cambio climático condujo a una gran parte de su territorio hacia un proceso de auténtica desertificación, que es como la conocemos en la actualidad. Y si el cerdo vivía en aquel ecosistema previamente a dicho cambio, pronto dejó de hacerlo, porque el entorno climático dejó de serle favorable.

Aunque Maimónides escribió que: «La comida prohibida por la ley es nociva» también dijo que: «La carne de cerdo contiene más humedad de la necesaria y demasiada materia superflua... Sus hábitos y su comida son muy sucios y repugnantes», en realidad hay algo más que un aspecto de higiene en los tabúes alimentarios hebreos. Es una cuestión más compleja.

Como señala acertadamente Fernández-Armesto[78] «son convenciones acordadas: en última instancia son arbitrarias». Es decir, que son prácticas que unen a los que las efectúan como una misma comunidad, que se fortalece por dicha experiencia común y que además señalan inequívocamente a quienes no las respetan, aunque es posible que, en el caso del cerdo, enmascaren esta otra cuestión vinculada con el difícil clima de un territorio y la compleja adaptación del cerdo a ella.

2. En muchas ocasiones se ha justificado la porcinofobia por la triquinosis, pero esta razón no se sostiene. En realidad es solamente una excusa, no una causa. Entonces no se conocía la triquina, ni los motivos de la enfermedad del animal, ni nada parecido; es más, hasta el año 1859 no se establecieron los vínculos entre la triquinosis y el consumo de carne de cerdo poco hecha (ni siquiera cuando la carne está bien hecha se transmite la triquina). Otras carnes también pueden ser causa de enfermedad, por ejemplo, la carne de vacuno mal cocinada puede transmitir parásitos, en especial las tenias, y por su parte, las ovejas y las cabras contagian la brucelosis a través de la leche sin hervir. Y todo el ganado, con excepción del porcino, transmite el ántrax, aunque esto último sí lo conocían.

3. Por su parte, Frazer asegura en su obra *La rama dorada*, que los tabúes alimentarios sobre animales suelen deberse a que en algún

---

78 Fernández-Armesto, F., *Historia de la comida. Alimentos, cocina y civilización*, Barcelona, 2004, p. 63.

momento fueron animales sagrados, pero también los egipcios adoraban al carnero y no por eso dejaron de consumirlo. Frazer alega esto aduciendo el ejemplo de las vacas hindúes, pero en el caso de los hebreos, estos adoraron al becerro de oro durante su marcha por el Sinaí y, sin embargo, siguieron consumiendo ternera. No parece evidente que siempre se cumpla esta regla, sino que más bien se trata de algo que sucede puntualmente.

Frazer también objeta que los fieles de Atis, dios frigio compañero de Cibeles, no consumían cerdo porque se consideraba que el dios se había reencarnado en un cerdo. El caso es que existe una serie de leyendas que vinculan al cerdo y a Atis. Hay otro mito que señalaba que el propio dios había sido atacado (y había muerto) por la embestida de un jabalí. Y una más que narra que Atis nació de un árbol gracias a que un verraco rompió la corteza con sus colmillos. Frazer concluye que el cerdo fue considerado animal sagrado entre los sirios, y propone una teoría más, que complementa las anteriores. Para ello utiliza los datos aportados por el matemático griego Eudoxio, que vivió en Egipto y que aseguraba que los egipcios no consumían cerdo porque estos animales eran muy útiles para la agricultura, ya que, tras las inundaciones anuales, y después de sembrar, soltaban en los campos húmedos piaras de cerdos que hundían las semillas en el barro húmedo y las fertilizaban, provocando con su acción que las cosechas fueran mejores. De ahí los sentimientos contradictorios con respecto a este animal que finalmente se convirtieron en repugnancia, así como todas las leyendas sobre Osiris vinculadas con el verraco. El sacrificio que se realizaba anualmente a Osiris, con la matanza de un cerdo, se interpretaba como una venganza impuesta a esta especie por haber matado al dios. Según Frazer, este sacrificio anual significaba que en su origen el cerdo era un dios, y que este dios era Osiris, aunque con el tiempo se fue olvidando la antigua asociación del cerdo con Osiris. La postura, difícil y ambivalente entre sacralidad e impureza, lleva a Frazer a considerar la posibilidad de ambos orígenes, e incluso a reflexionar con respecto a que uno deriva del otro. Cosas similares ocurrían en distintos lugares del mundo antiguo. En Hierápolis, una importante ciudad religiosa cercana al Éufrates, hoy Manbij, al norte de Siria, no se sacrificaban ni consumían cerdos, y en el caso de que se rozara a uno de ellos había que purificarse. Pero no tenemos evidencias del motivo. Por una parte, parece que se debía a que el cerdo se consideraba animal impuro, y por otra, que de alguna forma también era sagrado. Es posible que ambas opciones fueran parte de la misma realidad. Para complicar aún más el panorama, Frazer insiste en que había banquetes solemnes en los que se podía consumir su carne como algo sagrado, lo que implica la eventualidad de dichos banquetes y que el cerdo no se consumiera de forma cotidiana. Es decir, la actitud de los sirios antiguos parece muy poco definida y nos deja más confusos que otra cosa.

En cuanto a la posibilidad de que el cerdo formara parte de algunos banquetes en esta época, puede ser auténtica. Incluso unos versos de Isaías reflejan el banquete de cerdo por parte de algunos miembros del pueblo de Israel, mostrando con ello algún tipo de antiguo ritual:

> *Un pueblo... que hace sacrificios en los huertos y quema incienso sobre los adobes. Que se asienta entre tumbas y pasa la noche en cavernas, que come carne de cerdo y caldos inmundos en sus platos (Isa., 65, 3).*

Parece que estos grupos de judíos señalados por el profeta se reunían en ceremonias secretas en memoria de un antiquísimo culto que provenía de una época anterior en la que el cerdo había sido considerado animal sagrado. Según Frazer[79], todos los animales impuros habían sido una vez sagrados, y la razón de la prohibición del consumo estaba precisamente en su divinidad.

Igualmente, en el antiguo Egipto, el cerdo ocuparía esa posición sacra en su origen que posteriormente devino en impura, como ocurrió en Siria y Palestina. Pero sí tenemos claro que su consumo quedó como aspecto impuro más que sacro, lo que podemos observar en que había que lavarse tras tocar un cerdo, que a los porqueros les estaba vedado el paso a los templos, o que las hijas de los porqueros solo se casaban con los hijos de porqueros. Pero los egipcios seguían celebrando una antigua ceremonia, anualmente, en la que sacrificaban cerdos a Osiris y a la Luna, y posteriormente consumían su carne.

---

79   Frazer, J. G., *op. cit.*, 1993, pp. 536-537.

En relación con el lavado posterior tras haber tocado un cerdo por ser considerado impuro, también los hebreos se lavaban las manos tras tocar los libros sagrados. Es decir, no solamente ante un animal impuro, sino que el lavado de manos es un ritual de respeto hacia el objeto sagrado, para evitar que nada en contacto con él pueda contaminarse con cualquier otra cosa. Así, esa extrema santidad que los egipcios atribuían al cerdo, asignándole poderes sobrenaturales y sentimientos de adoración y aversión a la vez, por su poder, parece ser la instigadora del sentimiento contrario, provocando suspicacia contra esta especie.

4. Según Liverani[80], los sumerios del III milenio tenían como base de su economía la cebada y la oveja. A su vez ambos estaban relacionados, porque la oveja aprovecha los restos de la cosecha de la cebada una vez recogida. El cerdo no podría beneficiarse de la paja, porque necesita parte del grano para comer, y no puede comer solo la paja porque su aparato digestivo es diferente al del ganado ovicaprino.

En realidad, ni siquiera en los himnos sumerios[81], que son tan explícitos en materia de alimentación, encontramos una sola referencia a los cerdos. En una sola ocasión se habla del jabalí, aunque en diferentes textos se encuentran referencias distintas a este animal. En particular, se trata de la transformación de Utu en jabalí. Es interesante si observamos que se conocía la versión silvestre de los cerdos, pero que no aparecen como animales domésticos en ninguna plegaria, mito o verso de los himnos. Si hubiera sido un animal relevante, estaría entre ellos de alguna forma, tanto como animal sagrado como animal despreciable. Tampoco el Enuma Elish, el poema babilónico de la Creación, menciona una sola vez a los cerdos, aunque sí hace referencia a diferentes cultivos, plantas y animales.

En el valle de Ela, el lugar donde acampaban los israelitas cuando David se enfrentó a Goliat, se sitúa el yacimiento de Khirbet Qeiyafa. Esta ciudad se ha identificado con la población bíblica de Saaraim, donde estaba el palacio del rey David. Se trata de una cuestión clave, por que aquel tiempo narrado por los textos bíbli-

---

80   Liverani, M., *Uruk, la primera ciudad*, Murcia, 2005, p. 49 ss.
81   Lara Peinado, F., *op. cit.*, 2006, p. 62.

cos sobre el enfrentamiento entre ambas potencias, Judá y una parte de los filisteos que provenían de Gath, son contemporáneas de ese yacimiento (Khirbet Qeiyafa). Es decir, parece que la arqueología y la narración bíblica encajan en este punto y la tradición y la historia convergen.

Las excavaciones han puesto en evidencia una larga secuencia de ocupación de la ciudad en cuestión, que lleva desde el Calcolítico tardío hasta época islámica, en siete estratos diferentes. En ella se ha descubierto una ciudad fortificada fechada en la segunda Edad del Hierro. En este yacimiento se han encontrado cientos de huesos de animales, entre los que se cuentan ovejas, cabras y ganado vacuno. Pero es interesante observar una ausencia total de huesos de cerdo, al contrario que en los cercanos centros de Ekron (Tel Miqne) y Gath (Tell es-Safi), donde había numerosos cerdos que su población criaba y consumía.

Además, en Khirbet Qeiyafa, se han encontrado unas peculiares bandejas para hornear que no se han hayado en esas otras poblaciones, lo que indica claramente que en Khirbet Qeiyafa la población no era filistea, y que por tanto había diferencias culturales, religiosas sociales y probablemente alimentarias entre ambas poblaciones. Divergencia que queda de manifiesto claramente en su sistema alimentario, como vemos. Es un lugar en el que los cultos religiosos incluso se distinguen firmemente diferentes de los cananitas o filisteos y, al contrario de estos, carece de su rica iconografía[82]. Incluso la compleja identificación arqueológica de las fronteras entre diferentes tribus cananeas ubicadas en los altiplanos o en la llanura se puede dilucidar por la presencia o ausencia de huesos de cerdo y, por tanto, de este animal utilizado como alimento, lo que nos indica una fuerte diferenciación entre las distintas poblaciones[83]. Y que por tanto, la población israelí no consumía el cerdo, frente a los pueblos vecinos que sí lo hacían. Es un paso interesante aunque aún desconocemos las causas.

---

82   Garfinkel, Y., *op. cit.*, 2013, pp. 55-62.
83   Liverani, M. *op. cit.*, 2005, p. 66

5. Por su parte, la teoría de Carlton Coon[84], a la que se adhiere Marvin Harris, fue que en esta zona se produjo una primitiva deforestación que, paralelamente a un notable crecimiento demográfico, provocó la destrucción de las zonas naturales donde pastaban los cerdos, y que explica por qué la crianza de estos animales se hacía cada vez más costosa debido a la necesidad y mayor demanda de la población fue necesaria una mayor roturación del terreno, y con ello desaparecieron las fuentes naturales de alimentación para el cerdo, en especial el entorno de la dehesa —con sus bellotas, trufas, maleza y pequeños animales—, que es tan apropiada para la óptima crianza del cerdo. Entonces eran unos animales que apenas necesitaban cuidados, que pastaban libremente en los bosques mediterráneos de encina y que, de repente, encontraron que ya no tenían su ecosistema disponible. Viéndose, por tanto, en la necesidad de invadir otros espacios. Sin embargo, según Coon, estos animales que antes eran una auténtica despensa de carne de fácil acceso pero que se habían visto desplazados, sufrieron las consecuencias en forma de este tabú (la porcinofobia), ya que, desgraciadamente, no fueron capaces de proporcionar al hombre nada más que esta carne (y ahora con dificultad), y no leche, fuerza de tiro o lana, como sí hacían los rebaños de la competencia.

Las antiguas zonas de dehesas se sustituyeron por plantaciones de olivos o cereal, donde no se les permitía hozar, e, igualmente, las personas tuvieron que acoplar sus ganados a estas nuevas condiciones climáticas, para las que eran mucho más adecuadas ovejas, cabras y vacas. Animales que a su vez transformaban esos restos vegetales en los muy prácticos productos como la leche y todos sus derivados (nutritivo y alimenticio), y la lana (útil para tejer y como vestido), además de carne ocasionalmente. Así que los banquetes a base de cerdo fueron cada vez más ocasionales y escasos, y como los cochinos se tuvieron que limitar a ocupar espacios que no eran los más adecuados, se terminaron transformando en sucios animales que se revolvían en sus propias heces, que es la imagen de un panorama desagradable, hay que reconocerlo.

---

84   Coon, C. S., Caravan. *The Story of Middle East*, Nueva York, 1951, pp. 525 ss. ; Harris, M., *op. cit.*, 2011a, Madrid, pp. 109 ss.

Pero todo podía ser incluso más complicado, ya que los pueblos vecinos a los israelitas, como fueron históricamente los egipcios, fenicios y babilonios, no eran especialmente aficionados al consumo de cerdo, lo que compromete la tesis de la alimentación dispuesta para reforzar la identidad en su origen, aunque posteriormente sí la reafirmara.

La cuestión es que, al principio de la era dinástica, los seguidores del dios Osiris, que llegaban desde el sur de Egipto y no comían cerdo, se impusieron a los seguidores del dios Seth, cuyo culto se ubicaba al norte y sus fieles sí consumían cerdo. Esta lucha entre dioses explica un conflicto humano entre, por una parte, la densa población que había en el Delta, y por otra, la del valle del Nilo, próxima a zonas semidesérticas en las que los cerdos competían con los hombres por los mismos alimentos. Y este mito, o quizás reflejo de una confrontación, puede ser la clave de la porcionofobia en el mundo egipcio. La carne de cerdo terminó siendo rechazada durante el Imperio Nuevo (1567-1085 a. C.) hasta convertirse en un tabú de carácter religioso. Heródoto dice que ni los libios ni los habitantes de Cirene criaban cerdos, y que los egipcios lo consideraban un animal impuro, incluso acercarse a él se consideraba impureza. Aunque se sacrificaban y se consumía su carne cuando había que celebrar la fiesta de Selene y Dioniso, justamente en el plenilunio, o que es posible que evidencie que su consumo se produjo en algún momento, o en algún sector social más favorecido (Herod., *Hist.*, 4, 186; 2, 47).

Desde luego, debemos tener en cuenta que en las zonas en donde ya no era posible criar cerdos, ya fuera por un hábitat difícil para estos o por la competencia con los hombres por el mismo alimento, la prohibición carecía de valor. Si no había cerdos, no comerlos no suponía ningún esfuerzo.

Una vez expuesta la complejidad de esta prohibición, en la que probablemente intervengan al menos dos de las cuestiones esenciales, como son el asunto de la elección alimentaria por el afianzamiento de la identidad y la propia fisiología del cerdo vinculada al clima y el territorio, dejamos que el lector vincule a placer las teorías que le parezcan más oportunas. Aunque rematamos este capítulo con lo que podría ser el colmo de la perversión alimentaria: la sangre de cerdo, porque en ella se contienen dos importantes tabúes, el de la sangre y el del cerdo. Isaías la cita como una de las peores abominaciones, símbolo de la incoherencia religiosa de los israelitas (*Isa.*, 66, 3). Y hasta en el libro de Macabeos presenciamos cómo ellos prefieren ser torturados y sacrificados mediante unos suplicios espantosos antes que comer carne de cerdo con el significado de la renuncia a sus creencias y a su tradición que suponía esta acción (*2Mac.*, 7). Así que asistimos a muchas muertes, que se prefieren antes que consumir cerdo, que representaba la máxima abominación y ruptura de la tradición, de la ley y del pacto con YHWH.

Lo que la ley permite

Cuando llegamos al final de todas estas prohibiciones, parece que la lista de alimentos posibles se acorta extraordinariamente. No solo por las restricciones con respecto al producto, sino en cuanto a la forma de prepararlo, de combinarlo con otros alimentos o con respecto al día y el procedimiento de consumo. La extraordinaria ritualización de la alimentación, a la que se ha llegado a lo largo de la historia, provoca grandes dificultades en las comidas cotidianas de los judíos del s. XXI. Los aspectos son sumamente complejos y no son tan sencillos como la simple elección de comer o no cerdo, sino que incluyen matices como las fórmulas de respetar un estilo de sacrificio, qué productos no mezclar o qué alimentos están permitidos para la divinidad y cuáles no para el ser humano. Las prohibiciones por lo general parecen dictadas con criterios de pureza, de nuevo, como la de vedar el cultivo de varias plantas en el mismo campo, o incluso la selección de animales con unas características determinadas, que parece originarse en un primitivo intento de clasificación y definición de las distintas tipologías fisiológicas de las especies animales. Esta podría ser la causa de la especifidad de la norma sobre poder comer peces con aletas y escamas, pero no si carecen de dichas características, por las que son considerados impuros. Incluso los conceptos de perfección o de pertenencia a uno de estos tipos define que se permita el consumo de animales que rumian y que tienen la pezuña partida, que responden a la idea del rumiante ideal.

Pero si no cumplen esa idea de perfección, es decir, son rumiantes de pezuña no hendida, quedan excluidos.

Pero hay más posibilidades, muchas más. La alimentación fue cambiando a lo largo del tiempo, y comer no era (solamente) un camino pedregoso repleto de dificultades, sino un placer del que disfrutaban de la mejor forma posible en las distintas circunstancias, así que veremos algunos de estos alimentos y las condiciones que debían cumplir para formar parte de la alimentación:

LA MIEL

Era uno de esos productos no solo permitidos, sino muy celebrados, pero con pequeños condicionantes, porque había que tener la precaución de que no hubiera abejas en su interior. En general la observación detallada de los productos era bastante importante y, en este caso, sustancial, porque la abeja es un insecto y como tal no se podía consumir. Por la regularidad con que se habla de la miel parece que es un producto muy utilizado, y sumamente apreciado; incluso en ese hermoso modelo literario de la Tierra Prometida, se habla de un lugar que mana leche y miel. Cuando los hijos de Jacob fueron a Egipto por segunda vez llevando a Benjamín con ellos en busca del grano necesario para alimentar a su pueblo, portaban como obsequio hasta José, al que aún no habían identificado, los mejores productos que tenían, y entre ellos había miel (*Gn.*, 43, 11). Y también el Eclesiástico representa, en una época bastante posterior al Génesis, el valor de la miel, que es considerada entre los alimentos mejores y más importantes.

Pero debemos reflexionar sobre el concepto de la miel, ya que, aunque en Mesopotamia se conocía, también se usaba como endulzante el sirope natural del dátil, que funciona en cocina de idéntica forma a la miel. Una de las primeras referencias que tenemos sobre el uso de la miel es la de Gilgamesh, que llenó una jarra de cornalina con ella[85] no sabemos exactamente si como libación o como ofrenda a los muertos. Pero, en cualquier caso, la miel era un poderoso símbolo de riqueza, de prosperidad y abundancia, de ahí que constantemente encontremos en la Biblia esa imagen de la tierra que mana

---

85   Lara Peinado, F. (trad.) *Poema de Gilgamesh*, Madrid, 1992, p. 115.

leche y miel[86], con el significado de una tierra buena y espaciosa con capacidad para alimentar a los hijos de Israel.

Sin embargo, la miel tenía también su lado complejo, y aunque formaba parte de la alimentación cotidiana, no se usaba para los holocaustos, así que las ofrendas que se inmolaban a YHWH debían abstenerse de tener miel y de levadura entre sus ingredientes, y no debían estar quemadas (*Lev.*, 1, 11).

SELECCIÓN Y PREPARACIÓN DE LAS CARNES

El primer paso para poder obtener carnes puras destinadas al consumo humano era seleccionar los animales adecuados. El segundo era el sacrificio ritual de los animales puros cuya carne se podía consumir. Se trata de una serie de rituales muy estructurados, con la presencia de distintas y numerosas reglas en las fases del proceso: primero, normativas para la realización el sacrificio, después las propias destinadas a organizar el despiece, y posteriormente las reglas para la preparación de la carne y el cocinado.

En el momento final de todas estas fases para el consumo de carne, nos encontramos con carnes *kosher* o *terephah*, es decir, permitidas o prohibidas. Mientras hay carnes que en su origen ya son *terephah*, hay otras que son *kosher* desde su arranque y que provienen de animales permitidos, pero que por un proceso mal ejecutado se pueden convertir en *terephah*.

A lo largo de los siglos, el proceso de preparación de las carnes se ha ido haciendo más complejo; hoy en día, el carnicero debe ser un judío ortodoxo entrenado por un rabino, quien es el responsable de la inspección de los animales antes del sacrificio, para seleccionar los ejemplares que considere aptos. Es entonces cuando esos animales se certifican, justo antes de la muerte, y para evitar que puedan hacerse impuros, se realiza el sacrificio rápidamente con un cuchillo mediante un corte que debe ser firme, rápido, utilizado sin vacilación para realizar un tajo profundo en la garganta, asegurándose de que se seccionen limpiamente la garganta y la tráquea. Entonces el animal se cuelga de las patas traseras para que se desangre. Se inspec-

---

86 *Ex.*, 2, 17; 13, 5; 33, 3; *Lev.*, 3, 8; 20, 24; *Num.*, 13, 27; *Dt.*, 26, 9-15; *Jr.*, 11, 5; 32, 22; *Ez.*, 20, 15.

ciona el corte detenidamente, y si hay cualquier laceración alrededor de la línea, se declara *terephah*, es decir, no válido para el consumo del judío. Igualmente, al despiezar y retirar la carcasa y los tejidos musculares, no debe haber venas rotas. Tras este primer paso, se inflan los pulmones y se colocan bajo agua, inspeccionándose si hay aparición de burbujas. Si estas aparecen, la carne se declara *terephah*. Otra salida perdida... pero continuemos, ya que también se examinan los órganos internos: estómago, corazón, hígado, riñones, intestinos, vesícula biliar y bazo, y en cada uno de ellos podrá haber signos críticos que hagan a la carne apropiada o no para comer.

Ya tenemos al animal sacrificado, declarado apto para el consumo y preparado para ir a la carnicería. Pero solo se aprovecharán los cuartos delanteros, los traseros son *terephah*. Esta costumbre está vinculada con algo que le ocurrió a Jacob y que hemos analizado en el apartado dedicado a los patriarcas, en cualquier caso, una noche durante la que Jacob luchó con un ángel, este lo hirió en el nervio ciático (*Gn.*, 32, 32), y en recuerdo y como símbolo de esta lucha, los más ortodoxos no consumen los cuartos traseros de los animales.

Muchos de los pasos de estos rituales son prolijos, aunque hoy los frigoríficos han venido a salvar muchos problemas y la carne se deja enfriar durante 72 horas, pero no más. Tampoco el transporte de la pieza puede excederse más de estas 72 horas, y si se superan, debe procederse a lavados rituales, o de nuevo se clasificará como *terephah*.

En cuanto a las técnicas de cocinado, la principal prohibición era la del consumo de la sangre que, naturalmente, afecta a la pieza completa. Aunque esta se desangra en un proceso exhaustivo durante las distintas operaciones, cuando llega a la cocina los judíos ortodoxos introducen las piezas de nuevo en agua salada, o la salan y después la dejan escurrir para que la sal actúe rompiendo los tejidos y retirando los últimos restos de sangre que puedan haber quedado. Y así, se escurren una vez y otra hasta quitar toda la sal, y para finalizar se cocinan a fondo mediante una técnica como la cocción, el estofado o incluso el asado para finalmente disponer de una comida realmente *kosher*.

7. De las comidas cotidianas a las fiestas

Los judíos mantenían todas sus celebraciones con pulcritud y observancia, algo que en el mundo antiguo llamaba poderosamente la atención a los pueblos del entorno. La misma Roma jamás llegó a comprender sus fiestas ni su cultura, y se asombraba del cumplimiento estricto del Shabat que realizaban los hebreos, con sus extrañas costumbres —para ellos— en relación con los alimentos, con todas sus prohibiciones y sus ritos, que resultaban tan ajenos al mundo romano. Sin embargo, quizás todas estas celebraciones fueron precisamente una parte importante del establecimiento de esta identidad poderosa y de carácter continuo a lo largo de los siglos, y su práctica terminó construyendo su fortaleza. Las celebraciones de carácter cíclico como Pesaj, la Fiesta de las Tiendas o Sucot recordaban la historia del pueblo de Israel, sus principios y sus raíces. Y si bien sus fundamentos eran de carácter espiritual y fortalecían las creencias, también los lazos entre la comunidad y la familia se hacían más poderosos. Una de sus expresiones era de carácter alimentario, además de la oración, de las peregrinaciones o de la asistencia a la sinagoga. El banquete era el momento final, de disfrute y gozo después del recuerdo al pasado y a los antepasados o del homenaje a YHWH. Sucede así con todo lo humano, en todos los tiempos y en todas las latitudes, y cuando hay algo que celebrar, siempre hay un momento final del ciclo en el que el banquete ocupa un espacio de expansión, de disfrute y de convivialidad.

Las celebraciones más cotidianas, como el semanal rito del Shabat, incidían en este aspecto, y el banquete semanal, más modesto por lo periódico que los de carácter anual, mantenía ese vínculo espiritual con la divinidad y entre las personas de la familia y amigos, fortaleciendo las creencias, los lazos comunes y los ritos con una unión poderosa y creciente. Podemos decir que era un banquete de alto contenido espiritual, expresado a través de unos alimentos concretos que estaban preparados de una determinada forma. Eran el signo de un tiempo y estaban dotados de una importante carga simbólica, e incluso presentaban números alegóricos a lo largo de la comida, por ejemplo, en la cantidad de velas que había sobre la mesa, en la repetición de las oraciones o en el número de los productos servidos. Y todo esto tenía un significado preciso para el comensal; las pequeñas cosas contaban una historia que todos ellos entendían bien. La liturgia de estos banquetes también variaba según la ocasión, y los mismos platos, la forma de elaborarlos y de servirlos hablaban al comensal, expresando algo concreto en cada caso.

Las celebraciones y los banquetes eran, de nuevo, una fórmula más para asentar una identidad, para expresar algo y para diferenciarse de *los otros*, fueran quienes fueran en cualquier caso. Se partía de un concepto contemplado como evidente: ellos eran el pueblo elegido, con lo que esto conllevaba de obligaciones, normas y cumplimientos y, por supuesto, de vinculación con YHWH, que era, a fin de cuentas, el objetivo final, una fe común.

En cuanto al horario de comidas, parece que al caer la tarde, cuando ya todos habían cumplido sus obligaciones, la familia se sentaba a la mesa a reponer las fuerzas gastadas por el trabajo de todo el día. El atardecer era la clave del descanso, lo que no implica que no se comiera algo a lo largo de la jornada, a manera de tentempié. El libro de Rut nos muestra cómo los segadores paraban en la mitad de la dia a una hora precisa para comer algunos alimentos sencillos como pan, trigo tostado y salsa para mojar el pan (*Rut.*, 2, 14).

El banquete en el mundo judío

Como en todas las sociedades, no podemos hablar solamente de un banquete, o de una fórmula de banquete, sino que hubo tantos como ocasiones existían. Por una parte, encontramos los banquetes rituales, de carácter religioso, solemnes y rigurosos, sometidos a una liturgia muy precisa y bien descrita en los libros de Levítico y Números. También tenemos los grandes banquetes de las cortes reales, como los de Salomón o David, que causaron asombro a la mismísima reina de Saba. Y en el otro extremo del espectro podemos observar aquellos banquetes sencillos de los patriarcas en los primeros tiempos, en los que un guiso o un asado y un poco de pan eran suficiente. También están los banquetes absolutamente festivos y de carácter humano, como eran aquellos intemporales en los que se celebran matrimonios y nacimientos o cualquier circunstancia afortunada. Los textos bíblicos recogen multitud de banquetes de todo tipo, porque relatan la vida ordinaria de las personas, no solo los hechos extraordinarios, e incluso describen los banquetes que se festejaban tras vencer en una batalla, adquirir un botín o conquistar tierras, lo que nos lleva a concluir que existieron numerosos modos y fórmulas para disfrutar de un banquete y que estos se vinculaban con la situación.

Banquetes rituales

Los banquetes sagrados formaban parte del culto a YHWH y de los ritos en torno al Templo, únicamente los podían presidir los levitas, que eran la tribu de los descendientes (en sentido simbólico con el paso del tiempo) de Aarón y sus hijos, los primeros sacerdotes de Israel. En Levítico se explica minuciosamente hasta el último detalle de estos banquetes, con datos muy concretos sobre el desarrollo del ritual, sobre los alimentos que se debían consumir y su preparación para estos banquetes sagrados, que eran verdaderamente complejos y tenían una liturgia para la que los levitas se entrenaban y que, por lo tanto, conocían perfectamente. Eran ellos quienes se convirtieron en los auténticos expertos en la preparación de estas ofrendas: sabían qué hacer y cómo hacerlo, incluso de qué forma había que actuar en el caso de las distintas ofrendas, que iban desde bueyes hasta aves o incluso sencillas oblaciones de tortas y panes.

En la base de estos rituales se encontraba la figura de los peregrinos, que llevaban ofrendas al Templo y presentaban animales previamente seleccionados los cuales se podían adquirir en el exterior. La elección dependía de lo que cada uno pudiera permitirse, las posibilidades eran muy amplias, e iban desde un ternero a una paloma, incluso había sacrificios incruentos, con la entrega de pan o de harina, si el oferente no podía permitirse adquirir un animal. Una parte de la carne de los sacrificios se reservaba para los levitas, mientras la grasa se quemaba en incensarios en honor a YHWH. El resto de la carne era para los propios donantes. Estos sacrificios y su desarrollo estuvieron institucionalizados desde el libro del Éxodo, cuando se estableció la estirpe de los levitas, quienes tras recibir de YHWH los diez mandamientos y las instrucciones para la fabricación del Arca de la Alianza, también recogieron las instrucciones sobre cómo debían ser las vestiduras sacerdotes (el efod, el pectoral, el manto, la tiara y las vestiduras). Incluso se les dictaron datos concretos con respecto a la construcción del altar para los sacrificios y todos los detalles sobre cómo se debían desarrollar las ceremonias.

El altar de los sacrificios tenía unas dimensiones concretas, y estaba dotado de instrumentos elaborados en bronce, desde calderos y trinchantes hasta paletas para recoger la ceniza. Cada pequeño instrumento está perfectamente descrito y sus usos especificados. Por su parte, el banquete sacrificial se celebraba solamente entre los sacerdotes, porque era un banquete sagrado. Se componía de la parte que les correspondía de un carnero consagrado, que eran el pecho y la pierna, preparados cocidos y no asados, acompañados del pan también consagrado que estaba a la entrada de la Tienda de la reunión. Y nadie más que los levitas podían comer de esas porciones que tenían un carácter sagrado en esa circunstancia concreta (*Ex.*, 29, 26-34).

Aunque el banquete sacrificial más impresionante de todos, de carácter simbólico en este caso, es el narrado por el profeta Ezequiel. Se trata de un escatológico y monumental banquete en el que todos los animales y las criaturas vivientes comen la sangre, la grasa y la carne del sacrificio de los enemigos de Dios que, si bien impacta como muchos de los textos de los profetas, es más una imagen que trata de expresar el poder divino que una auténtica carnicería (*Ez.*, 39, 17-20). Parece más un reflejo que un auténtico banquete, con un significado más allá de la comensalidad, y que manifiesta un profundo sentido religioso que sin duda resultaba evidente para el lector de su época.

Pero entre los sacrificios no solamente se ofrecían animales, también se entregaban al Templo panes que se consagraban y que estaban destinado al uso y consumo del propio Templo. Eran panes que se habían elaborado mediante un estricto control de los ingredientes, hasta tal punto que incluso los manipuladores, que eran panaderos especializados, también debían estar purificados antes de la elaboración. Cuando David huía de Saúl para evitar su muerte, llegó hasta donde estaba el sacerdote Ajimélec y le pidió panes para sus hombres, porque sencillamente necesitaban comer. El sacerdote le manifestó que no tenían pan ordinario, solo consagrado, y solo podrían comerlo en el caso de que se hubieran abstenido de tener relación con mujeres, ya que eran los panes de la proposición, que debían llevar elaborados varios días y que iban a ser reemplazados por otros preparados más recientemente (*1Sam.*, 21, 4-7). Ya hemos analizado cómo todos los banquetes se desarrollaban a través de un ritual, pero los de carácter sagrado incidían especialmente en la liturgia, en la preparación de los ingredientes y en su desarrollo y condiciones de consumo. Entre estas condiciones se encontraba la necesidad de que los que tomaban esos panes sagrados estuvieran purificados.

Se repiten las ofrendas y la alegría por la nueva dedicación del Templo en tiempos de Ezequías, que pudo vivir entre 716 y 687 a. C., y que luchó contra el rey asirio Senaquerib, quien invadió Judá y al que Ezequías tuvo que terminar pagando un tributo. La cuestión es que se hizo una gran celebración frente al Templo, en la que participaron tanto sacerdotes y levitas como los gobernantes, entre ellos el propio rey y el pueblo, en una celebración que parece multitudinaria y gozosa. Y también agotadora, porque se ofrecieron (y estos números parecen bastante más reales que otros que son improbables que veremos a continuación), siete becerros, siete carneros, siete corderos y siete machos cabríos, que se degollaron, limpiaron y prepararon ese mismo día. Con la fiesta se multiplicaron cantos, música y expresiones de adoración. Una vez consagrado el Templo, el número de animales ofrecido por la asamblea del pueblo se vuelve a someter al ritual del sacrificio: setenta becerros, cien reses mayores, doscientas reses de ganado menor (ahora los números empiezan a ser imposibles). Otras seiscientas reses de ganado mayor y tres mil reses de ganado menor, en lo que parecen unos números inverosímiles para sacrificar en un solo día, porque, en primera instancia, ¿eran tan numerosos los rebaños de Israel? Y ¿cuántos sacerdotes había para realizar estas tareas? El texto incluso señala que los levitas tuvieron que ayudar a los sacerdotes, porque eran demasiado pocos para tanto trabajo (*2Cron., 29*).

Aunque vuelven a superarse las cantidades de animales y los sacrificios, en época de Josías, rey de Judá (del 639 al 608 a. C.) y bajo cuyo reinado vivió el profeta Jeremías. En este caso la celebración hace referencia a la Pascua, una fiesta que probablemente estaba en desuso desde que Judá era reino vasallo de Asurbanipal en época de Manasés, abuelo del rey Josías. Así que restableció a los sacerdotes y reorganizó los servicios, mientras el rey entregaba al pueblo de entre sus propios bienes un elevado número de animales como víctimas pascuales: nada más y nada menos que treinta mil cabezas de ganado entre corderos y cabritos, además de tres mil bueyes. Sus intendentes, los oficiales del rey, los sacerdotes y levitas entregaron igualmente dos mil doscientos corderos y trescientos bueyes, y los intendentes del Templo, cinco mil corderos y quinientos bueyes (*2Cron., 35, 1-9*). Desde luego, estos números son inadmisibles, probablemente no había tanto ganado y era más una forma de retratarse como un pueblo fuerte que el reflejo de la auténtica realidad.

Banquetes públicos

Los banquetes abiertos a todo el pueblo eran también numerosos en las comunidades antiguas. Se trataba de fiestas en las que se celebraban acontecimientos comunes que afectaban a todo Israel, se consideraban la expresión del vínculo entre ellos y la divinidad. En época del rey David se disfrutó de una gran celebración cuando se hizo trasladar el Arca a un lugar específico dentro de la ciudad. En aquella ceremonia se levantó la Tienda de la reunión para que protegiera el Arca, con el fin de establecer el culto en un lugar estable, aunque aún no era un edificio. La entrada del Arca de la Alianza en la Tienda y el establecimiento del culto fue una de las celebraciones más importantes, no solamente para el rey o los sacerdotes, sino para todo el pueblo de Israel. Tras introducir el Arca en la Tienda que el rey David había hecho levantar, y después de ofrecer los sacrificios rituales y holocaustos, se realizó un reparto de alimentos para cada una de las personas del pueblo. Este reparto fue algo extraordinario, porque no se entregaba un solo producto al pueblo, sino varios y de calidad: una torta de pan, un trozo de carne, un pastel de dátiles y otro de pasas. En realidad, era un auténtico festín en el que se adjudicaba a cada persona una serie de productos elaborados. Este regalo consistía en primer lugar en una torta de pan, la pieza esencial de cualquier comida israelí. Además se añadía un trozo de carne, que suponía un importante ingrediente festivo en la dieta. Esta carne representaba un auténtico banquete por sí misma, y es verdaderamente excepcional encontrarla en los repartos populares de alimentos en el mundo israelí de la época. Además del pan y la carne se repartieron dos tipos de pasteles o dulces que eran los de dátiles y pasas, y que ya hemos visto cómo se podían mantener durante bastante tiempo en buenas condiciones, por lo que podían consumirse a placer mucho después de la entrega, así que el reparto no era solamente para festejar aquel día, sino para disfrutar a los largo de muchos días más (*1Cron.*, 16, 3; *2Sam.*, 6, 19).

El rey Salomón dio un paso más que David y construyó un auténtico templo, el gran Templo de Jerusalén, que tuvo una inauguración aún más sonada, por lo que significaba y por el gran paso que suponía trasladar el objeto de culto más importante desde una tienda a un edificio construido exprofeso para contener estos objetos y desarrollar el culto vinculado a ellos.

Para celebrar el gran acontecimiento se prepararon unos sacrificios impresionantes en número de animales que eran, desde luego, la representación simbólica de una celebración significada, ya que en ella se cuentan por decenas de miles las reses de vacuno e igualmente las de ganado menor. En cualquier caso, sí sabemos que hubo sacrificio de animales, reparto de piezas de carne y probablemente de panes también. Se celebraron fiestas durante siete días, sabemos que hubo música y que los festejos se dispusieron para disfrute de todo el pueblo (*2Cron.*, 7, 1-16).

Por lo general, observamos celebraciones rituales de carácter público, en las que todo el pueblo estaba implicado. Se trataba de celebraciones que fortalecían los vínculos dentro de un marco amplio, en las que las procesiones o la liturgia tenían un papel importante, pero también había un aspecto lúdico y gastronómico de carácter comunitario con el que se remataban este tipo de celebraciones.

Banquetes palaciegos

Más allá de las celebraciones populares, de actos religiosos, de presentación de edificios o de fiestas santas, los banquetes palaciegos eran actos privados que en ocasiones tenían efectos públicos. En especial aquellos que se desarrollaban entre monarcas, con embajadas diplomáticas de otros pueblos. En el desarrollo de algunos, observamos cómo la comida era el medio para solucionar problemas de carácter diplomático, como cuando en tiempos del rey David, Abigail trató de resolver una discusión entre su esposo, Nabal, y el rey David. Abigail salió en tiempo récord a comprar:

> Doscientos panes, dos odres de vino, cinco carneros cocinados, cinco seim de grano tostado, cien racimos de uvas pasas y doscientos panes de higos (Sam., 25,18).

Ella se dio cuenta de que era necesario desarrollar una auténtica labor diplomática para calmar al rey y evitar perder tanto su propia vida como la de su esposo. En esa situación, Abigail tuvo una extraordinaria habilidad para poner al rey a su favor y la comida fue la herramienta para con la que obtuvo sus fines, aunque este banquete no tuvo lugar en un lugar opulento ni en un palacio real.

Muchos de estos banquetes eran una exposición de poder, una representación de la monarquía y de las fuerzas y riquezas que poseía, como, por otra parte, ha sucedido en todos los tiempos. Uno de los momentos míticos de la historia bíblica es el que relata la llegada de la reina de Saba a Jerusalén, cuando observando la riqueza del mundo que se había construido el rey y la calidad de las comidas cortesanas, le llamaron especialmente la atención:

Los manjares de su mesa... el porte de sus criados y sus indumenta-
rias, así como sus bodegas y los holocaustos que ofrecían sus cope-
ros... se quedó sin aliento (1Re., 10, 2-5).

Aunque ella no llegó a Jerusalén precisamente desnuda, ya que se había trasladado desde Saba[87] con una escolta de camellos cargados de oro, de piedras preciosas y de valiosas resinas aromáticas. Ambos monarcas exponían mediante sus regalos su poder, y a través de los banquetes exhibían tanto su fuerza como la de su nación.

También la reina Esther fue protagonista y organizadora de banquetes de prestigio. Hizo preparar al menos dos banquetes para su esposo, el rey de Persia, y para Amán, un poderoso ministro que quería exterminar a los judíos y cuya memoria quedó para siempre plasmada en forma de unos característicos dulces que se comen actualmente en la fiesta de Purim. En primer lugar, Esther organizó un banquete para el rey en el que después de darle vino le pidió que Amán y él mismo fueran a otro banquete el día siguiente, a lo que el rey consintió. La estratagema de la reina tuvo los resultados deseados, y con ella consiguió finalmente la salvación de pueblo judío y eliminar a Amán, su gran enemigo (*Est.*, 5, 5-7).

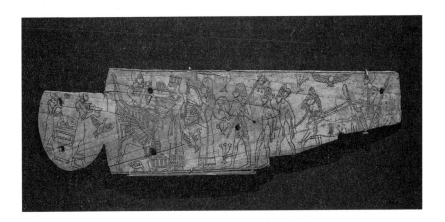

Fig. 27. Cuchillo de marfil de la última fase de la Edad del Bronce
en el que se representa la victoria tras una batalla
a través de un banquete real. Meggido, Israel.

---

87   Saba era un país comprendido entre los actuales Yemen y Etiopía, probablemente.
En cualquier caso, las fuentes sí lo sitúan al sur de Arabia.

Por su parte, los banquetes de bodas y todo el cúmulo de pequeñas celebraciones familiares eran otros de los acontecimientos que terminaban en banquetes. El banquete de bodas era una gran fiesta en la que se servían panes en abundancia y se sacrificaban animales, que se preparaban asados. Parece que había una diferencia en los preparativos cotidianos o festivos y mientras la técnica festiva era el asado, la cocción parece ser la elaboración de diario (*Tb.*, 8, 19).

Los banquetes no solamente se producían entre iguales, y los asistentes a ellos no eran solamente judíos, también se celebran banquetes entre israelitas y otros pueblos. Por ejemplo, el singular banquete de Judit en la tienda de Holofernes, que fue definitivamente trágico para él. Ella era una judía de la ciudad de Betulia, él un general judío del ejército de Nabucodonosor II al que le gustó la joven. Lo más interesante de este caso es que festejaron juntos un banquete, pero ella fue servida únicamente por su doncella, con los alimentos que había traído desde su ciudad, que eran un odre de vino, una alcuza de aceite, una alforja de harina tostada, de higos secos y de panes puros.

El propio Holofernes reconoce expresamente que los israelitas tenían una dieta especial que formaba parte de sus costumbres y le permite comer lo que ella había llevado, aceptando la diferencia de menús. No sabemos en qué consistió la cena, ni la de ella ni la de Holofernes, pero sí que este último se embriagó hasta tal punto que se durmió. El ambiente era festivo y la cena que dispuso Holofernes fue todo lo lujosa que podía ser en campaña, ya que había lechos para acomodarse, muebles, objetos de plata y recipientes de todo tipo; es posible que la comida estuviera a la altura. La cuestión era que ella quería librarse del enemigo, incluso aun a costa de cometer un asesinato, sin embargo, no quiso incurrir en ninguna ofensa incumpliendo las leyes de la pureza de los alimentos, en una doble moral en la que siempre era preferible la pureza. Es decir, mantiene su identidad por encima de todo, no renuncia a sus hábitos ni a su dieta, aunque rompe la antigua ley del «no matarás».

Milagros y alimentos

Este es un apartado difícil de ubicar, porque ¿en qué lugar de un libro sobre historia de la alimentación incluimos los milagros? ¿Entre los banquetes quizás? ¿En un apartado religioso? Finalmente, y como tiene entidad propia —y a fin de cuentas casi todos son comidas cotidianas y los milagros vinculados con la alimentación suelen narrar acontecimientos extraordinarios de supervivencia—, quizás lo mejor sea ubicar los milagros en ese amplio espacio que va desde las comidas cotidianas a las fiestas. Hay muchas circunstancias milagrosas en la Biblia, algo que parece natural en un libro religioso de estas características, pero lo que nos lleva a incluir los milagros en este libro es que se manifiestan casi siempre en forma de comidas cotidianas, y son expresión de la vida común de los israelitas en esta época.

Veamos algunos de ellos. El caso del profeta Eliseo es singular porque constantemente hacía milagros vinculados con los alimentos como la multiplicación de las alcuzas de aceite, o la eliminación del veneno que había en una olla repleta de alimentos tóxicos de la que comieron muchos. Nadie se contaminó, finalmente, porque Eliseo la bendijo con harina, evitando así la muerte de los discípulos que asistían al banquete. Otro milagro del propio Eliseo fue la multiplicación de los panes de cebada y trigo (*2Re.*, 4, 1-7; 38-44).

También tenemos un hermoso milagro de Elías, por lo que representa de fe y de confianza en él. El profeta ruega a una viuda que le haga una torta pequeña con una escasa cantidad de harina y aceite, los últimos alimentos que le quedaban, en su pobreza. Y ella lo hizo. En pago a su fe, la harina y el aceite de aquella casa no tuvieron fin por mucho que se usaran (*1Re.*, 17, 12-16). Además de estos milagros de carácter más doméstico, tenemos los verdaderamente dramáticos, espectaculares, como fueron todos los prodigios de Moisés a lo largo del capítulo de las plagas de Egipto: las aguas teñidas de rojo, las plagas de ranas, mosquitos, tábanos y langostas que devoraban las cosechas, el maná, que ya hemos analizado en su propio capítulo, o el milagro de la roca de la que brotó agua. Y además de los mosaicos tenemos las maravillas de la purificación de las aguas de Jericó o el milagro de la lluvia de Elías. Estos fenómenos vinculados con la lluvia eran especialmente bienvenidos, en especial porque esta representaba el éxito de una cosecha o por el contrario la hambruna e incluso muerte de ganados y personas durante una temporada completa. El agua era lo primero porque garantizaba la vida de plantas, animales y personas.

Elías protagonizó otra serie de milagros con un ángel que le instaba a comer y a beber, y que hizo aparecer milagrosamente una torta subcineraria y un jarro de agua ante él para darle fuerzas. El objeto de los esfuerzos del ángel era que resistiera para encaminarse hasta el monte Horeb, donde tuvo un encuentro con YHWH.

Incluso a la hora de los milagros seguía habiendo alimentos apropiados y otros que no lo eran, y entre ellos tenemos el agua, el pan y el aceite de oliva, principalmente. Si hay algo evidente una vez más en este aspecto de los milagros, es cómo, efectivamente, el pueblo hebreo se identificaba por sus alimentos. Incluso la reina Esther se enorgullecía por no comer de «la mesa de las abominaciones, ni beber el vino de las libaciones de los paganos» (*Est.*, 4, 17).

Servicio de mesa

Igual que sucede con los alimentos, con sus combinaciones y la selección de productos, además de la liturgia vinculada con ellos, el servicio de mesa tenía un significado propio, estaba también cargado de simbolismo, algunas piezas eran auténticas alegorías. Y era una exposición de poder, como lo fueron el resto de los instrumentos y productos usados en la comida. En cualquier caso, el servicio de mesa estaba directamente ligado con la capacidad económica de su propietario, algo evidente. Observaremos vajillas muy valiosas y también sencillas fuentes de barro de uso compartido, toda la gama de productos, algunos incluso de origen animal, como el cuerno de carnero donde se transportaba el aceite. Quizás la «mesa» de los beduinos era una simple piel de oveja puesta en el suelo, o una alfombra, pero en todo caso, algún tiempo del día dedicaban a reponer fuerzas y necesitaban ciertos elementos, complejos o no, pero sí cotidianos e imprescindibles.

Las ofrendas que se hacían a YHWH eran las más selectas, y el servicio de mesa vinculado con ellas era, como correspondía, el de mejor calidad y factura. En realidad, las ofrendas consistían en cantidades mínimas de grasa y vino principalmente, pero eran escogidas, como destacados eran los instrumentos de mesa que se ponían en la Tienda de la reunión junto al Arca. Todo lo que aparejaba el servicio divino debía, además, cumplir el criterio de pureza, desde los instrumentos a los rituales y por supuesto las comidas. El procedimiento para los servicios religiosos exigía cubrir la mesa con un paño teñido de púrpura, y sobre él se colocaban fuentes, escudillas, tazones y jarras de libación, que eran los utensilios necesarios para el servicio del santuario. Desde luego, también se ponía pan sobre la mesa (*Num.*, 4, 7). Y no solo se colocaban los instrumentos, cada uno de ellos se medía y pesaba, ya que estaban fabricados en oro, en especial los tridentes, crateras, phialas y skyphos (*1Cron.*, 28, 17). En cuanto a los materiales, con cerámica se fabricaba la vajilla cotidiana, pero las piezas para el servicio divino se elaboraban según su importancia en bronce, plata y oro, este último incluso en diversas calidades (oro puro, oro fino). También sabemos que se conocía el cristal, ya citado en el Libro de Job y cuyas características eran altamente apreciadas, incluso Ezequiel lo cita al explicar sus visiones (*Jb.*, 28, 17).

Vestidas con más sencillez que las ofrendas divinas, pero aún fastuosas, se encontraban las mesas destinadas a la realeza y a los sacerdotes. En el libro de Macabeos se cuenta como Antíoco IV envió a Jonatán, sumo sacerdote macabeo, una vajilla de oro y copas del mismo metal, con autorización para usarlas[88]. Probablemente el uso de estas vajillas estaba vedado a la realeza, de ahí la necesidad de la autorización, que elevaba a Jonatán a un espacio superior, vinculado con la monarquía y la divinidad (*1Macab.*, 11, 58). Ese es precisamente el sentido de la utilización de un servicio de mesa de alta calidad, que lo que representaba se enlazaba con los que lo utilizaban, y de alguna forma elevaba (o destruía) su estimación personal, incluso su propio lugar en la sociedad.

Pero el servicio de mesa más fastuoso, fuera mítico o no, era el del palacio del rey Salomón, que estaba cargado de maravillas, al menos en relación con las riquezas de su entorno. El servicio de mesa se

---

88   Rey de Siria, de la dinastía Seleúcida, que gobernó entre 175 a. C. y el 164 a. C.

encontraba en sintonía con todo el palacio, no era inferior en calidad, por lo que todos los vasos en los que bebía el rey eran de oro, e igualmente toda la vajilla, que también era de oro puro. La plata ya no se usaba debido a que en esta época no se apreciaba, solamente se valoraba como metal precioso el oro. No solamente es que el propio rey Salomón tuviera grandes riquezas en su corte, es que la fama debida a su gran inteligencia y fortuna le proporcionaba innumerables visitas y relaciones diplomáticas, de forma que los regalos que llevaban estaban a la altura de su prestigio. Y así, las propias relaciones comerciales y políticas con las embajadas que llegaban ante él le hacían entrega de espléndidos regalos, lo que ayudó a acrecentar indudablemente el poder y la riqueza del monarca (*1Re.*, 10, 21; *2Cron.*, 9, 13-21).

Junto a la opulencia de los grandes reyes, encontramos el otro extremo, con sacerdotes y profetas en postura de clara desaprobación frente a lo que se percibía como alejamiento de YHWH. Lo más frecuente al encontrar este tipo de servicio de mesa era clamar contra él por el exceso del lujo vinculado con los alimentos, como hacía Amós. Incluso el libro de Samuel detalla el antiguo servicio de mesa de la época de David en época de campaña militar, en contraste con el lujo imperante de su hijo Salomón. También Esdrás detalla las cantidades y materiales del rico servicio de mesa:

> *Los que se acuestan en lechos de marfil, se echan en divanes, comen corderos del rebaño y terneros del establo... los que beben vino en cálices (Am., 6, 4-6).*

> *Cuando el rey David fue en busca de su hijo Absalón, le ofrecieron camas, copas y vasos de barro (2Sam., 17, 28).*

> *El servicio de mesa, en especial el que se usaba para el servicio religioso, era muy valioso. Ciro, el rey de Persia, emitió un decreto para la liberación de los judíos y para la reconstrucción del Templo de Jerusalén. Además, entregó al príncipe de Judá, Sesbasar todos ellos. Esdrás realiza el inventario de los útiles para el servicio religioso: treinta jarras de oro, mil jarras de plata, veintinueve cuchillos, treinta copas de oro, cuatrocientas diez copas auxiliares de plata y otros mil objetos (Esd., 1, 7-10).*

Estos textos nos demuestran que el banquete no solamente constaba de alimentos, de comidas bien preparadas, espléndidamente organizadas y por supuesto sabrosas. Alrededor del banquete revolotean cocinas, despensas, organización e intendencia de los alimentos. Y durante el banquete hay necesidad de servidores que se ocupen del servicio de mesa, escanciadores y camareros. Incluso participaban otros siervos para el entretenimiento durante la comida, con danzas, música o poesía. Esto nos muestra la complejidad de un mundo que se afanaba en ofrecer lo mejor durante las comidas, hasta tal punto que consta incluso de personal especializado. Un papel diferente tenían los mayordomos y coperos, estos últimos auténticas figuras de prestigio, no meramente servidores de vino, más bien personas de confianza que incluso podían tener competencias militares. Ser copero del rey detentaba obligaciones, privilegios y, en todo caso, era un gran honor (*2Re.*, 18, 18; *Ne.*, 1, 11). Alrededor de una comida de la corte existía un auténtico protocolo, y el libro del Eclesiastés nos muestra la presencia de estos escanciadores, que siempre son hombres. También había personal que se encargada de organizar el esparcimiento, que consistía principalmente en coros y cánticos, estos sí masculinos y femeninos. De la misma forma que ocurría con el copero, también los mayordomos eran una figura importante, altos funcionarios vinculados con la nobleza terrateniente, un miembro de la aristocracia funcionarial relacionado con un estado o una ciudad en la que la nobleza rural tuviera un gran peso en la corte.

Decoración de la sala de banquetes

En el entorno de una comida ofrecida a la divinidad o a la realeza, la ornamentación ocupaba un espacio importante. La propia descripción del Arca de la Alianza y la Tienda de la reunión nos lleva a comprender la importancia que se concedía al entorno, y cómo este debía estar en consonancia con la divinidad o las personas que se encontraban en su interior y también con la comida. Cuando Isaías describe la caída de Babilonia, explica en distintos pasos cómo se prepara la mesa y cómo, en primera instancia, se despliega el mantel sobre ella y es entonces, y no antes, cuando se come y se bebe. En todos estos detalles sobre la preparación de la mesa podemos ver como las diferentes disposiciones se asociaban a una serie de rituales, a protocolos específicos y a unas fórmulas para hacerlo todo correctamente (*Isa.*, 21, 5).

Para hacer más confortables estos espacios, podemos imaginar la presencia de tapices, velos o cortinas para decorar las paredes y evitar el frío y la humedad, o incluso con el fin de actuar como barreras contra las temperaturas cálidas. Seguramente los tapices que se describen para cubrir el Arca de la Alianza eran una versión de estos, en el extremo más lujoso que se pudieran permitir, ya que estaban teñidos con el entonces carísimo tinte púrpura y fabricados artísticamente con anillas y ganchos de oro, pero probablemente habría versiones extraordinarias de manteles, tapices y alfombras para uso de la realeza, e incluso algunos ejemplares más sencillos para la gente normal (*Ex.*, 26, 31-37). En el libro de Judit sí se narran las aplicaciones para algunos de estos tapices, y gracias a esta información sabemos que se usaban tanto para las mesas como para las paredes o para cubrir los lechos, lo que observamos durante la comida que se desarrolla con Holofernes. El general había recibido tapices de Bagoas, el eunuco, para usar a diario en la estancia donde comía. Desde luego, debían ser tapices de muy buena calidad, a tono con la mesa de Holofernes, que parece una mesa lujosa en la que además de tapices selectos disfrutaba de objetos de plata para el servicio de la comida (*Jdt.*, 12, 1; 15).

La mujer en el banquete

La consideración de la mujer en el mundo antiguo estaba en relación con el papel femenino, que se vinculaba con el mundo doméstico y la familia, en un tiempo en el que tener hijos era una cuestión fundamental. Sin embargo, veremos a mujeres poderosas capaces de asesinar con sus propias manos a sus enemigos, con los que estaban comiendo unos minutos antes. Y a mujeres que participan activamente en la vida política, social y económica, incluso otras que reciben a los huéspedes como Sara, la esposa de Abraham, o Lía y Raquel, las esposas de Jacob. Por su parte, el libro de Esther retrata a su esposo, el rey Asuero, un poderoso monarca que a su vez representa a Jerjes, caprichoso y temible monarca. Este rey organizó:

> *Un banquete para todos sus príncipes y servidores, para los más fuertes de los persas y de los medos, para los nobles y los príncipes de*

las provincias, con el fin de mostrarles durante ciento ochenta días la riqueza gloriosa de su monarquía y así enaltecer el esplendor de su grandeza. Una fiesta descomunal, desde luego, si nos atenemos a su duración, y a los numerosos banquetes que salpicaron estas celebraciones, en especial el último, que duró siete días y se ofreció para todo el pueblo de la ciudadela de Susa. El palacio real estaba adornado como correspondía: colgaduras de lino blancas y violáceas que pendían de cordones de seda y púrpura estaban sostenidas por aros de plata en columnas de mármol. Sobre un pavimento de alabastro, mármol, nácar y mosaico habían colocado lechos de oro y plata. La bebida se ofrecía en diferentes recipientes de oro, y el vino del reino era tan abundante como la generosidad del soberano. Se bebía sin control, pues el rey había dispuesto que todos los mayordomos de su palacio sirvieran a cada uno lo que quisiera (Est., 1, 3-8).

Además de este gran banquete, en esa misma corte y por parte de Asuero, la reina Vasti, que fue la predecesora de Esther, dispuso un banquete para mujeres. Y aunque posteriormente cayó en desgracia, esto nos muestra cómo la reina tenía capacidad de organizar sus propios banquetes. Probablemente sin proponérselo, se describe perfectamente uno de los motivos más importantes para la celebración de banquetes en el mundo antiguo, que era el de mostrar el poder, la riqueza, la capacidad tanto a amigos como a enemigos.

La luz en la mesa: candelabros

Como ocurre con otros útiles de mesa, los candelabros más hermosos estaban vinculados con el servicio religioso. El Arca de la Alianza generaba a su alrededor una gran cantidad de elementos de mesa o cocina relacionados en este caso con los rituales que se hacían en el Arca, pero paralelos en su formato. El caso de los candelabros se presenta perfecto en su primera aparición: un candelabro de oro puro perfectamente descrito, dotado de pie y fuste y con brazos adornados con cálices, corolas y flores. Entre el fuste central y los tres cálices de cada lado, cada candelabro presentaba la suma de siete brazos. Cada uno de esos cálices tenía forma de flor de almendro, y se remataba con platillos para sostener el pábilo y la grasa (que era cera o aceite de oliva) y una despabiladera. Y debían replicar un modelo que se le había mostrado en la montaña a Moisés, quizás esta sea la parte más interesante de las instrucciones para fabricar el candelabro (*Ex.*, 25, 31-39).

Desde luego, este no era un candelabro para una mesa corriente, pero sí describe cómo podía ser un modelo de candelabro que iremos viendo repetidas veces a lo largo de la historia, y que iluminaba las mesas de los hijos de Israel. La clave era que dispusiera de siete brazos, el número simbólico, místico y religioso dotado de innumerables significados. La otra clave es que para encenderlo se usaba exclusivamente aceite de oliva virgen extra, el aceite de primera prensa y, por tanto, de la mejor calidad (*Ex.*, 35, 14).

Fiestas judías

Las tres grandes fiestas tradicionales son la Pascua, la Fiesta de las Semanas y la de los Tabernáculos. Son el trío de las grandes conmemoraciones expresadas ya en el Deuteronomio y, por tanto, de celebración muy antigua (*Deut.*, 16, 1-17). Sin embargo, su celebración continua viva y siguen siendo fiestas patrimoniales, aún tienen vigencia en la tradición israelí. Además de estas tres, que son de carácter anual, tenemos la principal fiesta semanal, que es el Shabat, y algunas fiestas más modernas incorporadas a partir del s. I d. C., como son la del Templo, la fiesta de Purim o Yom Kippur. Es decir, algunas son bíblicas, otras de mandatos rabínicos y otras se encuentran vinculadas con el desarrollo del actual estado de Israel. Pero, en cualquier caso, tanto las fiestas modernas como las antiguas cumplen un papel ritual, de transición algunas y casi todas de recordatorios sobre acontecimientos históricos y religiosos de su propia tradición.

Shabat. Cada semana, el día grande

El último día de la semana al atardecer... sucede la magia: encender las velas, abandonarse a las bendiciones y disfrutar de la comida que se ha preparado, como recompensa a una semana dedicada al intenso trabajo. El Shabat siempre retorna, y los judíos lo esperan, semana tras semana, sentados a una mesa común de celebración y oración. Establecido en tiempos de Moisés[89], el Shabat se celebra como recuerdo de aquella alianza divina que se prolongaría de generación en generación a través de la vida cotidiana del pueblo israelita y que se extendía a las personas, a los animales y a todos los bienes, incluso a los esclavos en la Antigüedad. La celebración y el recuerdo del séptimo día, el sábado, representaba la jornada que había que santificar por medio del descanso y la oración, y en tiempos posteriores también mediante la asistencia a la sinagoga. El día que solo se podía estudiar la palabra divina casi como única ocupación, no olvidemos que uno de los mandamientos de YHWH era santificar las fiestas, en recuerdo del día en que también Él descansó tras la creación del mundo (*Ex.*, 20, 8-11; Dt., 5, 12-15). Los judíos que vivían en Jerusalén ofrecían sacrificios en el Templo, iban a la sinagoga y dedicaban ese día al estudio de la Tora, a rezar y a leer.

Para el Shabat había (y hay) una larga lista de prohibiciones. Incluso algunos fariseos reprocharon a Jesús —que no lo olvidemos, era judío— curar en sábado (*Mt.*, 12, 1-8). La Mishná, que se comenzó a redactar en el s. III d. C. nos proporciona la respuesta con respecto a cuáles eran los trabajos prohibidos. Entre ellos se encontraban varias ocupaciones vinculadas con la alimentación, desde arar o sembrar, o los cuidados especiales para el ganado, como el esquileo. Y en el interior de la casa se prohibía encender fuego, moler el grano y cocinar. De esta prohibición, combinada con la necesidad de comer, nacería un sistema de cocción que aún hoy se sigue practicando y que veremos más delante de qué forma se ponía en práctica.

La celebración del Shabat ha sido una de las claves por las que los judíos no han sido aceptados en muchas de las comunidades históricas en las que han vivido a lo largo de la historia. Les hacía diferentes celebrar y descansar un día concreto a la semana, llamaba la atención de otras culturas y a la vez producía rechazo. Sin embargo, y con el curso de los ¡milenios!, todas las culturas han reconocido la

---

89 Aunque hay varias hipótesis sobre su origen, desde un origen babilónico, cananeo o quenita, desde época temprana el Shabat adquirió su valor fundamental de celebración periódica y característica, que ya encontramos en los orígenes, desde el libro del Éxodo al Deuteronomio. Del Valle, C., *op. cit.*, 1981, pp. 219-220.

necesidad de al menos un día de descanso semanal. Así que es un día de celebración espiritual y física, la señal de vinculación de YHWH y el ser humano, y la evidencia de cómo el hombre repite la acción divina del reposo. Un día de nutrición física y espiritual, de convivencia familiar y descanso reparador.

La mesa del Shabat tiene dos alimentos simbólicos y plenamente integrados en su fiesta, que son el pan y el vino. El vino que se consume es *kosher* y de baja graduación, para que hasta los niños lo puedan beber. Al principio de la celebración, el padre bendice el comienzo del Shabat con el *kidush*, la invocación que se repite semana tras semana, durante toda la vida, y en la que se rememora la salida de Egipto y la santidad de la fiesta, a la que se espera sentados a la mesa sobre la que están las velas, que han sido previamente encendidas por la mujer.

El pan es el otro alimento fundamental, que se servía y sigue presentándose en doble porción, en recordatorio de la doble ración de maná que caía durante la estancia de Israel en el desierto. Se añade sal al pan, porque siempre se añade sal a toda ofrenda. Puede ser el pan ácimo bajo cualquier forma.

Desde luego, la cena del viernes es bastante elaborada, y suele incluir pescado como plato principal, ya que simboliza la fertilidad y tiene una gran presencia en la gastronomía judía. También se añaden a la cena algún plato de carne y diversas guarniciones para ambos platos como arroz, cuscús, pasta, patatas, o verduras. Las tradiciones asquenazi y sefardí difieren en pequeñas cosas a lo largo del tiempo, como las guarniciones, el estilo de condimentación e incluso las técnicas para elaborar los platos, pero mantienen idéntico espíritu de Shabat, de celebración y comunidad. Según la temporada, las recetas varían, yendo desde sopas con albondiguillas de pan hasta ensaladas y platos de verdura al estilo del pisto. Prakes o niños envueltos, una receta con hojas de col en las que se introduce carne sazonada y a veces arroz (este ingrediente se popularizó en época moderna) y se cierra como un rollito guisándose posteriormente. Los postres también son variables, igual que los platos principales, pero desde luego ocupan un papel principal en el Shabat, e incorporan compotas de frutas, el famoso pan de España, que es un bizcocho con aroma de limón; pasteles de manzana, recetas con chocolate… Aquí la imaginación y los recursos marcan la pauta.

Hay algunas reglas, claro, y la primera es que no se trabaja, ni enciende fuego en Shabat, así que hay que dejarlo todo previsto y bien organizado previamente, porque es bastante trabajo. En realidad, no solamente es la cena del viernes, cuando empieza el Shabat, sino también el desayuno y el almuerzo del día siguiente, sábado. Este último suele consistir en un guiso como la adafina, un cocido propio de la tradición sefardí que se deja cocer lentamente. Compuesto a base de garbanzos, a veces cereales, verduras y carne, pero claro, jamás de cerdo. También algunos guisos como los de patatas, incluso preparacionesde carne, ensaladas o empanadas. Se cierra el Shabat con la cena de despedida o Melavé Malka, en la que se suelen tomar distintos platos como empanadillas variadas, sopas, ensaladas, vegetales rellenos (tomates, pimientos o cebollas rellenas de arroz, carne y verdura, muy sabrosos) e incluso *yaprakis*, hojas de parra rellenas al estilo de los niños envueltos, típicas de la gastronomía mediterránea, y huevos haminados. De nuevo los dulces ocupan un lugar preferente y aparecen bizcochos, galletas, *baklava* y golosinas de todo tipo.

De alguna forma, el Shabat incluye toda la vida, la espiritualidad y la gastronomía judía, concentrando un día a la semana una gran parte de su historia y su cultura. Esta celebración y el significado de cada plato, de cada bocado, de cada porción, es la muestra más exacta de cómo ha podido perdurar en el tiempo una forma de fe, de vida y de alimentación.

La Pascua, Pesaj

También conocida como la fiesta de los panes ácimos, en la que se celebraba la salida de los israelitas de Egipto. Nada más y nada menos que la liberación de la esclavitud. La celebración dura una semana y su desarrollo está regido por un ciclo lunar, es decir, se celebra en la semana que había la primera luna llena del mes de nisán, el día 13 se sacrifican los corderos y se comen el día 14 (*Ex.*, 12, 1-13; 10; *Lev.*, 23, 4, 14).

El origen de la Pascua se encuentra en un antiguo rito agrario vinculado con la primavera y con la fertilidad de la naturaleza. Su nombre antiguo era la fiesta de los panes ácimos, o de los ácimos. Comer este pan en el mundo judío es una *mitzvá*, un precepto de obligado cumplimiento, y tiene un doble significado, en primer lugar, por el propio pan; en segunda instancia porque se ponen sobre la mesa tres panes que representan a los tres patriarcas, Abraham, Isaac y Jacob, al que también se llama el pan de la aflicción. Pero que tiene un significado más, que es la sencillez, la libertad de dejar atrás el orgullo, que se vincula con el proceso de leudado del pan, que se infla por acción de la levadura como igualmente se hinche el orgulloso.

El rito de la celebración de la Pascua se manifestaba a través de la mesa, era de carácter alimentario, sacrificándose un cordero por cada familia, en el Templo. Allí se rociaba el altar con la sangre del sacrificio y después se llevaba la carne a la casa. Se consumía al día siguiente, por la noche, que era exactamente el día en que se conmemoraba la salida.

Este cordero sacrificado y ofrecido a Dios solamente se asaba, no se cocía. Y junto a él se comían hierbas amargas y pan ácimo, en recuerdo de la amargura de dejar sus casas y sus pertenencias cuando tuvieron que huir de Egipto. Todo eso se hacía de pie, y se comía deprisa. El resto de la cena se quemaba, en señal de que, al día siguiente, los judíos ya no estaban en sus casas, sino vagando por el desierto.

La cena de Pesaj era una colación protocolaria, solemne y religiosa. Se comenzaba bendiciendo la mesa, con una copa de vino, dando gracias a Dios por la liberación. Tras la bendición se partía el pan y después se tomaba el resto del banquete: cordero, pan y hierbas amargas. La tradición también marcaba que el más joven de la familia se dirigiera al mayor, preguntando por el origen de la fiesta. De forma que cada año, se repite la historia, manteniéndose con este rito en la memoria de todos. Al terminar la comida se cantaban salmos, especialmente desde el 115 al 118.

Hoy, la cena de Pesaj se celebra con varios ritos, como el «Plato del Séder», en el que se colocan distintos alimentos simbólicos, de la siguiente forma:

1. *Zeróa*. Un hueso de ave, que se coloca en el vértice superior derecho del plato. Simboliza la Ofrenda Pascual del cordero, vinculada con el sacrificio tradicional.

2. *Beitzá.* Un huevo duro que se coloca en el vértice superior izquierdo del plato. Simboliza la ofrenda de las fiestas, y también la comida de las personas que viven un duelo, pues duelo es para el judío no haber reconstruido el Templo.

3. *Maror.* En el centro del plato se ponen hierbas amargas para recordar las amarguras de la esclavitud en Egipto. Se suelen poner rábanos picantes y lechugas.

4. *Jaróset.* Que se coloca bajo el *Maror*, una masa elaborada con peras, manzanas, nueces y dátiles. Es un recuerdo de la argamasa que los judíos esclavizados tuvieron que fabricar durante su cautiverio.

5. *Karpás.* Bajo el *Beitzá* se coloca una verdura que difiere según la cultura de los sefardíes o los askenazis. Suele ser apio, principalmente. Es en recuerdo de un supuesto número de 600.000 judíos que representan a los que se vieron forzados a la esclavitud.

6. Jazéret. Entre el *Jaróset* y el *Karpás*, se vuelve a colocar rábano picante y lechuga.

Desde los tiempos del Éxodo a la actualidad se han producido bastantes cambios en los rituales judíos. Sin embargo, hay que reconocer que se mantiene el espíritu de aquella noche de Pascua en la comida elaborada a base de cabrito asado y de pan. Igualmente, el plato del Séder mantiene vivo el recuerdo y la tradición, y es el motivo perfecto para continuar narrando la historia cada Pesaj, lo que hace que se refresque el recuerdo de los mayores y que los niños lo incorporen a sus propias vivencias. En definitiva, es una historia que se terminaba convirtiendo en algo familiar, que formaba parte con tanta consistencia de las anécdotas tradicionales como de las historias que contaban los abuelos.

Fiesta de las Semanas o Pentecostés[90]

Esta fiesta vinculaba la Pascua con una jornada de celebración más, y lo hacía en el día que se cumplían cincuenta días, a contar desde

---

90   No confundir este Pentecostés con la celebración cristiana de idéntico nombre.

el sábado de Pascua (*Ex.*, 34, 22; *Dt.*,16, 9). Al igual que sucede con la fiesta de la Pesaj, estaba relacionada con una sociedad agraria y con el tiempo de la recolección de los frutos. La describe el Levítico como una fecha calculada en siete semanas desde el final de la cosecha, que en realidad significaban siete semanas que hubieran transcurrido desde la Pascua. En este caso, la ofrenda era diferente a otras ocasiones, porque se llevaban dos panes cocidos con levadura además de carnes de cordero, novillo y carnero, y todo ello se consumía en una celebración de carácter alegre.

Esta fiesta se conoce hoy como Shavuot, y es, como la de Pascua, una fiesta de peregrinaje.

Fiesta de los Tabernáculos, Sucot o Fiesta de las Tiendas. La alegría de vivir

También conocida como la fiesta de las Cabañas, en el s. I ya era la fiesta judía más popular, incluso más aún que la Pascua. Como la obligación religiosa marcaba la conveniencia de asistir una vez al año al Templo, los israelitas preferían ir en los Tabernáculos, aunque posteriormente cambiaría la costumbre, prefiriendo para ello la Pascua.

Esta fiesta se celebraba durante el otoño a lo largo de una semana completa, y como las anteriores, sus orígenes eran de carácter agrícola. Su celebración continúa en la actualidad, en ella se celebra la recogida de los frutos del otoño, y el marco temporal transcurre entre los días 20 de septiembre al 19 de octubre. En el antiguo Israel los peregrinos llevaban animales para el sacrificio que entregaban a los sacerdotes, quienes se ocupaban del holocausto y de la ofrenda a YHWH, repartiendo, como era habitual, una parte de la carne para el Templo y la otra era para consumo propio. Era justamente con esta carne con la que se celebraban los banquetes.

Cada uno de los días de Sucot el Santuario desarrollaba unas procesiones en las que se portaban ramilletes fabricados con hojas de palmera, sauce y mirto. Los celebrantes caminaban tras el sacerdote, que iba de madrugada a la fuente de Siloé, donde llenaba un cántaro de oro con agua. Esta agua se vertía posteriormente en una de las esquinas del altar del Templo y después tenía lugar un gran banquete, tras lo cual se bailaba y se cantaba. Finalmente, el último día de Sucot se procesionaba alrededor del altar y se realizaban súplicas para que YHWH concediera la necesaria y precisa lluvia del año siguiente. La Fiesta de los Tabernáculos tenía y tiene un importante componente de reunión familiar, de alimentación festiva, durante la cual se tomaban frutos de árboles selectos y se ofrecían holocaustos y oblaciones (*Lev.*, 23, 33-44). La fiesta está bien descrita en el libro de Nehemías[91], significa agradecimiento, alegría y recuerdo del fin de la etapa del desierto descrita en el Éxodo, y desde entonces se animaba a la gente a disfrutar de la siguiente forma:

> *Comed manjares sustanciosos, escanciad bebidas dulces, y compartidlos con los que no tienen nada preparado, porque hoy es un día santo para nuestro Señor... Todo el pueblo se dispuso a comer, a beber, a compartir y a festejar con gran alegría (Ne., 8, 10; 12).*

Pero no será la única ocasión en que veamos la alegre fiesta de los Tabernáculos, en el libro de Zacarías se describe cómo marchaban las personas y familias en peregrinación a Jerusalén, en donde consagraban a Dios sus ollas o calderos llenas de comida. A su llegada se cocían los alimentos y también se descansaba (*Zac.*, 14, 21).

Hoy esta fiesta se celebra de una forma diferente y su elemento fundamental es la *sjaj*, o cobertura de ramas que la nomina. En ella se conmemora cómo los hijos de Israel tuvieron que vivir en cabañas a su salida de Egipto (*Lev.*, 23, 43). Por esta razón, se confecciona una cabaña en la que haya más sombra que sol durante todo el día, y la tradición establece que en ella se deben hacer todas las actividades cotidianas o, al menos, todas las que sean posibles, como un auténtico recuerdo a los ya milenarios días de las cabañas en las que tuvieron que vivir los antiguos israelitas (*Ne.*, 8, 13-15).

En cuanto a las tradiciones de Sucot, tiene ciertas singularidades, como que se deben preparar las denominadas «Las Cuatro Especies», o Arbaá Miním, en forma de ramillete con el que se bendice con un movimiento concreto que depende de cada comunidad, en honor a las palabras del Levítico:

---

91 Que bajo el imperio persa fue gobernador de la provincia de Judea entre 445 y 433 a. C., *circa*, y que llevó a cabo numerosas reformas.

El primer día tomareis frutos de árboles selectos, palmas, ramas de
árboles frondosos y de sauces de río (Lev., 23, 40).

En uno de los últimos días de Sucot, que dura una semana entera, las comunidades askenazi actuales preparan una receta que se llama Kréplaj, una preparación que consiste en una masa hervida, de pan, que se rellena con carne picada y que tiene un significado concreto, como ocurre con todos los manjares que se sirven en una mesa judía. Morfológicamente son similares a los ravioli, y su color no carece de significado: por un lado, la masa de color blanco significa el atributo divino de la bondad, y por el otro, la carne roja del relleno simboliza el atributo divino del rigor.

Una costumbre más moderna es la de la preparación de Simjat Torá, los llamados «enrollados» o «capas» con que se celebra el final de Sucot. Estos rollos y capas en las distintas elaboraciones que se consumen durante los días festivos son característicos del mundo judío y representan los libros sagrados. Se ofrecen en multitud de formatos, desde platos al estilo de la lasaña, como pequeñas porciones de pasta enrolladas y rellenas, hasta el *strudel*, pastel de manzana de origen alemán que se ha adaptado muy bien a esta tradición.

Día de la Expiación. Yom Kipur

Una festividad muy arraigada en la tradición judía. Esta jornada se festeja en recuerdo del día en que Moisés bajó del monte Sinaí con las Tablas de la Ley dictadas por el mismo YHWH. Desde luego, con las segundas Tablas, tras la ruptura de las primeras. Es un día de agradecimiento y de temor de Dios, una fiesta (hoy) de carácter espiritual, aunque se ha celebrado desde época inmemorial. No es tanto una celebración festiva como una jornada de penitencia y asamblea, en la que se descansaba y se consagraban ofrendas (*Lev.*, 23, 27-32). En realidad, Yom Kipur es un día de ayuno y oración, aunque no carece de tradición culinaria, como veremos.

En primera instancia hay un día principal que es el de ayuno (ya veremos cómo hay otra jornada festiva). Ese primer día es el recordatorio de que Moisés pasó cuarenta días en el monte Sinaí sin comer ni beber, y de cómo la vida espiritual lo transformó hasta físicamente, proporcionándole el aspecto resplandeciente con el que bajó de la montaña. Esa maravillosa transformación se debió al contacto con YHWH y al tiempo dedicado al espíritu y a la adquisición de sabiduría, según el texto sagrado. Fue tan radical la nueva imagen del profeta que incluso molestaba y asustaba hasta tal punto a sus familiares que le rogaron que se cubriera el rostro[92]. En su recuerdo y en de los acontecimientos ocurridos, se celebra Yom Kipur: es la memoria de la promesa de la alianza con Dios y de las maravillas que prometió hacer para el pueblo elegido (*Ex.*, 34, 10).

Filón de Alejandría recordaba cómo durante la celebración de esta fiesta el sumo sacerdote penetraba con toda solemnidad en el *Sancta Sanctorum*, invocando con respecto el nombre de YHWH. Entonces ponía las manos sobre un chivo expiatorio que cargaba con todos los pecados de su pueblo y que se sacrificaba como holocausto[93].

Pero todo ayuno debe empezar y debe acabar, así que la tradición marcaba que la jornada previa estuviera repleta de comida y bebida abundante. Esta no es una costumbre del antiguo Israel, sino moderna, y se festeja a través de la celebración de dos comidas que se desarrollan el día anterior, una al mediodía y otra que debe comenzar justo antes de que se ponga el sol. Se toman platos ligeros y no se bebe alcohol, ya que se trata de que ese día los alimentos acerquen a la persona a su máxima espiritualidad. Son platos cargados de significado; se preparan, por ejemplo, unos panecillos de uvas en forma de rosco, los famosos panes alados sefardíes, en honor a la creencia de que los ángeles tienen seis alas, así que se hace un primer círculo en el centro, con tres a cada lado, recordando estas alas. También se toman en esta jornada platos de pescado, sopa de pollo o pollo guisado con arroz.

El día siguiente, para romper el ayuno se consumen bebidas azucaradas propias de la tradición sefardí, como limonada, horchata de semilla de melón[94], granadina o leche de almendras, y en la cena ya

---

92 Esta cuestión es una de las más interesantes de la vinculación con la divinidad, hasta tal punto se impregna Moisés de ella en sus diversos contactos con YHWH que él mismo resplandece, y el pueblo, Aarón y los jefes de la tribu sienten incluso miedo en su presencia (*Ex.*, 34, 29-35).
93 Triviño, J. M., (trad.), *op. cit.*, 1976, pp. 186-188.
94 Es la famosa pepitada, una bebida ligera y refrescante de pulpa de melón y sus pepitas, aderezada con miel de dátil, miel o azúcar.

se puede disfrutar de una sopa de pollo, *baba ganush*, guisos de pollo estofado y frutas asadas.

Janucá, las Luces que iluminan el mundo

O la fiesta de las Luces, es una celebración que se festeja desde la época del segundo Templo de Jerusalén. En aquel tiempo, los monarcas seléucidas impusieron una legislación muy severa sobre los judíos, incautaron sus bienes y a sus hijas y les prohibieron la práctica religiosa, complicándolo todo al profanar finalmente el santuario (el Templo de Jerusalén). Aunque finalmente, los Macabeos[95] derrotaron a los invasores liberando a los judíos de los seléucidas. En el proceso de recuperación del Templo, intentaron encender la *Menorá*, el candelabro sagrado de nueve brazos, aunque para ello solamente encontraron una tinaja del aceite puro que se necesitaba para ello, porque el resto del aceite ritual había sido profanado. Esta tinaja solo contenía aceite para un día completo, y estaba sellada con el sello del sumo sacerdote. Sin embargo, con esta pequeña cantidad de aceite, y milagrosamente, la *Menorá* se mantuvo encendida durante ocho días, de ahí la celebración de los ocho días de Janucá, y de los ocho brazos de la Menorá de Janucá, más un brazo guía o central (lo que nos da un total de nueve brazos). Janucá se celebra encendiendo el primer día la vela central o *shamash* y cada una de las ocho noches una de las velas, sumando cada jornada una más hasta llegar al octavo día, momento en el que termina la fiesta.

Desde luego, hay teorías que además señalan el origen agrícola de Janucá de nuevo, como sucede con muchas otras fiestas, debido a que comienza con la finalización de la cosecha de la aceituna y su prensado. Parece que es una reinterpretación de una antiquísima fiesta del aceite que tomó fuerza tras la victoria de los hasmoneos y la recuperación del Templo.

Janucá no tiene las restricciones del Shabat o de la Pascua, eso hace que la fiesta sea alegre y tenga sus propias preparaciones como

---

95   El libro de Macabeos no está contemplado en el canon judío, aunque los macabeos eran israelitas, y gracias a su rebelión liberaron el Templo de Jerusalén. Aun así, los citaremos porque esta rebelión es un hecho histórico que dio origen a una festividad vinculada con la alimentación.

levivot o latkes, que son un tipo de croquetas o tortitas de patata y de los que hay cientos de variedades, elaboradas a base de verduras y de pescado principalmente. También hay platos dulces en Janucá como *sufganiot,* unos bollos similares a las berlinesas, al estilo de unos buñuelos rellenos de mermelada. Además, se elaboran unos típicos fritos de manzana y multitud de buñuelos glaseados o rellenos de chocolate. En general se toman bastante fritos, en recuerdo del milagro del aceite porque Janucá es la fiesta de la luz y con ella de la fritura, desde luego un hábito plenamente mediterráneo, vinculado con la producción agrícola, con la técnica de la fritura y con aquel aceite de oliva que iluminó milagrosamente la Menorá de Jerusalén, que es la grasa más saludable y mediterránea.

Y no es casual la vinculación de la Fiesta de la Luz, el aceite de oliva y la recuperación del segundo Templo, ya que el aceite de oliva virgen extra se considera la grasa más pura. En realidad, es una auténtica metáfora de la fortaleza de los israelitas, y el añadirlo a las distintas comidas significa recordar su vitalidad como pueblo. También representa la sabiduría humana, la pureza de la vida y la luz que enciende la espiritualidad en el mundo. Hay una mística del olivo y del aceite de oliva, con alegorías de una gran belleza y expresividad como la de la hoja del olivo, que sobrevive, de idéntica manera que hace el pueblo de Israel, que camina entre dificultades. También este aceite es expresión que expresa la capacidad de esfuerzo del judío, que da lo mejor entre las contrariedades, como la oliva, cuando se exprime y al final las dificultades extraen lo más valioso, a pesar de todo. En este contexto entenderemos la importancia del aceite de oliva virgen extra en la alimentación del mundo judío, no solo como alimento, sino como alegoría y expresión de ellos mismos.

Rosh Hashaná

¡Shaná tova umetuká!

Es la celebración del año nuevo judío, que se conmemora en todo el mundo y que la Torá menciona como Fiesta de las Trompetas o Yom

Terúah. Está instituido en el libro del Levítico como un día de descanso y de comida ofrecida a YHWH (*Lev.*, 23, 23-25).

Rosh Hashaná comienza el primer día de Tishrei, que se toma como un recuerdo simbólico de la creación, momento en el que se revisan la vida y las acciones, y se planifican las del año futuro. Se trata de una celebración muy popular porque es la jornada en la que se hace tocar el *shofar*. Este instrumento es un grueso cuerno de carnero por el que se sopla fuertemente como si fuera un instrumento de viento. Esta ceremonia se desarrolla por la mañana, tras la plegaria matutina, y marca el inicio de diez días que anteceden directamente a Yom Kippur, que son días de oración y arrepentimiento.

También hay comidas especiales en este día, y la festividad se celebra especialmente durante la cena de Rosh Hashana. Entonces se pone una fuente con varios alimentos simbólicos que se consumen y que significan lo siguiente:

1. Una manzana con miel para tener un año dulce y bueno.
2. Unas zanahorias, símbolo del crecimiento de los méritos personales.
3. Habichuelas que significan la multiplicación de las virtudes personales.
4. Un trozo de puerro o de col, que simboliza la destrucción de los enemigos.
5. Acelgas, para que desaparezcan los enemigos.
6. Remolacha, para alejar a los enemigos.
7. Dátiles, para eliminar a los enemigos y adversarios.
8. Calabaza, para eliminar los decretos malos.
9. Granada, para que las cualidades personales sean tan numerosas como sus semillas.
10. Una cabeza de pescado o de cordero, recordando que hay que ser cabeza y no cola.

En la actualidad, además de todo esto, en la cena de Rosh Hashaná se prepara un pan redondo, circular, al contrario que en el resto de las celebraciones, que se suele trenzar. En esta ocasión simboliza el ciclo de la vida y representa los deseos de un nuevo año repleto de bendiciones. Para reclamar toda esa prosperidad, ese día no se toman productos amargos ni agrios, así que la comida no se aliña o adoba con vinagre, limón o agraz, ni otros productos similares de sabor ácido o acerbo. Y con el fin de reforzar esas bendiciones, se realiza exactamente el acto contrario, y aparece el dulce en forma de miel. Que tiene una presencia de forma explícita en multitud de elaboraciones entre los panes, en los postres y hasta entre los ingredientes de las carnes, aunque el pescado representa en Rosh Hashaná el alimento principal.

Fiesta de Purim

Se celebra entre el 20 de febrero y el 19 de marzo, y en ella se festeja el milagro y la supervivencia de Esther, una joven judía que vivió en la mitad del primer milenio a. C. La historia cuenta que el rey Asuero de Persia, probablemente Jerjes I, en el entorno del 450 a. C., tuvo un ministro de nombre Amán que le aconsejó que matara a todos los judíos del reino. Pero Asuero, que se había casado con Esther, una joven de origen judío, en lugar de hacer caso a Amán hizo todo lo contrario. Ordenó que mataran a Amán y a toda su familia, e incluso a todos los enemigos de los judíos, gracias a la intervención de la reina (*Est.*, 9). La institución de la fiesta de Purim nació tras la celebración por parte de todo el pueblo judío al conocer cómo se había liberado de aquel fatal destino.

El día anterior a Purim se ora y se ayuna, en recuerdo de los judíos del Imperio persa que estuvieron a punto de desaparecer. Pero después se celebra un gran banquete durante el cual se lee el libro de Esther, en una jornada muy alegre. Se considera una festividad social, menos importante desde luego que Pesaj, pero no menos valorada, al menos en la actualidad. Es una fiesta solidaria, en la que hay entrega mutua de regalos de unos a otros y se valoran especialmente los lazos en la comunidad, que se ponen de manifiesto mediante donaciones y colectas de ayuda.

El ayuno de la víspera de Purim, además, rememora los tres días de ayuno y oración que hizo la reina Esther antes de poner en marcha su plan. En las comunidades judías actuales se envían como poco dos platos dulces a otras familias o amigos, y el día de Purim se celebra con regocijo, con multitud de platos, comida abundante e incluso se permite el consumo de bebidas alcohólicas. Es el sentido de alegría compartida que veremos en la cantidad de elaboraciones de esta época. Los platos típicos de Purim hoy son principalmente recetas de rellenos, como pasteles, masas, empanadas y similares, y en las comunidades judías rusas se come un pan trenzado, el *kulich*, aunque en general se preparan recetas en las que la auténtica protagonista es la carne, que se vincula con la celebración en el ámbito mediterráneo, en especial la de pavo. A la vez, tienen una gran presencia los menús vegetarianos, porque la reina Esther solo comió semillas y vegetales, con el fin de evitar comida no *kosher*, ya que ella no quiso quebrar su tradición ni romper la ley hebrea. Este es el origen de una herencia que durante la jornada de Purim se ha centrado en la preparación y consumo de platos de pasta fresca rellena, las *filikas*, unas empanadillas sefardíes elaboradas a base de pasta filo. También se ofrecen variedades de cuscús y masas de todo tipo enriquecidas con semillas y acompañadas con verduras y legumbres. Igualmente es propio de Purim elaborar platos en forma de triángulo, que simbolizan los sombreros de los judíos en la época babilónica y también los bolsillos del traidor Amán, bolsillos triangulares en los que introducía los sobornos.

El apartado de los dulces y su abundancia es frecuente en todas las comunidades, con sus variedades locales y tradicionales. Hoy se comen orejas de Hamán, unas galletas rellenas de fruta, chocolate y mermeladas, incluso de dátiles, también *burekas* de nuez y almendra, la exquisita *baklavá* con infinitos rellenos y sabores, bizcochos de Purim sefardíes y brazaletes de la reina o *ghorayebah*, de origen persa.

Muchas recetas de Purim hacen referencia al malvado Hamán, y en venganza los judíos se comen sus orejas, sus dedos, hechos de masas, y así hacen desaparecer al ruin de nuevo cada año, en un ciclo purificador de dulce venganza. Cada comunidad judía lo recuerda de una forma y le dedica alguna o varias recetas, y así, en la comunidad judía de Libia se toma *debla*, que significa rosa, y que es un postre de masa frita elaborada con aroma de azahar y vainilla. Por su parte, las comunidades de Turquía y Grecia comen los «dedos de Hamán», unos rollitos de masa filo fritos.

Y después de este festivo, nutritivo y abundante banquete que se celebra durante el día, hay una obligación el día de *Purim*, y es que cada judío adulto debe enviar una ración de comida a otra persona. Una ración que debe componerse de dos platos y una bebida, todo preparado. Se trata de una *mitzvá* u obligación, en la que se entrena a los judíos desde la infancia.

8. Cocinas e instrumentos

Para preparar una receta, ya sea en el s. XX a. C. como en el XXI d. C., no solamente necesitaremos algunos productos básicos como cereales, hortalizas, carnes o pescados, es decir, todo lo que es el propio alimento y sus aderezos. Además, es imprescindible contar con herramientas, instrumentos y un espacio para realizar las labores de cocina. Quizás incluso algún lugar a modo de despensa donde guardar cosas como conservas, harina o trigo, sal, aceite y vinagre, una pequeña bodega para el vino o los vinos y un lugar donde manejar todas estas cosas, ingredientes, objetos, preparaciones. Y también es imprescindible una fuente de calor para cocinar o varias quizás, como un fuego directo y un horno, por ejemplo.

Los textos bíblicos no proporcionan demasiados datos al respecto, y las cocinas más parecen ocasionales, algo así como lugares no especialmente acondicionados y usados espontáneamente que habitaciones específicas para estos usos. Es natural cuando hablamos del mundo seminómada que nos ocupa de modo general, pero también tenemos cocinas cortesanas en las que probablemente necesitaban numerosos servidores, cocineros, panaderos y reposteros. Y en estas otras circunstancias se presenta la necesidad de una gran cantidad de espacio destinado a cocinas y sus dependencias y que debían estar en consonancia con las circunstancias de una corte, por modesta que fuera.

Por una parte, los agricultores no vivían en sus tierras, sino que se recogían al caer la tarde en las aldeas o ciudades cercanas, lo que implica que debían llevar a los campos la comida ya elaborada en las casas. Probablemente estos hogares en los poblados sí eran unas cocinas sencillas, un simple fuego, quizás un fogón válido tanto para calentarse como para cocinar.

En cualquier caso, ricas o humildes, para cocinar son tan necesarios unos medios concretos como la propia comida, cosas como herramientas adecuadas, recipientes y, por supuesto, una fuente de calor. Y todos estos utensilios probablemente variarán según se elabore la comida en los días ordinarios o en los festivos, como hemos visto que requieren algunos días cargados de sentido religioso, incluso tenemos jornadas en las que no se cocinaba en casa, sino en el templo. La casuística es enorme, y a veces observamos a las mujeres de la familia haciendo los panes con sus propias manos en lugar de encargar esta labor a las sirvientas, especialmente si había que agradar a algún huésped principal, como ocurrió con Sara, la esposa de Abraham, preparando personalmente unos panes para los divinos visitantes. Incluso es posible contemplar también a muchos de los protagonistas masculinos guisando algunos platos, como Jacob sus lentejas. También asistimos al sacrificio de animales antes de los días festivos, cuando se disponía todo lo necesario para celebrar grandes banquetes, con toda la comunidad girando en torno a las actividades necesarias para tenerlo todo a punto. Esta cercanía con lo más práctico, inmediato y necesario, la alimentación, es a veces conmovedora porque nos muestra el lado humano de los grandes personajes y sus gustos, sus posibilidades, e incluso algún retazo de los diferentes caracteres como la reina Esther o Tobit evitando consumir alimentos que no fueran preceptivos como forma de fidelidad a su religión y a su Dios.

Cocinas domésticas

La cocina cotidiana y doméstica suele ser la más difícil de describir en casi todas las culturas, y sucede lo mismo con las recetas populares, porque la sencillez de su elaboración y el medio en el que se desarrollaban no favorecía que quedaran por escrito, más bien se solían transmitir oralmente. Sin embargo, conocemos bastante bien la comida cotidiana, una serie de fórmulas de alimentación bastante sencillas cuyo eje vertebrador era el pan. Ya fuera una pequeña zona en una cabaña o una estructura más sólida, tanto la dieta como el tipo de cocina dependían directamente de los recursos económicos de la familia. Además, encontraremos diferencias según las etapas históricas que se iban sucediendo. En una primera etapa, por ejemplo, el tipo de vida propio del seminomadismo no facilitaba una dieta variada o abundante, ni requería un tipo de cocina elaborada con muchas técnicas. Por el contrario, la sedentarización facilitó que los recursos fueran más complejos y abundantes, y en una etapa más avanzada ocurría que adquirirlas en los mercados era más sencillo que acarrear alimentos o disponer de los que la naturaleza proveyera.

Podemos recrear en líneas generales el tipo de cocina. En primer lugar, era necesario disponer de un horno o una sartén para hacer los panes y un fogón para estofados y sopas. Es decir, como mínimo una infraestructura e instrumentos para proveer de calor seco y otra para guisar con calor húmedo, técnicas que se corresponden con la cocción y el asado en líneas generales. Pero probablemente no debemos imaginar cocinas propiamente dichas, más bien pequeños rincones útiles, como un espacio para conservar los alimentos, quizás un depósito bajo tierra para mantener una temperatura estable y tenerlos aislados de los animales, el sol y el calor. Y quizás algún punto adecuado en la zona central de un patio, una cabaña o una vivienda en la que se preparaba y consumía la comida. El lugar donde se cocinaba proveía también de luz y calor en la noche o en el invierno, así que se convertía en el centro vital doméstico, donde la familia se reunía.

La cerámica era probablemente el primer material para fabricar los recipientes en una cocina corriente. Aunque también el hierro y el bronce formaban parte de esos materiales cotidianos, quizás destinado a confeccionar algún recipiente singular o preciado. Sin embargo, la flexibilidad, capacidad y posibilidades que ofrecía la cerámica[96] eran características por las que este material superaba al resto. Además, se podía decorar con facilidad, aunque el barnizado brillante no se conoció en esta época, así que disponemos de una

---

96   London, G., «Ancient Technologies of Everyday Life», en Greer, S. J, *et alii*, (eds.) *Behind the Scenes of the Old Testament*, Michigan, 2019, pp. 446-455.

cerámica porosa que servía para cocinar y conservar alimentos. Por otra parte, mantenían el agua fresca mediante un proceso natural que en España se conoce bien a través de un instrumento tradicional, los botijos, que producen idéntico fenómeno en el agua que contienen, refrescándola y manteniéndola libre de insectos e impurezas.

La arqueología ha dejado restos de hornos y hogares desde la época de la Edad de Hierro (1200 a 586 a. C.), cuando los reinos de Judá e Israel pagaban tributos a los imperios neoasirio y neobabilónico. En cuanto a las cocinas domésticas de esta época, los hornos eran la clave de los sistemas de cocinado, ya que en ellos se podían guisar multitud de platos. En la actualidad conocemos un tipo de horno que tiene su origen en aquellos, conocidos como *tabun*[97] y que ha sido una de las claves de la cocina doméstica israelí. El *tabun* es un horno de cerámica corriente en Oriente Medio en una época que podemos datar a partir del s. VII a. C. y que se ha seguido utilizando hasta la actualidad. Estos antiguos hornos presentan distintos formatos, como el *tannur*, una variante moderna. En cualquier caso, ambo tienen en común estar fabricados en arcilla y contener brasas sobre las que cocinar directamente o mediante otro recipiente. Sobre las paredes de este horno de forma cilíndrica y hondo se colocan trozos circulares y bien extendidos de masa, que se pegan mientras se cuecen por el calor que ha tomado la arcilla. La cocción resulta sencilla y satisfactoria. También se podía cocinar sobre piedras muy calientes, colocadas sobre las brasas, e incluso bajo las brasas, en especial los panes denominados tipo subcinericios que son los que parecen consumir el profeta Isaías y Elías, y que eran bien conocidos en la Antigüedad[98] (*Isa.*, 44, 19; *1Re.*, 19, 6).

La encargada de cocinar, ya que no propiamente dicho de la cocina, era la mujer. Es muy posible que compartiera con otras familias el uso de los hornos para la preparación de la comida, lo que fortalecía los lazos sociales y la cohesión de grupo[99]. Levítico señala esta

97   Ebeling, J. & Rogel, M. «The Tabun and its Misidentification in the Archaeological Record, Levant», 47, Princeton, 2015, pp. 3-34.

98   Villegas, A., *Culinary Aspects of Ancient Rome*, Newcastle upon Tyne, 2020, p. 118.

99   Shafer-Elliott, C. «Food Preparation in Iron Age Israel» en Greer, S. J, *et alii*, (eds.) *Behind the Scenes of the Old Testament*, Michigan, 2013, pp. 456-463.

fórmula de compartir el horno en ocasiones singulares, ¿o no lo eran y había más relación entre ellas que la puramente ocasional?

Diez mujeres cocerán vuestro pan en un solo horno (Lev., 26, 26).

Desde luego, se diferencian claramente hornos y fogones, dos espacios y dos fórmulas de cocinar (*Lev.*, 11, 35), dos tipos de cocciones y multitud de preparaciones que dieron origen a una cocina que fue haciéndose más compleja progresivamente.

Espacios religiosos

Es interesante observar la existencia de dos tipos fundamentales de fórmulas de cocinado que se corresponden respectivamente con las comidas diarias y con la de carácter litúrgico en el Templo, analizadas en distintos capítulos. Aunque ambos tipos de cocina estaban basados en idénticas técnicas y conocimientos, los ritos en los espacios religiosos y el tipo de holocausto determinaban por una parte las técnicas que había que seguir, y por otra, el uso de las cocinas comunales que se usaban. En cualquier caso, estas cocinas vinculadas con espacios religiosos eran complejas, estaban bien dotadas y podían tener gran tamaño. En esos lugares que formaban parte de los edificios de servicio de los Templos estaban las cocinas, denominadas *casas de las cocinas*. En ellas se ponía a disposición de los asistentes unos espacios en los que se podían cocinar los holocaustos, animales que se entregaban al Templo para su sacrificio, y que se repartían entre la administración del propio Templo y los oferentes. Ezequiel describe muy bien estos sitios, explicando que se ubicaban en un atrio exterior con un patio en cada ángulo del patio, y una tapia exterior cercando todo el conjunto. A lo largo de toda esa tapia había anexos una serie de fogones probablemente contiguos unos a otros, donde se cocinaban los animales que provenían de los sacrificios (*Ez.*, 46, 24). Desde luego, la visión es la de un espacio bien organizado, con capacidad para un abundante público y para el sacrificio (patios abiertos), preparación y cocinado de las carnes. Los rituales se caracterizaban por su complejidad y por estar perfectamente establecidos y descritos, hasta en los materiales y tipos de técnicas e instrumentos a utilizar, lo que provocaba que su desarrollo fuera bien conocido y fácil de ejecutar, así que, una vez aprendido el sistema, su ejecución se avalaba por la costumbre de hacer todas estas operaciones de una forma concreta y no de otra. El área que proporcionaba el Templo para que los fieles pudieran llevar a cabo sus obligaciones litúrgicas incluía estos espacios para cocinar, ya que cada oferente debía guisar personalmente los alimentos que se entregaban al Templo. Aquellas zonas de cocinado estaban dispuestas con lo necesario para la ejecución de las tareas, y sabemos que incluso disponían de dobles fogones y también de hornos para el pan (*Lev.*, 11, 35).

En la zona arqueológica de Tell Balata, posiblemente la antigua Siquem bíblica, la ciudad samaritana, se han encontrado unos restos datados en el Bronce Medio que están situados en la zona de la acrópolis. Entre estos, y vinculados con recintos sagrados (templos), se localizan una serie de bases en las que se disponen hornos de pan que estaban relacionados con las actividades del templo en esta zona, lo que parece coincidir con los datos aportados por el libro del Levítico.

Si tratamos de incorporar sobre esta visión arqueológica y literaria a las auténticas personas, a la calidez de la vida cotidiana, podemos vislumbrar estos lugares como espacios con un gran tráfico de gente, por los que transcurrían familias enteras con sus animales que llegaban a pie hasta el Templo en una especie de alegre romería. Eran días festivos, y todos sabían que después del sacrificio iban a degustar algún rico plato y que disfrutarían de encontrar a otros familiares o amigos, y podrían descansar. Además, el entorno de los templos debía tener un aroma especial. Por una parte, el de los perfumes que se quemaban, que eran incienso y resinas que los sacerdotes y levitas ponían a arder lentamente y de forma constante como homenaje a la divinidad. Por otra parte, estaba el apetitoso aroma de los corderos, pichones y otros animales asándose, que debía competir con el aroma de los panes al horno, y con el aún más potente de las cazuelas y guisos humeantes, repletas de ricas viandas, verduras y carnes. Cuando podemos poner este pequeño detalle de color a la vida cotidiana y a la alimentación en el mundo bíblico en el entorno de los templos, es posible que la panorámica cambie, que las piedras pierdan las tonalidades monócromas para teñirse de vitalidad, y que podamos imaginar las riadas de oferentes en pequeños grupos, saludándose unos a otros, a los niños jugando, incluso los ruidos de los animales. Después, las bendiciones, el descanso, el banquete, el gozo de vivir.

En cualquier caso, sí sabemos que los templos participaban en los sacrificios y facilitaban que los peregrinos hicieran sus ofrendas, y en ese entorno de cocinas al aire libre, fogones y espacios para todas estas actividades, todo formaba parte de una realidad en la que era necesario disponer de espacios para cocinar y que constantemente explica el Levítico:

> También toda oblación cocida al horno y toda la preparada en cazuela o en sartén... pero toda oblación amasada con aceite, o seca... (Lev., 7, 9).

En cuanto a las ofrendas, eran bien recibidas innumerables oblaciones, que dependían de los recursos y las ganas de los fieles, pero, en cualquier caso, había una gran variedad de productos que permitían que el entorno de los templos fuera un auténtico espacio de cocinado, un lugar lleno de vida, de movimiento, de aromas y de auténtica y sabrosa comida.

El ritual de los sacrificios tenía diferentes formatos, y muchas variedades en cada caso, pero como regla general tenemos tres tipos: en primer lugar, el holocausto, que era el sacrificio del animal que se quemaba íntegro. En segunda instancia, estaban las ofrendas de comunión, como actos de acción de gracias principalmente. Y en tercer lugar, los sacrificios de expiación, como el de perdón y los rituales de limpieza realizados voluntariamente[100]. Cada uno de ellos tenía sus propias ofrendas, liturgia y fórmulas de entrega al entorno del Templo, y por supuesto, modos de consumo de los distintos alimentos.

Cocinas públicas

Además de estos dos fundamentales pilares de la actividad en torno a la cocina, hay un tercero que se vincula con la vida en la ciudad:

---

100 Tishler, N. M., *All Things in the Bible: An Encyclopedia of the Biblical World*, Westport, 2006, pp. 542-544.

son los espacios públicos de venta de alimentos elaborados, pequeñas tiendas entre las que se encontraban artesanos del queso, del vino, de la cerveza o de cualquier otra elaboración que pudiera ser necesaria. Hay paralelos de comercios en distintas culturas que conocieron bien los israelitas, como la egipcia o la mesopotamia.

Las panaderías fueron probablemente las primeras de esas industrias también en el mundo israelí. Ocurría así en el mundo egipcio, de quienes pudieron conocer la mejora de métodos de panificación. En cualquier caso, observamos que estos procesos les resultaban muy familiares, además contaban con la presencia de profesionales que se encargaban de ellos:

> *Los panaderos atizaban el horno ardiente para hacer pan, pero bajaban su intensidad durante el proceso que iba desde el amasado hasta la fermentación (Os., 7, 4).*

Desde luego, sabemos que ya en época previa al Éxodo conocían la figura del panadero, al menos en tiempos de José (*Gn.*, 40, 1). Y no solo panaderos, sino todo un servicio complejo vinculado con ellos, ya que existía incluso jefe de panaderos, lo que significa que había un encargado que tenía bajo su responsabilidad a un cierto número de personas. Aunque con más probabilidad, ese capataz era el responsable del correcto desarrollo de todo el proceso, desde la compra del grano al molino harinero y a la elaboración de panes y quizás repostería. Esta del panadero parece una figura poderosa, no es un sencillo tahonero que amasa directamente los panecillos, sino alguien superior comprometido con la intendencia de los recursos necesarios para la elaboración del pan. En época de Jeremías incluso había una calle de los panaderos, que era probablemente el lugar donde se encontraban las panaderías de la ciudad ¿Compartirían hornos? ¿Serían negocios distintos? (*Jr.*, 37, 21).

En casi cualquier ciudad, desde una pequeña o incluso una aldea a una gran ciudad, la necesidad de organizar el avituallamiento era un requerimiento fundamental, así que proliferaban mercados, en los que comerciantes y artesanos vendían sus mercancías. Eran mercados en los que convivían judíos y no judíos, tanto como vendedores como compradores, y en los que no siempre estaba bien visto ver a las mujeres pasear libremente[101].

Instrumentos de cocina y mesa

No hay duda respecto a este punto: para cocinar, por sencillas que fueran las preparaciones, eran imprescindibles algunos instrumentos. Y a veces, incluso, un número elevado de ellos. Se necesitaban hornos para hacer pan, planchas o sartenes para tostar los alimentos o para freír, y buenas cazuelas para hacer estofados y guisos. Cucharas de madera (o paletillas, para remover), pinchos de madera o metal y cuchillos eran otros de los útiles imprescindibles. Y, desde luego, recipientes de todo tipo para conservar sal y especias, para adobar, para mantener el aceite, el vinagre o el vino. Y después platos o fuentes para transportar los alimentos. Además, están los instrumentos necesarios para la mesa, ya que para comer eran necesarias vajillas adecuadas a cada familia, jarras de vino, fuentes, tazas y vasos. Encontraremos referencias a algunos de estos instrumentos que, como es natural, se vinculan con las técnicas ejecutadas, y así veremos sartenes con suficiente capacidad para sumergir los alimentos en aceite de oliva, lo que significa que no eran sencillamente placas, sino unos instrumentos con paredes altas que permitían contener líquidos y sólidos.

Pero había más que instrumentos de cocina en una cultura seminómada como fue la de sus inicios. Había instrumentos para transportar y conservar los alimentos, como por ejemplo el cuerno de carnero que se llenaba con aceite ritual, pero también con otras bebidas o aceites, como se ha hecho en el Mediterráneo tradicionalmente, aún con más motivo y posibilidades en los pueblos pastores. Este tipo de cuerno lo vemos en la unción de David —que utiliza el profeta Samuel para su entronización—, incluso como adorno en el Arca de la Alianza y, también como recipiente destinado a contener la sangre de los sacrificios (*1Sam.*, 16, 1; 13-, *Ex.*, 27, 2; 30 2; *Lev.*, 4,

---

101   Rosenblum, J. D. «Jewish Meals in Antiquity», en J. Wilkins y R. Nadeau (eds.), *A Companion to the Food in Ancient World*, Sussex, 2015, pp. 348-356.

7). También el cuerno ejemplifica la historia israelita, ya que se usaba como instrumento de llamada y como clamor de trompetas el día de la Expiación, fiesta que hoy conocemos como Yom Kipur (*Ex.,* 19, 13; *Lev.,* 25 9). Esta jornada santa en el judaísmo actual termina con el sonido del shofar, que es precisamente este cuerno de animal preparado para ser usado como instrumento, y que señala el final del ayuno preceptivo.

El zurrón es otro de los útiles necesarios para las travesías, cortas o largas, en las que observamos cómo se usaban estas bolsas para transportar alimentos destinados al propio consumo. Productos simples como uvas, quizás. Observamos el uso de un zurrón o cuando un jovencísimo rey Saúl iba a la búsqueda del ganado de su padre y el relato bíblico cuenta cómo se le agotó el pan contenido en la bolsa (*Deut.,* 23, 24; *1Sam.,* 9, 7). También conocemos el zurrón de David cuando aún era un joven pastor que introdujo en su *zurrón de pastor* unos cantos, piedras, que como sabemos bien, hicieron temblar a Goliat el filisteo (*1Sam.,* 17, 40).

Las herramientas de piedra se usaban principalmente en las sociedades agrícolas para desarrollar la tecnología de la molienda y el procesado de productos, principalmente en el caso de cereales y legumbres. También se utilizaban piedras para la fabricación de prensas destinadas al proceso de triturado de las aceitunas en las almazaras. Además, se usaban para desarrollar algunos pasos en la elaboración de comida, como morteros o molinos de mano. Estos molinos de mano se siguieron utilizando a lo largo del tiempo, por su utilidad y capacidad, incluso en la Edad del Bronce. En Palestina, los morteros pequeños se usaban para procesar la carne y la cebolla, mientras que, para triturar el cereal en forma de harina se disponía de herramientas de piedra de mayor tamaño. Pero además de estos usos principales tenemos multitud de artefactos fabricados en piedra, como pesos, paletas, mazas para los morteros e incluso ruedas para los ceramistas. Los orígenes de todas estas herramientas se pierden en la historia e incluso podemos datarlos en la prehistoria. Es el caso de los morteros con sus mazas, por ejemplo, que podemos encontrar en forma de recipientes abiertos desde el último Paleolítico, en los que se trabajaba con una piedra en forma de rulo o base para triturar y afinar las harinas. Con el tiempo se irían utilizando piedras más finas, por ejemplo, basalto, calizas o areniscas (como alabastro, mármoles, calcita o en algunos casos incluso yeso).

Para procesar los alimentos encontramos innumerables instrumentos fabricados en metal, madera, piedra y arcilla. Desde la primera fase del procesamiento, como la molienda en el caso de cereales, por ejemplo, al almacenaje en grandes vasijas y otras más pequeñas destinadas al uso directo en cocina. En el sitio arqueológico de Tell en-Nasbeh, al norte de Jerusalén, se han localizado muchos de estos instrumentos de cocina elaborados en metal, piedra y cerámica que parecen corresponderse con diferentes actividades culinarias: pequeñas cosas como molinillos, hojas de hoz de pedernal y pequeñas prensas de aceituna. Y elaborados en metal podemos encontrar azadas, hoces y arados. Para cocinar hay en la zona tazones abiertos, jarras, cráteras, tazas, ollas y otros recipientes de similar morfología. Y, curiosamente, el análisis cromatográfico nos indica que muchos de ellos se usaban para preparar platos con lácteos que provenían de leche de vaca.

Fig. 28. Molde de cocina de la ciudad de Mari (entre 2900 y 1798 a. C.), por la que pudo pasar Abraham a través de su viaje entre Ur y Harán. En estos moldes se representaban animales y escenas sencillas. En ellos se introducía masa de pan, mezclas de carnes picadas o pescados con otros ingredientes, y se horneaban.finalmente, la pieza que se presentaba en la mesa había adquirido la forma del molde.

El espectro de los útiles de cocina pudo llegar a ser muy variado, y comprendía desde tablas a útiles para picar o aplastar, cuchillos, canastos y cestillos, también recipientes para salsas, aceites y vinagre o vino e incluso bolsas para transportar alimentos. A continuación, analizaremos los instrumentos más destacados.

Cuchillos

La primera de las herramientas humanas, el cuchillo, es el instrumento más básico y polivalente, que sirve para cualquier uso, desde limpiar y porcionar una pieza de caza recién capturada, hasta para las labores delicadas de despiece y, desde luego, casi en cualquier labor culinaria, ya que, en realidad, los cuchillos son imprescindibles.

El primer cuchillo que aparece en la Biblia es el de Abraham, que lo llevaba entre sus pertenencias para hacer un sacrificio junto a su hijo Isaac. Después de que la voz de YHWH le liberara de sacrificar a su propio hijo, el patriarca encontró a un carnero enganchado en una zarza y lo inmoló, pero la cuestión es que en cualquier caso llevaba un cuchillo consigo. Y efectivamente, este instrumento debía acompañar a los primeros judíos como parte de la dotación imprescindible para la supervivencia, y servía lo mismo para realizar el sacrificio de un animal que para posteriormente cortar y preparar la carne para su consumo.

Es curioso que el segundo cuchillo que aparece sea el de Séfora, la esposa madianita de Moisés que, al igual que Abraham, llevaba un cuchillo entre sus pertenencias. Y que no lo usó para cocinar o sacrificar a un animal, como ocurrió en el caso de Abraham, sino para circuncidar a su hijo primogénito. En esa extraña escena de difícil comprensión, cuando acompañaba a Moisés a Egipto, circunstancia que inaugura el ciclo de la circuncisión de los varones judíos en el Antiguo Testamento.

Probablemente ambos cuchillos, el de Abraham y el de Séfora, estaban fabricados con pedernal, un dato que nos precisa Josué cuando explica la circuncisión de los israelitas, realizada mediante una versión de este instrumento fabricado en pedernal (*Jos.*, 5, 2). Desde luego, también encontramos abundancia de cuchillos como armas letales, dagas destinadas a los sacrificios y para holocaustos. Y no solo en pedernal, hay incluso algunos de ellos, de época de Salomón, confeccionados de oro, aunque desde luego, estos instrumentos tan especiales eran de uso litúrgico, y estaban destinados a sacrificios singulares (*1Re.*, 7, 50). En cualquier caso, una cultura que tiene espadas dispone también de cuchillos, aunque es más que probable que no sustituyeran los de metal a los de pedernal, sino que ambos materiales convivieran en el tiempo. En el libro de Números se indican los metales en orden de valor, como sigue: oro, plata, bronce, hierro, estaño y plomo, y aunque hemos visto esos valiosos cuchillos de oro, eran verdaderamente excepcionales y siempre destinados a usos litúrgicos, ya que este metal es más blando y carece de la fuerza del bronce o del hierro para cortar o hendir (*Num.*, 31, 22).

Sartenes

Si tu ofrenda es una oblación preparada en sartén, será de flor de harina, amasada con aceite y sin levadura (Lev., 2, 5).

Ezequiel nos muestra unas sartenes de hierro que debían ser casi imperecederas, unos útiles valiosos hasta el punto de poder ser transmitidos de generación en generación, y que sin duda eran un todoterreno en el que se podía cocinar cualquier cosa. Además, eran resistentes, admitían transporte sin quebrarse y servían tanto para aplicar calor seco (por ejemplo, para poner la masa a la plancha y obtener panes) como para freír (*Ez.*, 4, 3). Incluso vemos en Jerusalén a un levita que, durante la época posterior al destierro estaba encargado de vigilar lo que se freía en la sartén (*1Cron.*, 9, 31). Era Matatías, uno de los levitas que se ocupaba de este cuidado específico en el Templo, y que no carecía de importancia, ya que su labor estaba relacionada con la necesidad de mantener la pureza de los rituales para comprobar que todas las labores vinculadas se realizaran de la manera correcta.

La sartén es un instrumento que tiene una serie de peculiaridades que facilitaban las labores de cocinado, por sencillas que parezcan. En primer lugar, este instrumento dispone de mango, que evita que las salpicaduras de aceite quemen a quien cocina. Y por tanto, era doblemente útil en un mundo en el que la fritura se había desarrollado como una técnica cotidiana. Y hasta Ezequiel fue instado por YHWH a utilizar de forma simbólica una sartén, que nos muestra que, en definitiva, era un instrumento consuetudinario y de fácil acceso a todo el mundo (*Ez.*, 4, 3).

Con este mismo útil cocinó Tamar a Amnón, el hijo de David, las tortas que este había solicitado y que estaban preparadas mediante la técnica de la fritura (*2Sam.*, 13, 9). Así, vemos cómo este instrumento acompaña en diferentes épocas a las cocinas, vinculándose estrechamente con el aceite de oliva, el vehículo imprescindible para la fritura.

Ollas, marmitas y cazuelas

Si la ofrenda fuera de algo cocido en cazuela, será de flor de harina y aceite (Lev., 2, 7).

En este grupo encontraremos diversos instrumentos de cocción que presentan diferencias morfológicas, pero todos ellos tienen algo en común, y es que se corresponden con la necesidad de realizar la técnica de cocinado de uno o varios elementos principales sumergidos en un líquido o mezcla de varios, es decir: cocer. Esta tipología de recipientes de cocción puede responder a distintos tamaños, a útiles dotados o no de tapadera, algunos con asas o con una gran panza, con mucha capacidad o altos como ollas. Incluso hay diferencias con respecto a los materiales en los que están realizados unos y otros, ya que podían ser de cerámica o de bronce (*Lev.*, 6, 21). Los datos son esclarecedores, ya que en el texto se explica que el instrumento se podía romper, por lo que se concluye fácilmente que era de factura cerámica. Y si se comenta que la olla tenía herrumbre nos indica que era de metal.

Entre todas ellas (ollas, marmitas y cazuelas) había diferencias, así se cita en Crónicas que las cosas sagradas se cocieron en ollas, calderos y cazuelas. Es decir, que correspondían a morfologías diferentes probablemente destinadas a diversos quehaceres, pero eran polivalentes y servían, en cualquier caso, para elaborar guisos con líquido. Como ocurrió en esta celebración de la Pascua en la que explícitamente se nos dice que el cordero pascual se asó al fuego mientras que el resto de las víctimas sagradas se cocieron en estos recipientes (*2Cron.*, 35, 13).

Sin embargo, sí difieren el estilo de los guisos, estofados, cocidos y otras preparaciones que se realizaban en ellas. Tenemos carnes cocidas y estofadas, ollas borboteantes y modelos de guisos de carne:

> *Prepara una olla, prepárala y pon agua en ella. Añádele unos trozos de carne, la mejor parte, pierna y espalda; llénala con los mejores huesos. Toma lo mejor del ganado. Dispón bajo la olla un cerco de leña para que hierva con fuerza, y cuece también en ella los huesos (Ez., 24, 3-5).*

Estos contrastes de usos según la morfología del recipiente, su capacidad y detalles, son expresión de la necesidad de aplicación de diferentes técnicas, sencillamente. Y cada uno de ellos, a pesar de la inicial polivalencia del recipiente, se usaba para elaborar guisos diferenciados. Vinculados con estos grandes recipientes y destinados al servicio litúrgico del Arca de la Alianza se usaban unos pinchos elaborados en oro, y en otras ocasiones observamos cómo los mismos pinchos estaban elaborados en bronce. Probablemente se trate de un uso diferenciado, de la cercanía mayor o menor al arca, o fueran pinchos destinados a diferentes sacerdotes y liturgias, pero en cualquiera caso, las aplicaciones sin lugar a duda estaban vinculadas con ambitos culinarios dispares: religiosos o domésticos (*Ex.*, 27, 3; *1Cron.*, 28, 17).

Tenedores y cucharas

Desde luego, el tenedor de cuatro puntas es una pieza moderna. Sin embargo, el tridente es una herramienta muy antigua que podemos observar en usos vinculados con la cocina más que con la mesa. Se utilizaba para recoger los trozos más pesados de una olla, por ejemplo, las piezas de carne. El libro de Samuel detalla estos aspectos y cómo se usaban los tridentes para mover, poner o retirar piezas hirviendo o para introducirlas en líquidos calientes. Gracias al mango que tenían se evitaba el contacto con el fuego o con el calor extremo (*1Sam.*, 2, 14).

También se hace mención a una trulla[102] o cucharón, más que cuchara. En cualquier caso, estas cucharas solamente se mencionan al hablar del servicio religioso —parece que formaban parte exclusiva de este—, y no tanto como para uso de cocina y mesa, desgraciadamente una parte de estos, en especial la más cotidiana, aún se nos escapa.

Fig. 29. *Trulla.* Cucharón para servir. Entorno mediterráneo, mundo romano, s. I d. C. Museo Británico.

---

102   Sobre la morfología de esta pieza y sus usos, ver Villegas, A., *op. cit.*, 2021, p. 176.

El que haya tan pocos enseres de mesa puede significar que se desarrollaba una manera de comer de forma muy similar a como se practicaba en el Medio Oriente y en el Mediterráneo hasta fines del Imperio romano. Sencillamente la comida se tomaba con las manos, ya fuera de un plato común o de un plato individual, ayudándose en el caso de los recipientes individuales con salsa de pan. Y las sopas y recetas más líquidas, sencillamente se bebían directamente de un vaso o tazón.

Vasos, jarras y tazas

Recipientes corrientes, cotidianos e imprescindibles para el desarrollo de las actividades propias de la cocina y la mesa, en los que se servían vino y licores, sopas, agua, leche y cualquier otro elemento líquido. Podemos encontrarlos elaborados en distintos formatos y tamaños, incluso materiales, desde simples piezas cerámicas a otras realizadas en cristal o incluso en metales nobles. Como en el resto de los casos de vajillas domésticas, el tipo de material elegido dependerá en primera instancia del uso de la pieza, si era para uso de cocina o estaba destinada a la mesa y, en segunda, de la economía y posición social de la familia.

Como ocurre con el resto de las piezas que tienen tanto usos litúrgicos como domésticos, encontraremos una alta gama de artefactos destinados a usos religiosos, que se repiten con formatos similares pero materiales sencillos para la cocina ¿o en realidad el proceso fue justamente al contrario? Ennobleciéndose así los recipientes culinarios para el culto divino. Probablemente hubo un intercambio en dos direcciones según el modelo, y al igual que se fabricaron en metales nobles piezas de uso común, quizás alguna de ellas de único uso litúrgico pasó al ajuar cotidiano.

La abundancia de estos tres tipos de instrumentos (vasos, jarras y tazas), vinculados en primera instancia con el culto litúrgico del Arca de la Alianza, nos habla de que eran muy bien conocidos. Por otro lado, sabemos que se usaban para realizar las libaciones y que, por tanto, estaban fabricados en oro. Pero no eran los únicos, también había fuentes, escudillas, tazones y jarras de libación de oro puro. Probablemente los ajuares cotidianos repitieran modelos más sencillos, y cuyos usos podemos imaginar polivalentes, extendidos a multitud de preparaciones y de ocasiones. Como por ejemplo pebeteros, para quemar la grasa animal de las ofrendas y otros usos rituales (*Ex.*, 25, 29).

En un entorno mediterráneo y con elevada producción vinícola, parece natural considerar la presencia de instrumentos que formaran parte de los equipos vinculados con el uso y consumo de vinos. Entre ellos tenemos una serie de piezas en la bodega de un entorno palaciego del Bronce Medio, en Tell-Kabri[103], en Israel. Las cerámicas que contenían vino se han podido identificar por su contenido en ácido tartárico y singírico, que junto a las resinas que se añadían a los vinos han facilitado esta identificación. En este lugar se han encontrado al menos pequeñas vasijas y vasos, además de cuarenta grandes ánforas cerámicas, para almacenar el vino. Esto nos muestra la necesidad de recipientes altamente especializados para recoger, madurar, extraer, transportar y por supuesto consumir este producto tan valorado en el mundo antiguo[104].

Medidas para una cocina exacta

Medir los ingredientes para las recetas no era cuestión baladí. Las medidas de peso o capacidad y volumen importan en primera instancia en el momento de la compra de los productos, porque dependiendo de estas medidas y de la calidad y tipo de producto, tendrán un precio u otro. En segundo lugar, ya en la cocina sigue importando cómo mezclar, cuánto mezclar y qué combinaciones funcionan. Y no solo en la cocina, porque en los procesos semiindustriales como por ejemplo en la elaboración de vinos, combinar los caldos con porcentajes de diferentes ingredientes marcaba la diferencia entre las cali-

---

103   Tell Kabri es un sitio arqueológico al oeste de Galilea que entre 1900 a 1600 a. C. fue el centro político cananita, y en el que se encuentra el palacio de más extensión excavado en Israel.

104   Koh, A.J.; Yasur-Landau, A.; Cline, E. H. «Characterizing a Middle Bronze Palatial Wine Cellar from Tel Kabri, Israel», *PLoS One* 9(8): 6, 2014.

dades, sabores y tipologías de vinos. Porque el *coupage* era la técnica más adecuada para obtener vinos equilibrados.

Aunque tenemos algunas colecciones de recetas bastante antiguas, como las mesopotamias, que forman parte de las famosas «Tabletas de Yale», en las que es posible encontrar medidas de volúmenes de áridos —una antigua forma de contabilizar los alimentos—, las unidades son de carácter comercial, es decir, representan un sueldo, algo muy característico de una sociedad agrícola[105]. Esa visión nos proporciona una vinculación con la capacidad adquisitiva y la calidad de los vinos, contándonos quién podía comprar qué, y cuanta cantidad.

Por otro lado, sabemos que lo habitual es que las recetas se transmitieran de forma oral, probablemente aderezadas con multitud de pequeñas anécdotas que hacían de recordatorios eficientes a la hora de repetir los pasos. Las historias, rutinas, ritos y mitos ayudaban a conferir valor a la receta y a reglamentar su uso[106], facilitaban esa transmisión y ayudaban a recordar la proporción entre peso, volúmenes y número de comensales.

Posiblemente, como en la cocina tradicional doméstica, algunas proporciones fueran tan inexactas pero tan bien conocidas como las expresiones actuales «puñado», «pizca», «vaso» o «taza». No es que no existieran sistemas de medidas, es que probablemente la elaboración de recetas se sirviera de sus propios, particulares e individuales sistemas correspondientes a cada cocinero o familia. Las medidas de volúmenes, por ejemplo, usaban más la capacidad que el peso, y una medida habitual era el huevo, que es, por otro lado, una medida muy inexacta, ya que el huevo, en cada ejemplar tiene un volumen diferente. Aunque hay que tener en cuenta que a la vez también puede ser una magnitud muy exacta si se usaba proporcionalmente para la medida de todos los ingredientes. Por otro lado, los sistemas de peso están influenciados tanto por la tradición egipcia como por la babilonia.[107]

---

105 Botteró, J., *op. cit.*, 2005, p. 36.
106 Bottéro, J., *op. cit.*, 2005, p. 13.
107 Sobre las distintas medidas y sus equivalencias en el mundo bíblico, ver http://www.oxfordbiblicalstudies.com/resource/WeightsAndMeasures. xhtml y https://jewishencyclopedia.com/articles/14821-weights-and-measures (Consult. 19/8/21).

El culto a YHWH requería una gran precisión de los levitas, y ellos tenían a su cargo el orden de los instrumentos de cocinado y también el de los propios productos cocinados o no. En Crónicas nos cuentan cómo también se ocupaban de la vigilancia y cuidado de las medidas de capacidad y longitud, es decir, que medir, pesar y contar era verdaderamente sustancial, aunque solo se hiciera este trabajo por aproximación en el ámbito doméstico (*1Cron.*, 23, 29).

Hornos, fuego y brasas

Entre todos estos sistemas, el más antiguo y por tanto más primitivo son las brasas, que se aplican sin necesidad de un recipiente intermedio. Eran una opción muy habitual para cocinar cualquier cosa, desde carne a pan, hasta lo indica el profeta Isaías:

> *Con una parte enciende fuego, y sobre las brasas asa carne... también sobre sus brasas he cocido pan. He asado carne y la he comido (Isa., 44, 16-19).*

Este es un sistema más primitivo que el de los hornos, sencillamente se implicaban en esta acción el alimento y el fuego, como se había hecho durante milenios, sin necesidad de interponer ningún otro instrumento entre la combustión y la comida. Un sistema vinculado con una serie de fórmulas arcanas que datan de la prehistoria.

Otro sistema de horneado o tostado era el que se realizaba con los cereales. Hemos visto cómo se tostaban los granos y se consumían directamente, sin transformar, y probablemente se hiciera esta operación en generosas cantidades, bien directamente en un horno de arcilla o sobre un recipiente.

En cuanto a la tecnología vinculada con los hornos, desde luego había hornos perfectamente diseñados a nivel semiindustrial[108], por ejemplo, para cerámica o para panadería, pero también los había en el entorno de los templos, donde era necesario hacer sacrificios. Es

---

108 Sobre la evidencia de los hornos semiindustriales anteriores al mundo clásico, vinculados con la extracción de metales en Mesopotamia y Egipto, ver Forbes, *Studies in Ancient Techology*, vol. 3, Leiden, 1993, pp. 216-217.

decir, es evidente que había hornos para cocinar. En cualquier caso, todos ellos, los de carácter industrial, en especial los destinados a la cocción de cerámica debían ser hornos de gran tamaño, con una tecnología similar en cuanto a las funciones de la caldera, dotados de una boca para introducir el combustible y una zona de cocción para cerámicas o en el ámbito alimentario, panes y carnes.

Los hornos de los templos eran de otra tipología, porque estaban específicamente destinados a alimentación, aunque probablemente eran muy similares a los primeros. Desde luego, eran de tamaño inferior, aunque no tanto como los domésticos. Este tamaño considerable se debía a que el entorno de los templos atraía a multitud de peregrinos que, aunque cocían parte de la ofrenda, otra porción solían asarla para consumirla allí mismo.

Por otra parte, todos estos eran hornos vinculados con el templo eran fijos, lo que facilitaba las operaciones de asado de grandes piezas, ya que probablemente tanto las carnes como los hornos eran de generoso tamaño o muy numerosas. Pero además de estos, había hornos para panificar, una acción que requiere temperatura y condiciones distintas a las del asado. Probablemente los hornos domésticos eran una versión modesta de estos segundos, y aunque no en todas las casas hubiera uno, sí era fácil que se encontraran en estas braserillos portátiles y pequeños hornos.

Pero los hornos cerrados no eran la única forma de asar, tenemos algunos modelos singulares y muy sencillos. Por ejemplo en Egipto, donde se encuentran numerosas pinturas de patos y ocas asados. Sabemos que después de desplumarlos los golpeaban, quizás para ablandar la carne, y posteriormente los pinchaban en un asador sin mango, asándolos sobre un fuego que se trataba de mantener vivo constantemente. Después de 1500 a. C. hay más descripciones sobre la carne asada, aunque esto no necesariamente significa que hubiera un cambio en los hábitos alimentarios[109]. El desarrollo de los hornos, incluso los domésticos, podemos advertirlo a través de las antiguas panaderías, y establecer un paralelo con Egipto, por ejemplo. Pero hay más diversidad de la que parece, hasta en las formas más simples, por ejemplo encontramos variantes de hornos que eran sencilla-

---

109   Forbes, *op. cit.*, vol. 3, 1993, pp. 57-58.

mente piedras calientes colocadas sobre otras verticales, entre las que se encendía un fuego que se mantenía vivo. Sobre las piedras calientes se ponía el producto que había que cocinar, a modo de tabla o plancha caliente. Más tarde, sobre el 2000 a. C., apareció un nuevo sistema, unos hornos de cerámica que tenían una rejilla en la parte superior, donde se colocaban las bandejas con panes, tortas o cualquier otro alimento que se quisiera cocinar. Los hornos de ladrillo son muy posteriores.

El otro paralelo que podemos usar para conocer este sistema de cocinado es el de Mesopotamia, donde había grandes panaderías que formaban parte de la economía de los templos sumerios, en los que había importantes hornos para la producción masiva de pan. En las cocinas del templo de Ur existían estos hornos para pan, fabricados de cerámica y en forma de colmena. Y también había cocinas de cerámica con una parte superior plana (donde cocer los panes) dotadas de unos conductos circulares por los que fluía el calor. Además, se usaban braseros primitivos y las bases de piedra que hemos comentado anteriormente, fundamentalmente para la cocción de las ollas de cocina, pero no como hornos. Estos hornos sumerios en forma de colmena se introdujeron posteriormente en Palestina. Aunque los más comunes eran los recipientes cerámicos semienterrados que se calentaban, y sobre cuyas paredes interiores se ponía la masa, pegándola cuando estaba fresca. Al estar en contacto con la cerámica muy caliente, las finas tortas de pan se cocían rápidamente y solo había que darles la vuelta. Este sistema aún se pone en práctica en Oriente Medio y Egipto, con diferentes variantes, pero básicamente repitiendo un idéntico esquema de elaboración.

El combustible

Hoy conocemos bien los problemas de falta de combustible y lo que representa su escasez para la supervivencia. Aunque es cierto que hay preparaciones que se pueden desarrollar sin calor, como la elaboración de quesos, y que otros alimentos se pueden consumir directamente, como son la leche, la miel o los dátiles, es obvio que, para comer platos elaborados, aunque sea de forma básica, es fundamental una fuente de calor.

Isaías nos cuenta qué tipo de madera se usaba para leña, tanto para calentarse como para cocinar pan o asar carne, y en su época los cedros, robles y encinas parecen ser los principales (*Isa.*, 44, 14-16). Pero desgraciadamente, y tras el cambio del clima que había provocado durante el inicio del Neolítico un proceso de desertización, el medio ambiente se resentía seriamente tras sumar a esta transformación la acción humana con los milenios de tala y uso indiscriminado de los recursos naturales, y en especial de los árboles, que sujetan la tierra y mantienen el ecosistema vivo.

Pero la madera no era el único recurso, y observamos cómo se usa estiércol animal e incluso humano para encender fuego, aunque desde luego, no demasiado apreciados, en especial el segundo, aunque cualquier recurso era bienvenido en un entorno en el que había escasez de madera (*Ez.*, 4, 15).

9. Ingredientes para una cocina judía anterior al s. I

No todos los ingredientes de los que disponemos en la actualidad han formado parte de la cocina judía. Y en una relación paralela, tampoco todos los ingredientes que existían en el s. I d. C. habían formado parte de la alimentación judía los dos milenios anteriores. La alimentación, como la cultura, conoce progresos, cambios, modificaciones. Está sujeta a ellos y se entrelazan en un continuo avance, entrelazando progreso y tradición, lo que provoca unos movimientos muy complejos.

En la Torá observamos cómo las grandes elaboraciones de carne son de signo festivo, algo que ocurre de forma espontánea en todo el antiguo Oriente, y en el Mediterráneo, una costumbre que continúa incluso hasta el mundo moderno en Europa. Y no solamente con respecto al pueblo hebreo, sino en todas partes, lo que nos habla del esfuerzo que requiere la crianza de un animal porque, sencillamente, su coste era muy elevado. Así, tanto las comidas como los sacrificios más importantes son de animales, es natural, porque parece lógico pensar que a YHWH se le ofrecía lo mejor que tenían. Hoy, consumir la carne de un carnero nos parece algo extraño, pero en un medio en el que los carneros se encontraban en su nicho ecológico, y en un momento histórico en el que el pastoreo era una actividad principal, este sacrificio adquiere todo su significado, porque sencillamente abundaban.

Por su parte, el día a día se nutría de productos de origen vegetal, es de pura lógica que las comidas cotidianas estuvieran basadas en alimentos que fueran de fácil acceso y precio económico, como era el caso del cereal, del aceite y de frutas y hortalizas locales como los dátiles, las legumbres y verduras sencillas, o incluso de preparaciones lácteas derivados de la leche de ovejas y cabras. En un entorno en el que lo más importante era la subsistencia, la frugalidad en el consumo y la moderación y prudencia con los recursos resultaban fundamentales. Era un mundo en el que la economía no se medía por el precio en moneda, sino, sobre todo, por el esfuerzo que representaban ambas opciones y el tiempo destinado a cada una, por lo que en las comidas cotidianas imperaban la adaptación y la inteligencia.

Una tierra que mana leche y miel

Es una expresión universal, la frase de la Biblia con un mayor calado y sentido en todos los tiempos, una bellísima metáfora de lo que Dios ofrece a su pueblo... ¿o no? Es decir, ¿esta expresión es verdaderamente una metáfora, o más bien el versículo quiere decir exactamente eso, una tierra de abundancia, en la que la leche y la miel abundaban como generosos dones del entorno y de liberalidad divina?

Hay infinidad de interpretaciones sobre esta expresión, además de lo que supone de bendición divina o de regalo por el pacto que acepta Israel de YHWH, para convertirse en su pueblo elegido. Tratemos de entender esta inspiradora expresión, la clave está en recordar quiénes eran los israelitas... los descendientes de una tribu seminómada, que probablemente habían pasado cientos de años alejados de los cauces de la vida urbana, que vivían en un margen no solo de actividades vinculadas más con un estilo de vida recolector que agricultor, sino también alejados del estilo de vida habitual de los pueblos del entorno.

Las menciones a esta tierra que mana leche y miel son bastante numerosas, y las encontramos en los libros del Éxodo, del Levítico, Números y Deuteronomio, alguna más en el libro de Josué, Jeremías y Ezequiel. Es decir, es una referencia antigua, que aparece a partir de la época de Moisés y posteriores. Esto tiene un significado, y más allá de las explicaciones algo complejas que se ofrecen sobre que la leche representa a la madre y la miel, la dulzura de la vida, parece más que, efectivamente, la promesa sea de un lugar en el que abundan los productos más importantes para la dieta de un pastor recolector, cuya vida es la de un beduino seminómada.

Es decir, esa hermosa proposición parece más bien la promesa no tanto de una vida espiritual, sino algo muy cierto y real, algo verídico e inmediato. La promesa de una tierra que proporcionará los alimentos que mejor conocían los hebreos y, por tanto, los más útiles y anhelados, que en primera instancia eran, efectivamente la leche y la miel.

Probablemente, la expresión *la tierra que mana leche y miel* aluda en el fondo a un sistema de vida concreto, el del pastor frente al del agricultor. No es tanto la metáfora de la abundancia, de la facilidad de obtención de recursos o de la vida regalada como un de un sistema de vida con una alimentación concreta. Que además era el fruto de estos hábitos vitales sostenidos por una economía desarrollada en un territorio que era muy diferente, por ejemplo, al del sistema de vida en Egipto cuya base era agrícola. En Deuteronomio 11, 8-17 se describe claramente una forma de vida, en una tierra solo regada por la lluvia, como vemos profundamente diferente al país de Egipto. Una tierra que YHWH había ofrecido pero que también había que conquistar, era necesario hacerse con ella. Entre sus colinas podrían olvidar el agridulce recuerdo de los frutos que les proporcionó en el pasado el sistema de vida agrícola egipcio, y volverían a sembrar y a regar, las montañas y las vegas proveerían de grano, mosto y aceite y también habría hierba para el ganado, que podría así crecer en número. Aquella fertilidad de la tierra y sus frutos se vinculaba con la fe, con esa fe que les había conducido a obtener el cumplimiento de la promesa divina mediante la llegada a una tierra en la que vivir, con buenas tierras y sobre todo dotada con la enorme bendición de cauces de agua y de la necesaria y benéfica lluvia.

En cuanto a los dos productos, leche y miel, ambos se relacionan igualmente con este estilo de vida pastoril y recolector. La leche procedente de ovejas y cabras, por supuesto, nada de leche de vaca ni de camella, que no son los animales que pastoreaban los hebreos. Con respecto a la miel, aunque también hay jaleas de dátiles o de uvas, esta expresión se refiere a la miel de abejas y no a otros productos dulces. La cuestión es que la miel era abundante en Canaán, hasta tal punto que los egipcios reconocían su abundancia y calidad. Pero observemos la presencia constante de leche y miel en la alimentación de este pueblo desde una perspectiva distinta, la egipcia. En la historia de Sinuhé el egipcio, cuya versión más antigua que se conserva data del 1800 a. C., en época de la dinastía XII, podemos contemplar a un casi moribundo Sinuhé que cuando huye de Egipto es auxiliado por un beduino, quien ordenó que en primera instancia le dieran leche hervida, probablemente el alimento más importante para la dieta de los grupos de pastores, que nutre e hidrata a la vez.

El texto describe los alimentos y la producción de la tierra que se daba entre los beduinos, y que les proporcionaba higos y vides, avena, trigo, cerveza, vino, carnes y caza. Era una tierra ubicada en el norte de Palestina, señala el autor, rica en miel y en aceite, donde se añadía leche a todos los guisos[110]. Así que la promesa divina de ese espléndido país abundante en leche y miel era una realidad incluso contrastada por los egipcios, quienes conocían la apicultura al menos desde el 2400 a. C., aunque en Catal Hüyük, actual Turquía, hay pinturas que atestiguan el uso de la miel desde el 7000 a. C., y probablemente su conocimiento tenía raíces mucho más antiguas[111]. La apicultura doméstica se conoció en Canaán al menos desde el periodo de la monarquía unida de Israel, como nos demuestra la arqueología. Y en abundancia. Por ejemplo, en el lugar actual de Rehob se pudo fechar radiométricamente, encontrándose colmenas, abejas y cera en una explotación que por sí misma habría podido producir 450 kg de miel anuales[112].

La cuestión es que esa corta frase (la tierra que mana leche y miel) sostuvo la promesa de una nueva vida y que bien parece metáfora de exuberancia, o de la producción de un territorio que representaba un paraíso para un grupo de tribus de pastores. Unos pastores que aún conservaban la memoria, por el tiempo vivido allí generaciones atrás, de la producción agroalimentaria egipcia, que se encontraba estrechamente relacionada con la agricultura. Ellos anhelaban algo

---

110   Wilson, A. «Egyptian myths, tales, and mortuary texts» en Pritchard, J. B. (ed.) *Ancient Near Eastern Texts Relating to the Old Testament*, 1969, Princeton, pp. 18-20.
111   Crane, E. *The archaeology of beekeeping*, New York, 1983, pp. 35-37.
112   Beitzel, B. J., *op. cit.*, 2017, p. 62.

similar. En su huida de Egipto, los hebreos añoraron amargamente aquel tipo de alimentación —pescado y carne, sandías y pepinos, puerros, cebollas y ajos— que se nutría a partir de la huerta, de la agricultura y la ganadería, pero no del pastoreo ni la recolección, ni mucho menos del maná, que fuera lo que fuese terminó cansándoles (*Nm.*, 11, 4-9).

Isaías había profetizado que cualquiera que se quedara en Canaán comería abundante cuajada y miel, y el pueblo de Israel, tras el tiempo pasado en Egipto, volvió a su principal actividad practicada anteriormente (pero no exclusiva), el pastoreo, en un importante cambio de ciclo productivo y de alimentación, por tanto. Y no es casual que justamente en este momento fuera cuando se estableció una nueva normativa alimentaria que recogerán los libros de Levítico y Números. El estilo de alimentarse, de nuevo, era expresión de una nueva forma de vida, de la renovación de una fe, del uso de un nuevo territorio y de la concreción de los nuevos tiempos.

Cereales

La base de la alimentación en Oriente Medio y en el Mediterráneo es el cereal, nutritivo, saciante y polivalente, se puede comer de cualquier forma, incluso crudo, como parece que las poblaciones paleolíticas conocieron y se familiarizaron con este alimento, para poco a poco llegar a cultivarlo. Comer el grano de trigo o de cebada crudo era un hábito inmemorial que en algunos lugares en el entorno rural se sigue practicando. La ley mosaica dice:

No comeréis pan ni grano tierno o tostado... (Lev., 23, 14).

Después de esta primera y poco nutritiva fórmula para comer el cereal, apareció el tostado del grano, que lo mantenía en buen estado durante más tiempo como posible alimento, le proporcionaba más sabor y así elaborado se podía cargar en alguna bolsa y convertirse en un alimento muy oportuno en cualquier momento. Y no solamente se consumió en los primeros tiempos, ya que su uso convivió con el del pan, leudado o no, hasta época de la monarquía como poco. Su elaboración no era complicada, y para prepararlo antes del tostado o de la elaboración de la harina era necesario hacer una limpieza más fina y seleccionar los granos de trigo. Y vemos a algunos personajes realizando esta actividad de selección, por ejemplo, a la portera de la casa de Isbaal, el hijo del rey Saúl (*2Sam., 4, 6*).

Un poco después, en época de David y Goliat, Jesé dijo a su hijo David:

> *Toma para tus hermanos este efah de trigo tostado y estos diez panes (1Sam., 17, 17).*

Así que probablemente el trigo tostado se tomara como si fuera una legumbre, porque desde luego su consumo no sustituía al pan como vemos en el texto. El trigo, una vez tostado pierde la capacidad leudante, pero debía ser nutritivo y saciante, porque los segadores lo comían y calmaba el apetito. También es probable que se elaboraran gachas con este tipo de trigo, a las que sabemos que eran muy aficionados en el mundo antiguo mediterráneo (*Rut., 2, 14*).

Y hasta Abigail incluyó algo de trigo tostado en su presente a David, nada más y nada menos que a un rey. E igualmente David también lo recibió de sus amigos cuando andaba huyendo de Absalón (*1Sam., 25, 18, 2Sam., ,17, 28*). Aunque encontramos diferencias entre los banquetes y la alimentación popular, este tipo de trigo parece ser adecuado para todos, es posible que esto signifique que no había tanta diversidad en la alimentación cotidiana según la posición social, o que fuera una posibilidad alimentaria común para todo el mundo. Y más aún, que ambas premisas convivieran en la vida ordinaria, un gran paso para conocer mejor este sistema alimentario.

TORTAS DE EZEQUIEL

La cuestión es que, efectivamente, los cereales formaban la base de su alimentación, cultivaban y se consumían varios de ellos. Pero nunca se mezclaban distintas variedades, se elaboraba pan a partir de una sola variedad, e incluso la ley prohibía plantar distintas semillas mezcladas en el mismo terreno. Como el resto de las leyes de la pureza, la mezcla se consideraba impura. Sin embargo, tenemos una muestra de todo lo contrario en una de las visiones de Ezequiel. Fue durante uno de los momentos más duros de un asedio a Jerusalén, cuando asaltados los hebreos por la escasez extrema,

YHWH ordenó a Ezequiel mezclar trigo, cebada, habas, lentejas, mijo y centeno, incumpliendo así la ley al consumir distintos cereales y legumbres en la misma elaboración. La cuestión es que todo ello, hecho harina y bien mezclado, daba forma a una torta de cebada cocida, lo que significa que había un estilo de elaboración de las tortas de cebada que eran diferentes a otros panes o tortas elaborados con otros ingredientes.

Ubiquemos a Ezequiel, que era un profeta hebreo de linaje sacerdotal y que ejerció su ministerio durante el cautiverio judío en Babilonia entre los años 595 y 570 a. C. Fue llevado cautivo a Babilonia, como el resto de la clase alta, y vivió en una ciudad mesopotámica cercana a Nipur, Tel-Abib, en Caldea, junto al río Quebar, cercano al Éufrates. Es decir, conocía varias culturas, sus sistemas alimentarios y sus posibilidades, a pesar de lo cual aún mantenía las normas de la alimentación hebrea.

> *Tú toma también trigo, cebada, habas, lentejas, mijo y centeno; mézclalo todo en un solo recipiente y hazte pan con ellos... Lo comerás en forma de torta de cebada cocida (Ez., 4, 9, 12).*

El significado de este pan es muy complejo, porque con su elaboración se rompe una tradición, la de la pureza en la elaboración del pan. Pero parece tener todo el sentido en un entorno difícil, de asedio a la ciudad y probablemente de hambruna. Es decir, la inteligencia de ofrecer una salida a la vida, aún quebrantando una ley de pureza que no era de las más trascendentes, por cierto. Es el sentido de la supervivencia, cuyo significado sí tiene un sentido para el pueblo hebreo.

Legumbres

Un grupo de alimentos de sencillo cultivo, adaptados al territorio y muy útiles en la cocina. Las legumbres son un recurso similar a los cereales en varios aspectos: el primero es por su larga duración, ya que sufren un proceso de deshidratación natural secándose tras la maduración, lo que las mantiene estables y aptas para consumir en un plazo de tiempo medio e incluso largo. Por otro lado, tanto los cereales como las legumbres presentan un tipo de conservación fácil y sin grandes problemas, aunque pueden sufrir la parasitación por insectos o una germinación prematura en condiciones de humedad. De manera que era imprescindible ensilarlas adecuadamente, evitar las temperaturas extremas, la humedad y el contacto con insectos que pudieran parasitar, algo que se conseguía manteniendo las temperaturas durante el tiempo de conservación a menos de 18º C. Esto se debe a que, como sucede con todos los granos, el calor intenso activa sus enzimas, provocando una degradación del almidón. Algo que posteriormente conlleva una intensa actividad microbiana, y en su fase final, la pérdida del alimento. Por ese motivo debe conservarse siempre en espacios ventilados y en lugares secos y oscuros.

Las condiciones de conservación del trigo y legumbres durante los secos veranos mediterráneos requerían la existencia de silos, que se solían tratar con alpechín (amurca), paja o arcilla, algo que se hacía en el mundo romano, pero probablemente se habían desarrollado sistemas similares en época anterior a la etapa romana, en la que ya Varrón y Columela conocían perfectamente cómo poner en práctica estos sistemas —Varro., Rust., 1, 57, 1-3; Colum., R.R., 1, 6, 16—.

Quizás por su similitud con los cereales y, como ellos, por caracterizarse por su capacidad de conservar durante largos periodos de tiempo su facultad germinadora, las legumbres y los cereales fueron consideradas como parte del mismo grupo de alimentos[113]. En realidad, aunque pertenezcan a diferentes familias de plantas, unos y otras son productos muy nutritivos, ricos en proteínas y carbohidratos, que podían formar fácilmente la base de una alimentación saludable, y no solamente mantienen sus propiedades tras un largo periodo de tiempo, también era posible elaborar harinas a partir de ellas. Los garbanzos, las lentejas, las habas y los guisantes fueron las más utilizadas, seguidas de la almorta e incluso de la algarroba.

Entre las legumbres más consumidas en el mundo oriental se encuentran las lentejas, que son además unas de las legumbres domesticadas más antiguas, cuyos restos se han descubierto en contextos arqueológicos desde el bajo Paleolítico.

---

113   Thurmond, D. L., A Handbook of Food Processed in Classical Rome, Brill, 2006, p. 166 ss.

Los garbanzos, en tándem con las lentejas, fueron una de las legumbres cultivadas más antiguas y ya crecían en Palestina hacia el 8000 a. C., desde donde se difundieron por todo el Mediterráneo[114]. Por su parte los guisantes, son muy energéticos y ricos en proteína vegetal. El cuarto grupo de legumbres son las habas, muy ricas también en contenido proteínico, incluso más que los guisantes. Además, eran muy populares en el Mediterráneo y dieron forma a multitud de preparaciones en este ámbito, desde la preparación de gachas con el haba triturada, hasta estofados. El interés de las legumbres en la alimentación mediterránea se debe, por una parte, a su capacidad nutritiva y su riqueza proteica, y por otra parte, a las características de su buena conservación durante mucho tiempo, ya que en realidad fueron un importante recurso contra las hambrunas y una excelente posibilidad para sobreponerse durante los meses más improductivos[115].

Las legumbres, por otro lado, tienen una capacidad nutritiva muy interesante, algo a tener en cuenta para una población en la que la base de su alimentación era de carácter vegetal. Se trata del fenómeno de suplementación, mediante el que el consumo de cereal y legumbres en la misma comida provoca la complementariedad de nutrientes. Cereales y legumbres presentan una serie de cadenas proteícas que independientemente consideradas son incompletas, pero si ambos ingredientes se consumen juntos es posible completar una cadena proteínica de mejor calidad[116]. De esta forma, el resultado final es de un valor nutritivo de buena calidad, aunque nunca como la de la proteína animal. A pesar del mayor valor biológico de las proteínas de origen animal, la combinación en el mismo plato de cereales y legumbres presenta una mejora nutricional con respecto a su consumo de forma aislada. Y, por tanto, se produce entre ellos una interacción de sus características nutricionales que se conoce como fenómeno de suplementación[117] y que nos explica por qué una población pobre, que presenta bajos índices de consumo de carne, puede estar bien nutrida, aunque claro, otro asunto será la calidad de

---

114   Dalby, A. *Food in the Ancient World. From A to Z*, Cornwall, 2003, p. 84.
115   Garnsey, P., *Famine and Food Supply in the Graeco-Roman World*. Responses to Risk and Crisis, Cambridge, 1988, pp. 53-54.
116   Garnsey, P., *Food and Society in Classical Antiquity*, Cambridge, 2002, pp. 20-21.
117   Grande Covián, F., *La alimentación y la vida*, Barcelona, 2000, pp. 11-14.

la dieta en su conjunto y las cantidades consumidas. Este fenómeno se produce debido a que, si bien el cereal es muy nutritivo, tiene una baja cantidad del aminoácido lisina, de vitamina B_2 o riboflavina, así como escasa cantidad de vitaminas A, C y D, algo que al menos parcialmente pueden aportar las legumbres. Estas últimas, por su parte, son capaces de completar estas deficiencias consiguiendo que ambos productos —cereal y legumbre— se conviertan en una importante fuente nutricional no solo energéticamente, sino desde el punto de vista de la correcta nutrición.

Frutos secos y deshidratados

Tanto higos secos como pasas y dátiles son el trío de principales frutos deshidratados, que se podían comer frescos en su formato original. Sin embargo, era posible una opción más en la mejora y variedad de la alimentación, debido a que la pasificación facilitaba la prolongación de su mantenimiento y consumo durante mucho tiempo. En realidad, estos frutos bien pasificados se convertían en unos productos muy apreciados y de extraordinaria calidad. Y no solamente se conseguía una conserva óptima por su propia naturaleza, que facilitaba la aplicación de este proceso, sino que eran frutos muy estimados por el aporte de energía que proporcionaban y sobre todo por su sabor dulce.

Los higos eran uno de los frutos más importantes de la alimentación y también de la economía de esta zona, y junto a los dátiles y las pasas formaban el trío del que se obtenía el valorado sabor dulce e incluso se elaboraran licores. Estos higos se transformaban en unas tortas de frutos deshidratados y prensados, y proporcionaban un excelente formato de conserva que ha perdurado en el Mediterráneo bajo distintos formatos hasta la actualidad. Lo interesante de los higos, que observamos continuamente en los textos bíblicos, es que no hay una, sino distintas variedades. En particular hablamos del sicomoro, que produce un higo de inferior calidad al de la higuera, pero que con las precauciones necesarias y un cultivo que los mime, pueden desarrollarse mejor y ser incluso más dulces y sabrosos. Tenemos algunos ejemplos de elaboración de estos frutos, incluso personajes que los preparaban. El profeta Amós, además de ganadero era uno de estos cultivadores de sicomoros y seguía el siguiente procedimiento para su cultivo: hacía una punción en el fruto (en cada una de las piezas) cuando estaban inmaduros y, según el texto bíblico, tras esta operación se conseguían unos resultados mucho mejores que los de los frutos sin tratar.

El cultivo y consumo de higos era muy importante ya que incluso entre los funcionarios del rey David había cultivadores especializados en las plantaciones de sicomoros, lo que es muestra de una consideración especial por su consumo (*Am.*, 7, 14; *1Cron.*, 27, 28).

Mientras que con los higos se elaboraban unas tortas de la fruta prensada, las uvas pasas parecen más bien frutas para tomar directamente, porque se miden y se presentan en racimos (*1Sam.*, 25, 18; 30, 12). Aunque esto no excluye otros usos, porque también se incluyen, como hemos visto, en la composición de los panes o tortas en momentos verdaderamente destacados en la historia de Israel. Como fue la entrada del Arca de la Alianza en Jerusalén, cuando David la consagró, y entregó como ofrenda al pueblo, tanto a hombres como a mujeres, un trozo de carne, una torta de pan y un pan de pasas. Asistimos a este momento verdaderamente singular con esta entrega de alimentos tan completa, festiva y... dulce. Por una parte, porque los beneficiarios de los repartos solían ser solamente los hombres y aquí se entrega a todos por igual. Por otro lado, la propia entrega que realizan las autoridades era generosa, ya que incluía un producto muy apreciado como era la carne asada y también esos pastelillos o tortas de pasas, de carácter festivo, «pues la alegría reinaba en Israel» (*2Sam.*, 6, 19; *1Cron.*, 12, 41).

Cantares, con su soberbio tono poético, nos vuelve a confirmar lo singular de estos pastelillos o panes de pasas, con los que se reanima a los enamorados, dándoles fuerzas y convirtiéndose en un claro ejemplo de pasteles selectos y deseados (*Cant.*, 2, 4).

Los dátiles eran un recurso igualmente apreciado y también se presentan en los repartos alimentarios del rey David formando parte de elaboraciones de repostería selecta (*2Sam.*, 6, 19; *1Cron.*, 16, 3). Estos pastelillos de dátiles no eran solamente un símbolo, se convirtieron en la expresión del valor que se concedía a esta preparación por parte de todos, ya que probablemente suponía un gran esfuerzo conseguir tantos dátiles y preparar un número tan elevado de dulces.

Lácteos

Parece natural que un pueblo cuyas actividades principales de origen son de carácter pastoril, presente en su recetario cotidiano gran variedad de elaboraciones vinculadas con los lácteos, desde la sencilla leche a la cuajada; también los quesos, la mantequilla o la nata, incluso leches acidificadas del tipo de yogur o kéfir, y en general se observa en el recetario una constante inclusión de ciertos ingredientes que estaban a su alcance cotidianamente. La cuajada de vacas, la leche de ovejas y el queso aparecen con reiteración como un fondo sobre el que se dibujan otras comidas, cosa que no extraña, ya que estos alimentos eran un recurso cotidiano y vinculado con las actividades de producción de los pastores. La primera referencia que aparece sobre la leche está relacionada con Abraham, un detalle que era evidencia, sencillamente, de la principal actividad de su pueblo, el pastoreo.

La cuajada y la leche eran los dos productos más sencillos que Abraham tuvo a mano para homenajear a sus divinos invitados. Así que tenemos un becerro, cuajada y leche, probablemente de vaca, si ya hay un becerro. Todo ello sucedía durante un día de calor extremo, en un entorno de bosque mediterráneo, de encinas, con Abraham sentado bajo la famosa encina de Mambré. Y un detalle singular es que a pesar de que Abraham no era un pobre pastor, sino que para los parámetros de su sociedad, era un hombre rico porque había prosperado en Egipto, seguía manteniendo los hábitos propios de la vida ordinaria de un pastor sencillo, y consumiendo los mismos alimentos. Y su esposa, como él, llevaba igualmente esa frugal existencia, preparando la comida para sus invitados con sus propias manos en un evidente gesto de cortesía y respeto (*Gn.*, 18, 1-8).

Tenemos la gran suerte de que la literatura antigua nos ha regalado una auténtica fotografía de lo que pudo ser la vida de la época. En el segundo milenio a. C. se escribió el relato de Sinuhé el egipcio, al que ya hemos hecho referencia, y que hace una preciosa ilustración de aquel género de vida. Sinuhé se vio obligado a huir de Egipto hacia una tierra que manaba leche y miel, de nuevo la metáfora (o la realidad) de una tierra buena, rica y productiva. Probablemente *la tierra que mana leche y miel* también fuera en ese tiempo una expresión hecha que expresaba cómo debía ser un lugar elegido para vivir.

Fig. 30. Escena sumeria de una vaquería mostrando las labores vinculadas con el ordeño y la elaboración de productos lácteos. De la fachada del Templo de Ninhursag en Tell al. Iraq, 2800-2600 a. C. Museo Iraquí.

En cualquier caso, en el nuevo entorno donde se ubica Sinuhé la leche abundaba, principalmente la de cabra y oveja. Y no solamente se debía utilizar para beber, sino para la elaboración de productos derivados como la cuajada y los quesos, y muy probablemente también para cocinar. La cuestión es que un ganadero en primera instancia se alimentaba de la producción de sus animales. Podemos trazar un paralelismo con la sociedad sumeria, en la que observamos una presencia abundante de quesos, crema y mantequilla en los banquetes principales. Incluso encontramos cómo dentro del recinto de las ovejas había un espacio dedicado a la lechería en el que a su vez había alacenas especiales para conservar la leche.

La leche se batía, se vertía en jarras y se extraía la nata (crema) de la parte superior, bien para cocinar con ella, bien para fabricar mantequilla. Así que nos encontramos con todo un proceso bien conocido y organizado en fases, en cada una de las cuales se aprovechan las características naturales de la leche, y se destinan a la extracción de diferentes productos del primer elemento[118]. Parece incluso que entre las tribus seminómadas existía la costumbre de cocer la carne en leche, en época aún más antigua, y que incluso derive de algo tan sencillo como la escasez de agua. Y quizás de ahí arranque la prohibición del consumo de ese guiso en el que se combinan leche y

---

118   Lara Peinado, F. *op. cit.*, 2006, pp. 49, 76 y 94.

carne, que en realidad parece mucho más evidente que metafórico: el animal que está amamantando a una cría es del que se va a ordeñar leche. Y su carne formará parte del guiso que se elaborará posteriormente con su propia leche. Este giro en la forma de observar la cuestión de la leche y la carne puede proporcionarnos una perspectiva nueva sobre la cocina de algunos grupos seminómadas y sus fórmulas de cocinar, que terminaron siendo divergentes en el mundo hebreo[119]. Una vez más, se distinguen del entorno, se sienten diferentes y actuan, consecuentemente, de forma distinta.

Estos guisos de carne y leche producen un agradable resultado, con carnes muy tiernas acompañadas de salsas jugosas y con mucho sabor, que se consideraban un auténtico manjar entre aquellos pueblos seminómadas.

Carnes

La carne es un ingrediente fundamental en el sistema alimentario antiguo, pero no en el sentido de cotidiano, sino de importante. Se trata de un producto que tenía una consideración singular en la dieta de las poblaciones medio orientales y mediterráneas en esta época debido a que estaba cargado de connotaciones festivas, especiales, rituales y litúrgicas. No era un producto de consumo diario, pero sí representaba acontecimientos y fiestas, marcando los hitos de la vida. En realidad, podemos decir que un buen asado significaba una celebración de cualquier tipo en la familia, en el clan.

Desde luego, debemos entender esto en el contexto de un pueblo de pastores... Un pastor no se come a su rebaño, quizás lo hemos repetido varias veces a lo largo de esta obra, porque si lo hace, acaba con su propia forma de subsistencia, se queda sin los productos de intercambio y, en definitiva, con su medio de vida. De ahí que la carne fuera un producto que se comiera en ocasiones singulares, para homenajear a huéspedes o como parte central de las celebraciones familiares, políticas o religiosas. Incluso las entregas de alimen-

---

119 Houston, W. J., «Alimentos puros e impuros», en Alexander T. D. y Baker, D. W., eds. *Diccionario del Antiguo Testamento, Pentateuco*, Barcelona, 2003, p. 192.

tos que hacían las autoridades al pueblo solían ser de pan y elaboraciones similares como galletas y frutas deshidratadas.

Sin embargo, como excepciones singulares es posible asistir a escenas en las que se produce la entrega al pueblo de porciones de carne, un reparto que es un auténtico símbolo de prosperidad, de celebración y de hondo sentimiento religioso. Uno de estos casos singulares se produjo cuando el Arca de la Alianza entró a Jerusalén en tiempos del rey David. Aquel fue un espléndido momento, un acontecimiento muy especial en el que la celebración fue de auténtica alegría por parte de todos los hebreos, desde el rey hasta el último ciudadano.

Las ocasiones en las que se consumía carne eran precisamente eso, eventualidades, momentos singulares que permanecían como jalones en estas sociedades antiguas del Oriente Medio y el Mediterráneo. Por tanto, fueron hitos las entregas de carne al templo, los acontecimientos religiosos y, entrando más en lo personal, lo fueron también las bodas, las celebraciones por la llegada de invitados importantes y cualquiera de los encuentros familiares. Ese tipo de ocasiones eran las que daban lugar a la preparación de platos de carne, ya fueran carnes que provenía de la caza (recordemos el plato que pidió Jacob a su hijo Esaú para darle su bendición) como de animales domésticos. Y tienen su paralelismo en sociedades cercanas en el espacio, como la sumeria. Podemos ver en el himno a Nanshe, dentro del ciclo de los himnos sumerios, cómo se trasladan ante la diosa Nanshe una serie de ofrendas, y el cocinero lleva a su presencia en el contexto de una importante celebración, «la carne en grandes calderas» para la fiesta[120].

Las principales carnes eran de cabrito y cordero, también de vacuno, aunque este más excepcionalmente, y rara vez de pollo, ya que la crianza de esta ave se introdujo en época más tardía, por lo que su consumo podría haberse dado, pero de forma más eventual que las anteriores. Quizás sí algunas aves silvestres, sin embargo. Tendremos en cuenta que la carne era algo permitido y bueno, lo puro (carne) frente a la sangre, impura, en esa constante dualidad de pureza e impureza que presenta este singular sistema alimentario.

---

120   Lara Peinado, F., *op. cit.*, pp. 103-105.

En cuanto a los tipos de preparación de la carne, tenemos tres variantes principales que presentaban sus propias tipologías, y que son el asado, el cocido y el estofado. Sin embargo, no eran las únicas elaboraciones, y hay que contar con la presencia de piezas de carne, huesos o grasa formando parte de diferentes guisos, además de preparaciones como las salazones o la inmersión de carne cocinada en grasa animal o en aceite de oliva al estilo de la preparación española «en orza», es decir, la carne previamente cocinada y sumergida posteriormente en grasa de cerdo, en el interior de una orza, que es un recipiente específico para esta conserva, elaborado en cerámica y de morfología concreta, con una boca estrecha que permite un buen sellado.

Fig. 31. Orza de Málaga del Fresno. Guadalajara.

Además de las recetas principales de carnes, tenemos multitud de elaboraciones que aprovechaban trozos, restos y piezas menores. Muchas de estas preparaciones daban buen uso a restos, a pequeños trozos de carne y que posiblemente formaban parte de guisos de legumbres, de verduras y hortalizas en proporción inferior. De cualquier forma, también eran parte del recetario, con platos como los rabos de cordera estofados, o los trozos que quedaban al margen de los mejores cortes pero que tenían tan buen sabor como los primeros, aunque a veces no fueran tan vistosos o tan tiernos. El sacrificio de cada animal no solamente proporcionaba esos cortes importantes para el asado, sino muchas otras pequeñas porciones capaces de ser utilizadas con mucho aprovechamiento en la elaboración de platos sencillos.

Fig. 32. Impresión que muestra una de las imágenes más antiguas de un gallo en Oriente Medio, con la leyenda de «Jazaiah, el siervo del rey». Es posible que sea el oficial mencionado en el libro de Jeremías y en Reyes (Jr., 40, 8; 2Re., 25-23).

Grasas

Las dos grasas principales del mundo mediterráneo son el aceite de oliva y la manteca animal, principalmente de cerdo. Ambas se utilizaban en todo el entorno mediterráneo, pero si tenemos en cuenta que el mundo judío abominaba del cerdo, parece lógico pensar que no iba a utilizar su grasa. Desde luego, también está la grasa de vacuno y en menor proporción, la de oveja.

Por su parte, el olivo es uno de los primeros árboles citados en la Biblia, desde que la paloma que lanzó Noé tras el diluvio llevó hasta el arca en su pico un ramo verde de olivo, o cuando el Deuteronomio ordenaba varear el olivo sin ser exhaustivo con la orden de: «no harás rebusco» (*Deut.*, 24, 19), para permitir que los más necesitados recogieran para su uso las aceitunas que quedaban. El árbol del olivo es tratado como un símbolo, con gran respeto, como signo de riqueza y prosperidad, como el primero de los árboles de fruto, cuyas ramas se trenzaban para hacer coronas, y la expresión del mayor mal se daba cuando se perdía la cosecha del olivo (*Hab.*, 3, 17).

Pero el olivo no era solamente una metáfora, era una realidad fundamental en el sistema alimentario, un producto imprescindible para la alimentación, cuyo uso era irreemplazable en las frituras, en las masas, para conservar otros alimentos, en los estofados y en los guisos. La grasa es un medio fundamental en cocina, también para una correcta nutrición, y muchos de los procesos culinarios no se desarrollan bien si no es en presencia de una grasa.

Desde luego, tampoco era la única grasa que se conocía, había otras más que se usaban con distintos fines, y no solamente para cocinar, algunas eran de origen vegetal y otras de origen animal, como el aceite de sésamo, el de nueces, el de colza, el de pescado y de coloquinto. Todos ellos recogidas por la Mishná (M., *Shab.*, 2, 2). Pero el más selecto y mejor considerado, el que representaba un auténtico símbolo de pureza y santidad era desde luego el aceite de oliva puro, o sea, el aceite de oliva virgen extra, el de primera presión. Que servía por supuesto para cocinar, pero también para encender las lamparillas los sábados, por la dignidad debida a esta fiesta. Y por la consideración que se le tenía no se usaba aceite de segunda, sino de primera presión.

El aceite de oliva era un elemento imprescindible en la cocina y se fue haciendo más necesario con el paso del tiempo, ya que la cocina judía recurrió a esta grasa desde época temprana. Así que, desde sus inicios, el recetario iba entrelazándose con los productos más conocidos y populares, pero sobre todo, eran alimentos que se habían cultivado en la zona. Desde que Jacob bendijo una estela con aceite cuando Dios se le apareció prometiéndole ser el padre de un gran pueblo (*Gn.*, 28, 18), a las tortas de aceite del Éxodo destinadas solamente a los sacerdotes del Arca:

> *Este es el rito que has de seguir para consagrar a los sacerdotes en mi honor. Toma... pan ácimo, tortas sin levadura amasadas con aceite y panes sin levadura untados en aceite; todo ello hecho con flor de harina (Ex., 29, 1-2).*

Las aceitunas son el origen de esa grasa tan apreciada, que se cultivaban ya en el VII milenio a. C., aunque las variedades domésticas son del Calcolítico, en el IV milenio a. C. El cultivo del olivo hasta obtener las variedades para consumo doméstico significa que las poblaciones debían estar asentadas, que eran sedentarios para poder realizar todas las labores en torno al olivar. Y que eran muy numerosas, yendo desde la plantación de árboles hasta la realización de los trabajos en torno al ciclo anual para obtener buen rendimiento. Sin embargo, no tenemos claro que las aceitunas se consumieran sin procesar.

TORTAS DE ACEITE

Presentes a lo largo de toda la Sagrada Escritura, las tortas de aceite parecen tener distintas variedades, unas festivas y litúrgicas, y otras más domésticas y cotidianas. En cualquier caso, el sabor que aportaba el aceite de oliva virgen extra debía ser clave, por lo que se puede probar la receta con distintas variedades de aceite que provengan de diferentes especies de aceitunas, y así variará igualmente el sabor final de la torta.

> *Este es el rito que has de seguir para consagrar a los sacerdotes en mi honor. Toma... pan ázimo, tortas sin levadura amasadas con aceite y panes sin levadura untados en aceite; todo ello hecho con flor de harina (Ex., 29, 1-2).*

En cuanto a la técnica de elaboración es evidente que estaban realizadas con aceite y que la grasa formaba parte de la masa para obtener un resultado más flexible y húmedo que solo con harina. La industria moderna sabe bien que la adición de una grasa a una masa consigue un efecto muy agradable, manteniéndola más tierna durante más tiempo. El libro del Levítico expresa muy bien lo común de este tipo de masas:

Ofreced también una oblación amasada con aceite... (Lev., 9, 4).

Bebidas alcohólicas

Es interesante observar la cantidad de vino que aparece en los textos antiguos. Cuando se percibe su presencia es corriente pensar que la gente pasaba la vida embriagada, en banquetes interminables o sencillamente bebidos a todas horas. Sin embargo, debemos explicar lo que parece constante consumo de diferentes alcoholes, porque se trata de una cuestión bastante sencilla e incluso sensata. La clave de este asunto es que la contaminación del agua no solamente era una posibilidad, sino una realidad: era fácil que las aguas de cualquier fuente, pozo o río estuvieran contaminadas, así que beberlas no siempre era una cuestión muy segura.

Sin embargo, al mezclar el agua con una fuente de alcohol de cualquier tipo, el propio contenido en alcohol hacía mucho más fiable el consumo del líquido, anulando la posible contaminación. Así que no siempre se bebía vino puro, este hábito era más bien una rareza y lo más habitual en cualquier comida, ya fuera festiva o no, era consumir el vino mezclado con agua, en distintos porcentajes según la situación. Esto aclara bastante la presencia de tanta cantidad de alcohol en los textos del mundo antiguo.

Por otro lado, y en cuanto a su composición, las bebidas alcohólicas en la Antigüedad no solamente estaban elaboradas a base de uva, sino con mucha frecuencia lo estaban a base de distintas frutas. Principalmente se elaboraban vinos de higos, de dátiles y de granadas, pero también de cualquier fruta que oportunamente se pudiera recolectar. En realidad, era una forma muy adecuada de aprovechar restos de cosecha y excesos en la producción de distintas plantas. Capítulo aparte merecen las bebidas a base de cereal, principalmente cebada, que nos proporcionará cerveza en sus múltiples variedades. Todas estas bases alcohólicas se mezclaban en distinta proporción, incluso a veces se endulzaban con miel, la cual estimulaba la fermentación, y finalmente se especiaban.

Fig. 33 Cántaros de vino del tipo Judea, de la Edad de Hierro.

La cuestión es que el vino parece la bebida más digna y señorial, la auténticamente representativa y la más vinculada con la tradición, a la vez que tenemos constancia de que, en todo Oriente Medio, la bebida fermentada más consumida fue la cerveza. Desde luego, la cerveza no fue la primera de las bebidas fermentadas conocidas, ya que el hidromiel se produjo antes, pero sí era la más económica, la más fácil de producir y la más cotidiana. Era refrescante, nutritiva y se podía elaborar hasta de forma doméstica, además su riqueza calórica no era una cuestión menor en un mundo en el que las calorías eran muy bien recibidas. La cuestión es que en todo el Mediterráneo se consumió abundante cantidad de cerveza durante la Antigüedad, pero la bebida de prestigio era el vino.

El vino era también una metáfora de la riqueza y la prosperidad, era la bebida festiva y culta, que había surgido del conocimiento de la viticultura y la vinicultura y, por tanto, doblemente importante por lo que suponía de trabajo y de experiencia técnica. Sin embargo, la cerveza era fácil de elaborar, y aunque encontramos diversos espacios en los que se producía cerveza en grandes cantidades, también se podía hacer de forma manual en las casas, lo que abarataba el coste de su consumo. Además, la cebada, que era el principal cereal para su elaboración, es uno de los dos cereales más citados en la Biblia y también más cultivados, con la ventaja de que su precio era inferior al del trigo, lo que facilitaba que muchas más personas tuvieran acceso a ella.

Y por supuesto, siendo el alimento primario el pan, el conocimiento que se tenía del comportamiento de los cereales estaba muy desarrollado, hasta tal punto que, en el mundo egipcio, bien conocido por los hebreos, se asociaban en el contexto de las infraestructuras urbanas los locales en los que se vendía pan y los que comerciaban con cerveza, y que proporcionaban a la sociedad egipcia dos productos básicos que se elaboraban a partir de un mismo ingrediente.

Para conservar el cereal en el entorno doméstico se guardaban grandes jarras cerámicas repletas del grano de la temporada bajo el suelo de las viviendas, con el fin de mantener la temperatura fresca y estable, y así cada día se tomaba la cantidad necesaria para fabricar el pan o para elaborar cerveza.

La cuestión es que, ciertamente, se han perdido determinados matices en la traducción del hebreo, y que el término *shekhar*[121], que se atestigua veinte veces en la Biblia, se traduce como vino o licor, por ejemplo, en:

Se verterá la libación del licor (Nm., 28, 7).

Es decir, el texto habla de licor, en referencia a lo que parece ser una bebida fermentada y fuerte. Lo más interesante es que se destaca y se diferencia del vino de forma muy precisa en pasajes como el que sigue en Deuteronomio:

Tampoco comisteis pan ni bebisteis vino y licor (Deut., 29, 5).

E incluso en Números:

El hombre o mujer que decida hacer voto de nazareo para consagrarse al Señor, se abstendrá de vino y licor, no beberá vinagre de vino, ni de licor, no beberá ningún mosto (Nm., 6, 3).

---

121   Kaplan, D., *Beer in the Bible*, 2019.

E incluso se precisa que hay más de una bebida capaz de embriagar, como afirma en Levítico, y que puede responder a diferentes elaboraciones con variada graduación alcohólica o incluso a distintas fórmulas de composición:

Ni tú ni tus hijos beberéis vino o bebida embriagadora cuando vayáis a entrar a la Tienda de la reunión (Lev., 10, 9).

Vemos que son bebidas que embriagan hasta tal punto que se muestra a los sacerdotes y profetas ebrios, tambaleantes, dando traspiés, desatinando en sus juicios y titubeando al hablar, es decir, las evidencias palpables de alguien que ha bebido en exceso (*Isa.*, 24, 7). En estos casos parece que, como señala el libro de Proverbios, era el licor perturbador el que hacía, como el vino, que desapareciera la sabiduría (*Prov.*, 20, 1).

Las referencias son suficientemente abundantes como para demostrar que, efectivamente, la bebida más consumida en Oriente Medio, y la más antigua, era habitual en el pueblo judío. Desde luego, durante su estancia en Egipto se debieron familiarizar con esta bebida, que era básica para la alimentación en esta zona.

Mientras que el vino, por suerte, se describe como una bebida que:

Hace la vida feliz y alegra el corazón (Eccl., 10, 19; Ps., 104, 15).

Se conoció muy bien la viticultura, y la vinicultura fue una ocupación muy activa. En innumerables yacimientos se han encontrado restos de bodegas, de prensas de vinos y de espacios destinados a conservarlo en entornos palaciegos. Uno de los más importantes es el yacimiento cananeo de Tell Kabri, que data del Bronce Medio y que alberga la bodega de vino más antigua y grande de todo Oriente Próximo, que se remonta a unas fechas comprendidas entre 1900 y 1600 a. C. En total han testado 32 grandes recipientes que contenían vino, aparentemente preparado para su venta y distribución comercial. Parece que entre ellas había vino blanco y vino tinto. Posteriormente se excavó hasta completar una serie de ciento diez enormes ánforas para vino, con gran capacidad cada una de ellas. Por otro lado, resulta muy interesante la cuestión de los procesos de aromatización de los vinos, que eran bebidas fuertes y poco sutiles, sencillamente por el escaso desarrollo de los procesos de viticultura que todavía existían. Así que estos vinos mejoraban mucho, y además se estabilizaban con la adición de diferentes ingredientes, que iban desde resinas a extractos florales, también hojas, especias y sobre todo miel. Estos vinos de Tell Kabri, en concreto, estaban aromatizados con aceite de cedro, canela, mirto, bayas de enebro y menta[122], así como resinas como el terebinto, de la *Pistacia palaestina*, el *Liquidambar orientalis* o storax, *Cyperus rotundus* o juncia real, una variedad de la tradicional chufa, tan bien conocida por los egipcios. Además de miel, que proporcionaba el suave y apreciado dulzor y que contrarrestaba los vinos más robustos e incluso la apreciada canela, que hablaría de presencia de rutas comerciales con la India ya en época temprana. La presencia de los distintos productos y sus combinaciones proporcionaba vinos diferentes, casi a gusto del consumidor.

Parece que la vid fue la primera planta que sembró Noé, es la primera vez que aparece el vino en la Biblia, con sus propiedades embriagadoras, aunque ya sabemos que en tiempos de Abraham era un producto familiar. El rey de Salem y sacerdote, Melquisedeq, ofreció a Abraham pan y vino. Desde luego, no debía ser una bebida desconocida para el patriarca, ya que sabemos que en Ur conocían el vino. Y hasta las hijas de Lot, que vivían en una cueva tan aisladas del mundo que no pudieron encontrar marido, dieron a su padre vino para que se embriagara y poder engendrar con él hijos sin que este las rechazara. Incluso uno de los primeros platos cocinados de los que la Biblia nos deja constancia —que es un guiso de caza que preparó Jacob para Isaac— se acompañó de vino.

En cualquier caso, y si deseamos profundizar un poco más en el sabor de estos vinos antiguos, debemos tener en cuenta que en su composición entraban más sabores que el propio de la uva: desde las resinas que se añadían directamente o las que se usaban para embadurnar los recipientes donde se contenían. También se utilizaba pez con este fin, e incluso cera, especialmente en las vasijas que eran nuevas. Además de los diferentes condimentos, que iban desde la miel hasta las flores, extractos de plantas, especias y hierbas aromáticas, podemos imaginar que el vino era más bien la base sobre la que desarrollar diferentes sabores al gusto, que una bebida uni-

---

122   Koh A.J.; Yasur-Landau A.; Cline E.H., *op. cit.*, 2014.

forme, estable y regular. Es decir, el vino podía llegar a ser un auténtico divertimento, una sorpresa para el consumidor. Es interesante esta búsqueda de variedad en un mismo producto, que nos sugiere que en el desarrollo de una buena alimentación, el ser humano ha buscado siempre diversidad, nuevos sabores, diferenciarse de lo ya conocido y, por supuesto, ha estado sometido, en la medida que cada cultura lo ha permitido, a la presencia de modas en los sabores, en cuanto podía sobrepasar el nivel de subsistencia y había excedentes.

Vinagre

Un subproducto del vino muy útil en un entorno cálido como el que tratamos. Era el ácido más fuerte conocido en la Antigüedad y para su producción era necesaria la primera fermentación del vino y una segunda, provocada por *Mycoderma aceti*, la conocida popularmente como «madre del vinagre», que termina convirtiendo el alcohol en ácido acético. En la actualidad el proceso es idéntico ya que, en definitiva, se trata de un procedimiento de desarrollo natural.

Y aunque podían elaborar vinagre de vino, también lo hacían de licor de dátiles o incluso de uvas pasas, como en Egipto, incluso a veces el vinagre se diluía en agua y servía para mojar el pan, como una especie de antiquísima y mediterránea *posca*. El libro de Rut habla de este sencillo condimento consistente en una mezcla líquida compuesta por vinagre y agua, quizás sal y algunas aromáticas, donde su protagonista mojaba el pan (*Rut.*, 2, 14).

Esta *posca* primitiva que se utilizó igualmente en el mundo griego y romano era una bebida refrescante que se preparaba de forma doméstica y que en el mundo romano hidrató a los militares en campaña, un efecto muy apreciado por estos[123]. También se mojaba el pan en la *posca* en la cocina romana, quizás porque estuviera duro, quizás para refrescarlo, incluso para proporcionar sabor o textura. Hasta formaba parte del recetario, y con *posca* y pan se elaboraba

---

123   Villegas, A. *op. cit.*, 2020, pp. 196; 223. Sobre el gazpacho y sus antecedentes, ver Villegas, A. *El libro del salmorejo. Historia de un viaje milenario*, Córdoba, 2010, p. 89 y ss.

una preparación conocida como *sala cattabia*. La continuidad en los usos y la aparición de recetas similares o preparaciones hermanas nos muestra cómo en el entorno mediterráneo encontramos similitudes debidas, en primer lugar, al uso de ingredientes idénticos. Y en segundo lugar a un entorno natural similar —como vemos en este caso de la posca o vinagre aguado—, que es a su vez el antecedente directo de los gazpachos andaluces, cuya receta formal en la que se integra el tomate es relativamente moderna.

10. Las técnicas de cocina

La forma de cocinar ¿fabrica cultura? Igual que cocinar contribuyó al proceso de humanización, el acto de cocinar ¿fabricó o depuró una idiosincrasia judía? Como hemos ido analizando, la complejidad de los acontecimientos por los que finalmente transcurre la historia hasta confluir en un único sistema alimentario hace difíciles las respuestas sencillas.

En nuestro caso, único en la historia de la alimentación, es muy posible que la convergencia de los distintos factores que iban construyendo una identidad se manifestara de forma explícita en los modos de comer. En realidad, la comida es un lenguaje común, es el idioma cotidiano de una familia, de un pueblo, de una nación y, por supuesto, una de las fórmulas de expresión de una religión. Ninguno de estos factores se puede considerar aisladamente, todos se interconectan en una suerte de compleja red que nos hace responder a la pregunta con la que iniciábamos el capítulo que sí, que efectivamente una serie de fórmulas, de recetas, de indicaciones y prohibiciones terminó fortaleciendo la convergencia en una única identidad.

Los motivos por los que esto sucede son harina de otro costal. Hemos tratado de definir los problemas y de acercarnos a sus orígenes a lo largo de esta obra. Pero, en cualquier caso, también es necesario ir precisando cada uno de los pequeños y grandes interrogantes, lo que nos ayudará a comprender el conjunto un poco mejor.

Las técnicas de cocina eran básicas, pero presentaban innumerables variedades, una cocina debía estar bien surtida para poder realizar en su interior grandes recetas, como era el caso de la cocina cortesana o palaciega. Pero también las pequeñas cocinas tenían sus necesidades, y cada técnica requería instrumentos distintos. Estos instrumentos estaban divididos en primer lugar con respecto al material de elaboración (cerámica o metal), pero también se necesitaban otros materiales complementarios, por ejemplo, telas gruesas para disponer de sacos y otras más finas para hacer de coladores, quizás en el caso de la elaboración de quesos. En realidad, la cocina era todo un pequeño mundo en el que cada pieza, cada material, cada instrumento se relacionaba con una técnica y ayudaba a desarrollar una preparación.

Asar

El proceso de asado de comida puede ser el más elemental y con mucha probabilidad, el primero de todos. Consiste sencillamente en acercar al calor del fuego una pieza cruda, ya sea de carne o bien una masa, unos cereales o una pieza de fruta, cualquier cosa en realidad, de manera que se cocine por efecto del calor seco desprendido por el fuego. Se puede asar sobre brasas, junto al fuego o en un horno de diversos formatos, incluso sobre algún recipiente con capacidad para impedir que la pieza se queme pero que favorezca el desarrollo del calor y la cocción. Principalmente se asa carne, tanto los pedazos de grandes piezas como animales enteros sobre las brasas, en una sencilla acción que por lo general se desarrolla al aire libre.

En el libro de Isaías se explica cómo se asa carne sobre fuego de brasas, directamente sobre las brasas, y no una, sino dos veces. También sobre esas brasas se hacía pan, probablemente unas tortas más que pan leudado, que no se puede cocinar mediante este sistema (*Isa.* 44, 7; 16, 19).

Y veremos el proceso del asado a lo largo de muchos libros, por ejemplo, en época del rey Josías y con motivo de la celebración de la Pascua, se asó el cordero pascual preceptivo según la norma tradicional. En este pasaje es evidente la distinción entre este tipo de cocinado y la cocción en agua, es decir, en este pasaje se percibe que, por algún motivo, hay intención de cocinar de una forma y no de otra

(*2Cron.*, 35, 13). Y de la misma forma que se indica en el libro del Éxodo, el día de Pascua se consumía y se sigue tomando un cordero por familia, un animal sin defecto, seleccionado, macho, asado al fuego y de ninguna forma cocido en agua entero, así que los corderos de Pascua siempre se asaban al fuego, una norma muy explícita y de carácter religioso (*Ex.*, 12, 2-11).

De forma que, sabemos fehacientemente que conocían cómo se desarrollaba el proceso de asar un animal y además les gustaba. La cuestión es que el asado era fácil de hacer, suponía un sabor tradicional, ya que es la primera de las técnicas de cocina, y al cocinarlo mediante este proceso desarrollaba un sabor y un aroma incomparable en relación con la aplicación de otras técnicas. Este sabor, aroma y color tostado se debe a un sencillo proceso, la conocida reacción de Maillard o pardeamiento no enzimático que se efectua mediante la oxidación de las grasas y que produce el característico sabor tostado que despliega cualquier carne cuando se tuesta, carameliza o concentra un líquido[124].

Estofar

El estofado es una técnica que se desarrolla de una forma radicalmente diferente a la del asado. En primer lugar, es más compleja técnicamente, y para llevarla a cabo se necesita un recipiente y un medio líquido en el que los ingredientes principales como carne, pescado, legumbres, verduras, hortalizas y aromáticas dejarán todo su sabor y se desplegará un gusto final complejo que dependerá de los diferentes ingredientes utilizados. Se hacen igualmente imprescindibles un fondo estable, un lugar donde colocar la olla, la cazuela o el cazo, y por supuesto un fuego de brasas, constante y prorrogado en el tiempo para obtener una cocción que transforme verdaderamente los alimentos.

La combinación de ingredientes es la principal característica por la que se obtienen distintos tipos de estofados, que irán desde

---

124 Sobre la reacción de Maillard o pardeamiento no enzimático, ver McGee, H., *La cocina y los alimentos,* Barberá del Vallés, 2007, p. 825 y ss.

el guiso de lentejas que Jacob dio a Esaú, hasta los suculentos guisos de caza que preparó el primero a Isaac, su padre, que le pedía a su hijo: hazlo «como a mí me gusta». Es decir, hay una tradición de preparaciones de estofado de caza que tendría variantes, Isaac pide exactamente uno y no otro, el que le gusta, y no los demás. Ya encontramos entonces la posibilidad de diversos estofados, con recetas distintas y probablemente ingredientes variados.

Los estofados que integran la carne entre sus ingredientes son muy sabrosos, porque el gusto de la carne se incorpora en el líquido de cocción. En el caso de la caza este sabor está aún más acentuado, porque los animales salvajes tienen un sabor más intenso que los domésticos por su alimentación y movimiento en libertad.

La cuestión es que el estofado o guiso se observa como una forma de elaboración cotidiana y bien conocida, mencionada incluso por el profeta Ageo de forma específica (*Ag.*, 2, 12). Y hay guisos en época de Eliseo, quien dio a su criado órdenes concretas para preparar una olla grande y cocer un potaje en ella, al que añadieron hierbas y frutos silvestres, aunque desconocemos el resto de los ingredientes. Algunos de los criados lo cocinaron y después lo sirvieron. En este caso tenemos más indicaciones, ya que sabemos que hay un guiso, que se cocina en una olla grande y que se añaden a él algunos alimentos proporcionados por los recursos del entorno (*2Re.*,4, 38 ss.). Una auténtica receta de las llamadas de cercanía y de aprovechamiento, aunque en aquel tiempo no podía ser de otra forma.

Del segundo milenio tenemos de nuevo el relato de Sinuhé el egipcio, que nos cuenta cómo encontró en su huida desde su tierra un lugar generoso en el que la carne de caza se asaba y la carne (parece que de animales domésticos, por diferenciación con la anterior) sencillamente se guisaba o estofaba. Es posible que el distinto origen de la carne, de animales domésticos o silvestres, también diera lugar durante algunas etapas a diferentes elaboraciones, en este caso la caza y el asado, y animales domésticos y guiso.

Panificar

En toda la Biblia no hay ninguna elaboración más básica y sencilla de preparar, más nutritiva o saciante ni más simbólica que el pan. El pan no solo era la preparación básica, el alimento que se elaboraba fácilmente y en cualquier momento, es que tenía una carga simbólica extraordinaria, que, por otra parte, continúa hasta la actualidad. No es que el pan acompañara a cada comida, es que, con frecuencia, el pan era la comida, y desde luego era la alegoría de la supervivencia, la cotidianeidad, también de la pureza. El pan representaba, además, la ofrenda de lo más valioso a los invitados; proveerles de pan significaba abrir el espacio doméstico y expresaba la ofrenda de la hospitalidad. Una escena que encarna muy bien esta imagen fue cuando Abraham le pidió a su esposa Sara que preparara pan para sus visitantes, que además eran divinos. Una doble obligación en la que se ofrecía lo más importante y sagrado que había en un hogar, el pan (*Gn.*, 18, 6; *Ex.* 2, 20). Incluso es expresión de las bendiciones, como la de Jacob sobre su hijo Aser, prediciendo para su clan *un pan excelente... manjares regios* (*Gn.*, 49, 20), y por supuesto, es expresión del esfuerzo, el fruto del trabajo y del coraje por afrontar la vida: *con el sudor de tu frente comerás el pan* (*Gn.*, 3, 19). Incluso podemos ver casi desde los inicios de la historia la vinculación entre el pan y el universo de lo sagrado, y cómo en el Arca de la Alianza ya estaban los panes de la proposición o de la presencia, también conocidos como panes perpetuos, en una mesa específicamente construida para su exposición. Sobre esta mesa se emplazaban cada sábado doce tortas de pan (que eran el alimento para los sacerdotes) entre las que se intercalaban recipientes con incienso. Estos presentes significaban que no solamente el pan y el alimento, sino la vida, era debida a Dios cada día, y solo podían comer de este pan sagrado los sacerdotes, precisamente por la carga simbólica que caracterizaba a este alimento[125].

---

125   Las referencias al pan de la proposición las podemos encontrar en: *Ex.*, 25, 29; 37, 10-16; *Lev.*, 24, 5-9; *1Sam.*, 21, 4-7.

Fig. 34. Mujeres sirias elaborando pan. Fotografía ilustrada del s. XIX, en la que observamos a las mujeres elaborando tortas de pan, una preparación repetida de forma casi idéntica a lo largo de los siglos.

Asociadas con el pan tenemos varias cuestiones, en primera instancia la de la fabricación de harina, que tenía dos fórmulas principales de elaboración. En primer lugar, la pequeña producción de carácter doméstico, para la cual se trituraba el cereal cuando se iba a panificar de inmediato, preparando la cantidad necesaria y no más. Y, por otro lado, la producción de mayor cantidad que se trabajaba en molinos harineros, con los que se conseguían distintos tipos de molienda, de más gruesa a muy fina. Para obtener la harina, el cereal se trituraba entre dos piedras planas, llamadas *rehayim*, literalmente dos piedras planas, con dos nombres distintos cada una, la de arriba *tahti* y la de abajo *recheb*. Entre ellas se trituraba el grano y se obtenía la harina, de forma que más que un mortero, podemos imaginar un instrumento mucho más sencillo y probablemente pesado (*Ex.*, 11, 5; *Nm.*, 11, 8).

La siguiente acción vinculada con la panificación es la de amasar, que resulta fundamental para que el producto que en esta fase es agua más harina desarrolle gluten y se convierta en un pan blando y, por supuesto, fermentado.

Este es el rito que has de seguir para consagrar a los sacerdotes en mi honor. Toma... pan ácimo, tortas sin levadura amasadas con aceite y panes sin levadura untados en aceite; todo ello hecho con flor de harina (Ex., 29, 1-2).

Por otro lado, está perfectamente expresado en la cita anterior que la masa llevaba aceite en ciertas ocasiones al menos, quizás en las más señaladas: el pan sin levadura amasado con aceite de oliva era una de las ofrendas principales y más valoradas. Este era el pan destinado al consumo de los levitas tras la ofrenda, es decir, panes considerados óptimos en un contexto sacrificial,

Ofreced también una oblación amasada con aceite... (Lev., 9, 4).

Desde luego, todas las comidas y por supuesto las fiestas judías, eran y siguen siendo de naturaleza comunitaria. El pueblo de YHWH compartía desde sus inicios, la creencia de que los alimentos eran debidos a Dios, de ahí el significado trascendente de la alimentación y de los ritos vinculados con ella. Por lo que todas las comidas, su preparación y la forma de compartirlas, se enlazaba estrechamente con un concepto religioso. Banquetes complejos o comidas sencillas cuyo culmen y centro era siempre el pan (y aún más el pan ázimo).

PAN DE PASAS

El libro de Samuel relata los tiempos del rey David, cuando este hizo traer el Arca de la Alianza desde Baalá de Judá, donde la tenían los filisteos, hasta Jerusalén (*2Sam.*, 19). Aquel fue un momento feliz para el rey y para el pueblo: entre trompetas y cánticos el Arca entraba en la ciudad de David. Se ofrecieron sacrificios de animales y todo el pueblo celebró una gran fiesta. Y, al estilo de los grandes acontecimientos, que ya hemos visto en algunas ocasiones, se repartió entre los asistentes una torta de pan, un trozo de carne y un pan de pasas. Estos repartos eran habituales en las grandes fiestas del mundo antiguo y tenían una relevancia especial las distribuciones de productos de repostería, porque eran preparaciones tradicionales a las que la gente estaba habituada y valoraban especialmente. Es decir, eran elaboraciones festivas y ocasionales, un auténtico regalo.

En *1Cron.* 16, 3 se recoge igualmente este episodio, aunque hay una pequeña modificación en el reparto que incluye en este caso una torta de pan, un pastel de dátiles y un pastel de pasas, pero no habla de carne. Sin embargo, en este relato se detalla el sacrificio de siete becerros y siete carneros, holocausto que se confirma en el anterior, y el posible reparto de carne era habitual entre los asistentes a pesar de que no esté citado en el texto. La cuestión es si algunos de estos repartos repetían recetas tradicionales, que observamos en otros momentos en el texto bíblico, ¿serán estas las tortas o pastelillos de pasas que cita el Cantar de los Cantares?

> Confortadme con pasteles de pasas, con manzanas, reanimadme, que enferma estoy de amor (Cant., 2, 5).

En cualquier caso, en el libro de Crónicas se nos confirma que cuando reinaba la alegría en Israel se consumían este tipo de manjares, como las tortas de higos y pasas, carne y vino (1Cron., 12, 41). Es decir, formaban parte al menos de la alimentación festiva. Que independientemente de su contexto religioso probablemente se repetían en distintos lugares de Oriente Medio, como los interesantes pasteles con la efigie de una diosa pagana, a la que igualmente se hacían libaciones. Unas tortas en las que se repetía su imagen en acto de devoción (Jr., 44, 19).

Todas las culturas tienen una cocina de diario, con ciertas elaboraciones comunes, cotidianas y sencillas no solamente en lo que respecta a los ingredientes, sino también en relación con las técnicas de elaboración, con presentaciones cuidadas o simples, o con uso de algún tipo de vajilla en las que sencillamente se toma el alimento con los dedos. Desde luego, hay una gran diferencia entre las técnicas utilizadas en el mundo antiguo y en el mundo moderno. Por una parte, la sencillez de las cocinas de la Antigüedad, por completas y bien preparadas que estas estuvieran, su mundo era en conjunto mucho más simple. Aunque también había cocinas imperiales en los grandes complejos palaciegos y religiosos, así como cocinas modestas, sencillas y fáciles de elaborar para la gran mayoría de las familias.

Pero también hubo una serie de platos relativos a la cocina festiva, y dotado por tanto, de un significado ritual, simbólico y tradicional. Es decir, un conjunto de elaboraciones que se preparaban en una fecha determinada, o cuando simplemente había un motivo de celebración como una boda, el nacimiento de un niño o el término feliz de una batalla victoriosa. Es este el caso común de todas las tortas o pastelillos de pasas, higos o dátiles que se consumen en el Antiguo Testamento, en todas ellas el entorno es festivo, alegre, de celebración. Representan algo, y el lector observa cómo comerlas no era solamente ingerir una comida, su ingestión formaba parte de esa celebración, que se disfrutaba de forma comunitaria, mediante la alegría y los alimentos que la representaban.

Pero también tenemos el otro extremo, el luto, que igualmente tenía sus alimentos de carácter fúnebre, además de estar muy probablemente expresado a través de vestidos y actitudes vinculadas con la pena por la pérdida de un ser querido. Al fin y al cabo, vivir en sociedad también requiere esas fórmulas de expresión en cualquiera de los sentidos naturales de la vida. Hablamos de una elaboración concreta, del pan de duelo al que hace referencia Ezequiel tras el fallecimiento de su esposa. Un pan elaborado de alguna forma singular y que lo identificaba frente a otros panes, que se tomaba durante el funeral o los días posteriores y que probablemente formara parte de una familia de elaboraciones características de estos momentos (*Ezeq.*, 24, 16).

Cocer

Además de lo evidente que resulta que la cocción es distinta a otras técnicas como el asado o el estofado, existieron importantes diferencias entre el uso y el significado de asar y de cocer, incluso aunque el objeto final fueran los mismos productos. El sentido de esta diferenciación tiene que ver con un trasfondo religioso más que con el sabor o el gusto. Parece que la cocción es el método elegido para la preparación de las ofrendas, mientras que el asado es el método festivo, de disfrute, que era más del agrado popular que la cocción. No resulta extraña esta inclinación, en primer lugar, por lo familiar que debía resultar asar más que hervir, y en segundo lugar, por el aroma que despliega una carne asada frente a una cocida, como hemos visto anteriormente en la descripción de la técnica de asado.

Y aunque el cabrito o cordero de Pascua se asara tanto en las fiestas como para homenajear a algún personaje, las entregas de carne al templo se entregaban cocidas en agua, eso sí, en recipientes diversos, probablemente de gran capacidad. En época del rey Ezequías, en la celebración de la Pascua en Jerusalén la cantidad de carne fue tan importante que tuvieron que utilizar diferentes instrumentos para cocer, y señala la Biblia que se necesitaron ollas, calderos y cazuelas en los que se cocinó la carne que posteriormente se distribuyó a todo el pueblo (*2Cron.*, 35, 13).

Adobar

Adobar es sencillamente introducir un ingrediente crudo como carne, pescado o verduras en una mezcla en la que hay algún ácido o varios de ellos, como vinagre o vino, y algunas hortalizas como cebolla y ajo y hierbas aromáticas, con el fin de dar sabor. Esta inmersión de un producto crudo en vinagre provoca una cocción literal de este debido a la acción del ácido. Un buen ejemplo de cómo el adobo transforma los productos es la sencilla receta de boquerones en vinagre, que nos muestra cómo un adobo no solo modifica el sabor, también cambia la textura, el color y el sabor, ofreciendo un producto radicalmente diferente al original. Incluso se produce una modificación de carácter físico y químico del alimento en adobo. Por otra parte, la clave del adobo es el propio adobo en sí, es decir, la presencia de un ácido combinado con hierbas aromáticas para proporcionar sabor sin necesidad de aplicación de calor.

El sistema alimentario israelí conocía el vino, cultivaba extensos campos de viñas y consumía diferentes tipos de caldos y sus variedades. Y, desde luego, conocía y producía vinagre, que es el elemento que insta los cambios físicos en el producto que se sumerge en él. Y el vinagre está presente en forma de bebidas refrescantes como la *posca*, vista anteriormente, en la que se mojaban panes para refrescarlos y reblandecerlos, lo que significa que se conocía, que se utilizaba y que era de uso familiar.

Con el excedente que debía haber de vinagre, sería natural que se utilizara de diferentes formas, una ya la hemos visto, en forma de bebida ligera probablemente mezclada con agua y sazonada. Grecia y Roma conocieron estas milenarias fórmulas para sazonar, transformar y conservar alimentos, y parece un sistema de preparaciones que debió ser familiar en las zonas donde hubiera producción vitivinícola. En Mesopotamia, las tablillas de Yale nos muestran el vinagre como un complemento que se añade a los guisos[126], pero también se rocían y frotan con vinagre algunas piezas como el francolín antes de cocinarlo, y se añaden aromáticas —menta en este caso— y sal. Finalmente, la pieza se cocina en una salsa preparada con vinagre y aromáticas como maderas y ruda deshojada, puerro, ajo y cebolla, que previamente se han usado para rociar la elaboración principal. Parece, por todos los indicios, que existía algún tipo de fórmula para adobar los alimentos.

Freír

El primer destello de fritura lo encontramos en el libro del Levítico, claramente descrito. Freír es una acción para la que es necesaria una cantidad de aceite, de oliva en este caso, y un recipiente que se pueda poner al fuego. El siguiente paso es sencillo y consiste en introducir el preparado en la sartén, que se cocinará por inmersión en el aceite bien caliente. Servidas calientes, las elaboraciones fritas son suculentas y eran bien apreciadas, como sugiere la cita:

> *Se preparará con aceite en una sartén. Aún caliente la ofrecerás dividida en porciones (Lev., 6, 14).*

El aceite de oliva abundaba en Israel, era uno de los cultivos principales, así que no resulta extraño que su uso fuera habitual, que se apreciara singularmente y que se hubieran desarrollado diversas técnicas vinculadas con el aceite de oliva. A veces se usaba para elaborar las masas de pan, ya que las deja más tiernas y suaves tras la cocción. También formaba parte de las primicias que se ofrecían a YHWH e incluso de las bendiciones, como la que hizo Jacob derramando aceite sobre una piedra levantada en Betel (*Num.*, 11, 18; *Deut.*, 18, 4; *Gn.*, 28, 18). Y por supuesto, el aceite de oliva era un ingrediente ineludible en el desarrollo de las ofrendas rituales, y sus distintas

---

126   Botteró, J., *op. cit.*, 2005, pp. 63-66.

calidades marcan la propia calidad de la ofrenda, hasta tal punto que había incluso un aceite para la unción, para la consagración (*Ex.*, 30, 22-33).

Pero la hebrea no ha sido la única cultura que utilizaba el aceite para estos usos rituales además de los alimentarios, y sabemos que en Sumer ya había un aceite de oliva especial que se consagraba y se utilizaba para el culto del templo. Con él se ungía a los miembros de la casta sacerdotal o a los participantes, por lo tanto, se trataba de un tipo de aceite que marcaba diferencias de poder, de situación y de calidad, era «el aceite sacerdotal, el aceite del jefe de la asamblea»[127]. Un aceite que capacitaba al oferente para entrar en el sanctasanctórum de la divinidad, que en definitiva era un comedor destinado a las ceremonias de ofrendas de alimentos que mantiene hondas similitudes con las ofrendas hebreas al Dios de Israel.

Y las salsas

Muchas de las elaboraciones que describimos, tanto las que se asaban sobre un recipiente como las que se guisaban, generaban jugos y salsas. Los estofados, y los guisos desde luego, desarrollan sustancias que se condensan con la cocción y se convierten en salsas. Pero probablemente estas salsas de estofados no eran las únicas, porque la combinación de aceite de oliva con hierbas aromáticas y ajo es una de las mezclas más antiguas del entorno mediterráneo y no requería calor para su preparación, se hacía fácilmente y en cualquier sitio. Incluso una persona sin experiencia alguna podía prepararla rápidamente y a voluntad. La cuestión es que cualquier guiso o estofado produce naturalmente una salsa debida a la propia acción de cocción de diferentes productos en un líquido o mezcla de ellos, posteriormente enriquecido debido a la saturación de la parte líquida con las gelatinas naturales de la carne, de verduras y legumbres. Y como resultado, este conjunto de métodos de cocinado produce la combinación de sabores y la potenciación de sabores provocada precisamente por el proceso de cocción. Una

---

127   Lara Peinado, F., *op. cit.*, 2006, pp. 25-26.

cocción más prolongada estimulará la densidad de la salsa, mientras que si es más corta o de temperaturas más suaves conseguirá el efecto contrario.

La cuestión es que esas salsas de estofados eran muy nutritivas y contenían todo el sabor de los ingredientes, que consistían en vegetales, legumbres y carnes o pescados además de hierbas aromáticas. Además, acompañaban a las carnes si este era el ingrediente básico, y se transportaban en cazuelas para mojar con pan, o directamente para tomar con el pan los trozos de carne que se habían guisado, bien mojado en salsa a modo de cuchara. La historia de Gedeón nos muestra una ofrenda a Dios en forma de pan ácimo, carne de cabrito y salsa, que el mismo Gedeón transporta en una cazuela y que derrama por indicación divina sobre ambos productos (*Jue.*, 6, 19).

Pero la salsa que ofrenda Gedeón a YHWH no es la única que vamos a encontrar, ni tampoco el único formato, veremos diferentes salsas en distintas ocasiones. Otra salsa singular es la que Booz ofreció a Rut para mojar su pan durante la hora de la comida, el tiempo de descanso durante la siega, aunque desde luego esta salsa no es la del estofado anterior, sino algo mucho más sencillo. Se trata de un líquido en el que se combinaba vinagre con agua y quizás otros ingredientes como ajo, sal o cebolla, y que se usaba para mojar las tortas de pan que probablemente estaban endurecidas. Esta salsa parece estar vinculada con la *posca*, como hemos visto anteriormente en el apartado de vinagres, y tiene más de refresco que de la solidez y contundencia propias de la salsa de un guiso o un estofado (*Rut.*, 2, 14).

ESTOFADO DE EZEQUIEL

Es una de las técnicas de cocinado más sencillas, universales y primitivas. Tras el asado, el estofado o cocción representa un estadio vinculado con la producción cerámica, la estabilidad y la creación de recipientes específicos para diferentes usos.

El profeta Ezequiel presenta una *Alegoría de la olla puesta al fuego*, en la que ofrece instrucciones para guisar un estofado:

> *Prepara una olla, prepárala y pon agua en ella. Añádele unos trozos de carne, la mejor parte, pierna y espalda; llénala con los mejores huesos. Toma lo mejor del ganado. Dispón bajo la olla un cerco de*

leña para que hierva con fuerza y cuece también en ella los huesos...
Añade leños, enciende fuego, cuece la carne hasta que se consuma;
espolvorea especias y se quemarán los huesos (Ez., 24, 3-10).

Las referencias no son demasiado abundantes, pero es posible conocer gran parte de las características de los platos a través de los ingredientes y sus combinaciones. Y también gracias al conocimiento de las técnicas de cocina y de sus aplicaciones. Es evidente que muchas de las elaboraciones producían salsas de forma natural, y también que se debían aprovechar si se obtenía gran cantidad de ellas después de un guiso. Quizás fueran la excusa para mojar las tortas de pan endurecidas con el paso de los días. O un recurso para introducir vegetales o cereales y hacer una segunda preparación. La imaginación de los cocineros a la hora de emplear los medios a su disposición debió ser grande, más aún cuando estos medios eran limitados.

11. Donde acaba nuestra historia: en el Mediterráneo del s. I

El Mediterráneo en el s. I fue el espacio más pródigo de todos los tiempos en gente variopinta e interesante, personas que podían ser casi cualquier cosa: filósofos, aventureros, historiadores, agrónomos y agricultores, políticos, oradores, médicos, científicos, sacerdotes, profetas, augures, piratas y cualquier otra ocupación a la que entonces fuera posible dedicarse. El *Mare Nostrum* era, efectivamente, aquel mar romanizado que daba cabida a todos ellos. A lo largo de sus extensas orillas, repletas de populosas ciudades en las que el comercio enriquecía a muchos negociantes, a veces incluso reconvertidos en filibusteros ocasionales, se repartían poblaciones de muy diferentes costumbres y características, impregnándose de una filosofía y una forma de ser a la romana. El conocimiento se transmitía de norte a sur, la riqueza llegaba de todas partes, y de este a oeste los navíos cruzaban el mar para buscar metales, para mercadear con cerámicas y vino, para adquirir y vender cualquier cosa que fuera posible y aun traficar con los imposibles.

Aquel era un espacio lleno de vida, de oportunidades, de política, era un mundo ya conquistado, pacificado y organizado al estilo romano. Roma entonces era grande y dominaba el mar y la tierra. En parte respetaba creencias y hábitos siempre que no afectaran al pago de los impuestos y al cumplimento de las obligaciones ciudadanas. Y mientras construía vías, organizaba ciudades y edificaba mercados, foros, basílicas y templos, administraba los recursos económicos y se enriquecía. Era un tiempo en el que importaba el control de los caudales, en el que el dominio sobre el territorio era trascendente, y también implicaba la pacificación que aseguraba que los dos primeros se desarrollaran con facilidad.

Por otra parte, en cuanto al tiempo en el que se despliega nuestra historia, tenemos un s. I repleto de acontecimientos trascendentales para el mundo judío, con dos fechas que dan significado a esa centuria. Desde el año 4 a. C. con el fallecimiento del rey Herodes el Grande, hasta la destrucción de Jerusalén por las legiones de Tito en el año 70 d. C. Ambos hechos no solamente fueron relevantes para la historia judía, sino que tuvieron una gran repercusión para la historia universal.

El mundo del s. I era romano, y mientras algunas provincias estaban totalmente pacificadas, el norte, y el este aún, conocían un sinfín de escaramuzas que mantenían a las legiones en constante ocupación. Y también inquietos a los emperadores por la intensa actividad de aquellos aguerridos e incansables pueblos que eran poco más que tribus, como fueron los marsos, los queruscos, los marcomanos o los hermuros y catos. Igual ocurría al este, a orillas del Rhin, donde los panonios provocaron la sublevación de la provincia y condujeron a Roma a la famosa batalla del bosque de Teotoburgo. Por su parte, al sur, en Egipto, la batalla de Actium fue el principio de la pacificación. Así, el imperio funcionaba regularmente sobre una tensa calma, sobre batallas ganadas, sobre territorios conquistados, y a veces también sobre unas fronteras no siempre bien delimitadas.

Sin embargo, y a pesar de todas las dificultades que sobrellevaban, en muchas provincias, todo estaba tranquilo y algunos territorios estaban tan profundamente romanizados que hasta llegaron a olvidar las antiguas lenguas, las viejas costumbres. La romanización fue un proceso que afectó a las raíces: muchas de las arcaicas comidas, aquellos guisos ancestrales rústicos y de pura supervivencia desaparecían para dejar espacio a las múltiples elaboraciones preparadas con el nutritivo y mucho más abundante cereal: desde gachas a panes dulces o salados, especiados e incluso enriquecidos, a las galletas y tortas sin leudar. El vino y el aceite eran los otros dos grandes productos de la alimentación a la romana que habían formado parte de la alimentación del Medio Oriente. Y aunque ni siquiera los romanos hacían ascos a la cerveza, por barata, por su sencilla producción y por nutritiva, el consumo de vino marcaba la diferencia entre ellos y los bárbaros. *Nosotros y ellos,* esa era la otra cuestión que importaba a la hora de comer, lo que significaba el consumo de unos alimentos y otros, y cómo se preparaban, se compartían y hasta se combinaban.

El mundo había cambiado, tres siglos habían sido suficientes para imponer no solo el control, sino algo mucho más importante, que consistía en la implantación de una forma de vivir, de pensar, de organizar la sociedad a la romana. Al oeste, en Hispania, los pueblos íberos ya no consumían tortas de bellota durante los largos inviernos, y las castañas se empezaban a dejar para el consumo del ganado, las escaseces estaban más controladas y la administración procuraba el necesario cereal para evitar hambrunas. El Mediterráneo no solo era un mar, y no solo era las orillas de ese mar, muy al contrario, el *Mare Nostrum* romano representaba una unidad de territorio que a veces penetraba incluso miles de millas tierra adentro. Era una forma de vivir que impregnó los territorios conocidos y que sentó las bases de la posterior civilización occidental. Todo era, una vez más, nuevo: se estrenaba una era.

Las revueltas judías llegaron después, entre los años 66 y 135, en aquella «problemática» región de Judea situada al este del Mediterráneo. Roma jamás comprendió a los judíos, y no le importó no hacerlo, más bien, como dice Tácito, los romanos sentían repugnancia y repulsión hacia una religión que les resultaba profundamente distinta e incluso extraña. Y desgraciadamente para el pueblo judío, no se entendió ni su milenaria práctica del Shabat, ni su forma de comer evitando sangre, cerdo y otros animales impuros; tampoco se entendió a un dios sin rostro ni nombre, a YHWH. Sin embargo, y de forma increíble, la combinación entre el pensamiento judío y el romano sería el germen que, posteriormente, impregnó de religión cristiana todo el Imperio romano y el mundo posterior.

El Mediterráneo fue un gran proscenio sin lugar a duda, un escenario que facilitó los contactos, que propició que llegaran los cedros del Líbano, el oro y el aceite de España, los marfiles africanos, los cereales del norte de África, las cerámicas griegas. Y que todo ello encontrara un mercado en cualquier punto alejado de este vasto mar de culturas. Pero fue más que un escenario, representaba la cosmovisión de un mundo que entonces se creía grande, y que en realidad lo era.

Pero la concepción de los espacios era muy local, y veremos todos los acontecimientos de la vida cotidiana judía suceder en lugares cercanos, pequeños y muy concretos. La historia de los judíos se nutre de esos lugares concretos y singulares, espacios como el monte Sinaí, el desierto de Judea, el mar de Galilea, e incluso algunos con cierta aureola legendaria y ansiada como esa tierra que mana leche y miel. O dotados de connotaciones peyorativas, como la prostituta Babilonia o las pervertidas ciudades de Sodoma y Gomorra. Fue en el entorno mediterráneo donde surgieron todas ellas, el mar era un límite que a veces suponía frontera y otras veces era puente, que en ocasiones era ruptura y otras veces continuidad. Pero siempre representaba una oportunidad para el navegante, un negocio para el comerciante, una aventura para el filósofo o una encrucijada para el marino.

En aquel mundo que se expandía nació Jesús, en una pequeña aldea de un minúsculo país al este de este gran mar. Un pedacito de tierra desde donde todo parecía tan alejado que a veces se convertía en leyenda. Desde donde se podía sentir la pesada bota romana, la voz poderosa de YHWH desde el desierto y el mucho más cercano canturreo de los vendedores paseando por los mercados y las calles y ofreciendo sus productos, sus mercancías.

Como era habitual en la Antigüedad, un niño nacido en una familia humilde en unas condiciones similares carecía de posibilidades para ser alguien. Millones de niños en circunstancias parecidas habían nacido y fallecido sin dejar huella, se perdieron sus recuerdos y solo representaron una mota de polvo en la historia de la humanidad. Y aunque las circunstancias de Jesús fueran idénticas a cualquiera de esos niños, hubo algo en él que lo hizo grande, que lo hizo distinto. Algo por lo que hoy seguimos hablando de él, algo que hoy nos proporciona un motivo para seguir escudriñando su vida, cada uno de los detalles de su existencia: desde su país hasta sus costumbres, desde el mundo en el que vivió hasta su comida.

La alimentación es una forma de expresión de la cultura, y no una más entre muchas, es la más básica porque la comida proporciona las calorías necesarias para sobrevivir: al fin y al cabo, rendimos tributo a nuestra biología. Y las primeras técnicas, los primeros instrumentos, las primeras ideas siempre estuvieron relacionadas con el alimento. Así, en cualquier época, desde la prehistoria hasta el s. XV, o desde la corte de Alejandro Magno a la tecnología del s. XXI, su forma de comer expresará sus conocimientos técnicos y científicos, su religión, sus creencias. Será una forma de acercarse a esa cultura o a esa persona, para que nos cuente una parte importante de sí misma. Jesús nació en el mundo mediterráneo, en ese pequeño país, y su cultura era judía. Esa será la primera gran pista para conocer cómo se alimentó, y qué representó la comida en su mundo y para él.

Nos interesan los motivos por los que renunció a algunos alimentos, por qué incluyó otros y qué simbolismo tenían en su mundo y para él mismo. Con quiénes comió, por qué, y de qué forma lo hizo. En qué casas entró, qué mesas tocó y cuáles fueron los platos que más abundaron en sus menús. Todos esos aspectos de la comida entendida como parte de un sistema de vida, por supuesto, pero también como parte de un sistema de símbolos, de pensamiento, de creencias, que fueron también parte de la vida de Jesús. De ese Jesús que aún hoy sigue inspirando lo mejor en los hombres y mujeres de este milenio, que representa la espiritualidad, la fe y la salvación del alma para millones de personas en el mundo. Y cuyas palabras seguimos teniendo frescas, en el corazón, y siguen haciéndonos vibrar.

Aquel Jesús cambió el mundo mediterráneo para siempre, y el resto de los continentes siglos después. Antes y después de su nacimiento no solamente estrenamos un tiempo nuevo, también contamos una nueva forma de vivir, de ser humanos, de comportarnos en el mundo. Por lo que representó, cada paso de Jesús cobra una relevancia singular, y así la compasión con que miró a los hombres, la enseñanza de que cada vida importaba simbolizó un antes y un después en un mundo en el que hasta entonces la vida en singular carecía de importancia.

Por eso cada paso, cada hecho, cada palabra, y por supuesto, cada comida de Jesús, el judío más grande, sigue importándonos. Sigue teniendo frescura, sigue narrándonos una pequeña parte de su historia, adquiere un pequeño significado dentro de algo verdaderamente importante, sus enseñanzas. Pero quizás cada una de las pequeñas cosas de la vida, tanto de la vida de Jesús como de la de cada uno de nosotros, sea realmente importante, y quizás sean precisamente las que den significado a lo trascendente.

Y el Mediterráneo fue su mundo, como el del resto de los judíos, un enorme espacio muy cerca de cuyas orillas se desarrollaron los increíbles acontecimientos de su vida, un mundo que estaba preparado para oír su palabra, para atender su vida, para comprender su mensaje. Un mundo que le ofreció sus alimentos, y que Él tomó. Un mundo, el hebreo, que eligió unos alimentos y rechazó otros, pero que en cualquier caso le proporcionó un entorno donde vivió y desde el que pudo enviar su mensaje al mundo.

Aunque a las grandes ciudades del Mediterráneo llegaban todo tipo de productos, desde sedas chinas hasta marfiles africanos, especias indias y animales salvajes cuya carne se consumía, las pequeñas ciudades y las aldeas se nutrían de lo que se cultivaba, pescaba o criaba en el entorno más cercano. Las diferencias sociales, e incluso entre ciudades, eran abismales, y a pesar de la riqueza de este gran mundo mediterráneo, la mayor parte de la población se movía en los límites de la pobreza. Podemos imaginar un espacio abierto, grandes posibilidades y, por supuesto, todas ellas bajo el constante control implacable de la gran Roma.

Frente al presente incierto, es muy habitual imaginar un pasado impasible, estático, quizás inamovible. Sin embargo, no debemos pensar que fue así, en ninguno de los casos que estudia la historia. Muy al contrario, debemos imaginar aquellos años como los de un tiempo inquieto, incierto como todos los tiempos en presente, angustiado por la pesada carga de gravámenes impuestos por Roma, en la esperanza de un mesías que no llegaba. Una época más de dificultades para el pueblo judío.

Roma, la gran potencia

Para los dueños del mundo de entonces, los romanos, la de los judíos era una religión más. Eran bastante abiertos y comprensivos con todas las religiones orientales que impregnaron el imperio, practicando algunas abiertamente como el mitraísmo, por ejemplo, que fue bastante popular. La religión romana era fría y no afectaba a las emociones, de manera que no pocos romanos se aficionaron a la práctica de aquellas exóticas prácticas que apelaban a la relación entre personas y a una mística extravagante y llamativa.

Sin embargo, el judaísmo era una rareza entre todas aquellas religiones. En primer lugar, tenía un solo dios, lo que suponía una auténtica anomalía en la época. Y ponían en práctica rituales extraños como la celebración del Shabat o la circuncisión de los varones, se relacionaban entre ellos y no participaban en las ceremonias comunes, ni siquiera cuando había reparto de ricas carnes. Los judíos las rechazaban, al contrario que el resto de la población de Roma. Y a los romanos les extrañaba y les desagradaba esto, porque no lo entendían.

El judaísmo no penetró en la sociedad romana a pesar del respeto que los romanos tenían por las religiones antiguas. Tampoco los judíos tenían por norma captar prosélitos; era una religión familiar, de entorno social, que tenía que ver con las raíces comunes y que se practicaba desde la infancia, como una forma de pertenencia a un pueblo, y no solamente a una religión. Ellos se consideraban el pueblo elegido, por lo que carecía de sentido incorporar en ella a individuos que carecían del tronco familiar común. Y que contaba con la gran dificultad para los varones de que, si querían hacerse judíos, debían circuncidarse y, claro, una cosa era que se circuncidara a un recién nacido y otra muy diferente circuncidarse de adulto. Desde luego, su práctica religiosa era legal, estaba permitida por la autoridad, pero la sociedad romana, como Tácito en el s. I, creía que sus rarezas superaban lo admisible.

Es Tácito quien nos cuenta que la increíble «obstinada lealtad hacia los suyos propios, junto con su pronta inclinación a la misericordia con ellos», llamaba profundamente la atención de la sociedad romana (Tac., *Hist.*, V, 2). Con este comentario en labios de Tácito, la misma Roma detectaba el comportamiento de los miembros de una sociedad, por cierto, respetada por su gran antigüedad. Pero también hacía notar la extrañeza por la práctica de esos hábitos y ritos vinculados con la alimentación, que eran tan diferentes a los romanos, y que evitaba el consumo del rico cerdo adorado en todas las orillas del Mediterráneo. Para colmo, aquel extraño pueblo, rendía culto al día de descanso celebrando el Shabat, hacían ayunos y elaboraban un extraño pan sin levadura.

Entre los cincuenta o sesenta millones de personas que vivían en el Imperio romano en época de Jesús, los judíos eran una pequeña minoría que vivía en Israel. Había algunos más en Siria, en Egipto y especialmente en grandes ciudades como Alejandría, aunque los había repartidos por todo el Mediterráneo. Se adaptaban a las costumbres locales, viajaban y ponían en práctica la vida ordinaria de cada lugar, pero mantenían las diferencias religiosas, lo que les llevaba a presentar una unidad común en cualquier lugar del imperio. Incluso construían sus sinagogas en las diferentes ciudades y practicaban cierta vida cultural que era bien vista por los romanos.

El politeísmo romano, por otra parte, encontró un importante dique en la intolerancia del monoteísmo judío hacia sus dioses. Unos y otros encontraban abominable lo que para los otros era sagrado, lo que a su vez generaba más incomprensión mutua. Los múltiples dioses paganos eran la concepción de la maldad para el monoteísmo, mientras que los romanos consideraban absurdas y supersticiosas sus costumbres religiosas. Un dios que hacía posible la vida eterna no era compatible con multitud de pequeños dioses, de demonios, de ídolos y de personificaciones propias de los paganos. El contraste era brutal y, por tanto, el acercamiento que no implicara conversión en un sentido u otro resultaba imposible.

Pero los judíos no eran posibles conversos al paganismo, porque, como señalábamos, sus creencias no solamente eran una religión, sino que formaban parte de una identidad, de las personas como parte de una sociedad, y no consideradas aisladamente. Ellos, por otro lado, no trataron de conquistar a los romanos, solo deseaban que les dejaran practicar sus ritos, construir sus sinagogas, adorar a su dios. Su actitud no era de conquista, sino de salvaguardia de sus principios, de su sociedad, de su religión.

Mientras los cristianos sí tuvieron un fervor de conquista intelectual de las almas, y de lucha contra el paganismo, la actitud de los judíos era muy diferente. Más bien un *dejad hacer* frente a la activa actitud cristiana, cuyas primeras oleadas, por cierto, se impulsaron por todo el mundo gracias a la eficaz dispersión de los judíos por todo el universo antiguo, en especial por el Mediterráneo. Josefo hablaba de la extraordinaria expansión de los judíos en todo el Imperio romano, y recoge a su vez lo que cuenta Estrabón, quien dice que, en su época, a caballo entre el cambio de milenio, había judíos en Asia y en Europa y que, diseminados por todo el mundo, además de seguir practicando su religión, hacían pingues negocios y acrecentaban sus fortunas (Jos., *A. J.*, 14, 110).

La diáspora no limitó la práctica de su religión, no rompió los lazos judíos entre individuos y comunidades y no limitó su capacidad de adquirir riquezas. Continuamos observando de forma constante esa otra característica típicamente judía, la de la práctica constante de una religión que no solamente era un sistema de creencias, sino una forma de entender la vida. Y que se seguía poniendo en práctica independientemente de que existieran o no sinagogas, o de que hubiera una comunidad importante.

La romanización fue una enorme vía en varios sentidos gracias a la que fluyeron mercancías, personas e ideas, y que permitió la expansión de los distintos pueblos a lo largo de toda su extensión. Eran territorios pacificados, bien organizados y comunicados, y en todos ellos había una lengua común, libertad para desplazarse y se podía generar riqueza. Y mientras se cumplieran las obligaciones como ciudadanos de Roma, se podía practicar cualquier religión imaginable. Este fue el campo de cultivo que encontraron los pueblos mediterráneos para su florecimiento.

Estaba tan normalizada la presencia de judíos en toda Roma que otra vez Estrabón señalaba que, ya en tiempos de Sila, es decir, en el s. I a. C., había juderías en todas las ciudades del mundo conocido, y en todas ellas vivían eminentes ciudadanos de origen judío. Incluso Herodes Agripa, en una carta a Calígula, menciona todos los territorios en los que había colonias judías, desde los territorios lejanos, más allá del Éufrates hasta las islas griegas (Creta, Chipre y Eubea), las mejores tierras del Peloponeso, Beocia, Tesalia, Macedonia, Etolia, Ática, Argos y Corinto. Además de Egipto, Siria, Fenicia, Cilicia, Panfilia y el Asia romana hasta el mar Negro.

Y su existencia y hábitos alimentarios para Roma era muy conocidos, hasta tal punto que los emperadores también hacían bromas con las costumbres judías. Suetonio recoge cómo Augusto confundió una tradición judía, la del ayuno, y en una carta que escribía a Tiberio le decía textualmente:

Volviendo del pórtico a casa en mi litera, comí una onza de pan con unos cuantos granos de uva de hollejo duro... Ni siquiera un judío, mi querido Tiberio, guarda el ayuno el sábado con tanta diligencia como lo guardé yo hoy, pues comí solo dos bocados en el baño, después de la primera hora de la noche, antes de que empezaran a darme las fricciones (Suet., Vit., Aug., 76, 2).

En realidad, los judíos no tenían que ayunar el sábado, que aunque se recomendaba no era una obligación. Solamente se prescribía el ayuno en la Fiesta de la Expiación. Quizás Augusto confundiera el descanso del Shabat con el ayuno en un profundo desconocimiento de esta cultura. Pero, en cualquier caso, la cita nos muestra cómo estaba extendida la convivencia y el concepto de diferencia de hábitos incluidos los alimentarios, entre romanos y judíos.

En Egipto, por ejemplo, en esta época había más de un millón de judíos, que representaban algo más de la octava parte de la población egipcia total. Aunque su presencia en Egipto era muy antigua y se remontaba al menos hasta el s. VII a. C., fue Alejandro quien asentó colonias judías en Alejandría, donde dispusieron de una gran sinagoga principal.

También en las islas griegas había grandes comunidades de familias judías acomodadas, incluso la esposa de Josefo era una judía cretense, de una familia noble y respetada. Asia Menor era otro de los grandes centros de la diáspora judía, y en Antioquía eran bastante independientes y estaban bien situados. Antíoco el Grande en el s. III a. C. trasladó a dos mil familias judías de Mesopotamia al Asia Menor, con la intención de tener en la zona de Licia y Frigia una población estable y activa. Igual hizo en Cirene Tolomeo Lagi, estableciendo colonias judías que después provocaron una revuelta que tuvo que sofocar Lúculo entre 115-117 d. C.

Los judíos salpicaban toda la anatomía del mundo romano, e incluso adaptaban los platos y productos más prestigiosos y populares como por ejemplo el *garum*. En Pompeya se encontró un recipiente de barro, una vasija destinada a contener *gar(um) cast(imoniale)*, es decir, un *garum* elaborado a la judía, con pescados que no tenían escamas. Y fue tan famoso que incluso Plinio habla de este peculiar *garum* preparado para los judíos, a los que por cierto no se priva de llamar supersticiosos, y que se preparaba con peces sin escamas. Así, este tipo de *garum*, llamado específicamente *allex* se hacía con ostras, erizos de mar, anémonas e hígado de salmonete (Plin., *N.H.*, 31, 95). En cualquier caso, la fabricación de este producto nos revela dos aspectos: el primero es que los judíos formaban parte de un mundo, el mediterráneo y el romano, y estaban inmersos en las costumbres de sus tiempos. Y, por otra parte, nos dice que debieron ser numerosos, si se preparaba un *garum* especial para ellos, ya que su elaboración requería de unos recipientes de un gran tamaño.

Estrabón, en tiempos de Augusto, comentaba que los judíos habían invadido las ciudades y que era imposible encontrar un lugar del que ellos no se hubieran adueñado[128]. Josefo incluso proporciona algunos números: una embajada de cincuenta judíos a los que se unieron para acompañarlos a la presencia del emperador Augusto hasta ocho mil judíos que ya vivían en Roma (Josef., *Ant.*, 17, 300). Puede que fueran números exagerados, pero sí indica la red de juderías que se extendía por todo el imperio, la importancia de algunos de sus miembros y la fortaleza de dichas relaciones en el mundo mediterráneo. El mundo romano fue clave para el asentamiento de las poblaciones judías y para el establecimiento de vinculaciones y redes efectivas de comunicación entre ellas. Por su parte, los hebreos aprenderían a vivir en judío fuera de su tierra, lo harían bien y lo harían durante siglos, con una paciencia infinita y probablemente con esa hermosa melancolía que impregna su música.

Su vida cotidiana y sus relaciones con el poder no siempre fueron fáciles en el entorno del s. I. Pompeyo entró triunfalmente en Medio Oriente en el año 63 a. C., y poco después, en el año 40 a. C., Herodes obtuvo el título de rey de manos romanas. Desde luego, fue un rey muy poco amado por el pueblo, más bien se sentían ofendidos contra él, y creó una gran animosidad a pesar de que fue bastante generoso con su pueblo, adquiriendo, por ejemplo, grano para ellos de su patrimonio personal. Aunque la unidad territorial conseguida por Herodes duró poco, ya que cuando falleció, su reino se dividió en tres zonas: Judea, Samaría e Idumea. Su hijo Arquelao fue el último eslabón de aquella monarquía, que se vio sustituida por el funcionariado romano. En primer lugar llegó el más conocido de los procuradores, que fue Poncio Pilato (gobernó del 26 al 36 d. C.). El pueblo judío no soportó la sumisión a Roma, porque se encontraba dividido ante la servidumbre y la división. Cada grupo se ocupaba de sus intereses: los zelotes anhelaban la revuelta, los fariseos, que eran hosti-

---

128 Según señala Josefo, cita que atribuye este autor a Estrabón -Josef., *Antig.*, 14, 115-. Vara Donado, J., (trad.), *Flavio Josefo. Antigüedades judías*, 1997, p. 818.

les a Roma, sin embargo, mantenían unas buenas relaciones con el pueblo, mientras que los saduceos, grupo compuesto por ricos terratenientes y sacerdotes, mantenían unas relaciones de equilibrio de poder con los romanos, como colaboracionistas.

El proceso de romanización por el que Roma dejó su impronta en Occidente, y aún en el mundo actual en el que continuamos impregnados de muchos de sus principios, cambió el Mediterráneo y preparó el mundo para una era nueva. A su vez, sus enseñanzas volvieron a modificarlo todo, y en este caso no en lo referente a las instituciones, a la organización política de un imperio o a su economía, sino a algo más profundo: a las creencias y a las relaciones entre personas, al valor de la vida individual, de cada vida.

La visión de Tácito sobre Judea se corresponde con lo que cuenta la arqueología:

> *Una gran parte de Judea se halla sembrada de aldeas, aunque también hay ciudades. La acción tiene como capital a Jerusalén; en ella se encuentra un templo de inmensa riqueza. La ciudad se halla en el recinto de la primera muralla; en el de la segunda está el palacio real, y en el de la más interior se halla el templo. Solo los judíos tienen acceso a sus puertas, estando prohibido entrar en su interior a todos excepto a los sacerdotes. Durante el periodo de tiempo que Oriente estuvo en poder de los asirios, medos y persas fue el pueblo más despreciado de los sometidos a esclavitud. Después de caer bajo el dominio macedónico, el rey Antíoco se esforzó en erradicar la superstición judía e introducir las costumbres griegas a fin de hacer progresar a un pueblo tan abominable, pero se lo impidió la guerra de los partos (Tácito, Hist., 5, 8).*

Los judíos en el s. I

«El judaísmo es la religión de los judíos».

Aclaremos un poco los términos que pueden ser confusos. Los hebreos son los descendientes de Abraham, hijos de un pueblo nómada y pastor que pasó una etapa de su historia viviendo en Egipto, después fueron liberados por Moisés y vivieron en el desierto con la promesa de una tierra mejor. Y forman el pueblo que realizó con Dios la Alianza universal en el monte Sinaí. Es entonces cuando ya no son hebreos, se han transformado en israelitas: son los hijos de Jacob, aunque su lengua se denomina hebreo.

Judíos son los miembros de la tribu de Judá, o los súbditos del reino de Judá, y los israelitas eran los naturales del reino de Israel. Los que viven hoy en Israel son israelitas.

Los judíos son un pueblo, una comunidad, pero no una raza, aunque sean semitas. Incluso podemos establecer entre ellos varios grupos culturales vinculados con territorios, como son los sefardíes, los asquenazis y los mizrahíes.

Los sefardíes son los descendientes de los judíos que vivieron en España hasta su expulsión en 1492. Se dispersaron por el Mediterráneo, y muchos se instalaron en el norte de África y el antiguo Imperio otomano. Los asquenazis son los judíos de origen centroeuropeo, principalmente alemán o ruso. Y los mizrahíes u orientales son los judíos de origen hindú, árabe, yemení, persa, armenio o georgiano.

El Israel del s. I era un rincón del Mediterráneo, pequeño en extensión, pero que resultaría enorme en trascendencia histórica para todo el mundo, para la historia de la humanidad. En el s. I muchas cosas cambiarían, y no solamente iba a nacer el cristianismo de cuna hebrea, arropado por un cobertor como el que cubrió al recién nacido Moises. También el propio judaísmo conocería una transformación, llegándose a transformar en el judaísmo moderno, de una vitalidad y dinamismos extraordinarios, en la actualidad. Por otro lado, no se puede entender la vida de los judíos en el s. I sin conocer el mundo Mediterráneo, en el que se desenvolvía, y del que formaba parte. Como hemos visto, los judíos llevaban 450 años esperando el advenimiento del elegido[129].

Desde luego, los judíos formaban parte del Imperio Romano. Y durante mucho tiempo fueron solamente un pequeño pueblo incorporado al territorio de los dominadores del *Mare Nostrum*. En Israel vivían aproximadamente un millón de personas, aunque en la Diáspora eran entre tres y siete millones de judíos. La Diáspora signi-

---

129   Piñero, A., *Año I. Israel y su mundo cuando nació Jesús*, Madrid, 2014, p. 12.

fica estrictamente la dispersión, y contempla a todos aquellos judíos que no vivían en Jerusalén. Y estaban extendidos por todo el mundo romano, desde Hispania a Etiopía, desde la Mauritania Tingitania al frío norte de las Galias. Flavio Josefo, el historiador judío, dice exactamente en sus *Antigüedades* que era difícil encontrar un lugar en el mundo habitado en el que los judíos no hubieran penetrado.

Sin embargo, y a pesar de esa ocupación total a lo largo de todos los territorios romanos, siempre mantuvieron su identidad, practicando sus costumbres, evitando mezclarse y sin dejar de profesar su religión, que fue siempre, por cierto, muy mal mirada en todas las culturas, momentos históricos y entornos geográficos; quizás por esa voluntaria distancia que tomaban con respecto a los demás, por el aislamiento adoptado, por la endogamia de un pueblo que a su vez se sentía diferente, elegido, especial. Y los demás lo percibían, por lo que la distancia entre unos y otros se iba haciendo más profunda.

El judío de esta época creía profundamente en las Sagradas Escrituras, practicaba la religión como parte de su vida, con fe y sinceridad. Rezaban cada día, ofrecían sus comidas y celebraban las fiestas religiosas. Respetaban a los ancianos y oían de sus labios las historias del pueblo de Dios, con la honda creencia de ser el pueblo elegido, y la conciencia de vivirlo así. Y por ello cumplían con sus leyes pagando el diezmo al Templo, acudiendo el Shabat a la sinagoga, circuncidando a sus hijos, aprendiendo la ley de YHWH y respetando las normas alimentarias de forma natural.

Galilea, la tierra de Jesús, judío de nacimiento, era una zona situada al norte de Israel, alejada de la capital, Jerusalén. Era una tierra de ocupación agrícola y rodeada de gentiles, lo que provocaría la tendencia judía no solamente de no mezclarse con ellos, sino de fortalecer sus vínculos internos practicando su lengua, siendo estrictos en la observancia de su religión y de sus tradiciones. Era una provincia campesina, apegada a sus hábitos milenarios y a sus costumbres. En ella, la clase religiosa dirigente en Israel, los saduceos, estaba prácticamente ausente, aunque los fariseos, la otra clase dirigente, sí estaban presentes, pero únicamente en el mundo urbano, no en el rural, en ciudades del entorno del lago Genesaret como eran Tiberíades, Cafarnaún, Bersaida y Corozaín.

Galilea tenía un ambiente más pacífico que las grandes ciudades y el sentimiento antirromano estaba más suavizado con respecto al resto de Israel. Sus habitantes estaban acostumbrados al trato con los gentiles, y por tanto mantenían con ellos una mejor relación. Este ambiente campesino y pacífico es el que observamos en la lectura de las parábolas de Jesús, que utilizaba con frecuencia metáforas campesinas, de la vida agrícola, de los alimentos humildes. Además, él se movió por las aldeas, se dirigía a otros judíos como él y evitó en parte las grandes ciudades, repletas de gentiles que no estaban preparados para recibir su mensaje.

Pero también los judíos formaban parte de un imperio y tenían una política de relaciones internacionales. Como parte del Imperio romano en el año I, habían apoyado a Julio César durante el enfrentamiento que este tuvo con Pompeyo por la República, en los años 50 a. C., ya que el padre de Herodes el Grande, Antípatro, había enviado tres mil soldados para apoyar al César durante su campaña. Tras la victoria de Pompeyo en Farsalia el año 48 a. C., el Imperio permitió cierta flexibilidad para los judíos, admitiendo que no era posible forzarles a una aceptación total de las costumbres romanas. Así que se permitió su libertad de reunión, se les eximió del servicio militar, se toleró que no participaran en el culto público, y también que mantuvieran un sistema judicial ejercido por sanedrines, que eran consejos de ancianos, en lugar de por los métodos romanos habituales.

La vida cotidiana de los judíos en Jerusalén

Jerusalén era el centro y el corazón de Israel. La ciudad más importante, en la que se concentraban el poder, la religión, la sociedad y las grandes finanzas, la riqueza, la diplomacia y las relaciones sociales. Y su clave era el Templo, el gran santuario judío. En torno a este santuario se establecían la vida religiosa y social judía, allí se ubicaban las hermandades, las escuelas rabínicas, los estudiosos de la Torah y los doctores de la Ley. Pero Jerusalén también era una ciudad bulliciosa, repleta de comerciantes, de pequeños profesionales; era en realidad el caldo de cultivo perfecto para cualquier movimiento que se iniciara en aquella época.

El Templo era precisamente el espacio central de Jerusalén, de tal importancia que incluso en la actualidad sigue siéndolo. Se construyó en época de Salomón, sobre el 960 a. C., para guardar en su interior el Arca de la Alianza y el resto de los útiles de la liturgia, cuya realización fue prescrita por YHWH. Antes de su construcción, aquel lugar era una colina elevada sobre la ciudad, el monte Moriá, en el que se ubicó el tabernáculo, donde se guardaban todos los utensilios mencionados. Pero el gran Templo también tenía su historia: el primer Templo se construyó en época del rey Salomón, tras lo que fue destruido por los babilonios en el año 587 a. C. Pero se volvió a construir otro templo, mucho menos suntuoso, pero en el mismo lugar, en el 515 a. C., por Zorobabel. Y finalmente, Herodes el Grande lo reconstruyó y amplió en las décadas anteriores al nacimiento de Jesús, aunque en el año 70 d. C., durante la primera guerra judía, Tito lo destruyó de nuevo, definitivamente. Hoy solamente queda del Templo el muro occidental, que es conocido como Muro de las Lamentaciones.

Sin embargo, en el s. I el Templo ya tenía casi mil años. Era un edificio antiguo, con historia, con una leyenda sobre la riqueza y con el empaque arquitectónico de la época de Salomón. También había sufrido la desgracia de las diversas destrucciones y necesarias reconstrucciones. Significaba mucho para el pueblo judío, que había creado lazos religiosos, sociales y afectivos con el centro más importante de su vida, y las visitas al Templo eran recurrentes y constantes, se organizaban los sacrificios, los sacerdotes del Templo protagonizaban actos religiosos y se ocupaban de los sacrificios y de los peregrinos.

Jerusalén, además de ser centro religioso, era una ciudad digna de ser frecuentada desde que Herodes el Grande realizara un gran esfuerzo con el embellecimiento y modernización de la capital. Herodes fue un gran constructor que se ocupó de ennoblecer arquitectónicamente Jerusalén, realizó grandes construcciones, a las que podemos denominar incluso magníficas. Hasta tal punto que gracias a ellas se condujo a Jerusalén a ser una de las ciudades que muchas personas ambicionaban visitar incluso en aquellos tiempos.

Allí fluía la riqueza, la renta de los habitantes de Jerusalén era elevada, y además en el Templo existía otra clave como centro de este flujo. Todos los israelitas contribuían al sustento del Templo, los sacrificios eran otra gran fuente de ingresos y existía el diezmo, que provenía de un gasto que se hacía en la ciudad y cuyo importe se entregaba a los pobres.

En la capital de Israel también existían el gran comercio y los recaudadores de impuestos, y los judíos ricos de la Diáspora la visitaban cuando les era posible. Esto representaba un importante movimiento comercial de todo tipo, y cotidianamente se daban allí cita todos los animales que llevaban los peregrinos para uso del sacrificio del Templo, que se tenían que adquirir diariamente. Y además de los sacrificios diarios estaban las fiestas, con la visita de los peregrinos, que acudían a Jerusalén en auténtica multitud esas tres veces al año: en la fiesta de Pascua, en Pentecostés y en la de los Tabernáculos,

Pero además de las necesidades diarias de una bulliciosa ciudad rica y con innumerables visitas desde todo el mundo conocido, Jerusalén también se configuró como ciudad de llegada de mercancías orientales y de inicio de exportación de estas hacia todo el Mediterráneo.

Epílogo

Uno de los momentos más emocionantes de la Biblia, un acto lleno de significado, de belleza y de vinculación de lo divino con lo terrenal, de la fuerza humana y la potencia divina, es el instante en que Abraham oye una voz en el interior de su tienda y escucha cómo YHWH le insta a que salga de ella y le invita a contemplar el cielo... un firmamento repleto de estrellas que serán el signo de la promesa de un incalculable número de descendientes.

Es un momento mágico y que aún mantiene toda su fuerza, un instante en el que el hombre que emigró de su tierra, que caminó por muchos países y que creyó siempre en esa voz —en la palabra de su Dios que llegaba a él en visiones—, salió de su sencilla tienda de beduino, enfrentándose a la inmensidad del cielo nocturno, libre, desmesurado, una bóveda celeste como solamente se puede observar en el desierto. Y es entonces cuando siente la verdad, confía en ella y se entrega (*Gn.*, 15, 5).

Es imposible caminar por la Biblia sin sentirse conmovido por las innumerables historias, emocionado por los mitos, cautivado por la fortaleza, la valentía, pero también la humanidad o el miedo que padecieron los antiguos personajes. Y estudiar la humildad de sus panes, que además eran tan apreciados como satisfactorios, la sencillez de sus fogones transportables o el inteligente uso de los recursos naturales nos acerca a esta tierra y a estas personas que dieron forma a una auténtica historia de fe.

Si en España el descubrimiento de América hace algo más de 500 años nos parece el momento distante de una civilización diferente, lejana y obsoleta, olvidadas las viejas costumbres de vestido, comida, diversión, en suma, de vida cotidiana, ¡cómo imaginar las costumbres hebreas de hace 4000 años! Qué dificultad en el paso de tantas generaciones viviendo sus principios cada semana, cada fiesta, cada ritmo estacional, cada vida.

La singularidad e importancia de este sistema alimentario es precisamente su perdurabilidad y su continuidad en el tiempo con una absoluta vigencia, porque las personas que lo han vivido siguen manteniendo el espíritu, las creencias y la certeza de que la liturgia y la tradición dan consistencia a las creencias y a la fe. Un ejemplo digno de ser admirado.

Bibliografía

Abernathy, A.T (2014), *Eating in Isaiah: Approaching the Role of Food and Drink in Isaiah's Structure and Message*, Leiden.

Álvarez-Pedrosa Núñez, J. A. (2004), «Médico y magia en los textos hititas», *Estudios griegos e indoeuropeos*, pp. 15-33.

Altmann, P. (2011), *Festive Meals in Ancient Israel: Deuteronomy's Identity Politics in their Ancient Near Eastern Context*, Berlín.

Bach, A. (ed), (1999), *Women in the Hebrew Bible*, Londres.

Beer, M. (2010), *Taste or Taboo. Dietary Choices in Antiquity*, Devon.

Beitzel, B. J., (2017) *Atlas bíblico de Tyndale*, Oxford.

Bernáldez, A. (1953), *Historia de los Reyes Católicos*, Madrid.

Bottéro, J. (2005), *La cocina más antigua del mundo*, Barcelona.

Bowman, R. A. (1970), *Aramaic ritual texts from Persepolis*, Chicago.

Brothwell, D. y P. Brothwell, P. (1998), *Food in Antiquity*, Baltimore.

Cabello Morales, P. (2019), *Arqueología Bíblica*, Córdoba.

Cassin, E.; Bottéro, J.; Vercoutter, J. (1988), *Los imperios del Antiguo Oriente. III, La primera mitad del primer milenio*, Madrid.

Coon, C.S. (1951), *Caravan. The Story of Middle East*, Nueva York.

Crane, E. (1983), *The archaeology of beekeeping*, Nueva York.

Darby, W. *et alii* (1977), *Food: The Gift of Osiris*, Londres.

Dalby, A. (2003), *Food in the Ancient World. From A to Z*, Cornwall.

Del Valle, C. (ed.) (1981) *La Misná*, Madrid.

Dietler, M. (2006), «Culinary Encounters: Food, Identity, and Colonialism», en Twiss, K. C., *The Archaeology of Food and Identity*, Carbondale.

Douglas, M. (1966), *Purity and Danger: An Analysis of Concepts of Pollution and Taboo*, London.

Ebeling, J. & Rogel, M. (2015) «*The Tabun and its misidentification in the archaeological record*», *Levant*, 47, Princeton, pp. 3-34.

Fernández-Armesto, F. (2004), *Historia de la comida. Alimentos, cocina y civilización*, Barcelona.

—(2016), *Un pie en el río. Sobre el cambio y los límites de la evolución*, Madrid.

Finkelstein, I., Silberman N.A. (2001), *La Biblia desenterrada*, Madrid.

Font Quer, P., (2001), *Diccionario de Botánica*, Barcelona.

Forbes R. J. (1993), *Studies in Ancient Technology*, vol. 1, Leiden.

—(1993) *Studies in Ancient Technology*, vol. 3, Leiden.

Frazer, J.G. (1993), *La rama dorada*, Madrid.

Friedländer, L. (1982), *La sociedad romana*, Madrid.

Garfinkel, Y. (2013), «Khirbet Qeiyafa», en Master, D. M., *The Oxford Encyclopedia of The Bible and Archaeology*, Oxford, pp. 55-62.

Garnsey, P. (1988), *Famine and Food Supply in the Graeco-Roman World. Responses to Risk and Crisis*, Cambridge.

—(2002), *Food and Society in Classical Antiquity*, Cambridge.

Grande Covián, F. (2000), *La alimentación y la vida*, Barcelona.

Grivetti, L. E. (2000), «Food Prejudices and Taboos», en Kiple, K. F. y Ornelas, K. C., *The Cambridge World History of Food*, pp. 1595-1510, Cambridge.

Harris, M. (2011a), *Vacas, cerdos, guerras y brujas*, Madrid.

—(2011b), *Caníbales y reyes*, Madrid.

—(2011c), *Bueno para comer*, Madrid.

Homan, M. M. 'Beer, Barley and רכש in the Hebrew Bible', in Richard E. Friedman and William H.C. Propp (eds.), *Le David Maskil: A Birthday Tribute for David Noel Freedman*, Winona Lake, 2004.

Houston, W. J. (2003), «Alimentos puros e impuros», en Alexander T. D. y Baker, D. W., eds. *Diccionario del Antiguo Testamento, Pentateuco*, Barcelona, pp. 174-198.

Josefo, F. (2017), *Antigüedades judías*, T. 1 y 2, Madrid.

Kaplan, D. (Rabbi), http://jewishdrinking.com/wp-content/uploads/2019/09/*Beer-in-the-Bible*.pdf (Consult. 14/5/2022)

Koh, A. J.; Yasur-Landau, A.; Cline, E. H. (2014), «Characterizing a Middle Bronze Palatial Wine Cellar from Tel Kabri, Israel», *PLoS One* 9(8): e106406.

Lara Peinado, F. (2006), *Himnos sumerios*, Madrid.

—(1984), *Mitos sumerios y acadios*, Madrid.

Linchtheim, M. (1973), *Ancient Egyptian Literature: A Book of Readings*, Berkeley.

Liverani, M. (2005), *Más allá de la Biblia. Historia antigua de Israel*, Barcelona.

—(2006) *Uruk, la primera ciudad*, Murcia.

London, G., (2019), «Ancient Technologies of Everyday Life», en Greer, S. J, *et alii*, (eds.) *Behind the Scenes of the Old Testament*, Michigan, pp. 446-455.

Mc Donald, N. (2008), *Not Bread Alone: The Uses of Food in the Old Testament*.

McGee, H. (2007), *La cocina y los alimentos*, Barberá del Vallés.

Meyers, C. (2002), «Having Their Space and Eating There Too: Bread Production and Female Power in Ancient Israelite Household's», *Nashim* 5, pp. 14-44.

Niditch, S. (2016), *The Wiley Blackwell Companion to Ancient Israel*, Chichester.

Peláez del Rosal, J. (1992), *De Abrán a Maimónides. Los orígenes del pueblo hebreo*, Córdoba.

Piñero, A., (2014), *Año I. Israel y su mundo cuando nació Jesús*, Madrid.

Rosenblum, J. D. (2015) «Jewish Meals in Antiquity», en J. Wilkins y R. Nadeau (eds.), *A Companion to the Food in Ancient World*, Sussex, pp. 348-356.

Shafer-Elliott, C. (2013), *Food in Ancient Judah: Domestic Cooking in the Time of the Bible*, Sheffield.

—(2019), «Food Preparation in Iron Age Israel», en S. J. Greer et alii, (eds.) *Behind the Scenes of the Old Testament*, Michigan, pp. 456-463.

Sallon, S. *et al.*, (2020), «Origins and insights into the historic Judean date palm based on genetic analysis of germinated ancient seeds and morphometric studies», *Science Advances*.

Soler, J. (1979), «The semiotics the food on the Bible», en *Food and Drink in History*, Maryland, pp. 126-138.

Stone, K. (2005), *Practicing Safer Texts: Food, Sex and Bible in Queer Perspective*.

Sutton, D. E. (2001), *Remembrance of Repast: An Anthropology of Food and Memory*, Oxford.

Tallet, P. (2002), *Historia de la cocina faraónica*, Barcelona.

Tishler, N.M. (2006), *All Things in the Bible: An Encyclopedia of the Biblical World*, Westport.

Thurmond, D. L. (2006), *A Handbook of Food Processing in Classical Rome*, Brill.

Triviño, J. M. (1976), *Obras completas de Filón de Alejandría*, t. IV, Buenos Aires.

Urruela Quesada, J. (2006), *Egipto faraónico. Política, economía, sociedad*, Salamanca.

Von Rad, G. (2008), *El libro del Génesis*, Salamanca.

Van der Horst (eds) 1999, *Dictionary of Deities and Demons in the Bible*, Cambridge.

Vázquez Hoys, A. M. (1981), «La serpiente en el mundo antiguo», *Boletín de la Asociación de Amigos de la Arqueología*, 14, Madrid, pp. 33-39.

Van Der Toorn, K. (2007), *Scribal Culture and the Making of the Hebrew Bible*, London.

Villegas, A. (2021), *Culinary Aspects of Ancient Rome. Ars Cibaria*, Newcastle upon Tyne.

—(2010), *El libro del salmorejo. Historia de un viaje milenario*, Córdoba.

—(2015) Grandes maestros de la historia de la Gastronomía, Córdoba.

Walsh, C. E. (2000), *The Fruit of the Vine: Viticulture in Ancient Israel*, Winona Lake.

Welton, R. (2017), «Ritual and the Agency of Food in Ancient Israel and Judah: Food Futures in Biblical Studies,» *Biblical interpretation* 25, pp. 609-624.

Wilson, A. (1969), «Egyptian myths, tales, and mortuary texts» en Pritchard, J. B. (ed.) *Ancient Near Eastern Texts Relating to the Old Testament*, Princeton

Wright, G. E. (1975), *Arqueología Bíblica*, Madrid.

Zorn, R. (2013), «Tell en-Nasbeh», en Master, D. M., *The Oxford Encyclopedia of The Bible and Archaeology*, Oxford, pp. 400-408.

Índice de términos

PERSONAS

LUGARES

asno 132
aspátalo 381
avena 109, 113, 318
azafrán 381

B
baklavá 290
bálsamo 124, 127
bazo 257
bellotas 102, 252
borraja 103
breva 120
buey 96, 223
burekas 290

C
cabra 132, 174, 197, 209, 223,
    229, 244, 327
calabaza 288
caldo 222, 369
camello 130, 215, 237, 238, 244
canela 86, 139, 338
caña dulce 381
capuchinas 103
caracoles 103, 227, 231
cardo 381
carne 8, 19, 32, 38, 55, 88, 95,
    101, 129, 131, 132, 158, 166,
    176, 177, 178, 193, 194, 197,
    199, 212, 217, 219, 220, 221,
    222, 224, 229, 230, 231, 232,
    233, 234, 235, 236, 237, 238,
    239, 240, 242, 243, 244, 245,
    246, 247, 249, 252, 253, 254,
    256, 257, 262, 265, 278, 279,
    280, 282, 284, 290, 300, 302,
    305, 310, 311, 313, 315, 319,
    323, 325, 327, 328, 329, 330,

331, 342, 343, 344, 347, 348,
    349, 350, 352, 353, 354, 360
carnero 96, 174, 224, 243, 248,
    262, 270, 282, 288, 299, 302,
    315
casia 125
castañas 102, 181, 357
caza 7, 8, 42, 68, 73, 87, 92, 101,
    103, 104, 105, 157, 180, 220,
    229, 230, 302, 318, 329, 338, 344
cebada 11, 39, 98, 105, 107, 109,
    112, 113, 201, 250, 269, 319,
    321, 335, 336
cebolla 92, 134, 300, 350, 351,
    353
centeno 321
cerdo 19, 91, 92, 96, 131, 215,
    220, 221, 241, 242, 243, 244,
    245, 246, 247, 248, 249, 250,
    251, 252, 253, 254, 279, 330,
    332, 357, 361
cereal 40, 90, 92, 110, 112, 113,
    121, 131, 165, 180, 252, 300,
    316, 319, 323, 324, 335, 336,
    346, 356, 357
cerveza 89, 112, 159, 241, 298,
    318, 335, 336, 357
ciervo 229
cilantro 187, 188
cinamomo 125
codorniz 103, 192
col 278, 288
comino 109
compota 382
conejo 96, 229, 237
cordero 132, 197, 209, 213, 218,
    232, 280, 282, 288, 305, 329,
    342, 343, 349

crema 158, 327

crustáceos 8, 91, 101, 103, 209, 230, 231

D
dátiles 111, 117, 118, 158, 265, 281, 290, 312, 316, 317, 324, 325, 334, 339, 348, 349

E
eneldo 91, 125
estacte 125, 127
estofado 176, 180, 198, 257, 286, 330, 343, 344, 349, 352, 353

F
filikas 28, 290
francolín 351

G
gacela 229
gachas 91, 113, 320, 323, 356
gálbano 125, 127
galletas 40, 113, 241, 279, 290, 329, 356
gallina 133, 221
gamo 103
garbanzos 107, 113, 116, 279, 322, 323
garum 133, 364, 365
ghee 96
granada 117
grano 32, 88, 98, 101, 106, 110, 113, 114, 138, 158, 170, 183, 200, 201, 206, 218, 222, 244, 250, 255, 266, 277, 298, 317, 319, 336, 346, 365
grano tostado 201, 266

grasa 8, 128, 194, 199, 221, 223, 224, 237, 262, 271, 275, 287, 308, 330, 332, 333, 334
guisante 114
guisos 28, 40, 91, 104, 180, 181, 220, 230, 279, 286, 296, 299, 305, 318, 328, 330, 331, 332, 344, 351, 352, 356

H
habas 96, 107, 113, 116, 201, 321, 322, 323
harina 112, 113, 116, 175, 201, 203, 232, 240, 241, 262, 268, 269, 291, 300, 303, 304, 320, 321, 333, 334, 341, 346, 347
hidromiel 335
higos (higueras) 115, 116, 117, 118, 119, 155, 200, 266, 268, 318, 324, 325, 334, 348, 349
hinojo 109, 123, 129
huevos 101, 104, 133, 221, 281, 309
huevos haminados 279

K
kéfir 326

L
ládano 127
langosta 28, 134, 225, 226, 227, 269
langosta de mar 134
leche 9, 39, 40, 95, 96, 100, 116, 129, 130, 132, 158, 165, 166, 175, 176, 185, 224, 231, 232, 233, 234, 235, 236, 238, 244, 246, 247, 252, 255, 256, 285,

301, 307, 312, 316, 317, 318,
326, 327, 328, 358
lechuga 281
lentejas 45, 88, 107, 113, 179,
180, 181, 201, 292, 321, 322,
323, 344
liebre 215, 229, 237
lino 107, 275
liquen del maná 188

M
malva 126
maná 38, 52, 103, 186, 187, 188,
189, 190, 191, 192, 269, 278,
319
mantequilla 96, 176, 224, 236,
326, 327
manzana 8, 17, 117, 123, 143,
144, 155, 278, 284, 287, 288
matzot 28
melón 285
menta 86, 338, 351
miel 9, 11, 39, 40, 86, 100, 101,
105, 108, 111, 118, 158, 166,
185, 187, 199, 200, 201, 206,
224, 241, 255, 256, 285, 288,
289, 312, 316, 317, 318, 319,
326, 335, 338, 358
mijo 321
moluscos 8, 91, 230
mosto 54, 56, 104, 121, 129,
162, 317, 336

N
nabos 91
nardo 125
nogales 123
nuez 290

O
ocas 311
ovejas 32, 45, 62, 88, 101, 129,
130, 131, 132, 170, 172, 174,
181, 183, 197, 198, 199, 201,
203, 221, 235, 237, 238, 244,
245, 247, 251, 252, 316, 317,
326, 327

P
pajaritos 91
pan 11, 19, 32, 39, 40, 92, 111,
112, 113, 119, 150, 156, 173, 175,
176, 180, 181, 187, 190, 191, 197,
200, 201, 202, 219, 224, 232, 238,
239, 240, 241, 260, 261, 262, 263,
265, 270, 271, 278, 280, 281, 284,
288, 290, 293, 295, 296, 298, 299,
300, 301, 307, 310, 312, 313, 319,
320, 321, 325, 329, 333, 336, 338,
339, 342, 345, 346, 347, 348, 349,
351, 353, 354, 361, 363
pan de España 378
pannag 127
parra (vid) 115, 120, 202, 279
pasas 120, 121, 200, 201, 265,
266, 324, 325, 339, 347, 348,
349
patos 311
pepino 38, 116, 319
peras 281
perdiz 103, 104
pescado 38, 88, 91, 96, 101, 133,
134, 141, 170, 215, 220, 221,
230, 231, 232, 278, 285, 287,
288, 289, 291, 301, 319, 332,
343, 350, 353, 364
pistacho 126

posca 339, 340, 350, 353
prakes 278
puerro 288, 351
pulmentum 180

Q
queso 201, 236, 298, 326

R
rabos 197
rabo de cordero 331
rabo de oveja 197, 198
remolacha 118
romero 103
ruda 351

S
sal 101, 112, 133, 222, 257, 278,
    291, 299, 339, 351, 353
salmuera 128, 129, 133, 134,
    226
sangre 8, 153, 161, 199, 210,
    212, 217, 218, 219, 220, 221,
    222, 223, 229, 230, 234, 253,
    254, 257, 262, 280, 299, 329,
    357
sémola 91
sicomoros 325

T
tamarisco 187, 188, 189
terebinto (resina) 48, 188, 338
tomillo 103
tortas 113, 119, 175, 187, 200,
    201, 232, 240, 262, 304, 312,
    321, 324, 325, 333, 342, 345,
    346, 347, 348, 349, 353, 354,
    356, 357

trigo 11, 39, 45, 56, 104, 105,
    107, 109, 110, 112, 113, 121,
    142, 200, 202, 214, 260, 269,
    291, 318, 319, 320, 321, 322,
    336
U
uña olorosa 125
uva 120, 121, 334, 338, 363

V
vaca 95, 96, 176, 208, 235, 236,
    301, 317, 326
vid (parra) 107, 120, 138, 160,
    338
vinagre 107, 121, 129, 289, 291,
    299, 302, 336, 339, 340, 350,
    351, 353
vino 32, 77, 85, 86, 107, 112,
    120, 121, 134, 136, 158, 159,
    173, 176, 201, 202, 215, 219,
    224, 266, 267, 268, 270, 271,
    272, 273, 275, 278, 280, 291,
    298, 299, 302, 307, 308, 318,
    334, 335, 336, 337, 338, 339,
    348, 350, 355, 356, 357

Y
yogur 236, 326

Z
zanahoria 92
zulla 188

Abreviaturas utilizadas

Génesis	*Gn.*
Éxodo	*Ex.*
Levítico	*Lv.*
Números	*Nm.*
Deuteronomio	*Dt.*
Josué	*Jos.*
Jueces	*Jue.*
Ruth	*Rut.*
1º y 2º de Samuel	*1-2 Sam.*
1º y 2º de Reyes	*1-2 Re.*
1º y 2º de Crónicas	*1-2 Cr.*
Esdras	*Esd.*
Nehemías	*Ne.*
Tobías	*Tb.*
Judith	*Jdt.*
Esther	*Est.*
Job	*Job.*
Salmos	*Sl.*
Proverbios	*Pr.*
Eclesiastés	*Ecl.*
Cantar	*Ct.*

Sabiduría	*Sb.*
Sirácida (Eclesiástico)	*Sir.*
Isaías	*Is.*
Jeremías	*Jr.*
Lamentaciones	*Lm.*
Baruch	*Ba.*
Ezequiel	*Ez.*
Daniel	*Dn.*
Oseas	*Os.*
Joel	*Jl.*
Amós	*Am.*
Abdías	*Ab.*
Jonás	*Jon.*
Miqueas	*Mi.*
Nahum	*Na.*
Habacuc	*Ha.*
Ageo	*Ag.*
Zacarías	*Za.*
1º y 2º de Macabeos.	*1-2 Mac.*

Este libro se terminó de imprimir, por encargo de la
editorial Almuzara, en su primera edición el 27 de enero
de 2023. Una vez iniciado el mes hebreo shevat.